Reforma Trabalhista em Perspectiva
desafios e possibilidades

Zélia Maria Cardoso Montal
Luciana Paula de Vaz Carvalho
(Organizadoras)

Reforma Trabalhista em Perspectiva
desafios e possibilidades

EDITORA LTDA.
© Todos os direitos reservados

Rua Jaguaribe, 571
CEP 01224-003
São Paulo, SP – Brasil
Fone (11) 2167-1101
www.ltr.com.br
MAIO, 2018

Produção Gráfica e Editoração Eletrônica: LINOTEC
Capa: Dorinho Bastos – Cartunista, Publicitário e Professor da ECA/USP
Impressão: FORMA CERTA

Versão impressa: LTr 5956.2 — ISBN: 978-85-361-9680-0
Versão digital: LTr 9370.2 — ISBN: 978-85-361-9679-4

Dados Internacionais de Catalogação na Publicação (CIP)
(Câmara Brasileira do Livro, SP, Brasil)

Reforma trabalhista em perspectiva : desafios e possibilidades / Zélia Maria Cardoso Montal, Luciana Paula de Vaz Carvalho, (organizadoras). – São Paulo : LTr, 2018.

Vários autores.
Bibliografia.

1. Direito do trabalho 2. Direito do trabalho – Brasil 3. Processo do trabalho 4. Reforma constitucional - Brasil 5. Trabalho – Leis e legislação I. Montal, Zélia Maria Cardoso. II. Carvalho, Luciana Paula de Vaz.

18-15661   CDU-34:331.001.73(81)

Índice para catálogo sistemático:
1. Brasil : Reforma trabalhista : Direito do trabalho   34:331.001.73(81)

Cibele Maria Dias – Bibliotecária - CRB-8/9427

Autores

ANTONIO CARLOS AGUIAR
BIANCA BASTOS
CARLA TERESA MARTINS ROMAR
CLÁUDIA JOSÉ ABUD
CRISTIANE DE MATTOS CARREIRA
CRISTINA PARANHOS OLMOS
DINAURA GODINHO PIMENTEL GOMES
IRATELMA CRISTIANE MARTINS MENDES
IVANI CONTINI BRAMANTE
JOSELITA NEPOMUCENO BORBA
LEONEL MASCHIETTO
LUCIANA PAULA DE VAZ CARVALHO
MARCELO MORELATTI VALENÇA
MARIA CIBELE DE OLIVEIRA RAMOS VALENÇA
MARIA IVONE FORTUNATO LARAIA
MARIA JOSÉ GIANNELLA CATALDI
MICHEL OLIVIER GIRAUDEAU
OTTO DMITRY GARKAUSKAS HERNANDES
PAULO SERGIO JOÃO
RENATA BARBOSA CASTRALLI MUSSI
RICARDO PEREIRA DE FREITAS GUIMARÃES
RODRIGO CHAGAS SOARES
RUI CÉSAR PÚBLIO BORGES CORREA
TÚLIO DE OLIVEIRA MASSONI
WERNER KELLER
ZÉLIA MARIA CARDOSO MONTAL

Sumário

Apresentação
Pedro Paulo Teixeira Manus 9

Prefácio
Luciano Martinez 11

I – Direito Individual do Trabalho

A Responsabilidade Patrimonial dos Sócios e a Reforma Trabalhista
Bianca Bastos 15

A Desproteção à Maternidade e a Possibilidade de Trabalho Insalubre pela Gestante e Lactante: A Monetização da Saúde do Nascituro
Cristiane de Mattos Carreira 25

Contrato Intermitente
Ivani Contini Bramante 33

Terceirização. Lei n. 13.467/2017. Os novos contornos da terceirização
Joselita Nepomuceno Borba 42

Jornada de Trabalho – Horas *In Itinere*
Marcelo Morelatti Valença e Maria Cibele de Oliveira Ramos Valença 51

Meio Ambiente do Trabalho e Limites de Jornada de Trabalho e a Desvinculacão da Proteção da Saúde do Trabalhador
Maria José Giannella Cataldi 55

Desemprego e Contrato de Trabalho Intermitente
Michel Olivier Giraudeau 69

Limites à Responsabilização do Sócio Retirante por Débitos Trabalhistas
Otto Dmitry Garkauskas Hernandes 75

O Dano Extrapatrimonial na Lei n. 13.467/2017 e Medida Provisória n. 808 de 14.11.2017 – Um Texto sem Contexto
Ricardo Pereira de Freitas Guimarães 86

Extinção Contratual por Acordo entre Empregado e Empregador. Art. 484-A da CLT
Rui César Públio B. Correa e Renata Barbosa Castralli Mussi 92

II – Direito Coletivo do Trabalho

Cibercultura e o Papel dos Sindicatos Pós-Reforma Trabalhista
Antonio Carlos Aguiar 101

A Prevalência do Negociado sobre o Legislado e o Regime de Compensação de Horas
Cláudia José Abud 108

Reforma Trabalhista e a Relevância de Normas Coletivas à Luz dos Princípios e Regras Constitucionais
Dinaura Godinho Pimentel Gomes.. 112

Limites da Negociação Coletiva à Luz dos Direitos Fundamentais: análise da Lei n. 13.467/2017
Luciana Paula de Vaz Carvalho... 124

Sistema Sindical Brasileiro e o Fim da Contribuição Sindical
Paulo Sergio João.. 133

A Ultratividade das Normas Coletivas de Trabalho
Rodrigo Chagas Soares... 139

A Prevalência do Acordo Coletivo de Trabalho de Empresa no Sistema das fontes do Direito do Trabalho
Túlio de Oliveira Massoni.. 149

Dispensa Coletiva
Werner Keller... 168

III – Direito Processual do Trabalho

Gratuidade e Sucumbência sob a Perspectiva do Acesso à Justiça
Carla Teresa Martins Romar... 177

O Incidente de Desconsideração da Personalidade Jurídica no Processo do Trabalho
Cristina Paranhos Olmos.. 184

Honorários Advocatícios: Impedimento de Acesso à Justiça ou Avanço Social?
Iratelma Cristiane Martins Mendes... 188

Distribuição do Ônus da Prova no Direito Processual do Trabalho
Maria Ivone Fortunato Laraia... 196

A Litigância de Má-Fé na Justiça do Trabalho após a Reforma Trabalhista
Leonel Maschietto.. 205

Reflexões sobre a Inclusão do § 3º no Art. 8º da CLT pela Lei n. 13.467/2017
Zélia Maria Cardoso Montal... 215

Apresentação

Pedro Paulo Teixeira Manus[*]

A legislação do trabalho entre nós tem quase um século de existência, bastando para constatar este fato o advento da Lei n. 4.682, de 24 de janeiro de 1923, conhecida como Lei Eloy Chaves, que criou a estabilidade no emprego para os trabalhadores ferroviários de São Paulo, quando da criação da caixa de assistência dos ferroviários, fruto de projeto aprovado pelo Poder Legislativo e da autoria do Deputado Federal Paulista Eloy Chaves.

Assim, embora a Consolidação das Leis do Trabalho tenha surgido em maio de 1943, nada mais fez além de consolidar as normas já existentes, o que revela a necessidade de adequação das regras aplicáveis às relações entre empregados e empregadores aos tempos atuais, diante de tantas mudanças ocorridas em nossa sociedade.

Não obstante, a fim de que tais mudanças fossem eficazes e comprometessem toda comunidade jurídico--trabalhista, seria necessário que os variados setores tivessem contribuído para tais mudanças, o que demandaria tempo e reflexão, requisitos essenciais para resultar num trabalho de qualidade.

Infelizmente assim não foi, tendo a Lei n. 13.467, de 2017, deixado de lado temas importantes e tratado não da melhor forma outros institutos que modificou. A urgência na aprovação das modificações ocasionou uma lei que tem sofrido críticas de variados setores do mundo do trabalho.

A lei demanda exame e compreensão, a fim de melhor orientar juízes, advogados, membros do Ministério Público, do Ministério do Trabalho, bem como empregadores, empregados e sindicatos, na aplicação de seus dispositivos, compreendendo as modificações havidas.

Eis aí a oportunidade para um livro de qualidade a respeito e que conta com a contribuição de profissionais do melhor gabarito e que se dedicam ao Direito do Trabalho, orientados na organização dos textos pelas professoras **Zélia Maria Cardoso Montal**, Procuradora do Trabalho aposentada e pela Advogada **Luciana Paula Vaz de Carvalho**, que junto com os autores desenvolvem excelente trabalho nos curso de especialização em Direito do Trabalho da Pontifícia Universidade Católica de São Paulo.

O livro está estruturado em três grandes capítulos, que se ocupam do direito individual do trabalho, do direito coletivo do trabalho e do direito processual do trabalho, abrangendo desta forma todo o conteúdo da nova lei, o que propicia um formidável panorama ao leitor das modificações havidas e de seus reflexos.

A parte I do livro tem início com o texto da Desembargadora do Tribunal Regional do Trabalho da 2ª Região, **Bianca Bastos** mestre e doutoranda pela PUC-SP, e que desenvolve o tema da responsabilidade patrimonial dos sócios perante a reforma trabalhista. A Advogada **Cristiane Mattos Carreira**, mestre em direito, ocupa-se do delicado tema da desproteção à maternidade e a possibilidade de trabalho insalubre pela gestante e lactante, apontando para o que denomina de "monetização da saúde do nascituro". A Desembargadora do Tribunal Regional do Trabalho da 2ª Região **Ivani Contini Bramante**, doutora pela PUC-SP, trata do tema introduzido pela nova lei referente aos contratos intermitentes, que merecem detido exame pela novidade que representam e pelos reflexos nos contratos individuais de trabalho. A Advogada e Procuradora do Trabalho aposentada, **Joselita Nepomuceno Borba**, doutora em direito pela PUC-SP desenvolve o tema da terceirização diante da nova Lei n. 13.467/2017, com a nova abordagem trazida a respeito pelo legislador. **Marcelo Morelatti Valença** e **Maria Cibele de Oliveira Ramos Valença**, Advogados e doutores em direito, dissertam sobre o tema da jornada de trabalho e as horas *in itinere*, tema que sofreu sensível alteração com a nova lei. A Advogada **Maria José Giannella Cataldi**, doutora em direito pela PUC-SP, cuida do tema do meio ambiente do trabalho e limites da jornada de trabalho e a desvinculação da proteção da saúde do trabalhador. O Advogado **Michel Olivier Giraudeau**, mestre em direito, dedica-se à questão

---

[*] Professor Titular e Diretor da Faculdade de Direito da PUC-SP. Ministro aposentado do Tribunal Superior do Trabalho.

do desemprego e o contrato de trabalho intermitente. **Otto Dmitry Garkauskas Hernandes**, Advogado e especialista em direito, trata dos limites à responsabilização do sócio retirante por débitos trabalhistas. **Ricardo Pereira de Freitas Guimarães**, Advogado e doutor em direito, cuida do dano extrapatrimonial na Lei n. 13.467/2017 e na Medida Provisória n. 808/2017, aduzindo tratar-se de um texto sem contexto. Encerrando a Parte 1 do livro, o Juiz do Trabalho **Rui Cesar Públio Espinheira**, doutor em direito e a Assistente de juiz do TRT da 2ª Região e mestre em direito **Renata Barbosa Castralli Mussi** tratam da questão da extinção do contrato de trabalho por acordo entre empregado e empregador.

Como já referido, a Parte II do livro cuida do direito coletivo do trabalho, iniciando com o texto do Advogado **Antonio Carlos Aguiar**, doutor em direito pela PUC-SP e que cuida do tema Cibercultura e o papel dos Sindicatos pós-reforma trabalhista. **Cláudia José Abud**, Advogada e doutora em direito pela PUC-SP disserta sobre o tema do negociado sobre o legislado e o regime de compensação de horas. **Dinaura Godinho Pimentel Gomes**, Juíza do Trabalho e doutora em direito trata do tema reforma trabalhista e a relevância de normas coletivas à luz dos princípios e regras constitucionais. A Advogada e mestre em direito, que é uma das coordenadoras desta obra, **Luciana Paula Vaz de Carvalho** disserta sobre o tema dos limites da negociação coletiva à luz dos direitos fundamentais. O Advogado e doutor em direito pela PUC-SP **Paulo Sergio João**, com quem tenho a honra de coordenar os cursos de especialização em direito do trabalho da PUC-SP, e que produz trabalhos primorosos como este livro, disserta sobre o sistema sindical brasileiro e o fim da contribuição sindical. **Rodrigo Chagas**, Advogado e mestre em direito ocupa-se do tema da ultratividade das normas coletivas o trabalho. **Tulio Oliveira Massoni**, Advogado e doutor em direito traz-nos a questão da prevalência do acordo coletivo de trabalho de empresa no sistema das fontes do direito do trabalho. E encerrando a Parte II do livro o Advogado e mestre em direito **Werner Keller** cuida da delicada questão da dispensa coletiva.

A Parte III da obra dedica-se ao direito processual do trabalho e inicia com o texto da Advogada e doutora em direito **Carla Tereza Martins Romar** sobre gratuidade e sucumbência sob a perspectiva do acesso à justiça. **Cristina Paranhos Olmos**, advogada e doutora em direito ocupa-se do tema do incidente de desconsideração da personalidade jurídica no processo do trabalho. **Iratelma Cristiane Martins Mendes**, Advogada e mestre em direito trata do tema dos honorários advocatícios, cuja regulamentação pela nova lei é inovatória. **Ivone Laraia**, Advogada, mestre e doutoranda em direito na PUC-SP, dedica-se ao tema do ônus da prova na Justiça do Trabalho. O Advogado e doutor em direito pela PUC-SP **Leonel Maschietto** cuida do tema da litigância de má-fé. E, encerrando a Parte III, a Procuradora do Trabalho aposentada e doutora em direito, **Zélia Maria Cardoso Montal**, que coordena esta obra, trata do tema delicado da inclusão do § 3º no artigo 8º da CLT pela Lei n. 13.467/2017.

Como se vê pelo gabarito acadêmico e profissional dos autores, trata-se de obra que reúne profissionais experientes e competentes no universo do Direito do Trabalho. E o sumário da obra revela o exame dos principais temas da Lei n. 13.467/2017, possibilitando ao estudioso e ao profissional do Direito do Trabalho o conhecimento das novas regras postas e a reflexão sobre as modificações havidas.

Trata-se o livro "Reforma Trabalhista em Perspectiva: Desafios e Possibilidades" de excelente obra que vem se somar a outros estudos que nos vão dando os rumos da melhor interpretação da nova lei. Merecem nossas congratulações os autores e, especialmente, as coordenadoras da obra Professoras Zélia Maria Cardoso Montal e Luciana Paula Vaz de Carvalho.

Prefácio

Luciano Martinez[*]

Um desafio interpretativo à reforma trabalhista.

"Desafio" é uma daquelas palavras cheias de energia que pelo seu mero enunciar nos despertam imenso interesse. A notícia da existência de um desafio nos instiga e nos faz sentir correr o sangue nas veias... Assim ocorre porque "desafiar" (*dis-*, prefixo empregado para indicar dispersão ou negação, e *-fides,* que significa fé) pressupõe o rompimento da crença que pode preexistir em torno do suposto poder do desafiado. O desafiante é, portanto, um provocador, um inquieto, um incitante, que muito colabora com o crescimento das instituições na medida em que coloca em discussão o que para alguns pode ser entendido como incontestável. Afinal, cabe a quem desafia a dura missão de investigar as características do desafiado para descobrir a extensão de sua força e para salientar os seus pontos fracos. E quanto maior é o desafio, mais potentes precisam ser os provocadores. Assim ocorreu diante da obra que ora tenho a honra de prefaciar.

Reuniram-se aqui importantes e conceituados docentes e pesquisadores de uma das mais respeitadas instituições de ensino do Brasil – *a Pontifícia Universidade Católica de São Paulo (PUC-SP)* – para investigar e desafiar a "reforma trabalhista", avaliando em detalhes todas as suas perspectivas e possibilidades, respeitada a diversidade de seus entendimentos e orientações políticas. Um verdadeiro *dream team,* portanto, enfrenta todas as facetas das modificações normativas trazidas pelo novo sistema, apreciando tanto as discussões que envolvem o direito material (relações individuais e coletivas) quanto o direito processual.

Os desafiantes não deixam escapar a análise de nenhum dos estandartes da reforma trabalhista, merecendo destaque os estudos sobre os novos contornos da terceirização, as investigações em face da nova formulação da contratação do trabalho intermitente, a revisão do marco relacionado à responsabilidade patrimonial de sócios, a profunda pesquisa sobre a inovadora disciplina aplicável aos danos extrapatrimoniais e as tão polêmicas modificações que oficializaram a resilição por distrato. Esses estudos que se dedicaram a apreciar *verdadeiras mudanças de paradigma na esfera do direito material do trabalho* associaram-se a outros temas que mudaram a forma de ver e de interpretar o *processo do trabalho*, destacando-se aqui o estudo sobre o incidente de desconsideração da personalidade jurídica, o detalhamento referente a distribuição da carga probatória e as investigações relacionadas às novas bandeiras que objetivaram a injunção de uma mais rígida disciplina judiciária mediante a imposição de honorários de sucumbência e a dura apuração de responsabilização por danos processuais.

A obra é realmente completa. Foram objetos de estudo também as intrigantes e questionáveis perdas de direitos e as exclusões de proteção social, entre as quais se destacam as que dizem respeito ao desaparecimento das horas *in itinere*, à sistemática do trabalho insalubre pela gestante e lactante e à exclusão das regras de duração do labor do âmbito do direito fundamental à proteção em face dos riscos inerentes ao trabalho.

Ponto de alto relevo reside na cuidadosa parte que trata sobre direito coletivo do trabalho. Ali, especialistas de esplendor analisaram a prevalência do negociado sobre o legislado, a posição dos instrumentos normativos no novo sistema de fontes, a imposição de respeito ao princípio da intervenção mínima na autonomia da vontade coletiva, os limites para o exercício dessa autonomia sindical, os contornos do sistema sindical brasileiro diante da revisão conceitual da contribuição sindical, as novidades no campo da ultratividade das normas coletivas de trabalho, as discussões sobre os pressupostos e efeitos da dispensa coletiva e, até mesmo, o papel dos sindicatos no pós-reforma trabalhista.

Os bravos intérpretes dos textos extraídos da "reforma trabalhista", mediante o prestígio de suas convicções e o respeito de seus pareceres, trouxeram à luz respostas claras e convincentes sobre cada uma das problemáticas

---

(*) Juiz do Trabalho, Mestre e Doutor em Direito pela USP, Professor Adjunto de Direito do Trabalho e da Seguridade Social da UFBA. Da Academia Brasileira de Direito do Trabalho.

produzidas por uma norma gestada no caos da incerteza política. Soluções práticas, previsões sensatas e exegeses extremamente bem fundamentadas são alguns dos melhores presentes que os articulistas generosamente ofereceram a você, estimado leitor. Não tenho, por isso, dúvidas em antever o sucesso da obra que merecerá o pleno reconhecimento público.

I
Direito Individual do Trabalho

A Responsabilidade Patrimonial dos Sócios e a Reforma Trabalhista

Bianca Bastos[1]

1. INTRODUÇÃO

A responsabilidade patrimonial dos sócios sempre foi uma questão controvertida nas execuções trabalhistas. A partir de um recorrente inadimplemento das dívidas em processos judiciais e da previsão legal para que a execução trabalhista se realizasse *ex officio*, os atos processuais direcionados ao pagamento do crédito adotaram uma característica de execução forçada, com o uso de prerrogativas judiciais para apreensão de bens e quitação das dívidas trabalhistas.

As críticas se assomaram contra o modelo da execução trabalhista, diante de uma imputada agressividade processual na apreensão de bens de pessoas físicas. A certa medida, com razão. Mas, de outra parte sem a consideração de uma questão essencial no exercício da jurisdição.

Começando por esta essencialidade, que é própria do exercício da jurisdição na execução de título de dívida líquida e certa, fato é que o pagamento da dívida é de rigor. Na execução não se discute mais a existência do direito material e aquele que está condenado deve pagar. Para isto possui prazo de 48 horas, a contar da citação, por expressa previsão da Lei[2].

Não obstante, as estatísticas da Justiça do Trabalho apontam para uma inadimplência recorrente. A estatística apurada pelo Tribunal Superior do trabalho para o período de janeiro a dezembro de 2016 demonstra que foram iniciadas no país 724.491 execuções trabalhistas, tendo sido encerradas 661.850, remanescendo em andamento 1.723.351, e permanecendo em arquivo provisório o saldo de 795.390[3].

Como se vê, do número de execuções iniciadas no ano de 2016, o correspondente ao percentual de 94,64% foram quitadas. Mas o saldo remanescente revela falta de efetividade, quanto a um número de credores de 2.428.741 titulares de direito, sendo que a quase unanimidade é de credores trabalhadores. Sem contar que o número de processos que já estão em arquivo provisório (795.390) são de casos em que normalmente já foram esgotados todos os meios de busca patrimonial, tratando de uma contingência da inexecução por ausência de bens, que se perpetuou na Justiça do Trabalho, diante a adoção da tese jurisprudencial que considerou por muitos anos inaplicável a prescrição intercorrente nos processos trabalhistas, situação hoje modificada na Reforma Trabalhista, e do novo art. 11-A da CLT[4].

Daí é que, para ganhar efetividade, apesar de todos os esforços dos agentes estatais (especialmente, dos juízes do trabalho), a execução trabalhista ganhou fama de desatender ao melhor direito processual, possuindo como seu primeiro objetivo o econômico, e afrontando princípios básicos na constrição patrimonial de bens de pessoa física, como o contraditório. Como se verá neste artigo, a execução trabalhista nunca foi antijurídica. Foi sim a expressão da jurisdição que representa, que é satisfativa e se realiza por coerção estatal, diante da resistência do devedor.

Contudo, não há como negar que a Reforma Trabalhista trouxe boas regras à execução trabalhista. Vieram regras expressas na Consolidação das Leis do Trabalho sobre a forma como proceder a desconsideração da personalidade jurídica (art. 855-A da CLT, acrescentado pela

---

(1) Desembargadora Federal do Trabalho TRT2. Mestre e Doutoranda pela PUC/SP

(2) Art. 880 da CLT "Requerida a execução, o juiz ou presidente do tribunal mandará expedir mandado de citação do executado, a fim de que cumpra a decisão ou o acordo no prazo, pelo modo e sob as cominações estabelecidas ou, quando se tratar de pagamento em dinheiro, inclusive de contribuições sociais devidas à União, para que o faça em 48 (quarenta e oito) horas ou garanta a execução, sob pena de penhora."

(3) Gráfico – Resíduo na Fase de Execução nas Varas do Trabalho por Região Judiciária do período de 1.1.2016 a 31.12.2016. Extraído do sítio do TST. Acesso: em 05/01/2018.

(4) A partir da vigência da Lei 13.467/2017, passou a ser aplicável no processo de execução a prescrição intercorrente, nos termos da nova previsão legal do art. 11-A da CLT, que assim dispõe: "Art. 11-A. Ocorre a prescrição intercorrente no processo do trabalho no prazo de dois anos. § 1º A fluência do prazo prescricional intercorrente inicia-se quando o exequente deixa de cumprir determinação judicial no curso da execução. § 2º A declaração da prescrição intercorrente pode ser requerida ou declarada de ofício em qualquer grau de jurisdição."

Lei n. 13.467/2017), garantindo a aplicação direta das disposições já previstas no Código de Processo Civil de 2015 (arts. 133 a 137 do CPC), e priorizando a segurança jurídica, principalmente no que atine à aplicação do princípio do contraditório antecipado (arts. 9º[5] e 10[6] do CPC).

A partir da reforma trabalhista da Lei n. 13.467/2017, o estudo da responsabilidade patrimonial dos sócios passa a adotar um modelo processual da desconsideração da personalidade jurídica previsto no Código de Processo Civil (arts. 133 a 137) na própria CLT, e também com a regra específica da limitação da responsabilidade do sócio que se retira da sociedade empresarial (art. 10-A da CLT)[7]. Entretanto, não há alteração quanto ao fundamento de direito material para a desconsideração da personalidade jurídica no processo trabalhista que, em relação aos créditos de trabalhadores, dispensa a verificação dos pressupostos do art. 50 do Código Civil brasileiro.

Tampouco se limitará a execução direta da pessoa física diante da situação em que a pessoa física do sócio atuar com *infração à lei*, ou ao *estatuto* da sociedade empresarial. Equivocamente tratada como desconsideração na jurisprudência, esta situação sempre foi diferenciada.

Com fundamento próprio à desconsideração da personalidade jurídica quanto ao crédito do trabalhador, a justificativa doutrinária ainda prevalece, numa construção jurídica que diferencia os pressupostos da desconsideração de acordo com a titularidade do crédito na execução, diferenciando critérios para empresas, associações (e, de modo específico, os sindicatos) e fundações. E isto também reflete na definição de pressupostos da desconsideração da personalidade jurídica inversa.

Por fim, a inclusão do art. 855-A na Seção IV, do Capítulo III (Dos dissídios Individuais), do Título X (Do Processo Judiciário do Trabalho) não apenas incorpora as disposições do Código de Processo Civil quanto à forma como proceder a desconsideração da personalidade jurídica, mas especialmente regula a interposição de recursos contra as decisões no incidente, questão da maior relevância diante da tipicidade recursal no âmbito trabalhista.

2. ORIGEM E EVOLUÇÃO LEGAL DA TEORIA DA DESCONSIDERAÇÃO DA PERSONALIDADE JURÍDICA

A desconsideração da personalidade jurídica é uma forma de superação da autonomia patrimonial decorrente da personificação de um contratante. A pessoa jurídica possui personalidade e patrimônios próprios (art. 45 do CCB), respondendo por todas as obrigações contratadas. Seus componentes estão protegidos pelo caráter autônomo reconhecido à organização e patrimônio constituídos na pessoa jurídica. Por meio da desconsideração da personalidade jurídica supera-se a divisão patrimonial, atingindo-se, diretamente, o patrimônio das pessoas físicas. Subestimam-se os efeitos da personificação no caso concreto, atingindo-se o patrimônio dos sócios componentes da pessoa jurídica.

Essa figura jurídica foi construída a partir de uma teoria que se originou do mau uso da pessoa jurídica com finalidade de manipular a responsabilidade patrimonial, eximindo os sócios de empresa em face à separação de patrimônios decorrentes da autonomia e capacidade da pessoa jurídica para entabular os negócios.

Também conhecida como *disregard doctrine*, surgiu a partir de dois casos relevantes. A primeira manifestação da jurisprudência pela desconsideração da personalidade jurídica ocorreu em 1809, no caso *Bank of United States vs Deveaux*[8], nos EUA. Em 1897, na Inglaterra foi julgado o caso *Salomon vs Salomon & Co Ltda*.

Nestes casos históricos e precursores houve a desconsideração da personalidade jurídica. Muitos outros casos tomaram as hipóteses julgadas como critério de decisão, perante o direito anglo-saxão. Para que a utilização da teoria fosse organizada fora desse sistema, Rolf Serik, jurista alemão, pesquisou as hipóteses julgadas na década de 1950. O trabalho deste doutrinador alemão foi o de sistematizar os casos, a fim de transportar a ideia da desconsideração do sistema anglo-saxão para o sistema romano-germanístico, que modela os institutos jurídicos segundo pressupostos e conceitos pré-estabelecidos

Com essa sistematização, a desconsideração da personalidade jurídica passou a ser aplicada com cumprimento dos pressupostos de abuso de direito e de fraude.

---

(5) Art. 9º do CPC: "Não se proferirá decisão contra uma das partes sem que ela seja previamente ouvida. (...)".

(6) Art. 10 do CPC: "O juiz não pode decidir, em grau algum de jurisdição, com base em fundamento a respeito do qual não se tenha dado às partes oportunidade de se manifestar, ainda que se trate de matéria sobre a qual deva decidir de ofício".

(7) Art. 10-A. O sócio retirante responde subsidiariamente pelas obrigações trabalhistas da sociedade relativas ao período em que figurou como sócio, somente em ações ajuizadas até dois anos depois de averbada a modificação do contrato, observada a seguinte ordem de preferência: I – a empresa devedora; II – os sócios atuais; e III – os sócios retirantes. Parágrafo único. O sócio retirante responderá solidariamente com os demais quando ficar comprovada fraude na alteração societária decorrente da modificação do contrato.

(8) Esse primeiro precedente teve natureza processual. O Juiz Marshall preservou a competência federal sobre *corporations*, entendendo que aquele caso envolvia controvérsia entre cidadãos americanos, conhecendo da causa que tinha como parte uma empresa, quando a Constituição Federal Americana (art. 3º, seção 2º) limita tal jurisdição às controvérsias entre cidadão de diferentes estados.

A teoria foi introduzida no Brasil por Rubens Requião, doutrinador do direito de empresa, no ano de 1969[9], quando realizou palestra na Universidade Federal do Paraná que, sucessivamente, publicou um artigo intitulado *"Abuso de direito e fraude através da personalidade jurídica"*[10].

A partir da vigência do Código de Defesa do Consumidor (Lei n. 8.078/90), a regra do § 5º de seu art. 28 surgiu como fundamento de direito material para a desconsideração da personalidade jurídica e foi intensamente adotado na execução trabalhista, situação que até hoje se constata. Este dispositivo legal é o fundamento de direito material que, de modo recorrente e até hoje, fundamenta as decisões da jurisprudência trabalhista. Os julgados da Justiça do Trabalho repetidamente informam que tal artigo é a personificação da teoria menor, que seria adequada às características do crédito trabalhista, oriundo de direitos sociais e tipicamente alimentar.

Sucessivamente, outras disposições legais trataram da desconsideração, a saber: a Lei Antitruste (Lei n. 8.894/1994, art. 18[11]) e a Lei Ambiental (Lei 9.605/99, art. 4º[12]). E, atualmente o art. 50 do Código Civil brasileiro[13].

A previsão do § 5º, art. 28 da Lei n. 8.078/92 dispõe no sentido de que [...] *Também poderá ser desconsiderada a pessoa jurídica sempre que sua personalidade for, de alguma forma, obstáculo ao ressarcimento dos prejuízos causados aos consumidores* e, de certo modo, repete as disposições do art. 18 da Lei Antitruste e art. 4º da Lei Ambiental.

Contudo, a delimitação dos pressupostos para a desconsideração da personalidade no Brasil somente se fez a partir do Código Civil de 2002 (art. 50). O Código Civil, na busca de uma solução que intencionou objetivar os pressupostos para a desconsideração da personalidade jurídica, condicionou a superação da autonomia patrimonial à verificação de desvio de finalidade ou confusão patrimonial entre os componentes e a própria pessoa jurídica. Nestes pressupostos justifica-se, na lei civil, a confusão patrimonial e a ilimitação da responsabilidade dos sócios pessoas físicas.

Enfatize-se que o art. 50 do CCB não é aplicável, como regra, para a desconsideração da personalidade jurídica no direito do trabalho, cuja responsabilidade em execução trabalhista depende exclusivamente da insolvência da devedora de crédito trabalhista. Mas a titularidade do crédito, como se verá, é essencial para determinar o regramento de direito material adequado à solução da desconsideração da personalidade jurídica.

A razão da solução trabalhista quanto a desconsiderar a personalidade jurídica diante a mera insolvência do devedor (empresa) não pode ficar limitada na regra do art. 28 do Código de Defesa do Consumidor. Bem analisada, a norma é falha e não representa fundamento jurídico que sustente uma conclusão acerca da imputação de responsabilidade ilimitada ao sócio. E, de fato, a origem da *teoria menor*, amplamente adotada na jurisprudência trabalhista, foi de crítica de Fábio Ulhoa Coelho a este dispositivo legal. Não se trata, ao reverso do que amplamente apregoado de construção jurídica de um instituto próprio às lides trabalhistas .

3. O FUNDAMENTO TRABALHISTA PARA A IMPUTAÇÃO DE RESPONSABILIDADE PATRIMONIAL AO SÓCIO PESSOA FÍSICA

As dificuldades para a quitação de dívidas trabalhistas remontam a décadas. Há uma cultura na sociedade brasileira de que a dívida trabalhista possa deixar de ser paga, sem que isto implique ao devedor sequer constrangimento. Aliado e como pressuposto deste comportamento, a forma de constituição das sociedades empresariais beira à irresponsabilidade social. A facilidade com que se constitui uma empresa, sem necessidade de integração do capital social ou de sua correspondência de lastro à atividade econômica desenvolvida ocasionam invariáveis impossibilidades econômicas quanto ao cumprimento das obrigações assumidas pela pessoa jurídica.

Conjugar a necessidade de realização dos direitos sociais, com efetividade da execução trabalhista e o pagamento das dívidas decorrentes da judicialização dos conflitos, com o modelo jurídico existente no país não tem sido tarefa fácil ao Poder Judiciário.

---

(9) REQUIÃO, Rubens. Abuso de direito e fraude através da personalidade jurídica. In: *Revista dos Tribunais,* São Paulo, Revista dos Tribunais, Ano 58, v. 410, 1969.

(10) Referência Livro.

(11) Art. 18 da Lei n. 8.894/94: "A personalidade jurídica do responsável por infração da ordem econômica poderá ser desconsiderada quando houver da parte deste abuso de direito, excesso de poder, infração da lei, fato ou ato ilícito ou violação dos estatutos ou contrato social. A desconsideração também será efetivada quando houver falência, estado de insolvência, encerramento ou inatividade da pessoa jurídica, provocados por má administração".

(12) Art. 4º da Lei n. 9.605/98: "Poderá ser desconsiderada a pessoa jurídica sempre que sua personalidade for obstáculo ao ressarcimento de prejuízos causados à qualidade do meio ambiente"

(13) Art. 50 do CCB: "Em caso de abuso da personalidade jurídica, caracterizado pelo desvio de finalidade ou confusão patrimonial, pode o juiz decidir, a requerimento da parte, ou do Ministério Público quando lhe couber intervir no processo, que os efeitos de certas e determinadas relações de obrigações sejam estendidos aos bens particulares dos administradores ou sócios da pessoa jurídica".

Não se pode esquecer que a sociedade empresarial é a única exercente da atividade econômica no país. E, assim, possui proteção constitucional, especialmente pela adoção do princípio da preservação da empresa, decorrente da aplicação do art. 170 da Constituição Federal. A importância da empresa no país não pode ser considerada em segundo plano. Ela é a principal contratante de trabalho no Brasil.

A par disto, a própria história da formação dos tipos das sociedades empresariais interfere nos limites da satisfação da dívida trabalhista. Isto porque, dependendo do tipo societário, a pessoa física que seja sócia de empresa tem responsabilidade patrimonial limitada ao capital social. Esta é a regra de direito de empresa, com forte interferência da construção do direito econômico. O empresário desenvolve a atividade econômica, assumindo o risco do empreendimento tendo a garantia de que seu patrimônio pessoal estará preservado diante dos credores da sociedade empresarial. É assim que diante da autonomia patrimonial da empresa e da limitação da responsabilidade societária, são atraídos pequenos e médios investidores à atividade econômica.

Todo esse raciocínio confunde-se com as *causas* que definiram nos tipos societários a limitação da responsabilidade dos sócios[14]. Na época da criação da sociedade por quotas de responsabilidade limitada pretendia-se realizar captação de dinheiro, mas com uma estrutura menor do que a da sociedade anônima. Uma nova estrutura empresarial deveria limitar os riscos para atrair investidores de pequeno e médio porte. Por isto, a sociedade por quotas de responsabilidade limitada (hoje sociedade limitada) teve a construção de um tipo societário em que a responsabilidade pessoal dos sócios fosse limitada à integralização do capital subscrito.

Justificando o aumento do risco para quem contratasse com esse tipo societário, partiu-se da premissa de que na contratação com uma sociedade de responsabilidade limitada envolveria uma negociação de risco, que representaria, segundo as garantias que a sociedade pudesse outorgar ao contratante, em acréscimo patrimonial ao contratado. Essa negociação do risco seria pressuposto de cada um dos contratos celebrados pela sociedade empresarial.

Ocorre, entretanto, que esse fundamento não se aplica ao credor trabalhista, porque este não tem condições de negociar qualquer risco ao entabular contrato de trabalho.

3.1. O credor trabalhista

Diz-se que o credor trabalhista não é credor negocial, já que não possui informações acerca da situação econômica da empresa quando entabula o contrato de trabalho e, tampouco, detém poder de barganha para negociar melhor remuneração quando uma empresa não lhe dê garantia econômica de cumprimento de suas obrigações trabalhistas. Não só o credor trabalhista é credor não negocial. Também os são o credor de obrigação oriunda de ato ilícito, o Estado, e o consumidor.

Frise-se que nenhum desses sujeitos, ao entabular contratos, podem discutir cláusulas e avaliar a condição econômica do outro contratante, exigindo garantias econômicas do cumprimento da obrigação. Desse modo, uma vez insolvente a sociedade empresarial que contrate um trabalhador (ou quaisquer dos demais credores não negociais) afasta-se a limitação da responsabilidade societária, passando todos os sócios a responder na execução trabalhista como sócios de responsabilidade ilimitada. A desconsideração da personalidade jurídica é, então, simples superação da personificação, para atingir o patrimônio pessoal do sócio.

Portanto, tornando-se a empresa, devedora trabalhista, insolvente, o juiz procede a desconsideração da personalidade jurídica para superar a autonomia patrimonial decorrente da personificação da sociedade empresarial, realizando um reequilíbrio dos riscos da contratação, e direcionando a execução contra sócios que passam a ter responsabilidade ilimitada.

Isto justifica plenamente que se realize a desconsideração da personalidade jurídica no processo trabalhista, sem o necessário cumprimento dos pressupostos do art. 50 do CCB. Há, na verdade, dois passos para se chegar ao patrimônio da pessoa física que seja sócio de empresa: primeiro, elimina-se a separação patrimonial decorrente do fato de o contratante (empregador) ser pessoa jurídica; e na sequência, considerando-se que a limitação da responsabilidade societária não se opõe ao credor não negocial (no caso, o trabalhador), considera-se que o sócio de sociedade insolvente passe a ter responsabilidade ilimitada, motivo que viabiliza que seu patrimônio pessoal responda por dívidas trabalhistas.

Essa construção jurídica da ilimitação da responsabilidade dos sócios de sociedade empresária possui fundamento no próprio direito societário, não concorrendo para essa solução qualquer norma jurídica prevista na legislação trabalhista ou no direito civil.

Calixto Salomão Filho assim escreve sobre a solução da desconsideração da personalidade jurídica na dívida trabalhista:

> (...) Assim é que se podem individuar dois tipos de credores, cada um deles internamente heterogêneo, mas que podem sujeitar-se, sem grande risco de erro, aos pressupostos básicos de cada uma das teorias.
>
> O primeiro grupo é composto pelos credores profissionais ou institucionais, geralmente instituições

---

(14) BASTOS, Bianca. *Limites da responsabilidade trabalhista na sociedade empresária; a despersonalização do empregador como instrumento para vinculação do patrimônio do sócio*. São Paulo: LTr, 2011. p. 56/81.

financeiras. Com relação a eles é possível pressupor a existência de livre mercado. Portanto, com relação a eles pode-se presumir a possibilidade de, com emprego de diligência normal do bom comerciante, informar-se sobre o risco envolvido na transação e, ao mesmo tempo, negociar esse risco com a sociedade. (...)

O segundo grupo, ao contrário é composto de todos aqueles credores aos quais não se pode aplicar a hipótese da concorrência perfeita. Nele estão compreendidos, portanto, tanto os credores de delito, que não negociaram com a sociedade, como os credores que tiveram a possibilidade teórica, mas não efetiva de informar-se sobre a situação da sociedade – ou, em termos mais técnicos; não têm o dever de informar-se em face de seus escassos meios econômicos e do alto custo da informação.

Esse grupo é composto tipicamente por pequenos fornecedores e por empregados.[15]

Esse estudo de direito de empresa, quanto à limitação da responsabilidade societária, é fundamental para determinar o redirecionamento da execução de crédito de trabalhador contra o patrimônio dos sócios. É importante destacar que há substrato para toda a atuação da execução trabalhista no próprio direito de empresa e no direito econômico. É certo que não há ainda uma previsão legal específica e clara neste sentido, sendo o estudo de origem doutrinária.

Mas certamente a construção jurídica acima exposta é consistente e traz solução para todas as situações da execução trabalhista.

3.2. Teoria menor. A impropriedade do art. 28 do Código de Defesa do Consumidor

Como exposto, não se justifica o fundamento da limitação da responsabilidade dos sócios frente ao crédito do trabalhador, quando a empresa se torne insolvente. Seria possível assim eleger-se o art. 28 do Código de Defesa do Consumidor (Lei n. 8.078/90) como regra escrita desta posição jurídica. Mas é equivocado o entendimento de que houve a construção de uma teoria com base neste dispositivo legal. Não é correto concluir que a inexigibilidade da presença dos pressupostos do art. 50 do Código Civil decorre da previsão do art. 28 da Lei n. 8.078/90.

Um estudo evolutivo dos comentários a essa disposição legal leva a outra conclusão. Na verdade, Fábio Ulhoa Coelho fez severa crítica ao texto do art. 28 do Código de Defesa Consumidor.

E, de fato, a redação do *caput* art. 28 do CDC possui atecnia visível. Dispõe referida disposição legal:

> Art. 28. O juiz poderá desconsiderar a personalidade jurídica da sociedade quando, em detrimento do consumidor, houver abuso de direito, excesso de poder, infração da lei, fato ou ato ilícito ou violação dos estatutos ou contrato social. A desconsideração também será efetivada quando houver falência, estado de insolvência, encerramento ou inatividade da pessoa jurídica provocados por má administração.
> (...) § 5º Também poderá ser desconsiderada a pessoa jurídica sempre que sua personalidade for, de alguma forma, obstáculo ao ressarcimento de prejuízos causados aos consumidores.

Como escreve este autor, analisando o dispositivo legal transcrito, a existência de *abuso de direito, excesso de poder, infração da lei, fato ou ato ilícito ou violação dos estatutos sociais*, impõem a responsabilidade direta e pessoal do sócio-administrador. Não ocorre aqui a desconsideração da personalidade jurídica.

Trata-se de responsabilidade decorrente da prática de ato ilícito, antiga previsão dos art. 10 do Decreto n. 3.708/19[16] (lei das sociedades por cotas de responsabilidade limitada), art. 158 da Lei n. 6.404/76[17] (lei das sociedades anônimas) e do atual art. 1.016[18] do Código Civil Brasileiro. Portanto, todas essas hipóteses dispensam a desconsideração da personalidade jurídica.

De outro lado, a existência de falência (no caso de empresa) ou de insolvência ou encerramento de atividade (hipótese de devedor pessoa física ou jurídica de natureza não empresarial) impõe aplicação de regras próprias previstas em legislação especial. Na falência, inegavelmente, aplicam-se as regras do juízo universal, onde concorrem todos os credores.

A natureza diversa dos créditos que compõem o quadro geral de credores (quirografários e privilegiados de diversas naturezas) impõe a aplicação de critério único para a desconsideração. Portanto, a desconsideração da personalidade jurídica realizada incidentalmente na execução trabalhista, em relação a empresa falida viola, num primei-

---

(15) SALOMÃO FILHO, Calixto. *O novo direito societário*. 3.ed. São Paulo: Malheiros, p. 245/246.

(16) Art. 10, Decreto n. 3.708/19: "Os sócios-gerentes ou os que derem nome à firma não respondem pessoalmente pelas obrigações contraídas em nome da sociedade, mas respondem para com esta e para com terceiros solidária e ilimitadamente pelo excesso de mandato e pelos atos praticados com violação do contrato ou da lei"

(17) Art. 158, Lei n. 6.404/76: "O administrador não é pessoalmente responsável pelas obrigações que contrair em nome da sociedade e em virtude de ato regular de gestão; responde, porém, civilmente, pelos prejuízos que causar, quando proceder: I – dentro de suas atribuições ou poderes, com culpa ou dolo; II – com violação da lei ou do estatuto"

(18) Art. 1.016, CCB: "Os administradores respondem solidariamente perante a sociedade e os terceiros prejudicados, por culpa no desempenho de suas funções"

ro plano, regra de competência (a do juízo universal da falência) e, em segundo, causa a inversão das prioridades previstas na Lei n. 11.101/05, quanto ao quadro geral de credores. E, pode, inclusive, preterir os próprios credores trabalhistas que habilitaram seus créditos na falência, com limite de recebimento de créditos a 100 salários mínimos, em relação àqueles que obtiverem a continuidade da execução trabalhista na Justiça do Trabalho.

Diante disto, respeitadas posições contrárias e a forte jurisprudência que admite a desconsideração de personalidade na execução trabalhista após a falência da empresa, há que se considerar que após a falência, diante da aplicação da Lei de Recuperação Judicial e Falência (Lei n. 11.101/2005), o pagamento de todas as dívidas deve ser realizado no juízo falimentar, sendo que lá deve ser decidida a possibilidade de desconsideração da personalidade jurídica.

Por fim, o § 5º do art. 28 da Lei n. 8.078/1990 atende à formulação do direito de empresa, no sentido de que a insolvência da empresa autoriza a ilimitação da responsabilidade societária no caso de dívida de credor não negocial. Não há dúvida que, tanto quanto o trabalhador, o consumidor também reveste a qualidade de credor não negocial. Todavia, a leitura do dispositivo não é clara neste sentido.

E foi por isto que o criticou Fábio Ulhoa Coelho, na 6ª edição de seu Curso de Direito Comercial afirmou que a aplicação da *disregard doctrine* sem a observância de pressupostos subjetivos não atenderia à correta aplicação da teoria da desconsideração, refletindo uma *teoria menor* do que a construída no direito de empresa[19]. A crítica foi tomada como uma interpretação favorável da norma ao cumprimento da desconsideração sem os pressupostos do art. 50 do CCB, quando seu sentido era justamente o oposto. Aliás, Fábio Ulhoa Coelho sempre foi adepto do caráter subjetivista da *desconsideração da personalidade jurídica*, defendendo como pressuposto da incidência da desconsideração o mau uso da pessoa jurídica, com vistas a prejudicar terceiros. Noutra edição (12. ed.) da mesma obra, o autor enfatizou sua posição:

> "Em 1999, quando era significativa a quantidade de decisões judiciais desvirtuando a teoria da desconsideração, cheguei a chamar sua aplicação incorreta de "teoria menor". Mas a evolução do tema na jurisprudência brasileira não permite mais falar-se em duas teorias distintas, razão pela qual esses conceitos de "maior" e "menor" mostram-se, agora, felizmente, ultrapassados"

Assim, muito embora prevaleça na execução trabalhista o critério de direito material que conduz à desconsideração da personalidade jurídica da empresa e a vinculação do patrimônio do sócio pelo critério da insolvência, a melhor solução a ser adotada é aquela ditada pela doutrina.

4. A DESCONSIDERAÇÃO DA PERSONALIDADE JURÍDICA QUANTO A CRÉDITOS DO SINDICATO

As consequências da adoção do fundamento de que a execução trabalhista se direciona ao sócio pelo critério da insolvência apenas quando o credor for trabalhista são substanciais. Basta compreender que esse critério é restrito ao credor não negocial que, na execução trabalhista, são trabalhadores (créditos oriunda da relação de trabalho abrangida a relação de emprego) e o Estado (crédito decorrente de multas administrativas). Apartado desse enquadramento, encontram-se os sindicatos.

De fato, não há como considerar o ente sindical, detentor de garantias e prerrogativas constitucionais (art. 8º da CF) como credor não negocial. O detentor da autonomia privada coletiva, que através de negociação coletiva estabelece normatividade para grupos, não pode ser considerado hipossuficiente, como o é o trabalhador quando entabula relação de trabalho ou de emprego.

Não obstante, é corriqueira na execução trabalhista a desconsideração da personalidade jurídica de pequenas e médias empresas para vincular patrimônio de sócios na execução de contribuições sindicais e assistenciais.

Entretanto, a vinculação do sócio para a quitação de crédito cujo titular seja ente sindical deveria ter aplicado o art. 50 do CCB, de modo que fosse realizada após a comprovação de que o sócio indicado atuou com abuso no uso da pessoa jurídica ou que houve confusão entre o patrimônio da sociedade e do sócio a que se pretende imputar a responsabilidade pela dívida.

O exame das lides trabalhistas revela que a aplicação indiscriminada no §5º do art. 28 da Lei n. 8.078/1990 leva a essa distorção. O sindicato, via de regra, se beneficia da aplicação do critério da insolvência da empresa, usurpando de uma condição que não detém, que é a hipossuficiência.

4.2. Desconsideração em associações e *fundações*

De outra parte, há devedores que, a quem não se pode legitimamente imputar responsabilidade ilimitada, mesmo que se tornem insolventes. É o caso das associações.

Na hipótese em que uma associação se torne insolvente, o redirecionamento imediato da execução contra pessoas físicas que componham a pessoa jurídica não deve se realizar sem a comprovação de abuso da pessoa jurídica. Há que se evidenciar os pressupostos específicos do art. 50 do Código Civil Brasileiro.

Deve ser considerado que a associação é pessoa jurídica sem finalidade lucrativa e que seus componentes não

---

(19) *Curso de direito comercial*. 7. ed. São Paulo: Saravia, v. 2, p. 235.

respondem por suas dívidas. A menos que haja abuso da personalidade jurídica ou confusão patrimonial, pressupostos estampados no art. 50 do CCB.

Além disto, responderão os associados diretamente e sem necessidade de desconsideração, quando na administração da associação praticarem ato ilícito na gestão da pessoa jurídica, regra decorrente da responsabilidade civil pela prática de ato ilícito.

A distorção decorrente da aplicação do critério da insolvência para associações é ilustrada com precedentes jurisprudenciais em que presidentes de associações (ou mesmo de fundações) têm seu patrimônio pessoal vinculados a dívidas trabalhistas e não conseguem se defender diante do embasamento da decisão na disposição legal genericamente estampada no § 5º do art. 28 do CDC. E de fato, a aplicação textual do § 5º do art. 28 da Lei n. 8.078/90 apenas requer a insolvência da pessoa jurídica, sem considerar tratar-se de empresa, associação ou fundação.

Exemplificativamente, a aplicação literal do dispositivo citado não excepciona aqueles que participam de entidades de filantropia que, por questões de insucesso, sem ocorrência de fraude ou de abuso, se tornem insolventes, o que não é incomum, frente a ausência de políticas públicas de amparo social e iniciativas louváveis da sociedade civil para suprir a deficiência do Estado.

O que se vê nos casos concretos são situações em que a jurisprudência titubeia entre vincular ou não o patrimônio da pessoa física, trazendo enorme insegurança jurídica àqueles que integram associações e, porque não dizer, desestimulando a prática filantrópica.

4.3. Pressupostos legais na desconsideração da personalidade jurídica inversa

Por fim, pode-se ilustrar a propriedade do critério formulado no direito de empresa, tomando-se como exemplo a desconsideração da personalidade jurídica inversa. Esta ocorre quando a sociedade empresarial responda por dívida de sócio. Oriunda do direito de família, essa imputação de responsabilidade decorre da jurisprudência, estampada em julgados em que pessoas físicas, para se desonerarem em processos de partilha de divórcios litigiosos, transferiam todo seu patrimônio para as pessoas jurídicas das quais eram sócios, utilizando a autonomia decorrente da personificação para fraudar a meação de bens. Tão repetidos foram os casos práticos, que a desconsideração inversa passou a ser uma categoria jurídica entre nós.

Contudo, a presença dos pressupostos legais do art. 50 do CCB sempre foram detectáveis nas hipóteses concretas, já que se trata de caso típico de abuso de personalidade jurídica e confusão patrimonial.

Em seara trabalhista, trata-se de situação de difícil, mas não de impossível aferição. Todavia, os pressupostos sempre deverão ser averiguados, porque não se trata de hipótese em que há uma atribuição de responsabilidade por ilimitação de responsabilidade societária, mas por abuso de personalidade jurídica.

5. DISPENSA DA DESCONSIDERAÇÃO NA RESPONSABILIDADE DIRETA E PESSOAL DO ADMINISTRADOR

Embora aventado anteriormente[20], é relevante destacar que quando há abuso ou prática de ato ilegal por gestor de pessoa jurídica (sociedade empresarial, associação ou fundação) há responsabilidade direta e pessoal.

O sócio de sociedade empresária, o associado ou qualquer outro administrador que atuar com infração à lei, responde diretamente por responsabilidade civil, já que pratica ato ilícito. Neste sentido o atual art. 1.016 do CCB.[21]

Duas situações devem ser consideradas, nesta hipótese. Primeiro, que o descumprimento de obrigações trabalhistas não se inserem no rol que caracteriza a "infração à lei". Embora os direitos trabalhistas tenham relevância inquestionável e sejam de origem constitucional, a falta de pagamento de parcelas trabalhistas constitui infração de ordem contratual. Segundo, é que o ato ilícito deve estar provado nos autos do processo trabalhista.

Não se deve ver aqui uma restrição ao crédito do trabalhador. Antes, revela-se o correto enquadramento desta responsabilidade como mais uma possibilidade de saldar o crédito trabalhista.

A execução trabalhista conta com 16 artigos na CLT e com critérios de responsabilização arraigados na jurisprudência que, normalmente, se limita a decisões de Tribunais Regionais, dado os limites recursais do agravo de petição. A ausência de dispositivos sistematizados sobre a responsabilidade trabalhista traz algumas dificuldades na aplicação da lei.

Entretanto, há possibilidades de trabalhar na execução de forma efetiva, aplicando-se as hipóteses de forma fundamentada e consistente. Produzir prova de má gestão é uma situação que pode perfeitamente se incorporar na rotina de trabalho de juízes e advogados, possibilitando maior efetividade na execução.

6. A LIMITAÇÃO DA RESPONSABILIDADE PATRIMONIAL DO SÓCIO-RETIRANTE

A reforma trabalhista trouxe norma específica no novo art. 10-A, acrescido pela Lei n. 13.467/2017, que assim dispõe:

---

(20) Os dispositivos legais que autorizam a imputação de responsabilidade pessoal e direta ao gestor que pratique ato ilícito encontram-se transcritos nas notas de números * a *

(21) Art. 1.016 do CCB.

Art. 10-A. O sócio retirante responde subsidiariamente pelas obrigações trabalhistas da sociedade relativas ao período em que figurou como sócio, somente em ações ajuizadas até dois anos depois de averbada a modificação do contrato, observada a seguinte ordem de preferência:

I – a empresa devedora;

II – os sócios atuais e;

III – os sócios retirantes

Parágrafo único. O sócio retirante responderá solidariamente com os demais quando ficar comprovada fraude na alteração societária decorrente da modificação do contrato.

Inicialmente a questão posicional da norma traz alguma dúvida. O art. 10 da CLT (e também o art. 448) tradicionalmente disciplinam a sucessão trabalhista, que é forma de responsabilidade patrimonial decorrente de transferência obrigacional. Na sucessão, o sucessor assume a responsabilidade patrimonial pelas obrigações do sucedido.

Diferente é a hipótese de responsabilidade patrimonial dos sócios, que decorre de atribuição de responsabilidade societária, diante da insolvência da empresa. Ainda que se considere a pessoa do sócio de sociedade civil, há atribuição de responsabilidade, mesmo que se aplique o critério do abuso da personalidade jurídica.

Não se sustentaria a hipótese de transferência obrigacional. Porque o contratante não é exonerado de sua responsabilidade, como ocorre na sucessão trabalhista.

Demais, o art. 10-A da CLT limita a responsabilidade de ex-sócio, questão tormentosa nos Tribunais, que se dividiam diante da aplicação ou não dos arts. 1.003[22] e 1.032[23] do Código Civil Brasileiro. Agora a divergência jurisprudencial será superada e o ex-sócio não responderá em processos propostos depois de 2 (dois) anos da averbação da alteração do contrato social de sua exclusão do quadro societário, remanescendo a responsabilidade dos sócios atuais e da própria sociedade empresarial.

A questão aqui não é a aplicação textual do artigo, de fácil compreensão, mas sim a mudança da cultura brasileira em relação à constituição das sociedades empresariais. As execuções trabalhistas revelam uma enorme informalidade na inclusão e retirada de sócios.

E a formalização da exclusão do quadro societário em processos trabalhistas em que há necessidade da desconsideração da personalidade jurídica, normalmente ocorre em relação a sociedades empresárias em que as alterações societárias são fraudulentas. Infelizmente, esta é uma realidade constatável no dia a dia das execuções trabalhistas. E para sanar este abuso, o parágrafo único do art. 10-A da CLT previu a solidariedade.

Desse modo, na prática a tendência das execuções trabalhistas será a de autorizar a desconsideração da personalidade jurídica diante da insolvência da empresa e vincular o ex-sócio por prática societária fraudulenta. Obviamente que as decisões deverão conter fundamentos probatórios nos autos, o que não será de difícil constatação, já que a vinculação do ex-sócio sempre é realizada com a observância de benefício de ordem e, portanto, quando a pessoa jurídica devedora e os sócios atuais são inadimplentes. Como se vê, o ex-sócio é o último recurso de que se vale o credor para recebimento de seu crédito.

7. A OBRIGATORIEDADE DO INCIDENTE DE DESCONSIDERAÇÃO DO ART. 855-A DA CLT

O art. 855-A da CLT não traz grande inovação à seara trabalhista, tendo em conta a legislação processual inaugurada em 2016. Já pelo Código de Processo Civil de 2015, vigente a partir de março de 2016, a aplicação dos artigos 133 a 137 do CPC à execução trabalhista tornou regra processual. A própria Instrução Normativa n. 39 do Tribunal Superior do Trabalho preconizou a aplicação das novas disposições processuais à execução trabalhista[24]. E isto é decorrência lógica da supletividade das normas processuais gerais, decorrente da previsão do art. 769 da CLT.

Certamente, a alteração ficou por conta da iniciativa na desconsideração, porquanto a Instrução Normativa n. 06 assegurou a iniciativa judicial, agora incompatível com a atual redação do art. 878 da CLT[25], já que após a reforma trabalhista o impulso oficial na execução ficou restrito a processos em que a parte não esteja assistida por advogado.

Há uma coerência na reforma trabalhista quanto a aplicação integral das disposições processuais do novo Código de Processo Civil. Os demais artigos de cunho processual

---

(22) Art. 1.003, CCB. "A cessão total ou parcial de quota, sem a correspondente modificação do contrato social com o consentimento dos demais sócios, não terá eficácia quanto estes e à sociedade. Parágrafo único. Até dois anos depois de averbada a modificação do contrato, responde o cedente solidariamente com o cessionário, perante a sociedade e terceiros, pelas obrigações que tinha como sócio.

(23) Art. 1.032, CCB: "A retirada, exclusão ou morte do sócio, não o exime, ou a seus herdeiros, da responsabilidade pelas obrigações sociais anteriores, até dois anos após averbada a resolução da sociedade; nem nos dois primeiros casos, pelas posteriores e em igual prazo, enquanto não se requerer a averbação"

(24) Art. 6º, IN 39 do TST. Aplica-se ao Processo do Trabalho o incidente de desconsideração da personalidade jurídica regulado no Código de Processo Civil (arts. 133 a 137), **assegurada a iniciativa também do juiz do trabalho na fase de execução** (CLT, art. 878) (grifei)

(25) Art. 878, CLT: "A execução será promovida pelas partes, permitida a execução de ofício pelo juiz ou pelo Presidente do Tribunal apenas nos casos em que as partes não estiverem representadas por advogado"

da Lei n. 13.467/2017 possuem uma finalidade de comprometer a parte que litiga em juízo. Há todo um sistema de responsabilidade processual, integrado por normas que limitam a justiça gratuita (art. 790, § 4º da CLT) e estabelecem a sucumbência no processo trabalhista (art. 791-A, §4º).

E assim também quanto à responsabilidade na condução da execução trabalhista que, agora, é atribuída ao credor. Paralelamente, a reforma trabalhista trouxe a prescrição intercorrente, no art. 11-A da CLT. Isto significa que o processo do trabalho passa a outorgar ao jurisdicionado uma maior responsabilidade processual, de modo que ele deve dar impulso à cobrança de seu crédito. Sua inércia resultará em perda da pretensão executiva e na extinção do processo.

Respeitadas opiniões contrárias, é tempo de se valorizar a capacidade processual das partes e dos profissionais que as assistem. Se houver inércia, o Estado não deve manter o processo indefinidamente, porque o custo desta manutenção é arcado por toda a sociedade civil, através do pagamento de tributos. E se houver impossibilidade completa da satisfação da dívida, é tempo de se reconhecer que a execução, desde a Idade Média, é real e não pessoal. E desse modo, não havendo patrimônio do devedor a dívida, infelizmente, não será paga. Isto não é o desejável, mas decorre do sistema da própria teoria geral das obrigações e do nosso sistema jurídico.

Os instrumentos para responsabilização de pessoas físicas componentes de pessoas jurídicas pela desconsideração estão postos à disposição do credor, ao qual não foram criados limites que não existissem antes da reforma trabalhista.

Anote-se que ao estabelecer regras para a atribuição de responsabilidade à pessoa física, integrante de pessoa jurídica, o Código de Processo Civil, de aplicação direta ao processo do trabalho agora, por força da citada disposição do art. 855-A da CLT, o objetivo foi o de garantir o contraditório antecipado àquele que terá seu patrimônio constrito e vinculado à responsabilidade patrimonial de obrigação da qual não foi nominalmente o contratante.

Praticava-se o contraditório diferido, na medida em que o sócio poderia se defender, mas deveria garantir a execução (art. 884 da CLT) e apresentar embargos à execução. Isto muitas vezes penalizava a pessoa física incapaz de garantir todas as execuções trabalhistas movidas contra a empresa que integrou na condição de sócio, impedindo-a de exercer o contraditório.

Muito se discutia acerca da viabilidade da apresentação dos embargos de terceiro, na medida em que a jurisprudência trabalhista entendia que ao incluir o sócio no polo passivo da execução, este adquiria a qualidade de devedor e não poderia opor embargos de terceiro, que poderia ser distribuído sem comprometimento financeiro, porquanto nesta ação incidental se aplicava a disposição do art. 884 da CLT, mais o art. 674 do CPC.

Essa discussão ainda permeia processos anteriores à reforma trabalhista. Todavia, a partir da vigência do CPC de 2015 já não mais se justifica a divergência, na medida em que o inciso III do § 2º do art. 674 enquadra o sócio na figura de terceiro[26].

Assim, quer pelo incidente de desconsideração ou pela possibilidade de apresentação de embargos de terceiro, o sócio (ou ex-sócio), possuem instrumentos processuais de defesa, sem comprometimento patrimonial.

E, assim, as disposições do Código de Processo Civil, às quais são obrigatórias no processo do trabalho, diante da reforma trabalhista e da inserção do art. 855-A, são normas que dão eficácia ao princípio do devido processo legal (art. 5º, LV da CF), sendo salutar sua adoção para garantir segurança jurídica ao processo trabalhista.

7.1. O regramento recursal nas decisões em incidente de desconsideração da personalidade jurídica

Neste ponto o art. 855-A da CLT traz coerência ao sistema recursal trabalhista. A disposição do art. 1.015, inciso IV, do CPC estabelece que das decisões em incidente de desconsideração da personalidade jurídica cabe agravo de instrumento.

Mas diante do princípio da irrecorribilidade imediata das decisões interlocutórias no processo trabalhista (art. 893 da CLT) incompatível a disposição legal do processo civil, sendo apropriada a disposição do § 1º do art. 855-A da CLT, *in verbis*:

> Art. 855-A. Aplica-se ao processo do trabalho o incidente de desconsideração da personalidade jurídica previsto nos arts. 133 a 137 da Lei n. 13.105, de 16 de março de 2015 – Código de Processo Civil.
>
> § 1º Da decisão interlocutória que acolher ou rejeitar o incidente:
>
> I – na fase de cognição, não cabe recurso de imediato, na forma do §1º do art. 893 da Consolidação;

---

(26) Art. 674, CPC. (...) §2º. Considera-se terceiro, para ajuizamento dos embargos: I – o cônjuge ou companheiro quando defende a posse de bens próprios ou de sua meação, ressalvado o disposto no art. 843; II – o adquirente de bens cuja constrição decorreu de decisão que declara a ineficácia da alienação realizada em fraude à execução; III – quem sofre constrição judicial de seus bens por força de desconsideração da personalidade jurídica, de cujo incidente não fez parte; IV – o credor com garantia real para obstar expropriação judicial do objeto de direito real de garantia, caso não tenha sido intimado, nos termos legais dos atos expropriatórios respectivos.

II – na fase de execução, cabe agravo de petição, independentemente de garantia do juízo.
(...)

Portanto, para o caso de decisão de desconsideração da personalidade jurídica na fase de conhecimento, caberá o recurso ordinário, a ser interposto após a prolação da sentença. E, na fase de execução, o agravo de petição poderá ser interposto sem a garantia do juízo.

O acesso recursal na execução no sistema processual trabalhista é bastante limitado, eis que o agravo de petição somente é cabível contra decisões finais e, de seu acórdão é incabível o recurso de revista, salvo se houver afronta direta à norma da Constituição Federal. Portanto, a regra é no sentido de que na fase de execução a jurisprudência se uniformize nos tribunais regionais.

Não é o que ocorre na fase de conhecimento, já que o recurso ordinário desafia o recurso de revista tanto por divergência jurisprudencial como em relação à aplicação de lei federal.

Essa questão merece reflexão porque, a fim de limitar a interposição de recursos, o credor pode perfeitamente eleger a execução como a fase preferencial para postular a desconsideração da personalidade jurídica, limitando o acesso recursal.

Não há dúvida, que a uniformização da jurisprudência no Tribunal Superior do Trabalho se dará em acórdãos de recursos ordinários e que, portanto, haverá possibilidade de uniformizar a jurisprudência entre os tribunais. Porém, isto não resolve no caso concreto a questão do acesso recursal, frente a uma decisão a qual a parte se mostre inconformada com a posição do tribunal regional.

De outro lado, situação que mereceu atenção no § 2º do art. 855-A da CLT, foi a da dilapidação do patrimônio do sócio durante o processamento do incidente de desconsideração. Assim dispõe referido parágrafo:

Art. 855-A. (...)
§ 2º A instauração do incidente suspenderá o processo sem prejuízo de concessão da tutela de urgência de natureza cautelar de que trata o art. 301 da Lei n. 13.105, de 16 de março de 2015 (Código de Processo Civil)

A aplicação das medidas acautelatórias na execução não é novidade. Mas, diante do fato de o incidente suspender o processo, a lei trabalhista foi expressa no sentido de que a constrição patrimonial acautelatória é possível. Seria de qualquer modo, porquanto a tutela de urgência não está regulada na CLT, aplicando-se as normas do processo comum ao processo trabalhista. Mas a expressa previsão do art. 855-A, §2º da CLT impede qualquer discussão acerca desta possibilidade e aparelha o Judiciário a garantir a efetividade no cumprimento do crédito trabalhista.

Concedida a tutela de urgência com o arresto de bens do sócio, esta decisão interlocutória é irrecorrível, porquanto de natureza interlocutória.

Desse modo, garante-se a um só tempo, o contraditório para inclusão do sócio no processo trabalhista, o acesso recursal e a efetividade da execução pela possibilidade da utilização de instrumentos acautelatórios.

8. CONCLUSÃO

A responsabilidade patrimonial dos sócios por desconsideração da personalidade jurídica no âmbito trabalhista vem sendo praticada como meio de efetivação dos direitos sociais, para o pagamento de créditos trabalhistas, especialmente pela vinculação de sócios de sociedades empresariais insolventes.

A reforma trabalhista não apresenta inovações no aspecto do direito material, limitando-se a tornar obrigatória a aplicação da ferramenta processual prevista nos arts. 133 a 137 do CPC.

A disposição legal do § 1º do art. 133 do CPC, que estabelece a observância dos pressupostos legais para a desconsideração pareceu orientar o deferimento da desconsideração pela ocorrência das situações previstas no art. 50 do CCB, que não vem sendo adotado no processo trabalhista, que se orienta pela aplicação do § 5º do art. 28 da Lei n. 8.078/90. Assim tem se posicionado a jurisprudência trabalhista.

Ocorre que a disposição do § 5º do art. 28 do CDC não é adequada à melhor interpretação da *disregard doctrine* no processo do trabalho. Este artigo de lei não traz em si uma construção jurídica que fundamente a excepcionalidade de sua aplicação. E, demais, essa disposição legal se mostra inadequada à solução da desconsideração de personalidade jurídica quando os devedores são associações, fundações ou mesmo quando ocorra a desconsideração da personalidade jurídica inversa.

A conclusão acerca da aplicação da teoria da desconsideração da personalidade jurídica segundo o critério da insolvência da empresa melhor se fundamenta quando se considera a qualidade do titular do crédito. Tratando-se de crédito de trabalhador, o fato de se tratar de credor não negocial e de não ter negociado o risco econômico do contrato, justifica a desconsideração e permite o tratamento diferenciado das dívidas trabalhistas.

Quanto às normas processuais, a Reforma Trabalhista torna imperativa a aplicação do princípio do contraditório antecipado, disciplinando os recursos cabíveis e ressalvando a possibilidade da adoção de tutela de urgência, a fim de garantir a efetividade da execução.

Desse modo, agora legalmente regulada a matéria em sede trabalhista, descortinam-se possibilidades de aplicação e evolução da desconsideração da personalidade jurídica e de uma fundamentada responsabilização patrimonial dos sócios no Direito do Trabalho.

A Desproteção à Maternidade e a Possibilidade de Trabalho Insalubre pela Gestante e Lactante: A Monetização da Saúde do Nascituro

Cristiane de Mattos Carreira[1]

1. INTRODUÇÃO

Nos últimos meses, é tema recorrente na mídia a reforma trabalhista. Alguns a veneram como se ela fosse a solução para o problema de desemprego no país. Falam que as relações de trabalho precisam ser modernizadas e que a reforma é fundamental para essa modernização. Outros, a tratam como se fosse o fim da proteção social existente no país sobre a classe trabalhadora.

Diante desse caloroso debate, o presente artigo visa analisar as alterações promovidas pela Lei n. 13.467/2017 – Reforma Trabalhista na CLT, especificamente no que tange ao trabalho da gestante/lactante. Não se pretende esgotar o tema, mas tão somente contribuir com uma singela opinião sobre um assunto que afeta diretamente a saúde das novas gerações.

2. DO TRABALHO DA MULHER

Do ponto de vista histórico, houve uma alternância entre a participação ou não da mulher no mercado de trabalho. Segundo Arnaldo Süssekind, no Egito existia, em tese, uma relativa igualdade entre homens e mulheres, pois, embora auxiliasse o homem no campo, podia exercer o comércio, ser proprietária de indústria, bem como podia exercer a medicina. Todavia, isso não ocorria na Grécia, onde às mulheres competia o exercício de trabalhos domésticos[2].

Alice Monteiro de Barros[3] ressalta que durante os Séculos X ao XVI havia muitas profissões comuns a ambos os sexos, podendo-se afirmar que nessa época existiam mulheres exercendo as funções de médicas, professoras, escrivãs, não havendo grande discrepância entre os salários recebidos por ela.

Entretanto, como bem observa a referida autora, durante o Renascimento as mulheres perderam, gradativamente, várias atividades que lhe pertenciam. Com o advento da Revolução Industrial, o trabalho da mulher foi novamente solicitado, vez que o custo da sua mão de obra era menor.

No Brasil, o projeto do Código de Trabalho de 1917 garantia o trabalho da mulher sem autorização do marido, o que foi muito criticado na época. Por sua vez, o Decreto n. 21.417 de 17.05.1932 trouxe medidas de proteção à mulher, dentre as quais pode-se destacar a proibição de realização de trabalho noturno, insalubre e perigoso. Na sequência, em 1934, houve a criação do Instituto de Aposentadoria e Pensões dos Comerciários que, dentre outros benefícios, previu o salário-maternidade[4].

A criação do salário-maternidade foi importante, na medida em que não há como se pensar na proteção do trabalho da mulher, sem garantir um mecanismo de proteção social na hipótese dela dar a luz, mecanismo esse que deve simultaneamente garantir o salário da mulher durante um determinado período, sem, contudo, onerar o empregador, evitando-se, por consequência, a discriminação do trabalho da mulher.

A Constituição Federal de 1988, em seu art. 5º, *caput*, trouxe o princípio da isonomia entre homens e mulheres e, por consequência, não havia mais motivo para proibir o exercício de trabalhos insalubres, perigosos ou noturno pelas mulheres.

Percebe-se, dessa forma, que o tema participação da mulher no mercado de trabalho sempre esteve presente na história, sendo, ora permitido ou, ao menos tolerado e, ora

---

(1) Mestre em Direito do Trabalho pela PUC SP. Especialista em Direito Previdenciário, Civil e Processo Civil pela Escola Paulista de Direito. Professora Assistente no Curso de Pós-Graduação em Direito do Trabalho da PUC COGEAE. Professora do Curso de Graduação em Direito da UMC – Universidade de Mogi das Cruzes. Advogada.

(2) SÜSSEKIND, Arnaldo. MARANHÃO, Délio. VIANNA, Segadas. TEIXEIRA, Lima. *Instituições de Direito do Trabalho*. v. II. 19. ed. São Paulo: Editora LTr, 2000. p. 960.

(3) BARROS, Alice Monteiro de. *Curso de Direito do Trabalho*. 6. ed. São Paulo: Editora LTr, 2010. p. 1084

(4) SÜSSEKIND, Arnaldo. MARANHÃO, Délio. VIANNA, Segadas. TEIXEIRA, Lima. *Instituições de Direito do Trabalho*. v. II. 19. ed. São Paulo: Editora LTr, 2000. p. 966.

proibido. Contudo, no cenário atual, diante do disposto na Constituição Federal é vedada a discriminação entre homens e mulheres, motivo pelo qual atualmente qualquer forma de discriminação é proibida. Contudo, a igualdade material somente pode ser obtida tratando igualmente os iguais e desigualmente os desiguais, motivo pelo qual, em determinadas situações, será sim necessário um tratamento diferenciado à mulher.

Sobre a inserção da mulher no mercado de trabalho, interessante a colocação de Homero Batista Mateus da Silva[5], nos seguintes termos:

> "Quando bem analisada a questão, ainda que se corra o risco de fugir do tema jurídico que se pretende analisar, descobre-se que a presença ou ausência da mulher no mercado de trabalho tem muito mais que ver com os desígnios do capitalismo do que propriamente uma questão de segurança e saúde no trabalho, como pode parecer para o estudioso menos avisado. A época da revolução industrial, era absolutamente corriqueiro o trabalho da mulher, inclusive nas fábricas mais penosas e nas tarefas que exigiam carregamento de peso. Não se discutia essa compatibilidade e ele as mantinham lares tanto quanto as mulheres das décadas seguintes. (...) Tempos depois, entretanto, talvez por excesso de mão de obra, talvez por temer a concorrência mais capacitada das mulheres, o legislador afastou sistematicamente a mulher do mercado de trabalho. (...) Como atualmente muitas mudanças foram implementadas no capitalismo e um dos seus pilares é a expansão frenética do mercado consumidor, quanto maior o volume da mão de obra, maior o espectro do cliente em potencial para produtos e serviços que beiram o delírio."

Note-se que, o Direito do Trabalho está sempre influenciado pela economia, vez que é um mecanismo de regulação da concorrência, tanto no âmbito nacional, entre as empresas de um país, quanto na comunidade internacional. Por esse motivo, inegável que a participação da mulher no mercado de trabalho atende sim as necessidades/expectativas dos sistemas econômicos.

3. DA PROTEÇÃO CONSTITUCIONAL A MATERNIDADE E AO NASCITURO

A Constituição Federal traz em seu art. 6º, *caput*, a proteção à maternidade como um direito social[6]. Destarte, para a implementação desse direito e promoção da mulher no mercado de trabalho, há proteção previdenciária à maternidade[7], sendo certo que os custos pelo pagamento do salário-maternidade ficam a cargo da Previdência Social.

A gestante é a protagonista da proteção social porque é através dela, que se promoverá a proteção ao nascituro. Outrossim, também é destinatária da proteção a lactante, pois, durante o processo de amamentação, transmite ao bebê os nutrientes necessários a sua formação saudável.

Como direito social, a proteção à maternidade configura-se um direito fundamental de segunda geração, pois visa promover a aplicação do princípio da igualdade. Nesse sentido são as lições de Paulo Bonavides:

> "são direitos sociais, culturais e econômicos bem como os direitos coletivos ou de coletividades. Nasceram abraçados ao princípio da igualdade, do qual não podem separar, pois fazê-lo equivaleria a desmembrá-lo da razão de ser que os ampara e estimula"

Percebeu-se que, somente a defesa do cidadão contra o Estado, que configuram os direitos fundamentais de primeira geração, cujo principal enfoque é garantir a liberdade do indivíduo, era insuficiente, pois de que adianta ter liberdade, se não há condições dignas de viver em sociedade. Nesse sentido, aparecem os direitos fundamentais de segunda geração, que representam valores que fazem prevalecer o valor maior da igualdade.

O constituinte atribuiu à maternidade um valor a ser protegido, pois assegurando esse direito, garantem-se condições de saúde às gerações futuras, bem como se permite que a mulher possa competir no mercado de trabalho, vez que o sistema constitucional manteve mecanismo previdenciário de proteção, para quando a mulher não puder realizar o seu trabalho em razão de ter dado a luz, terá o seu salário pago pela Previdência Social.

Nessa toada, percebe-se que há uma desigualdade material entre homem e mulher, sendo certo que o estabelecimento de normas de proteção ao trabalho da mulher está em conformidade com o texto constitucional. No entanto, deve-se ter em mente que a proteção deve ser aquela estritamente necessária ao exercício da maternidade, pois, se houver proteção excessiva promove-se a desigualdade horizontal da mulher no mercado de trabalho.

---

(5) SILVA, Homero Batista Mateus da. *Curso de Direito do Trabalho Aplicado*. Volume 3 – Saúde e segurança no trabalho. 2. ed. São Paulo: Editora Revista dos Tribunais, 2015. p. 214.

(6) CF, art. 6º São direitos sociais a educação, a saúde, a alimentação, o trabalho, a moradia, o transporte, o lazer, a segurança, a previdência social, a proteção à maternidade e à infância, a assistência aos desamparados, na forma desta Constituição.

(7) CF, Art. 201. A previdência social será organizada sob a forma de regime geral, de caráter contributivo e de filiação obrigatória, observados critérios que preservem o equilíbrio financeiro e atuarial, e atenderá, nos termos da lei, a: II – proteção à maternidade, especialmente à gestante;

4. DOS DIREITOS DA MULHER GESTANTE/LACTANTE

Considerando que à mulher devem ser assegurados os mesmos direitos e possibilidades de participação do mercado que aos homens, o legislador teve que estabelecer medidas que propiciem a efetiva participação da mulher no mercado de trabalho e evitem a discriminação em razão de sua condição biológica.

As medidas trazidas pelo legislador têm dois escopos, evitar a discriminação horizontal e vertical no mercado de trabalho. Por discriminação horizontal entende-se a restrição quanto à oferta de vagas no mercado de trabalho à mulher para algumas atividades econômicas. A título exemplificativo, cite-se a Lei n. 9.029/1995 que, dentre outros dispositivos, veda que o empregador exija teste, exame, perícia, laudo, atestado, declaração ou qualquer outro procedimento relativo à esterilização ou a estado de gravidez. Por outro lado, a discriminação vertical significa restringir a promoção das mulheres a cargos de chefia. Nesse sentido o art. 373-A, III, CLT, proíbe o cancelamento de uma promoção à mulher em razão de seu gênero[8].

Dentre as medidas previstas no ordenamento jurídico vigente atualmente, encontram-se a proibição do trabalho insalubre às gestantes e lactantes[9], a estabilidade no emprego, desde a confirmação da gravidez até cinco meses após o parto[10], dentre outros previstos no ordenamento jurídico.

5. DO TRABALHO INSALUBRE

A Constituição Federal garante a redução dos riscos inerentes ao trabalho, por meio de normas de saúde, higiene e segurança, assegurando também o pagamento de adicional àqueles trabalhadores que exercerem suas atividades em condições insalubres.

Da conjugação dos dispositivos constitucionais, percebe-se que, primeiramente, devem ser tomadas medidas para garantir a saúde do trabalhador e, apenas quando essas medidas não forem efetivas, se remunerará o trabalho exposto a agente insalubre.

Não se pode esquecer ainda que o meio ambiente do trabalho também se insere na proteção constitucional do art. 225, nos seguintes termos:

"Todos têm direito a um meio ambiente ecologicamente equilibrado, bem de uso comum do povo e essencial à sadia qualidade de vida, impondo-se ao Poder Público e à coletividade o dever de defende-lo e preservá-lo para as presentes e gerações futuras.

A Organização Internacional do Trabalho também se preocupou como o tema, que culminou com a edição da Convenção n. 155, que trata sobre Segurança e Saúde dos Trabalhadores e o Meio Ambiente de Trabalho, e foi ratificada pelo Brasil com a publicação do Decreto n. 1.254/1994, bem como a Convenção n. 161, que trata dos serviços de saúde no trabalho, ratificada pelo Brasil pelo Decreto n. 127/1991.

Assim, é dever do empregador cuidar do meio ambiente do trabalho, preocupando-se com a saúde e segurança do trabalhador, devendo, observar as normas expedidas pelo Ministério do Trabalho sobre o tema. Entretanto, para aquelas situações nas quais não for possível a eliminação do agente insalubre, há previsão na legislação do pagamento do referido adicional correspondente a 10%, 20% ou 40% do salário mínimo, como forma de compensar o trabalhador pelo dano a sua saúde.

Todavia, é sabido que há situações nas quais a insalubridade é inerente à atividade, seja porque os agentes nocivos são danosos à saúde independentemente dos limites de tolerância, seja porque é impossível a total neutralização desses agentes.

Nessas situações, será razoável expor a gestante ao trabalho insalubre em grau médio ou mínimo, dependendo o seu afastamento do trabalho de um laudo do seu médico? E mais, será prudente expor a lactante ao trabalho insalubre, independente do grau, se não houver um laudo do seu médico sugerindo o seu afastamento do trabalho?

Sobre essa problemática, trata o presente artigo.

6. DAS MUDANÇAS PROMOVIDAS PELA REFORMA TRABALHISTA

Far-se-á agora o comparativo entre a legislação vigente até o dia 10.11.2017 e aquela que entrará em vigor a partir do dia 11.11.2017, a tão propalada reforma trabalhista.

---

(8) SILVA, Homero Batista Mateus da. Curso de direito do trabalho aplicado. Volume 3 – Saúde e segurança no trabalho. 2ª edição. São Paulo: Editora Revista dos Tribunais, 2015, p. 217.

(9) CLT. Art. 394-A. A empregada gestante ou lactante será afastada, enquanto durar a gestação e a lactação, de quaisquer atividades, operações ou locais insalubres, devendo exercer suas atividades em local salubre. (Incluído pela Lei n. 13.287, de 2016)

(10) ADCT. Art. 10. Até que seja promulgada a lei complementar a que se refere o art. 7º, I, da Constituição: b) da empregada gestante, desde a confirmação da gravidez até cinco meses após o parto.

Redação CLT antes da reforma	Redação do dispositivo pela Reforma Trabalhista – Lei n. 13.467/2017[11]
Art. 394-A. A empregada gestante ou lactante será afastada, enquanto durar a gestação e a lactação, de quaisquer atividades, operações ou locais insalubres, devendo exercer suas atividades em local salubre. (Incluído pela Lei n. 13.287, de 2016)	"Art. 394-A. Sem prejuízo de sua remuneração, nesta incluído o valor do adicional de insalubridade, a empregada deverá ser afastada de: I – atividades consideradas insalubres em grau máximo, enquanto durar a gestação; II – atividades consideradas insalubres em grau médio ou mínimo, quando apresentar atestado de saúde, emitido por médico de confiança da mulher, que recomende o afastamento durante a gestação; III – atividades consideradas insalubres em qualquer grau, quando apresentar atestado de saúde, emitido por médico de confiança da mulher, que recomende o afastamento durante a lactação. § 2º Cabe à empresa pagar o adicional de insalubridade à gestante ou à lactante, efetivando-se a compensação, observado o disposto no art. 248 da Constituição Federal, por ocasião do recolhimento das contribuições incidentes sobre a folha de salários e demais rendimentos pagos ou creditados, a qualquer título, à pessoa física que lhe preste serviço. § 3º Quando não for possível que a gestante ou a lactante afastada nos termos do *caput* deste artigo exerça suas atividades em local salubre na empresa, a hipótese será considerada como gravidez de risco e ensejará a percepção de salário-maternidade, nos termos da Lei n. 8.213, de 24 de julho de 1991, durante todo o período de afastamento." (NR)

Antes da vigência da reforma trabalhista, o dispositivo legal que trata da situação simplesmente proibia o trabalho insalubre a gestante e à lactante. Referido dispositivo legal foi aprovado pela Lei n. 13.287/2016. Todavia, o parágrafo único do referido dispositivo foi vetado. O referido parágrafo afirmava que "Durante o afastamento temporário previsto no *caput*, fica assegurado à empregada gestante ou lactante o pagamento integral do salário que vinha percebendo, incluindo o adicional de insalubridade.".

As razões de veto estavam relacionadas à proteção do trabalho da mulher, pois, na medida em que se garantia a empregada à remuneração integral, atribuía-se esse ônus integralmente ao empregador, o que poderia acarretar uma discriminação horizontal no trabalho da mulher.

Entretanto, mesmo com o veto da Presidência criou-se uma celeuma, pois se a gestante ou lactante não poderia durante o estado gravídico e de amamentação expor-se em ambiente insalubre, como ficaria o seu contrato de trabalho durante esse período?

Observe-se que a referida norma foi objeto de Ação Direta de Inconstitucionalidade movida pela Confederação Nacional de Saúde, Hospitais, Estabelecimentos e Serviços – CNS,

---

(11) MP n. 808, publicada em 14.11.2017. "Art. 394-A. A empregada gestante será afastada, enquanto durar a gestação, de quaisquer atividades, operações ou locais insalubres e exercerá suas atividades em local salubre, excluído, nesse caso, o pagamento de adicional de insalubridade.

....

§ 2º O exercício de atividades e operações insalubres em grau médio ou mínimo, pela gestante, somente será permitido quando ela, voluntariamente, apresentar atestado de saúde, emitido por médico de sua confiança, do sistema privado ou público de saúde, que autorize a sua permanência no exercício de suas atividades.

§ 3º A empregada lactante será afastada de atividades e operações consideradas insalubres em qualquer grau quando apresentar atestado de saúde emitido por médico de sua confiança, do sistema privado ou público de saúde, que recomende o afastamento durante a lactação." (NR)

sob o argumento de que a referida lei afrontava os princípios constitucionais da livre-iniciativa, da função social da propriedade, do livre exercício da profissão, da igualdade e da proporcionalidade.

Embora ainda não tenha sido julgada, já consta do processo o parecer apresentado pela Procuradoria Geral da República, defendendo a constitucionalidade da lei. Isso porque, o empregador detém o controle sobre o ambiente de trabalho. Por consequência, ele tem o dever legal de eliminar os riscos a ele inerentes. Tão somente haverá o afastamento da gestante se o empregador não conseguir afastar esse risco, ocasião na qual a gestante e lactante devem ser readaptadas a outras atividades que não se sujeitem à insalubridade.

A norma tem característica de preservar a saúde pública, com foco na gestante e lactante, com o escopo de proteger, reflexamente, o nascituro e a criança.

A transferência da empregada a atividade salubre consubstancia medida proporcional, vez que equilibra os princípios da livre-iniciativa, função social da propriedade com a proteção à maternidade e à criança. Afinal, existem mecanismos a serem utilizados pelo empregador para o afastamento da norma, qual seja, a eliminação da insalubridade no ambiente de trabalho.

Não se pode olvidar que a propriedade e a empresa também possuem função social, a qual deve ser observada durante o processo produtivo, garantindo-se a preservação da saúde e integridade física da trabalhadora gestante e lactante.

Como bem alertado pelo Procurador Geral da República:

> "a *mens legis* reside em proteger a saúde da mulher grávida e lactante para preservar também e de forma especial a saúde do nascituro e da criança lactante contra a incidência danosa dos agentes agressivos presentes nas operações e ambientes de trabalho insalubres"[12]

No entanto, menos de dois anos após a vigência da referida norma, veio a reforma trabalhista e alterou o cenário vivenciado anteriormente.

Com a reforma, o afastamento da gestante de atividades insalubres dependerá do grau de insalubridade a que ela esteja exposta, bem como de laudo médico sugerindo o seu afastamento da atividade.

Explica-se. Se a atividade da gestante for sujeita à insalubridade em grau máximo, ela sempre será afastada de suas atividades. Todavia, se as atividades causarem exposição à insalubridade em grau médio ou mínimo, o afastamento da gestante somente será possível se o seu médico recomendar o afastamento durante a gestação. No que tange à lactante, para que ocorra o seu afastamento, independente do grau de insalubridade do seu ambiente de trabalho, somente haverá afastamento se houver recomendação de seu médico.

Note-se que, com a reforma trabalhista, a gestante poderá trabalhar em ambiente com insalubridade de grau médio e mínimo, o que poderá acarretar danos ao feto e à futura criança.

Sabe-se que o legislador permitiu que o afastamento ocorra mediante a apresentação de laudo médico, todavia, a exigência desse laudo traz mais uma forma de discriminação da gestante no mercado de trabalho. Afinal, o empregador poderá julgá-la por apresentar ou não o referido atestado.

Antes da reforma, todas as gestantes e lactantes não poderiam se submeter à atividade insalubre. Agora, após a reforma, isso dependerá de avaliação médica. E se apresentado o laudo, a gestante/lactante pode sim ser julgada pelo seu empregador, afinal, pode ser que a sua colega de trabalho, por receio de perder o emprego, não tenha apresentado o referido laudo.

Percebam que situação constrangedora é submetida a gestante ou lactante, as quais são titulares de proteção constitucional de acesso ao mercado de trabalho, proibição da discriminação em razão do sexo, proteção à maternidade, bem como proteção à infância e juventude.

Não bastassem esses argumentos, o médico da gestante não necessariamente tem acesso ao ambiente de trabalho e, certamente, não terá informações suficientes sobre os agentes existentes no ambiente de trabalho. Isso sem falar na responsabilidade que se atribui ao médico da gestante, definindo se ela irá ou não se submeter ao ambiente insalubre.

Ora, o ambiente insalubre foi criado pelo exercício da atividade econômica pelo empregador. Por consequência é ele quem deve assumir os riscos de sua atividade. E se há dúvidas sobre as consequências desse risco à gestante e ao nascituro, deve ser aplicado o princípio da precaução, por analogia à responsabilidade no Direito Ambiental.

> "Precaução é cuidado. O princípio da precaução está ligado aos conceitos de afastamento de perigo e segurança das gerações futuras, como também de sustentabilidade ambiental das atividades humanas. Este princípio é a tradução da busca da proteção da existência humana, seja pela proteção de seu ambiente como pelo asseguramento da integridade da vida humana. A partir desta premissa, deve-se também considerar não só o risco eminente de uma determinada atividade, como também os riscos futuros decorrentes de empreendimentos humanos, os quais nossa compreensão

---

(12) Disponível em <http://www.stf.jus.br/portal/processo/verProcessoAndamento.asp?numero=5605&classe=ADI&origem=AP&recurso=0&tipoJulgamento=M>. Acesso em: 03 nov. 2017.

e o atual estágio de desenvolvimento da ciência jamais conseguem captar em toda densidade[13]".

O Superior Tribunal de Justiça[14], analisando a aplicação do princípio da precaução, fixou a seguinte tese:

> Tese 4: O princípio da precaução pressupõe a inversão do ônus probatório, competindo a quem supostamente promoveu o dano ambiental comprovar que não o causou ou que a substância lançada ao meio ambiente não lhe é potencialmente lesiva.

Nesse sentido, é ônus do empregador provar que o ambiente de trabalho não acarreta danos a saúde da gestante e da lactante e, não se se desincumbindo desse ônus, deve ser determinado o imediato afastamento da gestante/lactante do ambiente insalubre, independe da apresentação ou não de laudo médico e, ainda, independente do nível de insalubridade a que esteja exposta.

A reforma ainda traz outra questão interessante, durante o período de gestação e lactação a empresa continua a pagar esse benefício à empregada, porém, pode compensar o seu valor por ocasião do recolhimento das contribuições incidentes sobre a folha.

Ora, em tempos de discussão sobre a Reforma da Previdência, a lei trabalhista reduz o recolhimento das empresas, na medida em que permite compensar o valor pago a título de adicional da base de cálculo das contribuições.

Transfere-se o ônus da atividade insalubre do empregador para a sociedade, na medida em que todos financiam o sistema de Seguridade Social criado pela Constituição Federal de 1988.

Mais uma vez atingindo a Previdência Social, o § 3º, do art. 394-A, afirma que se houver impossibilidade de a gestante ou lactante exercer atividades salubres na empresa, considerar-se-á gravidez de risco e ensejará a percepção do salário-maternidade durante todo o período de afastamento.

Aqui o legislador transformou a insalubridade existente no ambiente de trabalho em gravidez de alto risco. Sob o prisma previdenciário considera-se gravidez de alto risco "aquela na qual a vida ou a saúde da mãe e/ou do feto e/ou do recém-nascido têm maiores chances de serem atingidas que as da média da população considerada"[15].

E mais, o benefício previsto na legislação previdenciária para as hipóteses de incapacidade temporária para o trabalho é o auxílio-doença que, para as empregadas, é devido a partir do 16º dia de afastamento e depende da realização de perícia pela Autarquia Previdenciária[16].

Ampliou-se, por consequência, a concessão do benefício de salário-maternidade que, anteriormente à reforma trabalhista, tinha sua duração temporal limitada a 120 dias[17].

Outra vantagem da percepção do salário-maternidade é que ele é pago diretamente pela empresa, que posteriormente compensa os valores com as contribuições sociais devidas, bem como não é limitado no teto do Regime Geral de Previdência Social, hoje fixado em R$ 5.531,31.

Ou seja, mais uma vez há transferência dos custos com a produção para a sociedade, que os financiará pelas contribuições sociais previstas na Constituição.

7. DA MONETIZAÇÃO DA SAÚDE DO NASCITURO

Pelo já exposto, ficou clara que a proteção à maternidade é focada na proteção à gestante, vez que a saúde do nascituro está umbilicalmente relacionada à saúde de sua genitora.

Por conseguinte, na medida em que a reforma permite a exposição da gestante a ambiente insalubre está, reflexamente, atingindo o nascituro que, também é o destinatário da proteção constitucional à maternidade.

Por fim, se nada for feito, o nascituro terá sua saúde monetizada ao pagamento de um adicional, ou seja, estar-se-á condicionando a saúde do nascituro ao pagamento do adicional de insalubridade.

O escopo do texto constitucional é a redução dos riscos inerentes ao trabalho, por meio de normas de saúde, higiene e segurança, bem como a proteção do mercado de trabalho da mulher. Será que a reforma trabalhista promoveu a efetiva aplicação desses preceitos constitucionais?

Em nosso sentir não foi efetivada a aplicação dos preceitos, pois, a norma transferiu à gestante/lactante a responsabilidade por comprovar a necessidade de afastamento do trabalho, quando, quem detém o real conhecimento do ambiente é o empregador.

Ademais, transacionou-se direitos indisponíveis, tais como a saúde da gestante/lactante e do nascituro, desde que condicionada ao pagamento do adicional de insalubridade.

---

(13) DERANI, Cristiane. Direito ambiental econômico. São Paulo: Max Limonad, 1997. p. 167.

(14) Disponível em: <http://www.stj.jus.br/SCON/jt/toc.jsp>. Acesso em: 29 out. 2017.

(15) Disponível em: <http://bvsms.saude.gov.br/bvs/publicacoes/gestacao_alto_risco.pdf>.

(16) Lei n. 8.213/91. Art. 59. O auxílio-doença será devido ao segurado que, havendo cumprido, quando for o caso, o período de carência exigido nesta Lei, ficar incapacitado para o seu trabalho ou para a sua atividade habitual por mais de 15 (quinze) dias consecutivos.

(17) Lei n. 8.213/91. Art. 71. O salário-maternidade é devido à segurada da Previdência Social, durante 120 (cento e vinte) dias, com início no período entre 28 (vinte e oito) dias antes do parto e a data de ocorrência deste, observadas as situações e condições previstas na legislação no que concerne à proteção à maternidade.

Por outro lado, não se pode olvidar que a situação apresentada por se desdobrar em situações, no mínimo inusitadas, como por exemplo, a possibilidade de o pai do nascituro ou criança intervir e requerer o afastamento da gestante do trabalho, sob o argumento de que está agindo para proteger o nascituro. Poderia o pai requerer o atestado ao médico e leva-lo ao trabalho objetivando o afastamento da gestante da exposição à condição insalubre?

Constata-se que o tema retrata a aplicação de diversos princípios constitucionais, os quais na aplicação concreta podem entrar em conflito. Todavia, a nosso ver nessa ponderação realizada pelo legislador deveria ter prevalecido o princípio da proteção à maternidade, como preconizado na legislação vigente anteriormente à reforma.

8. MEDIDA PROVISÓRIA N. 808/2017

O tema tratado no presente artigo já foi objeto da Medida Provisória n. 808/2017, que alterou a redação da CLT promovida pela Lei n. 13.467/2017. Todavia, diante das inúmeras propostas de emenda, será realizado apenas um breve comentário sobre o texto da Medida Provisória.

Primeiramente, ela restaura o afastamento imediato da gestante do trabalho insalubre, permitindo que, nos casos de insalubridade em grau médio ou mínimo, que se apresente atestado médico autorizando o trabalho sujeito a essas condições. Note-se que houve uma inversão na sistemática, pois, a regra é o afastamento da atividade insalubre e, a exceção se consubstancia nas hipóteses de insalubridade de grau médio ou mínimo, mediante a apresentação de atestado médico.

Ademais, em caso de afastamento da gestante da atividade insalubre, ocorre a supressão do adicional de insalubridade. Embora o tópico possa ser objeto de críticas, o pagamento do adicional de insalubridade é condicionado à exposição ao agente agressivo. Antes da MP, a opção do legislador foi permitir que o empregador compensasse o valor do adicional de insalubridade com as contribuições previdenciárias, ou seja, o risco era transferido à sociedade. Agora, com a MP, a gestante assume o risco do seu afastamento com a supressão do adicional e, consequente, redução na sua remuneração.

Observe-se que a Convenção n. 103 da OIT, ratificada pelo Brasil pelo Decreto n. 58.820/66 trata da proteção previdenciária à gestante, garantindo a ela proventos não inferiores a dois terços dos proventos anteriores tomadas em consideração.

A legislação internacional garante um piso, competindo aos Estados definir o valor da remuneração da gestante, durante o período de afastamento do trabalho. Com a MP, a opção legislativa foi excluir o pagamento do adicional à gestante.

No que tange à lactante, seu afastamento da atividade insalubre continua condicionado à apresentação de atestado médico, sugerindo o afastamento de sua atividade.

9. CONSIDERAÇÕES FINAIS

Do ponto de vista histórico, note-se que o trabalho da mulher sempre esteve presente, sendo, ora permitido ou, ao menos tolerado e, ora proibido. No Brasil, o Decreto n. 21.417 de 17.05.1932 trouxe medidas de proteção à mulher, dentre as quais pode-se destacar a proibição de realização de trabalho noturno, insalubre e perigosos. Na sequência, em 1934, houve a criação do Instituto de Aposentadoria e Pensões dos Comerciários que, dentre outros benefícios, previu o salário-maternidade. Com a vigência da Constituição Federal de 1988 foi vedada a discriminação entre homens e mulheres, sendo essa uma cláusula pétrea prevista no art. 5º, *caput*, CF.

Além da igualdade prevista no referido artigo, o constituinte atribuiu à maternidade um valor a ser protegido, pois assegurando esse direito, garantem-se condições de saúde às gerações futuras, bem como se permite que a mulher possa competir no mercado de trabalho.

Dessa forma, o legislador estabeleceu medidas que propiciam a efetiva participação da mulher no mercado de trabalho e evitam a discriminação em razão de sua condição biológica, tais como a proibição do trabalho insalubre às gestantes e lactantes[18], a estabilidade no emprego, desde a confirmação da gravidez até cinco meses após o parto[19], dentre outros direitos previstos no ordenamento jurídico.

A Constituição Federal garante a redução dos riscos inerentes ao trabalho, por meio de normas de saúde, higiene e segurança, assegurando também o pagamento de adicional àqueles trabalhadores que exercerem suas atividades em condições insalubres. Destarte, diante da isonomia entre homens e mulheres prevista na Constituição, permite-se à mulher o trabalho insalubre. Entretanto, indaga-se como se dará o exercício do trabalho insalubre pela gestante e lactante.

Na legislação anterior à reforma, era proibido o trabalho insalubre pela gestante ou lactante. Denota-se, dessa forma, que o legislador, atento aos valores constitucionais de proteção à maternidade, trouxe a proibição do trabalho insalubre a gestante/lactante.

Sobre o tema, surgiram muitas discussões, em especial para aquelas situações em que o empregador não possui

---

(18) CLT. Art. 394-A. A empregada gestante ou lactante será afastada, enquanto durar a gestação e a lactação, de quaisquer atividades, operações ou locais insalubres, devendo exercer suas atividades em local salubre. (Incluído pela Lei n. 13.287, de 2016)

(19) ADCT. Art. 10. Até que seja promulgada a lei complementar a que se refere o art. 7º, I, da Constituição: b) da empregada gestante, desde a confirmação da gravidez até cinco meses após o parto.

outro trabalho que possa ser exercido pela gestante ou lactante que não a sujeite a condições insalubres. A discussão inclusive ensejou a propositura de ação direta de inconstitucionalidade, cuja liminar não foi deferida pelo STF.

Destarte, veio a reforma e relativizou a proteção, afastando a gestante apenas do trabalho insalubre em grau máximo, sujeitando o afastamento nas demais hipóteses de insalubridade à pedido médico. Ademais, para a lactante todo o afastamento da atividade insalubre deve decorrer de pedido médico.

Em nosso sentir, a reforma se afastou do texto constitucional, pois ao invés de estimular a redução dos riscos inerentes ao trabalho, por meio de normas de saúde, higiene e segurança, transferiu à gestante/lactante a responsabilidade por comprovar a necessidade de afastamento do trabalho, quando, quem detém o real conhecimento do ambiente é o empregador.

A legislação transacionou os direitos indisponíveis referentes à saúde da gestante/lactante e do nascituro, mediante o pagamento do adicional de insalubridade. Não se considerou o risco da exposição da gestante ou lactante ao agente insalubre; não houve preocupação com o risco à saúde do nascituro.

Não se desconhece que esse é um ponto polêmico da reforma e que a Presidência da República se comprometeu a revisar esse ponto mediante Medida Provisória e que essa Medida realmente foi editada (MP n. 808/2017). No entanto, é sabido que essa MP já recebeu mais de 800 emendas, não se sabendo, ao certo, como ficará a situação. De qualquer forma, visa-se com o presente estudo demonstrar a flagrante inconstitucionalidade na legislação, na medida em que viola a proteção à maternidade prevista na Constituição.

Afinal, o trabalhador não é um mero fator de produção. Ele é um ser humano e, como tal, dotado de dignidade, a qual deve ser observada. A subordinação da trabalhadora a um contrato de trabalho com vínculo de subordinação, não confere o direito ao empregador de expô-la a condições insalubres, sob o risco de afetar tanto a sua saúde, quanto à da criança.

Não se desconhece o argumento de que o afastamento obrigatório da gestante da atividade insalubre pode gerar discriminação, evitando-se, por exemplo, a contratação de mulheres. Mas, data vênia, a solução encontrada pelo legislador não resolveu a celeuma, pois, ao vincular o afastamento da atividade à apresentação do laudo médico, promoveu mais uma discriminação, vez que o direito que antes era garantido a todas as gestantes, agora, se concede apenas a algumas.

Destarte, podemos imaginar ao menos dois cenários. O primeiro, em caso de não alteração do texto da reforma por Medida Provisória, no qual defendemos a inconstitucionalidade do texto legal por violar a proteção à maternidade prevista na Constituição. E, o segundo, se realmente for publicada a Medida Provisória que voltar a proibir todo e qualquer trabalho insalubre da gestante ou lactante, nos resta um alerta: o fato de os direitos fundamentais estarem previstos na Constituição não nos permite descuidar de sua observância, pois, por um simples piscar de olhos, eles podem sim ser efetivamente ameaçados e, até mesmo violados.

10. REFERÊNCIAS BIBLIOGRÁFICAS

ALEXY, Robert. *Teoria dos direitos fundamentais*. Tradução de Virgílio Afonso da Silva. São Paulo: Malheiros, 2008.

AMARAL, Julio Ricardo de Paula. *Aplicação dos direitos fundamentais no âmbito das relações de direito do trabalho*. São Paulo: LTr, 2007.

BARROS, Alice de Barros. *Curso de direito do trabalho*. 6. ed. São Paulo: LTr, 2010.

BONAVIDES, Paulo. Curso de direito constitucional. 29. ed. São Paulo: Editora Malheiros, 2014.

CASTRO, Carlos Alberto Pereira de. LAZZARI, João Batista. *Direito previdenciário*. 1. ed. Rio de Janeiro: Forense, 2016.

DELGADO, Mauricio Godinho. DELGADO, Gabriela Neves. *A reforma trabalhista no Brasil: com os comentários à Lei 13.467/2017*. São Paulo: LTr, 2017.

DERANI, Cristiane. *Direito ambiental econômico*. São Paulo: Max Limonad, 1997.

GUERRA FILHO, Willis Santiago. *Teoria processual da constituição*. 3. ed. São Paulo: RCS Editora Ltda., 2007.

SARLET, Ingo Wolfgang. *A eficácia dos direitos fundamentais. Uma teoria geral dos direitos fundamentais na perspectiva constitucional*. 11. ed. Porto Alegre: Editora Livraria do Advogado, 2012.

SILVA, Homero Batista Mateus da. *Curso de direito do trabalho aplicado*: saúde e segurança do trabalho. v. 3. 2. ed. São Paulo: Editora Revista dos Tribunais, 2015.

SÜSSEKIND, Arnaldo. MARANHÃO, Délio. TEIXEIRA, Lima. *Instituições de direito do trabalho*. 19. ed. São Paulo: Editora LTr, 2000.

Contrato Intermitente

Ivani Contini Bramante[1]

1. INTRODUÇÃO

A reforma trabalhista, por meio da Lei n. 13.467 de 13 de julho de 2017, alterada pela Medida Provisória 808 de 14 de novembro de 2017, instituiu no sistema jurídico brasileiro a figura do contrato de trabalho intermitente, ao alterar a redação do art. 443, da CLT, e acrescentar o art. 452-A, da CLT.

No direito comparado observa-se uma série de problemas em sua execução, o que motivou a alteração substancial da Legge Biagi em 2012.

O discurso social vem no sentido de que o contrato intermitente abala a segurança jurídica e econômica do trabalhador e, ainda, não é apto a alavancar os postos de trabalho, máxime em determinados ramos de atividades; mas apenas potencializa a precarização da mão de obra e a redução da massa salarial.

O discurso econômico, a sua vez vem no sentido de que as modalidades contrato de trabalho devem ser ampliadas, por conta do momento de grave crise econômica, com o objetivo de promover a criação de empregos, modernizar as leis e tornar as empresas mais competitivas em relação ao mercado exterior.

Assim, o legislador aprovou a reforma trabalhista e instituiu no sistema jurídico brasileiro a figura do contrato de trabalho intermitente, ao alterar a redação do art. 443, da CLT, e acrescentar o art. 452-A, da CLT, com redação dada pela Medida Provisória n. 808/2017.

O art. 452-A, § 5º, da CLT previa que o no período de inatividade do trabalho intermitente não caracteriza tempo a disposição do empregador, tendo sido o dispositivo revogado pela MP n. 808/2017, três dias após a vigência da Lei n. 13.467/2017.

Amauri Mascaro do Nascimento, já sinalizava a necessidade de regulamentação do contrato intermitente, pois o *"regime jurídico do trabalho intermitente carece de regulamentação para afastar dúvidas sobre o seu conceito e enquadramento, de modo que seria de toda a conveniência uma lei em condições de dirimir dúvidas, oferecer maior segurança para o contratante e, também, específicas os direitos para o contratado."*[2]

Na mesma senda, o Ex-ministro do TST, Almir Pazzianotto assevera que: "É a regulamentação do bico, uma realidade que já existe. Dá segurança para as duas partes e é uma fonte de rendimento. Músicos e garçons se beneficiariam com este regime, por exemplo". A Abrasel, Associação Brasileira de Bares e Restaurantes, estima que dois milhões de empregos serão criados com a regulamentação do trabalho intermitente.

2. CONCEITO DE CONTRATO DE TRABALHO INTERMITENTE (ART. 443, § 3º, CLT)

Quanto a nomenclatura o contrato intermitente, também é denominado de trabalho intermitente (Portugal), *contratti a orario modulato, lavoro intermittente ou a*

---

[1] Desembargadora do Tribunal Regional do Trabalho da 2ª Região. Doutora e Mestre pela Pontifícia Universidade Católica de São Paulo. Especialista em Relações Coletivas de Trabalho pela Organização Internacional do Trabalho. Graduada em Direito pela Faculdade de Direito de São Bernardo do Campo. Professora Titular de Direito do Processo do Trabalho do Curso de Graduação do Faculdade de Direito de São Bernardo do Campo. Coordenadora do Curso de Pós Graduação em Direito das Relações do Trabalho da Faculdade de Direito de São Bernardo do Campo. Coordenadora do Curso de Pós Graduação em Direito Previdenciário da Escola Paulista de Direito. Coordenadora do Curso de Pós Graduação em Direito Sindical na Escola Superior da Advocacia – Ordem dos Advogados do Brasil Secção de São Paulo. Professora convidada no Curso de Especialização da Pontifíícia Universidade Católica – COGEAE. Ex- Procuradora do Ministério Público do Trabalho. Integra a Associação Ibero Americano de Direito do Trabalho e da Seguridade Social. Organizadora dos livros de obra coletiva "Estudos em Homenagem ao Professor Renato Rua de Almeida. Temas Controvertidos do Direito do Trabalho"e "Estudos em Homenagem ao Professor Renato Rua de Almeida. Aspectos Polêmicos e Atuais."ambos da Editora LTr. Coautora da "CLT Interpretada Art. por Artigo. Parágrafo por Parágrafo"da Editora Manole. Autora de inúmeros artigos publicados em revistas e periódicos jurídicos e obras coletivas nacionais. Escreveu verbetes para o Dicionário de Direito do Trabalho. Apresentou trabalhos em seminários, simpósios e congressos regionais, nacionais e internacionais. Participou de inúmeras bancas de Mestrado e Doutorado na Pontifícia Universidade Católica de São Paulo e da Universidade São Paulo.

[2] NASCIMENTO, Amauri Mascaro. *Curso de direito do trabalho*. 26. ed. São Paulo: Saraiva, 2011.

chiamata (Itália); *just-in-time scheduling* (EUA), trabalho "sob-chamada" (Espanha), contrato de plantão ou *Arbeit auf Abruf* (Alemanha), contrato zero horas (Inglaterra).

No Brasil, considera-se contrato de trabalho intermitente a prestação de serviços, com subordinação, não contínua, com alternância de períodos de prestação de serviços e de inatividade, determinados em horas, dias ou meses, independentemente do tipo de atividade do empregado e do empregador, exceto para os aeronautas, regidos por legislação própria. Nesse tipo de contrato pode se dar em períodos pré-determinados ou não, durante a semana, mês ou ano.

O art. 452-A, § 3º, CLT sinaliza que o contrato intermitente é contrato de emprego subordinado, ao destacar que "A recusa da oferta não descaracteriza a subordinação para fins do contrato de trabalho intermitente", mas de outro lado, trata-se de um contrato atípico quanto a modulação da jornada e horário de trabalho, intercalado com períodos de atividade e inatividade, de acordo com as necessidades de serviços do empregador; é um contrato sem habitualidade na prestação de serviços.

2.1. Requisitos do contrato de trabalho intermitente (art. 452-A, caput e § 1º, da CLT)

O contrato de trabalho intermitente, com a redação original dada pela Lei n. 13.467/17, deveria ser celebrado por escrito, conter o valor da hora de trabalho, que deve ser igual aos demais empregados da empresa, intermitentes ou não e; não pode ser inferior ao salário mínimo. Assegurou-se a paridade salarial em cotejo com os demais empregados não intermitentes.

A regulamentação foi alterada pela Medida Provisória n. 808/2017, ao determinar que sua formalização deve observar a forma escrito e ser anotado na CTPS, ainda que previsto acordo coletivo de trabalho ou convenção coletiva. Assim, não poderá a norma coletiva alterar ou mitigar as formalidades legais.

A Medida Provisória manteve a determinação de que o salário do trabalhador intermitente não poderá ser inferior ao dos demais empregados, garantido o salário mínimo, tendo apenas aclarado, que pode ser considerado para efeito do art. 452-A, o respeito ao valor mínimo hora ou mensal, bem como para reproduzir a determinação prevista no art. 7º, IX, da CF/88, de observância da hora noturna superior à hora diurna.

Nos termos do art. 452-B, da CLT, incluído pela Medida Provisória n. 808/2017, faculta-se às partes convencionar o local da prestação de serviços e os turnos de trabalho.

2.2. Convocação para o trabalho intermitente (art. 452, § 1º, 2º, § 3º, CLT)

É obrigatória a convocação do trabalhador para o trabalho intermitente, que será feita por qualquer meio de comunicação eficaz, com, pelo menos, 3 dias de antecedência, informando qual será a jornada.

Na redação original, dada pela Lei n. 13.467/2017, recebida a convocação, o empregado teria o prazo de 1 dia útil para responder ao chamado, presumindo-se, no silêncio, a recusa. A Medida Provisória n. 808/2017 alterou o prazo para 24 horas.

A recusa da oferta pelo empregado é permitida e não descaracteriza a subordinação para fins do contrato de trabalho intermitente; logo não constitui falta grave do empregado.

Presume o art. 452-A, § 15, da CLT, incluído pela Medida Provisória n. 808/2017 que constatada a prestação dos serviços pelo empregado, estarão satisfeitos os prazos previstos de convocação e recusa.

Nos termos do art. 452-B, IV, da CLT, incluído pela Medida Provisória n. 808/2017, as partes podem convencionar as formas e meios de convocação para o trabalho intermitente e para sua resposta, bem como o modo de reparação recíproca em hipótese de cancelamento de serviços previamente agendados.

2.3. Multa pelo descumprimento do trabalho intermitente (art. 452, § 4º, CLT) – Revogação pela medida Provisória n. 808/2017

A Lei n. 13.467/2017 determinava que, uma vez aceita a oferta para o comparecimento ao trabalho, a parte que descumprisse, sem justo motivo, pagaria à outra parte, no prazo de trinta dias, multa de 50% (cinquenta por cento) da remuneração que seria devida, permitida a compensação em igual prazo.

A Medida Provisória n. 808/2017 revogou o § 4º, do art. 452, da CLT.

2.4. Parcelas devidas (art. 452-A, § 6º, 7º, 8º, CLT) e férias no contrato intermitente (art. 452-A, § 9º, CLT)

Ao final de cada período de prestação de serviço, o empregado intermitente receberá o pagamento imediato, mediante recibo discriminado, da remuneração; férias proporcionais com acréscimo de um terço; décimo terceiro salário proporcional; repouso semanal remunerado; adicionais legais.

O art. 482-A, § 8º, da CLT, previa de forma simples que incumbia ao empregador efetuar o recolhimento mensal da contribuição previdenciária e o depósito do FGTS, comprovando ao empregado.

A Medida Provisória n. 808/2017 revogou o § 8º, do art. 482-A, da CLT e incluiu o art. 452-H para regular a matéria.

Com a nova disciplina, mantem o empregador a responsabilidade de efetuar o recolhimento das contribuições previdenciárias próprias e do empregado e depositar o FGTS, de acordo com os valores pagos no período mensal.

Com relação às contribuições previdenciárias, a Medida Provisória n. 808/2017, ao acrescentar o art. 911-A, à CLT, determina que, os empregados que receberem remuneração inferior ao salário mínimo mensal, poderá recolher ao Regime Geral de Previdência Social a diferença entre a remuneração recebida e o valor do salário mínimo mensal, sendo que incidirá a mesma alíquota aplicada à contribuição do trabalhador retida pelo empregador.

Caso não realizado o pagamento das diferenças de contribuição previdenciária, para que se atinja um salário mínimo mensal, será desconsiderado o recolhimento efetuado para fins de aquisição e manutenção de qualidade de segurado do Regime Geral de Previdência Social e para cumprimento dos períodos de carência para concessão dos benefícios previdenciários.

Referida norma cria situação difícil para o trabalhador que, além de se sujeitar a uma forma de trabalho incerta, sem que possa sequer ter ciência de quantos dias trabalhará e, portanto, qual será sua renda mensal, pode ser obrigado a pagar o complemento da contribuição previdenciária, sob pena de, não o fazendo, o recolhimento efetuado não produzir efeito quanto a aquisição ou manutenção da qualidade de segurado e não se considera para cálculo da carência, o que constitui grave ofensa ao sistema jurídico, não apenas por tratar o trabalhador de forma não isonômica, mas por permitir referida forma de labor com consequências trabalhistas e previdenciárias iníquas ao trabalhador.

Quanto as férias no contrato intermitente, a cada doze meses, o empregado adquire direito a usufruir, nos doze meses subsequentes, um mês de férias, período no qual não poderá ser convocado para prestar serviços pelo mesmo empregador.

A Medida Provisória n. 808/2017 acrescentou o § 10 ao art. 482-A, da CLT para autorizar o empregado a dividir suas férias em até três períodos, nos termos do art. 134, §§ 1º e 2º, da CLT.

Vê-se que o trabalhador receberá o valor das férias e décimo terceiro salário, de forma parcelada e fracionada, junto com o salário hora, semanal ou mensal. E, assim não terá no mês de dezembro o embolso do décimo terceiro e; por ocasião das suas férias não terá o dinheiro para gozá-las.

O contrato de trabalho intermitente, introduzido no Brasil privilegia as necessidades econômicas e produtivas da empresa, sem qualquer proporcionalidade ou razoabilidade ou preocupação com a segurança jurídica e econômica do trabalhador, na medida que não assegura um patamar mínimo de dignidade humana.

A reforma trabalhista, no que tange ao contrato intermitente, refoge dos ditames da OIT, e ainda seguiu os modelos de reformas tiradas das experiências das legislações estrangeiras, mas sem os limites e proteções mínimas. O direito comparado revela uma regulamentação específica, limitada, detalhada e de forma excepcional, com a preocupação em dar um mínimo de segurança jurídica e econômica aos trabalhadores, o que não ocorreu no caso brasileiro. Desta feita, é importante analisar o direito comparado, pois o legislador utilizou como modelos base para a "reforma trabalhista" as experiências estrangeiras na pior versão, acolheu a ideia sem as técnicas de proteções necessárias.

2.5. Forma e local de pagamento

A Lei n. 13.467/2017 determinava que o pagamento dos valores devidos deveria ocorrer ao final de cada período de prestação de serviço.

A Medida Provisória n. 808/2017 alterou a redação original para prever que o pagamento dos valores devidos deve se dar na data ajustada pelas partes para o pagamento, sendo que, caso a convocação exceda a um mês, o pagamento não pode superar o módulo mensal, devendo ser pago dentro de tal período, contado a partir do primeiro dia da prestação do serviço.

2.6. Período de inatividade

O § 5º, do art. 452-A, da CLT, previa que o período de inatividade não seria considerado tempo à disposição do empregador, podendo o trabalhador prestar serviços a outros contratantes. Referida norma foi revogada pela Medida Provisória n. 808/2017 que acrescentou o art. 452-C, para regular a matéria.

A Medida Provisória n. 808/2017 objetivou aclarar o tema tendo o art. 452-C definiu período de inatividade como sendo "...o intervalo temporal distinto daquele para o qual o empregado intermitente haja sido convocado e tenha prestado serviços nos termos do § 1º do art. 452-A."

Assim, considera-se inatividade: o tempo em que o trabalhador aguarda chamada e o tempo que medeia entre a chamada e a efetiva prestação de serviços, tendo a norma espancado as dúvidas de que, apesar da convocação ser feita 24 horas antes, tal período não constitui tempo a disposição

Enquanto perdurar a inatividade, o empregado pode prestar serviços de qualquer natureza a outros tomadores de serviço, ainda que de outra atividade econômica, seja através de contrato intermitente ou outra modalidade de negócio jurídico.

Determina o § 3º, do art. 452-C, da CLT que o período de inatividade não será considerado como tempo à disposição do empregador e, portanto, não será remunerado.

Presume a norma, ainda, que em caso de pagamento do período de inatividade, restará descaracterizado o contrato de trabalho intermitente.

2.7. Rescisão contratual

Caso o empregadora não convoque o trabalhador pelo prazo de um ano, contado da da data da celebração do contrato, da última convocação ou do último dia de prestação de serviços, o que for mais recente, considerar-se-á rescindido o contrato de pleno direito.

As verbas rescisórias serão calculadas de acordo com a média dos valores recebidos na vigência do contrato, de acordo com o art. 452-F, da CLT, considerados apenas os meses nos quais o empregado tenha recebido remuneração, nos últimos doze meses ou no período de vigência do contrato de trabalho intermitente, caso tenha sido inferior a um ano.

Salvo nos casos de justa causa e rescisão indireta, são devidas as seguintes verbas rescisórias, quando da extinção do contrato:

a) metade do valor do aviso-prévio, que deverá ser obrigatoriamente indenizado;

b) metade da indenização sobre o saldo do FGTS; e

c) demais verbas trabalhistas de forma integral.

Autoriza-se o levantamento de 80% do saldo da conta vinculada quando da extinção do contrato de trabalho intermitente.

De acordo com a norma, não faz jus o empregado contrato de forma intermitente ao ingresso no Programa de Seguro-Desemprego.

Entendemos que a exclusão do direito ao seguro desemprego é flagrantemente inconstitucional, pois o art. 7º, II, da CF/1988, determina ser direito dos trabalhadores urbanos e rurais o "...seguro-desemprego, em caso de desemprego involuntário", não sendo permitido ao legislador infraconstitucional excluir o empregado intermitente de tal benefício.

2.8. Auxílio-doença e salário maternidade

A Medida Provisória, ao tratar do auxílio-doença, prevê que incumbirá exclusivamente à Previdência Social seu pagamento, a partir da data do início da incapacidade, vedada a aplicação do disposto § 3º, do art. 60, da Lei n. 8.213/91 que prevê ser do empregador o dever de arcar com o pagamento dos primeiros 15 dias de afastamento e após tal período encaminhar o empregado ao órgão previdenciário.

Da mesma forma que ocorre com a trabalhadora avulsa e à empregada do microempreendedor individual, a empregada intermitente terá o salário maternidade pago diretamente pela Previdência Social.

3. DIREITO COMPARADO

3.1. Direito italiano

No direito italiano a matéria foi regulada pela denominada Legge Biagi, de 2003, alterada substancialmente em 2012.

Interessante destacar que, nas disposições gerais, determina a norma que

Art. 1º. Finalità e campo di applicazione

1. Le disposizioni di cui al presente decreto legislativo, nel dare attuazione ai principi e criteri direttivi contenuti nella legge 14 febbraio 2003, n. 30, si collocano nell'ambito degli orientamenti comunitari in materia di occupazione e di apprendimento permanente e sono finalizzate ad aumentare, nel rispetto delle disposizioni relative alla libertà e dignità del lavoratore di cui alla legge 20 maggio 1970, n. 300, e successive modificazioni e integrazioni, alla parità tra uomini e donne di cui alla legge 9 dicembre 1977, n. 903, e successive modificazioni ed integrazioni, e alle pari opportunità tra i sessi di cui alla legge 10 aprile 1991, n. 125, e successive modificazioni ed integrazioni, i tassi di occupazione e a promuovere la qualità e la stabilità del lavoro, anche attraverso contratti a contenuto formativo e contratti a orario modulato compatibili con le esigenze delle aziende e le aspirazioni dei lavoratori.

Portanto, o legislador deixou claro que referido contrato de destinou a ensejar, respeitada a liberdade e igualdade entre os trabalhadores, estabilidade do emprego de acordo com as necessidades empresariais e dos empregados.

Não por outro motivo, o art. 33.2 exige que a contratação se opere por prazo determinado e o art. 34 o autoriza apenas quando se refira a atividade descontínua ou intermitente, conforme necessidade previstas por convenções coletivas entre as associações de empregadores e trabalhadores mais representativos no âmbito nacional ou regional.

Limita, ainda, o art. 34.2, a prestação de serviços para as pessoas com mais de cinquenta e cinco anos de idade e para os menores de vinte e quatro anos de idade, desde que no caso em que o desempenho contratual deve ser realizado dentro de 25 anos idade.[3]

O art. 34.3 proíbe, de forma expressa a contratação de empregado para trabalho intermitente quando

---

(3) Art. 34. Casi di ricorso al lavoro intermittente

1. Il contratto di lavoro interittente può essere concluso per lo svolgimento di prestazioni di carattere discontinuo o intermittente, secondo le esigenze individuate dai contratti collettivi stipulati da associazioni dei datori e prestatori di lavoro comparativamente più rappresentative sul piano nazionale o territoriale ovvero per periodi predeterminati nell'arco della settimana, del mese o dell'anno.

2. Il contratto di lavoro intermittente può in ogni caso essere concluso con soggetti con più di cinquantacinque anni di età e con soggetti con meno di ventiquattro anni di età, fermo restando in tale caso che le prestazioni contrattuali devono essere svolte entro il venticinquesimo anno di età.

3. E' vietato il ricorso al lavoro intermittente:

a) per la sostituzione di lavoratori che esercitano il diritto di sciopero;

b) salva diversa disposizione degli accordi sindacali, presso unità produttive nelle quali si sia proceduto, entro i sei mesi precedenti, a licenziamenti collettivi ai sensi degli articoli 4 e 24 della legge 23 luglio 1991, n. 223, che abbiano riguardato lavoratori adibiti alle stesse mansioni cui si riferisce il contratto di lavoro intermittente ovvero presso unità produttive nelle quali sia operante una sospensione dei rapporti o una riduzione dell'orario, con diritto al trattamento di integrazione salariale, che interessino lavoratori adibiti alle mansioni cui si riferisce il contratto di lavoro intermittente;

c) da parte delle imprese che non abbiano effettuato la valutazione dei rischi ai sensi dell'articolo 4 del decreto legislativo 19 settembre 1994, n. 626, e successive modificazioni.

Assim, não admite a legislação italiana o contrato intermitente para substituir empregado em greve, pelas empresas que não fizerem avaliação de risco e, salvo acordo sindical em sentido contrário, nas unidades de produção que realizaram, nos seis meses anteriores, dispensa coletiva e naqueles em que há uma suspensão de relações ou uma redução de horário com pagamento de suplemento salarial.

O art. 35 ainda prevê que o período mínimo de chamamento deve ser correspondente a um dia de trabalho.

Observa-se, nitidamente, que o direito italiano destina o contrato intermitente a regular o trabalho daqueles que estejam entrando no mercado de trabalho ou que possam estar em fase de aposentação ou mesmo aposentado, como meio de manter renda ou atividade.

Além disso, não se destina a simplesmente satisfazer o interesse econômico, mas apenas regular a atividade para empresa com atividade descontínua ou intermitente, mediante negociação coletiva e satisfeitos os requisitos legais, no que se distancia do sistema brasileiro, no qual foi autorizado por todos os trabalhadores e em qualquer atividade, sem restrições.

3.2. Direito português

Da mesma forma que previsto no direito italiano, admite-se o trabalho intermitente, na forma do art. 157, do Código de Trabalho, quando a atividade empresarial foi caracterizada pela descontinuidade ou intensidade variável. Assim dispõe a norma portuguesa, vigente desde 2009

"Art. 157º

Admissibilidade de trabalho intermitente

1 – Em empresa que exerça atividade com descontinuidade ou intensidade variável, as partes podem acordar que a prestação de trabalho seja intercalada por um ou mais períodos de inatividade.

2 – O contrato de trabalho intermitente não pode ser celebrado a termo resolutivo ou em regime de trabalho temporário."

O contrato intermitente, para que seja valido, deve estabelecer o período da prestação de serviço, consecutivo ou não, assim como o início e término de cada período de trabalho ou antecedência com que deve o empregador informar o empregado, antes do começo da prestação do serviço.

De acordo com o art. 160, em caso de período de inatividade, deve o empregador pagar valor previsto em regulamentação coletiva e na sua ausência de 20% da retribuição base, com periodicidade igual à da retribuição, autorizado o labor para outro tomador.

Observa-se, portanto, que à semelhança do sistema italiano, não objetiva o contrato intermitente precarizar as relações de empregado existentes, mas apenas suprir necessidade decorrente de atividade empresarial descontinua ou de intensidade variável, garantida remuneração mínima no período em que não há prestação do labor.

3.3. Direito alemão – Arbeit auf Abruf

É cediço que a reforma trabalhista brasileira, aprovada em menos de quatro meses, sem a ampla discussão que a matéria merece, foi inspirada nas alterações promovidas pelos sistemas alemão e espanhol, sobre os quais passaremos a tecer algumas considerações.

Na Alemanha, e, 2003, foi lançada a denominada Agenda 2010 que promoveu o congelamento de salários, com instituição de empregados com baixos salários e aprovação e expansão da terceirização, trabalho temporário e subcontratação.

Promoveu, ainda, a reforma previdenciária, com redução do valor da aposentadoria e aumento da idade para a aposentação.

De forma diversa que o sistema brasileiro, o denominado Plano Hartz, modulado em grande parte por Peter Hartz, que alterou a legislação social, foi construído em quatro etapas.

Na primeira parte, houve mudança da legislação trabalhista referente aos contratos por prazo determinado e terceirizado para os autorizar de forma mais ampla, sem as restrições impostas pela legislação anterior, preservado o respeito a identidade salarial entre os empregados diretamente contratados pela empresa e os demais trabalhadores, privilegiando-se o dialogo entre empregador, sindicato e Estado.

Na segunda parte da reforma, foi estabelecido o contrato mais curto, de menos de 15 horas semanais, que objetivava a colocação de estudantes e aposentados na busca de maiores recursos financeiros.

Na terceira etapa foi criada uma agencia de contratação de empregados, em substituição ao sistema que previa a existência de diferentes agências, simplificando seu funcionamento e que registra a pessoa desempregada e a auxiliar a buscar nova colocação e promove treinamento para permitir um mais fácil reingresso no mercado de trabalho.

No quarto bloco da reforma houve a unificação dos benefícios que a pessoa desempregada recebia, diante da existência de várias modalidades de seguro desemprego. Assim houve redução do período de recebimento do benefício que antes era de até 24 meses e passou a ser limitada a 12 meses, com redução do valor quando a pessoa não voltar ao mercado de trabalho, sendo quer para seu recebimento deve provar a busca por nova colocação profissional e que sua situação econômica não é confortável.

Como resultado do plano Hartz o que se apurou foi o aumento da produção e do lucro, com redução do desemprego, mas custou uma diminuição significativa da renda da população e consequente aumento da pobreza, tendo o Heiner Flassbeck afirmado que a Alemanha é "campeã mundial em *dumping* salarial".[4]

Na Alemanha, desde a primeira parte da reforma, passou-se a admitir o contrato por prazo determinado e tempo parcial de forma ampla, sendo que no trabalho de plantão o empregado se obriga a prestar serviços conforme a necessidade da carga de trabalho do empregador.

A principal norma sobre o trabalho intermitente é previsto no § 12 TzBfG (Teilzeit-und. Befristungsgesetz)

Acerca do contrato intermitente, especificamente, dispõe a legislação alemã que:

(1) Os empregadores e trabalhadores podem acordar que o trabalhador prestar o seu desempenho no trabalho de acordo com a carga de trabalho tem (trabalho de plantão). O acordo deve selecionar uma duração específica de horas de trabalho semanais e diários. Se a duração do tempo de trabalho semanal não é fixo, um tempo de trabalho aplica-se dez horas, conforme acordado. Se a duração do tempo de trabalho diário não é fixo, o empregador deve ter o serviço pelo empregado cada por pelo menos três horas consecutivas.

(2) O empregado só é obrigado a realizar um trabalho se o empregador lhe diz a localização do seu trabalho pelo menos quatro dias de antecedência.

(3) Por convenção coletiva é possível derrogar o disposto nos § 1º e 2º, em detrimento do trabalhador, caso preveja regras sobre o horário de trabalho diário e semanal e o prazo para aviso prévio. No âmbito do acordo coletivo, empregadores e empregados não tarifários podem concordar com a aplicação de convenções coletivas sobre o trabalho sob demanda.[5]

De acordo com a norma, empregados e empregadores podem ajustar a prestação de serviços

Assim, no trabalho de plantão, empregados e empregadores podem ajustar a prestação de serviços pela carga horária semanal ou diária e, não sendo fixa a jornada, considerar-se-á de 10 horas, devendo o empregador garantir, no mínimo, três horas de labor consecutivas.

O empregado apenas fica obrigado a prestar o serviço caso o empregador o informe com pelo menos quatro dias de antecedência.

Admite-se a derrogação das regras acima indicadas por convenção coletiva, caso previstas regras específicas sofre o trabalho diária e semanal e prazo de aviso-prévio.

3.4. *Sistema* common law

No contrato denominado *just-in-time scheduling,* o empregado prestará serviços de pouca duração e com conhecimento da escala de trabalho com pouca antecedência, Caracterizada a prestação de serviços pela oscilação de horas de trabalho.

No sistema americano tem sido utilizado o trabalho intermitente, em sua maioria, em lojas e restaurantes, havendo, atualmente, softwares que calculam o período do dia, semana ou mês em que há maior movimento de consumidores e exige contratação de modalidade precária de trabalho.

Nos Estados Unidos da América, há diversos estudos sociais e críticas ao sistema, o que tem levado a uma alteração em sua dinâmica, diante do problema causado aos trabalhadores, seja pela incerteza da contratação e renda, seja pela privação da vida familiar.

Atualmente, em alguns estados, como Nova York e Califórnia, utiliza-se o *reporting time pay* ou *show-up way* que, embora não previsto em lei federal, fixa a obrigação

---

(4) Disponível em: <https://oglobo.globo.com/economia/na-alemanha-plano-para-evitar-demissoes-levou-reforma-trabalhista-controversa-16697116#ixzz4ºzLSKCScstest>.

(5) (1) Arbeitgeber und Arbeitnehmer können vereinbaren, dass der Arbeitnehmer seine Arbeitsleistung entsprechend dem Arbeitsanfall zu erbringen hat (Arbeit auf Abruf). Die Vereinbarung muss eine bestimmte Dauer der wöchentlichen und täglichen Arbeitszeit festlegen. Wenn die Dauer der wöchentlichen Arbeitszeit nicht festgelegt ist, gilt eine Arbeitszeit von zehn Stunden als vereinbart. Wenn die Dauer der täglichen Arbeitszeit nicht festgelegt ist, hat der Arbeitgeber die Arbeitsleistung des Arbeitnehmers jeweils für mindestens drei aufeinander folgende Stunden in Anspruch zu nehmen.

(2) Der Arbeitnehmer ist nur zur Arbeitsleistung verpflichtet, wenn der Arbeitgeber ihm die Lage seiner Arbeitszeit jeweils mindestens vier Tage im Voraus mitteilt.

(3) Durch Tarifvertrag kann von den Absätzen 1 und 2 auch zuungunsten des Arbeitnehmers abgewichen werden, wenn der Tarifvertrag Regelungen über die tägliche und wöchentliche Arbeitszeit und die Vorankündigungsfrist vorsieht. Im Geltungsbereich eines solchen Tarifvertrages können nicht tarifgebundene Arbeitgeber und Arbeitnehmer die Anwendung der tariflichen Regelungen über die Arbeit auf Abruf vereinbaren.

de pagamento mínimo ao empregado convocado que comparecer ao local de trabalho, ainda que seja determinado o retorno a sua casa, em razão da ausência de trabalho a ser feito.

No Reino Unido já se fala em trabalhador ultraflexível, assim entendidos aqueles que firmam os denominados "*contratos zero hora*", pelos quais o trabalhador se compromete em se colocar à disposição do empregador, para trabalhar quando necessário, sem qualquer garantia de remuneração ou horas de labor.

Trata-se da adoção da teoria do tempo efetivamente trabalhado levado aos limites da razoabilidade, permitindo que o empregado fique à disposição do empregador, embora só receba pelo tempo em que efetivamente exerce sua atividade profissional.

Na Conferência Internacional do Trabalho, 104ª Sessão, de 2015, restou claro que

Os horários de trabalho bastante imprevisíveis e variáveis, tais como os resultantes do trabalho "sob-chamada", criam obstáculos à conciliação entre a vida profissional e familiar e à segurança de rendimentos. Na sequência de uma ampla consulta lançada em resposta às controvérsias em torno do uso generalizado dos contratos de zero horas, o Governo britânico decidiu, em junho de 2014, proibir a utilização de cláusulas de exclusividade em contratos que não garantam qualquer hora, manifestando também a vontade de melhorar a informação disponível aos trabalhadores a contrato de zero horas e aos empregadores. O Governo decidiu também incentivar os parceiros sociais a desenvolver códigos de conduta justa para utilização específica deste tipo de contrato em cada-setor. Estados Unidos, de forma a atenuar os impactos negativos do planeamento "just-in-time", comum no setor de comércio a retalho, oito estados e o distrito de Columbia introduziram as designadas leis "reporting-time pay" que exigem aos empregadores o pagamento de um valor mínimo aos empregados que trabalham em turnos calendarizados, mesmo no caso de não lhes ser atribuído trabalho.

Não obstante tal discussão e reprovação de utilização indiscriminada do contrato intermitente, segundo reportagem recente do jornal The Guardian, no Reino Unido já há mais de 900.000 mil pessoas que prestam serviços em tal condição[6].

4. CONCLUSÃO E CRÍTICAS GLOBAIS

A análise dos contornos do contrato intermitente no direito brasileiro, previsto na Lei n. 13.467/2017 e Medida Provisória n. 808/2017, verifica-se que:

(i) Primeiro, há que se registrar um ponto positivo no contrato intermitente: trata-se de contrato intermitente subordinado e a tempo indeterminado. A lei brasileira considera o contrato de trabalho intermitente como contrato de trabalho subordinado, e, portanto, deixa claro que a eventualidade não desnatura o liame empregatício previsto no art. 3º, da CLT. Para dar coerência ao sistema, quanto a duração o contrato de trabalho intermitente a lei veda a sua celebração a termo resolutivo ou em regime de trabalho temporário. Logo, a variável do contrato intermitente fica por conta da modulação do horário de trabalho, que pode ser algumas horas diárias, semanais ou mensais, de acordo com as necessidades e conveniências do empregador. No contrato intermitente o que se questiona não é a subordinação ou o prazo de duração, mas a sua habitualidade; a eventualidade da prestação de serviços mas variabilidade da jornada e horário sem patamar mínimo garantista.

(ii) **Segundo**, o § 3º, do art. 443, da CLT, a contratação intermitente é livre e incondicional com ressalva, apenas do aeronautas, pessoal que trabalha no ar; assim, inclui os aeroviários que trabalham no solo em terra firme; independe do ramo da atividade econômica; não exige um número mínimo de horas garantidas. A lei não fixa patamares de idade, ou remuneração para o tempo a disposição.

(iii) **terceiro, o § 3º, do art. 443, da CLT autoriza o contrato intermitente** *independentemente do tipo de atividade do empregado e do empregador,* **não especifica qual é o ramo da atividade econômica que esta autorizada a contatar trabalho intermitente, assim, subentende se que pela natureza do contrato vinculado a uma modulação do horário incita a atender as exigências da empresa, é possível concluir que só e possível o contrato de trabalho intermitente para as atividades empresariais intermitentes (eventos, buffet, bares e restaurantes noturnos).**

(iv) quarto, a legislação nacional prevê o contrato de trabalho intermitente, sem limitação de idade tempo de prestação de serviços ou garantia de patamar mínimo horário semanal ou mensal, e nestes pontos chancela a precarização e a insegurança jurídica e econômica, na contramão da proteção preconizada pela OIT e pela regulamentação colhida no direito comparado.

(v) No sistema brasileiro, o empregador deve comunicar o empregado com pelo menos três dias de antecedência para que o empregado expresse a aceitação da convocação; e no caso silêncio presume-se a recusa do labor. A multa prevista pela Lei n. 13.467/2017 foi excluída pela Medida Provisória n. 808/2017, que deixar às partes a regulamentação das hipóteses de recusa.

(vi) É vedada a exclusividade do trabalho intermitente. Obviamente que o trabalho intermitente oferece pouca segurança jurídica e econômica ao empregado, que praticamente fica á disposição do empregador aguardando "chamada" para o trabalho de acordo com as necessidades

---

(6) Disponível em: <https://www.theguardian.com/business/2017/mar/03/zero-hours-contracts-uk-record-high>. Acesso em: 07 ago. 2017.

e conveniências do empregador; assim tem-se que seria uma abusiva excrescência exigir exclusividade que, ressalte-se, sequer é exigida como requisito do contrato de trabalho típico.

(vii) o prejuízo ao gozo de férias é outra questão colocada em destaque no contrato intermitente. Isto porque, quanto à remuneração, deverá ser pago ao trabalhador, no final da prestação do serviço, a remuneração bem como, o valor proporcional às férias com 1/3, 13º salário, DSR e adicionais legais eventualmente incidentes e depositado o FGTS na conta vinculada do empregado, devendo, no recibo de pagamento serem discriminadas as verbas pagas, sob pena de se considerar o repudiado salário complessivo. A lei, ainda, estabeleceu o direito de férias anuais, de um mês, com proibição de convocação no período de descanso pelo mesmo empregador, podendo ser dividida em três períodos. Resta evidente que a lei assegurou o gozo de férias sem remuneração contemporânea e para tal finalidade, já que a percepção do numerário das férias é fracionado e pago junto com os salários correspondentes a prestação de serviços.

Em suma, na análise da legislação estrangeira o contrato de trabalho intermitente, que permite às partes acordar que a prestação de trabalho seja intercalada por um ou mais períodos de inatividade, é condicional; a) responde às necessidades das empresas *que exerçam atividade com descontinuidade ou intensidade variável*; b) em algumas leis exige-se que o contrato intermitente tenha prazo de duração mínima; c) e ou limitação de um numero mínimo de horas semanais; d) e ou uma idade mínima ou máxima para fins de inclusão de trabalhadores no mercado de trabalho; e) a remuneração, ainda que mínima do tempo de inatividade na intermitência.

Logo, o contrato intermitente não oferece um patamar mínimo de segurança jurídica pois depõem contra os princípios da proteção; da continuidade da relação de trabalho e do trabalho decente. O contrato de trabalho intermitente, embora já exista no direito comparado há alguns anos, tem se mostrado ineficaz como meio de solução dos conflitos sociais, trouxe precarização do trabalho e aumento da miserabilidade, com redução drástica salarial e aumento grande dos lucros das empresas.

Ressalte-se, ainda, que não se pode deixar de observar sua possibilidade ou viabilidade de forma excepcional. Assim insta citar os exemplos italiano e português, que limita tal modalidade de contratação para atividades descontínuas ou intensidade variável e quanto ao primeiro, limitado a pessoas com mais de cinquenta e cinco anos de idade e menores de vinte e quatro anos de idade, desde que no caso em que o desempenho contratual deve ser realizado dentro de 25 anos idade.[7]

Assim, com limitação de atividade e de idade, pode-se alcançar a finalidade do ordenamento jurídico e a composição de interesses da empresa e do trabalhador, ou seja, de quem exercer atividade econômica descontinua e daqueles que estão entrando no mercado de trabalho ou estudantes e os que j[a estão mais próximos da aposentadoria ou mesmo aposentados e pretender aumentar a renda ou manter atividade, sendo que apenas em tais hipóteses se admite que o contrato intermitente atue sem precarizar as relações de trabalho e legalizar a exploração dos empregados regulares.

5. REFERÊNCIAS BIBLIOGRÁFICAS

AMADO, João Leal. *Perspectivas do direito do trabalho*: um ramo em crise identitária? Revista do Tribunal Regional do Trabalho da 15ª Região. n. 47. Campinas: 2015.

AMADO, João Leal. *Contrato de trabalho*: noções básicas. Almedina. 2016.

GARCIA, Gustavo Filipe Barbosa. *Substitutivo da reforma trabalhista*: Retrocesso social e afronta aos direitos dos trabalhadores. Disponível em: <http://genjuridico.com.br/2017/04/18/substitutivo-da-reforma-trabalhista-tetrocesso-social-e-afronta-aos-direitos-do-trabalhadores/>.

LABRUNA, Silvia. *Diritto del lavoro*. Key Editore. Edição do Kindle.

MARTINS, André Almeida. *O trabalho intermitente como instrumento de flexibilização da relação laboral*: o regime do Código de Trabalho de 2009. I Congresso Internacional de Ciências Jurídico-Empresariais.

NASCIMENTO, Amauri Mascaro. *Curso de direito do trabalho*. 26. edição. São Paulo: Saraiva, 2011.

RAMALHO, Maria do Rosário de Palma. *Tratado de direito do trabalho*. Parte 1. Coimbra, Almedina. 2012.

SILVA, Cristina Maria Vieira da. *Trabalho subordinado vs trabalho independente. Dissertação de Mestrado*. Universidade Católica Portuguesa. 2002. Disponível em: <www.repositorio.ucp.pt>.

Internet

HENSCHE, Martin. Arbeit Auf Abruf. Disponível em: <https://www.hensche.de/Arbeit_Abruf_Arbeit_auf_Abruf_Abrufarbeit.html>.

---

(7) Art. 34. Casi di ricorso al lavoro intermittente

1. Il contratto di lavoro iinteritente può essere concluso per lo svolgimento di prestazioni di carattere discontinuo o intermittente, secondo le esigenze individuate dai contratti collettivi stipulati da associazioni dei datori e prestatori di lavoro comparativamente più rappresentative sul piano nazionale o territoriale ovvero per periodi predeterminati nell'arco della settimana, del mese o dell'anno.

2. Il contratto di lavoro intermittente può in ogni caso essere concluso con soggetti con più di cinquantacinque anni di età e con soggetti con meno di ventiquattro anni di età, fermo restando in tale caso che le prestazioni contrattuali devono essere svolte entro il venticinquesimo anno di età.

CAMERA, Roberto. *Dottrina Per il Lavoro*: verifica delle giornate di Lavoro Intermittente. Disponível em: <http://www.dottrinalavoro.it/contratti-c/lavoro-intermittente-c/dottrina-per-il-lavoro--sono-utili-le-dimissioni-online>.

Disponível em: <https://jota.info/trabalho/a-reforma-trabalhista--em-12-pontos-13042017>.

Disponível em: <http://www.abrasel.com.br/conexao-abrasel/4227-unecs-lanca-folder-sobre-trabalho-intermitente.html>.

Luce, S. Hammad e D. Sipe: "Short-shifted", Retail Action Project, 2014. Disponível em:<http://retailactionproject.org/wp-content/uploads/2014/09/ShortShifted_report_FINAL.pdf>.

Disponível em: <https://www.theguardian.com/business/2017/mar/03/zero-hours-contracts-uk-record-high>.

Disponível em: <https://www.theguardian.com/business/2013/jul/28/sports-direct-staff-zero-hour-contracts>.

Disponível em: <https://www.theguardian.com/business/2013/aug/05/mcdonalds-workers-zero-hour-contracts>.

CASSAR, Vólia Bomfim. *Reforma Trabalhista*. Comentários ao Substitutivo do Projeto de Lei 6787/16. Disponível em: <http://ostrabalhistas.com.br/reforma-trabalhista-comentarios-ao-substitutivo-do-projeto-de-lei-no-6-78716-por-volia-bomfim/>

MARTINS, Sérgio Pinto. *Jornada Móvel de Trabalho*. Disponível em: <http://www.cartaforense.com.br/conteudo/colunas/jornada-movel-de-trabalho/5450>

Terceirização. Lei n. 13.467/2017.
Os novos contornos da terceirização

Joselita Nepomuceno Borba[1]

> Preocupa saber como as mudanças serão implementadas, mas devemos todos, patrões e empregados, magistrados e advogados, membros do Ministério Público do Trabalho, Auditores Fiscais do Trabalho e dirigentes sindicais, tanto das categorias econômicas como das categorias profissionais, ter sempre na lembrança que, se enfrentadas com ética, honestidade, correção, dignidade, as dificuldades, se existirem, serão superadas.
> (Georgenor de Sousa Franco Filho)

1. INTRODUÇÃO

Muito já se falou sobre terceirização, também conhecida como subcontratação ou externalização de serviços, e suas implicações negativas nas relações de trabalho.

Tida como sinônimo de incremento de precariedade do emprego, rebaixamento de nível de condições laborais ou trabalho com menor proteção, aumento de índices de acidente de trabalho, entrave para sindicalização, empecilho à negociação coletiva, insolvência do terceiro empregador, entre outros, acabou a terceirização sendo olhada com desconfiança, inclusive pelo Judiciário.

O Direito do Trabalho reage na tentativa de limitar os efeitos negativos do fenômeno, que se apresenta como realidade irreversível.

Importante instrumento de política econômica, consiste em técnica administrativa que facilita o processo gerenciado de transferência de execução de atividade empresarial a terceiros.

Terceirizam-se operações, o que ocorre quando uma empresa principal encarrega ou delega a uma empresa auxiliar uma obra ou serviço. É diferente, portanto, de terceirização de mão de obra, processo que ocorre quando uma empresa provê outra com força trabalho, utilizada de forma direta pela contratante.

No nosso sistema, a prática da terceirização era disseminada, mas não havia lei que a regulasse especificamente. O embasamento jurídico para a prática decorria do princípio constitucional da livre-iniciativa e de regulamentação pela jurisprudência, admitindo-a o judiciário trabalhista com restrição.

Imperava o vazio legislativo até que, em lei que disciplina o trabalho temporário, foi instituído o marco legal da terceirização.

Mas, a previsão legal não afastou incertezas sobre o alcance do instituto, havendo inclusive teses no sentido de que a terceirização, por estar inserida em lei especial, referia-se apenas ao regime de trabalho temporário.

Para afastar dúvidas e incertezas, a seguir, a lei que instituiu a reforma trabalhista, aperfeiçoando a redação da lei anterior, dispôs de forma clara sobre a possibilidade de terceirização na atividade finalística da empresa, autorizando, assim, a terceirização geral e irrestrita.

Diante dos contornos da lei, dois aspectos, no momento, chamam a atenção: necessidade de se identificar o instituto conforme a *mens legis* e a possibilidade de haver empresa sem empregado.

2. EXTERNALIZAÇÃO PRODUTIVA. PROCESSO DE PARCERIA. CONTRATAÇÃO DE SERVIÇOS *VERSUS* CONTRATAÇÃO DE MÃO DE OBRA. FRAUDE

É fato indiscutível que mudanças na composição da força-trabalho e a desintegração dos empregos produziu abalos no clássico contrato de trabalho. Numa relação direta, o empregado presta serviços a um empregador, pessoa física ou jurídica ou ente despersonalizado, com quem possui vínculo empregatício.

Com efeito, na passagem do Século XIX até meados do Século XX, floresce o Direito do Trabalho, desvinculado do Direito Civil, com suas instituições fundamentais: o trabalhador, o empregador e o contrato.

Sob a afluência das transformações, o Estado, de sua vertente liberal para a social, passa a reconhecer direitos sociais, apresentando-se como o grande responsável pela harmonização social e fiador de alguns direitos.

---

(1) Mestre e Doutora em Direito do Trabalho pela PUC/SP. Procuradora do Trabalho aposentada. Membro da Academia Brasileira de Direito do Trabalho (ABDT). Advogada. Professora.

O Direito do Trabalho experimenta o esplendor, com a consolidação da unidade industrial gigante, hierarquizada e condicionantes econômico capazes de conferir segurança e estabilidade no emprego.

Mas, já no último terço do século XX, surgem desafios, advindos de impactante crise econômica cumulada com processo inflacionário, além das transformações no mundo do trabalho em decorrência da globalização e do veloz e extraordinário desenvolvimento da ciência, da tecnologia e das comunicações.

A empresa, que serviu de referência para a estruturação do Direito do Trabalho, esvaiu-se. Aquela unidade empresarial que, cada uma, controlava o ciclo produtivo com autonomia nas relações externas com outras empresas e ao mesmo tempo dirigia seus empregados, sofreu profundos abalos.

As complexas estruturas das grandes corporações não guardam relação com as de outrora.

Muda-se substancialmente a lógica de produção, que passa a observar a externalização do processo produtivo, integrado por meio de redes de empresas. Não se está mais frente a uma organização única, mas diante de redes de subcontratação.

A execução da atividade empresarial é delegada, mediante processo de parceria, firmada com base em contrato civil de prestação de serviços.

Até aí, a **desvinculação de atividade para delegação**, mediante parceria entre empresas, cada qual, **sujeitos reais e idôneos**[2], exercendo sua atividade e responsáveis por seus empregados, **não é ilegal**. Como ressalta Gustavo Filipe Barbosa Garcia[3], a **contratação é de serviços e não de mão de obra** ou de pessoas por meio de intermediários.

A questão central quando se está diante do fenômeno da descentralização ou da externalização produtiva é a **fraude**, ou seja, quando a subcontratação ou a terceirização é adotada como meio para reduzir custos do trabalho, seja para obter maior lucro, seja para a empresa enfrentar competitividade.

Portanto, o processo de **externalização produtiva não passa pela noção de precarização das relações de trabalho**. Adotada a subcontratação ou a terceirização com esse propósito será sempre ilícita, independentemente do tempo em que ocorreu a contratação, ou seja, antes ou depois do marco legal da terceirização[4].

Se a hipótese for de fraude às relações de trabalho, tem plena aplicação o princípio da nulidade, um dos pilares da CLT, segundo o qual "Serão nulos de pleno direito os atos praticados com o objetivo de desvirtuar, impedir ou fraudar a aplicação dos preceitos contidos na presente Consolidação"[5].

3. ENFRENTAMENTO DA TERCEIRIZAÇÃO PELOS TRIBUNAIS. MARCO LEGAL REGULATÓRIO

A subcontratação no nosso sistema jurídico não é prática nova, pois contempla a Consolidação das Leis do Trabalho a possibilidade de se transferir atividade-fim, caracterizada por etapa de processo produtivo, a terceiro, mediante contrato de empreitada[6].

A terceirização[7], no entanto, é fenômeno mais recente e ainda enfrenta processo de regulamentação específica[8]. As recentes leis, uma que alterou a lei do trabalho temporário[9], outra que instituiu a reforma trabalhista[10],

---

(2) Nesse sentido, conferir Nelson Mannrich. *Terceirização: Luzes e sombras*. In: Empresa e trabalho. Estudos em Homenagem a Amador Paes de Almeida. (Coord. Sergio Pinto Martins e Ana Flávia Messa). São Paulo: Sariava. 2010. p. 184.

(3) Destaca Gustavo Filipe Barbosa Garcia, no título *"Terceirização não é intermediação de mão de obra"*, que "[...] quanto ao tema em exame, um dos aspectos de maior relevância é a distinção que deve ser feita entre *terceirização* e *intermediação de mão de obra*. Na verdadeira terceirização, a empresa tomadora contrata um *serviço especializado* da empresa prestadora, e não sua mão de obra (trabalho humano). A empresa contratada, por seu turno, presta um serviço especializado, e não fornece mão de obra. A terceirização, portanto, *não pode servir para intermediar mão de obra"*. (Disponível em: <http://genjuridico.com.br/2015/04/13/terceirizacao-nao-e-intermediacao-de-mao-de-obra/>)

(4) Lei n. 13.429, de 31.03.2017, alterada pela Lei n. 13.467, da reforma trabalhista.

(5) CLT. Art. 9º.

(6) CLT art. 455. Nos contratos de subempreitada responderá o subempreiteiro pelas obrigações derivadas do contrato de trabalho que celebrar, cabendo, todavia, aos empregados, o direito de reclamação contra o empreiteiro principal pelo inadimplemento daquelas obrigações por parte do primeiro.

(7) Na doutrina, colhe-se a percepção de Luiz Carlos Robortella acerca do fenômeno, para quem a palavra terceirização indica *"a existência de um terceiro que, com competência, especialidade e qualidade, em condição de parceria, presta serviços ou produz bens para a empresa contratante"*, classificando, ainda, o jurista tal fenômeno como prática de exteriorização de emprego inerente ao rol das subcontratações (O moderno direito do trabalho. LTr. 1994, p. 236).

(8) O Projeto de Lei n. 30/2015, originário da Câmara dos deputados (PL n. 4.330), que tem por fim regulamentar contratos de terceirização e as relações de trabalho deles decorrentes encontra tramitando no Senado Federal, na Comissão de Assuntos Econômicos. Disponível em: <https://www25.senado.leg.br/web/atividade/materias/-/materia/120928>. Acesso em: 10 nov. 2017.

(9) Lei n. 13.249/2017.

(10) Lei n. 13.467/2017.

estabeleceram o marco legal da terceirização, admitindo o fenômeno, mas não trouxe um regulamento para a tormentosa questão.

O certo é que, num primeiro momento, ante o vazio legislativo – e frente ao elevado contingente de ações judiciais – viu-se o Tribunal Superior do Trabalho compelido a enfrentar a matéria.

A primeira diretriz advinda do Tribunal Superior foi restritiva, na medida em que somente admitia o trabalho por meio de empresa interposta nos casos de trabalho temporário (Lei n. 6.019/1974) e de serviço de vigilância (Lei n. 7.102/1983)[11]. Depois, essa orientação foi amenizada para permitir a terceirização, exceto na atividade-fim da empresa[12].

Assim, na visão do Tribunal Superior do Trabalho, continua ilegal a descentralização produtiva na modalidade de terceirização na atividade-fim da empresa. A permissão fica restrita à atividade de apoio.

Essa jurisprudência consolidada na Súmula n. 331 do TST carece de atualização[13], a fim de adequar seus termos à Lei Geral das Telecomunicações[14], que admitiu terceirização de atividades inerentes no segmento.

Enquanto isso, ainda firme a jurisprudência do Tribunal Superior do Trabalho, chega a matéria à apreciação do Supremo Tribunal Federal (STF), admitida em sede de repercussão geral, com o tema "terceirização de serviços para a consecução da atividade-fim da empresa".

A repercussão ao tema[15] foi reconhecida com base em premissa, segunda a qual, proibir terceirização de forma generalizada na atividade-fim, alicerçada em interpretação jurisprudencial, viola o princípio da liberdade de contratar, inerente ao princípio constitucional da legalidade[16]. Contudo, a sinalização apontada pelo Supremo Tribunal Federal, no sentido de permitir terceirização de forma ampla, ainda está sujeita a confirmação quando do julgamento do Recurso Extraordinário.

Nesse cenário, enquanto se aguardava revisão da jurisprudência do Tribunal Superior do Trabalho, consequência inevitável diante de possível confirmação do tema da repercussão geral pela Corte constitucional, o legislador assumiu seu papel, inserindo na ordem jurídica o marco legal da terceirização.

E o marco veio com a edição da Lei n. 13.429, de 31.03.2017, que alterou dispositivos da Lei n. 6.019/1974, do trabalho temporário, como acima já referido.

Todavia, essa lei não afastou a insegurança jurídica que envolve a matéria, primeiro porque inseriu o marco legal em lei que disciplina trabalho temporário, depois porque,

---

(11) Sumula n. 256 do TST. Salvo os casos de trabalho temporário e de serviço de vigilância, previstos nas Leis ns. 6.019, de 03.01.1974, e 7.102, de 20.06.1983, é ilegal a contratação de trabalhadores por empresa interposta, formando-se o vínculo empregatício diretamente com o tomador dos serviços. Cancelada pela Res. n. 121/2003, DJ 19, 20 e 21.11.2003.

(12) Sumula n. 331 do TST. CONTRATO DE PRESTAÇÃO DE SERVIÇOS. LEGALIDADE

I – A contratação de trabalhadores por empresa interposta é ilegal, formando-se o vínculo diretamente com o tomador dos serviços, salvo no caso de trabalho temporário (Lei n. 6.019, de 03.01.1974).

II – A contratação irregular de trabalhador, mediante empresa interposta, não gera vínculo de emprego com os órgãos da Administração Pública direta, indireta ou fundacional (art. 37, II, da CF/1988).

III – Não forma vínculo de emprego com o tomador a contratação de serviços de vigilância (Lei n. 7.102, de 20.06.1983) e de conservação e limpeza, bem como a de serviços especializados ligados à atividade-meio do tomador, desde que inexistente a pessoalidade e a subordinação direta. [...]

(13) ARE.791.932/DF, tendo o tema específico recebido n. 739 no catálogo de repercussão Geral do STF.

(14) Lei n. 9.472/1997. Art. 94. No cumprimento de seus deveres, a concessionária poderá, observadas as condições e limites estabelecidos pela Agência: [...] II – contratar com terceiros o desenvolvimento de atividades inerentes, acessórias ou complementares ao serviço, bem como a implementação de projetos associados.

(15) RE.713.211/MG, tendo o tema recebido n. 725 no catálogo de repercussão geral do STF.

(16) "RECURSO EXTRAORDINÁRIO COM AGRAVO. ADMINISTRATIVO. AÇÃO CIVIL PÚBLICA. POSSIBILIDADE DE TERCEIRIZAÇÃO E SUA ILICITUDE. CONTROVÉRSIA SOBRE LIBERDADE DE TERCEIRIZAÇÃO. FIXAÇÃO DE PARÂMETROS PARA A IDENTIFICAÇÃO DO QUE REPRESENTA ATIVIDADE-FIM. POSSIBILIDADE. 1. A proibição genérica de terceirização calcada em interpretação jurisprudencial do que seria atividade-fim pode interferir no direito fundamental de livre-iniciativa, criando, em possível ofensa direta ao art. 5º, II, da CRFB, obrigação não fundada em lei capaz de esvaziar a liberdade do empreendedor de organizar sua atividade empresarial de forma lícita e da maneira que entenda ser mais eficiente. 2. A liberdade de contratar prevista no art. 5º, II, da CF é conciliável com a terceirização dos serviços para o atingimento do exercício do exercício-fim da empresa. 3. O thema decidendum, in casu, cinge-se à delimitação das hipóteses de terceirização de mão de obra diante do que se compreende por atividade-fim, matéria de índole constitucional, sob a ótica da liberdade de contratar, nos termos do art. 5º, II, da CRFB. 4. Patente, assim, a repercussão geral do tema, diante da existência de milhares de contratos de terceirização de mão de obra em que subsistem dúvidas quanto à sua legalidade, o que poderia ensejar condenações expressivas por danos morais coletivos semelhantes àquela verificada nestes autos. 5. Diante do exposto, manifesto-me pela existência de Repercussão Geral do tema, ex vi art. 543 do CPC. (STF, j. 15.05.2014 DJE n. 109 divulgado em 05.06.2014 publicado 06.06.2014. Acesso: <www.stf.jus.br>).

ao invés de ser clara e objetiva, elegeu como pressuposto de licitude do processo de terceirização a contratação de serviços "determinados" e "específicos"[17].

Essas expressões, que encerram conceitos abertos e indeterminados, embora remetam à noção de delimitação e especialização, com peculiaridades próprias, são passíveis, assim como a distinção entre atividade-meio e atividade-fim, de inconciliável controvérsia, o que poderia levar não à segurança jurídica, mas ao acirramento de polêmica agora sob a perspectiva do que venha ser, no processo produtivo, serviços determinados e específicos.

Exatamente por isso, chama a atenção Ricardo José Macêdo Britto Pereira[18] para o fato de o marco legal da terceirização, inserido no contexto da lei que disciplina o trabalho temporário, contemplar dois regimes: contratação temporária e contratação de prestação de serviços. Consequentemente, na percepção do referido autor, assim como já assentado na jurisprudência, a Lei n. 13.429/2017 não contempla terceirização geral, referindo-se "a possibilidade de contratação de prestação de serviços tanto em atividade-meio como em atividade-fim, referidas apenas no regime de trabalho temporário" [19].

Vê-se que a lei, ao invés de dissipar controvérsias, veio agregar mais incertezas, a exigir seu aperfeiçoamento. Isso veio a ocorrer com a Lei n. 13.467, de 13.07.2017, que instituiu a reforma trabalhista.

Essa lei modificou a redação do art. 4º-A da Lei n. 6.019/1974 (introduzido pela Lei n. 13.429/2017)[20] para, afastando quaisquer dúvidas, autorizar a terceirização na atividade-fim.

A intenção do legislador ainda aparece de forma clara nas disposições dos art. 4º-C[21], quando expressamente admite que os serviços terceirizados "podem ser de qualquer uma das atividades da contratante" e no art. 5º-A[22] ao estipular que contratante é aquele que celebra contrato com empresa de prestação de serviços "relacionados a quaisquer de suas atividades, inclusive atividade principal".

Não resta mais dúvida que terceirização, assim entendida como instrumento de política econômica, técnica administrativa que facilita o processo gerenciado de transferência de execução de atividade empresarial a terceiros/parceiros, agora tem previsão legal.

Isso vai interferir diretamente na força normativa da Súmula n. 331, do TST, a reclamar sua pronta revisão[23].

Portanto, terceirização lícita está ligada a fenômeno de desconcentração produtiva e econômica, sinônimo de parceria, e não terceirização de tarefas com intuito de reduzir custos. A *contratação de tarefas* (mão de obra) corresponde a tipo ilegal e, como tal, devia – e deve – ser banida. Essa modalidade é típica de fraude às relações de trabalho.

E, se a hipótese for de fraude, a lei tem mecanismo eficiente para combatê-la.

À margem discussões acerca da precarização das relações de trabalho e retrocesso social, decorrente da lei da reforma trabalhista, o certo é que nenhuma lei sancionada até o momento atingiu quaisquer dos pilares do Direito do Trabalho, continuando intacta a noção de empregado e empregador[24], bem como a afirmação do princípio das

---

(17) Lei n. 6.019/1974, art. 4º-A. Empresa prestadora de serviços a terceiros é a pessoa jurídica de direito privado destinada a prestar à contratante serviços determinados e específicos (incluído pela Lei n. 13.249/2017).

(18) *A inconstitucionalidade da Liberação generalizada da terceirização. Interpretação da Lei 13.429, de 31.3.2017*. In: Terceirização de serviços e direitos sociais trabalhistas (Coord. Gustavo Filipe Barbosa Garcia e Rubia Zanotelli de Alvarenga). São Paulo: LTr. 2017. p. 96.

(19) *A inconstitucionalidade da Liberação generalizada da terceirização. Interpretação da Lei n. 13.429, de 31.3.2017*. in Terceirização de serviços e direitos sociais trabalhistas (Coord. Gustavo Filipe Barbosa Garcia e Rubia Zanotelli de Alvarenga). São Paulo: LTr. 2017. p. 96.

(20) Lei n. 13.467/2017, art. 2º. A Lei n. 6.019, de 3 de janeiro de 1974, passa a vigorar com as seguintes alterações: Art. 4º-A. Considera-se prestação de serviços a terceiros a transferência feita pela contratante da execução de quaisquer de suas atividades, inclusive sua atividade principal, à pessoa jurídica de direito privado prestadora de serviços que possua capacidade econômica compatível com a sua execução.

(21) "Art. 4º-C. São asseguradas aos empregados da empresa prestadora de serviços a que se refere o art. 4º-A desta Lei, quando e enquanto os serviços, que podem ser de qualquer uma das atividades da contratante, forem executados nas dependências da tomadora, as mesmas condições [...]

(22) Art. 5º-A. Contratante é a pessoa física ou jurídica que celebra contrato com empresa de prestação de serviços relacionados a quaisquer de suas atividades, inclusive sua atividade principal.

(23) A revisão da jurisprudência do TST já é esperada, como, aliás, noticiara o Presidente da Corte, que adotará providências tendentes à atualização do regimento interno do TST e a revisão das súmulas que serão atingidas pelas novas regras. Notícia "A sensatez do presidente do TST". O Estado de S. Paulo. Opinião. 29.10.2017.

(24) CLT. Art. 2º – Considera-se empregador a empresa, individual ou coletiva, que, assumindo os riscos da atividade econômica, admite, assalaria e dirige a prestação pessoal de serviço. § 1º – Equiparam-se ao empregador, para os efeitos exclusivos da relação de emprego, os profissionais liberais, as instituições de beneficência, as associações recreativas ou outras instituições sem fins lucrativos, que admitirem trabalhadores como empregados. § 2º Sempre que uma ou mais empresas, tendo, embora,

nulidades[25] e da inalterabilidade prejudicial do contrato de trabalho[26].

Certamente, evidenciado no caso concreto que não se trata de terceirização na forma como instituída pelo marco legal, mas de intermediação ilegal de mão de obra, a nulidade se impõe, na medida em que essa não era a terceirização permitida antes pela ordem jurídica[27] e nem agora pela expressa disposição da lei[28].

4. INCONSTITUCIONALIDADE. RETROCESSO SOCIAL E PRECARIZAÇÃO DAS RELAÇÕES DE TRABALHO. PRIMEIRAS IMPRESSÕES

Em meio ao debate social, que precedeu a edição da lei da reforma trabalhista, ponderáveis razões já apontavam para existência de inconstitucionalidades[29], por imprimir o projeto, da forma como tramitava no Legislativo, retrocesso social e de precarização das relações de trabalho.

Ultrapassada aquela fase, com a edição da Lei n. 13.467/2017, cumpre ao Judiciário, pelo controle direto ou concentrado de constitucionalidade, depurar o sistema, declarando inconstitucional dispositivos da referida lei que violar diretamente a Constituição Federal, entre os quais aquele que conferiu nova redação ao art. 4º-A da Lei n. 6.019/1974, permitindo terceirização irrestrita.

Mas, como primeira impressão, tem-se a observar dois aspectos: primeiro, que inconstitucionalidade não comporta acepção política; depois, o que vem a ser inconstitucionalidade.

Sucinta e objetivamente, inconstitucional é o que viola de forma clara, direta e irreconciliável, algum artigo da Constituição. Assim, aprovada a lei não há espaço para o uso político do termo, porquanto inconstitucional não é aquilo que se discorda politicamente, mas o que viola a Constituição.

A par disso, a base teórica do sistema jurídico nacional repousa na Norma Fundamental[30], cuja dinâmica jurídica é concebida como um sistema em que "uma norma sempre deposita seu fundamento de validade em outra norma de nível superior e, assim, sucessivamente, até o patamar de uma norma fundamental, que põe termo ao escalonamento"[31]: a Constituição.

A consequência, em virtude da hierarquia das normas, é que a lei guarda consonância com a Constituição, e não o contrário.

Dessa forma, lei nova pode altera lei anterior, mesmo porque as relações sociais são dinâmicas, notadamente numa sociedade policontextual e impactada pelo avanço da ciência e da tecnologia, com surgimento de novas tensões, desafios e necessidades, a reclamar ajustes por parte do legislador.

Partindo-se de tal premissa – e levando-se em consideração o modelo de sistematização do poder adotado pela Constituição Federal brasileira, de tripartição independente e harmônico –, nenhum óbice se impõe ao Legislativo no exercício de suas funções típicas, mesmo que a lei, ao contemplar nova realidade, imponha algum tipo de prejuízo.

O que não é permitido ao legislador é violar a Constituição Federal.

Assim, observados os ditames constitucionais, tem o Legislativo o dever de elaborar leis que regem a conduta

---

cada uma delas, personalidade jurídica própria, estiverem sob a direção, controle ou administração de outra, ou ainda quando, mesmo guardando cada uma sua autonomia, integrem grupo econômico, serão responsáveis solidariamente pelas obrigações decorrentes da relação de emprego. § 3º Não caracteriza grupo econômico a mera identidade de sócios, sendo necessárias, para a configuração do grupo, a demonstração do interesse integrado, a efetiva comunhão de interesses e a atuação conjunta das empresas dele integrantes. (§ 3º acrescido ao texto original. Art. 3º – Considera-se empregado toda pessoa física que prestar serviços de natureza não eventual a empregador, sob a dependência deste e mediante salário.

(25) CLT. Art. 9º – Serão nulos de pleno direito os atos praticados com o objetivo de desvirtuar, impedir ou fraudar a aplicação dos preceitos contidos na presente Consolidação.

(26) Art. 468 – Nos contratos individuais de trabalho só é lícita a alteração das respectivas condições por mútuo consentimento, e ainda assim desde que não resultem, direta ou indiretamente, prejuízos ao empregado, sob pena de nulidade da cláusula infringente desta garantia.

(27) No sistema anterior à Lei n. 13.429/2017 a terceirização era admitida, com reserva, na atividade de apoio, ressalvada a hipótese de fraude, quando o vínculo era reconhecido diretamente com tomador dos serviços.

(28) Lei n. 13.429/2017 – modificada pela Lei n. 13.467/2017 – instituí o marco legal da terceirização, mas não autoriza intermediação de mão de obra. Fraude, se constatada, continua a ser reprimida.

(29) Em meio ao debate discussões, o que se observou de mais concreto foi a emissão de parecer pela Ordem dos Advogados do Brasil (OAB), proposição n. 49.0000.2017.004049-7/COP, em que aponta inconstitucionalidades contidas no projeto de reforma trabalhista, a permitir uma reflexão acerca dos defeitos que padece, agora, não mais projeto, mas a Lei n. 13.467/2017. Disponível em: <http:/s.oab.org.br/arquivos/2017/06/reforma-trabalhista-preliminares-inconstitucionalidades.pdf>.

(30) Cf. por todos Hans Kelsen. *Teoria pura do direito*. 5. ed. Tradução de João Batista Machado. Coimbra: Armênio Amado. 1979. Lineamentos acerca da base teórica conf. Joselita Nepomuceno Borba. São Paulo: LTr. 2008. p. 31-38.

(31) *Idem*, p. 38.

e os fatos sociais, seja disciplinando novas realidades, seja adequando situações reguladas que se modificaram, a exigir intervenção do legislador.

O fato de essa nova lei contrariar a lei anterior não é, só por isso, inconstitucional. A inconstitucionalidade, como já destacado, decorre objetivamente da desconformidade da lei com a Constituição Federal.

Ademais, o inconstitucional reside não na ação, mas na omissão[32], seja porque o legislador deixa de regulamentar direito cujo exercício depende de edição de lei, seja porque deixa de assegurar política minimamente razoável de proteção.

E, para averiguar a conformidade da Lei n. 13.429/2017 com a ordem constiucional, na parte em que liberou terceirização na atividade finalística da empresa, o Supremo Tribunal Federal já foi acionado por meio de várais ações abstratas[33].

Na arguição de descumprimento de preceito fundamental (ADPF)[34], que tem como requerente Associação Brasileira do Agronegócio (ABAG) – com intervenção de diversos *amicus curie* – a Procuradoria Geral da República posiciona-se contra a terceirização de forma geral.

Da mesma forma, na ação direta de inconstitucionalidade (ADI) 5.685 (a ela apensas as ADI 5.735, ADI 5.695, ADI 5.686, ADI 5.687), de autoria da Rede Sustentabilidade – com intervenção de diversos *amicus curie* – o parecer da Procuradoria Geral da República (PGR) é pela inconstitucionalidade da Lei n. 13.429/2017, na parte em que autoriza terceirização em qualquer atividade, inclusive na atividade principal.

Em sua manifestação a PGR opina pela inconstitucionalidade formal da Lei n. 13.429/2017 e, sucessivamente, pela inconstitucionalidade sem redução de texto dos arts. 4º-A, 5º-A e 9º, § 3º, da Lei n. 6.019/1974, inseridos pela Lei n. 13.429/2017, para afastar interpretação que permita terceirização de atividades finalísticas de empresas privadas e entidades da administração pública.

Alinhado à doutrina de Gabriela Neves Delgado e Helder Santos Amorim[35], o opinativo do *Parquet* federal é pela inconstitucionalidade da Lei n. 13.429/2017, pelas seguintes razões sintetizadas na ementa do parecer:

CONSTITUCIONAL E TRABALHO. AÇÕES DIRETAS DE INCONSTITUCIONALIDADE. LEI N. 13.429/2017, QUE ALTERA A LEI N. 6.019/1974. PROJETO DE LEI. INICIATIVA DO PRESIDENTE DA REPÚBLICA. REQUERIMENTO DE RETIRADA FORMULADO PELO AUTOR. AUSÊNCIA DE DELIBERAÇÃO PELA CÂMARA DOS DEPUTADOS. VIOLAÇÃO DE PRERROGATIVA REFLEXA AO PODER DE INICIATIVA. ARTS. 61, § 1º, E 84, III, DA CONSTITUIÇÃO. AFRONTA À DIVISÃO DO PODER. ART. 2º DA CR. VÍCIO NÃO SANÁVEL POR SANÇÃO PRESIDENCIAL. INCONSTITUCIONALIDADE FORMAL. CONTRATAÇÃO INTEREMPRESARIAL DE SERVIÇOS. ARTS. 4º-A E 5º-A DA LEI N. 6.019/1974. RISCO DE INTERPRETAÇÃO QUE ADMITA TERCEIRIZAÇÃO DE ATIVIDADES FINALÍSTICAS DE EMPRESAS PRIVADAS E PÚBLICAS. VIOLAÇÃO DO REGIME CONSTITUCIONAL DE EMPREGO SOCIALMENTE PROTEGIDO. ARTS. 1º, III E IV, 6º, 7º a 11, 170 e 193 DA CR. VIOLAÇÃO DA FUNÇÃO SOCIAL CONSTITUCIONAL DA EMPRESA. ARTS. 1º, IV, 5º, XXIII, e 170, III, 7º, XII, 24, XIV, 212, § 5º, 218, § 4º, E 227 DA CR. VIOLAÇÃO AO CONCURSO PÚBLICO EM ENTIDADES DA ADMINISTRAÇÃO PÚBLICA. ART. 37, II, DA CR. VULNERAÇÃO DAS CONVENÇÕES NS. 29 E 155 DA OIT. INCONSTITUCIONALIDADE SEM REDUÇÃO DE TEXTO. TRABALHO TEMPORÁRIO. ARTS. 2º E 10 DA LEI 6.019/1974. LOCAÇÃO DE MÃO DE OBRA. AMPLIAÇÃO PARA ATIVIDADES PERMANENTES DE EMPRESAS. DEMANDAS INTERMITENTES, PERIÓDICAS E SAZONAIS. AMPLIAÇÃO AO SETOR RURAL. TRIPLICAÇÃO DO PRAZO CONTRATUAL. QUEBRA DA NATUREZA EXCEPCIONAL DO REGIME DE LOCAÇÃO DE MÃO DE OBRA. VIOLAÇÃO DO REGIME CONSTITUCIONAL DE EMPREGO SOCIALMENTE PROTEGIDO. VIOLAÇÃO DA FUNÇÃO SOCIAL CONSTITUCIONAL DAS EMPRESAS. OFENSA AO PRINCÍPIO DA PROPORCIONALIDADE. LEGISLAÇÃO ABUSIVA. VULNERAÇÃO DAS CONVENÇÕES NS. 29 E 155 DA OIT. VEDAÇÃO DE RETROCESSO SOCIAL DESARRAZOADO. VULNERAÇÃO DA DECLARAÇÃO DA FILADÉLFIA. PACTO DE SÃO JOSE DA COSTA RICA. CARTA DA ORGANIZAÇÃO DOS ESTADOS AMERICANOS. PACTO INTERNACIONAL DE DIREITOS ECONÔMICOS, SOCIAIS E CULTURAIS. INCONSTITUCIONALIDADE MATERIAL.

1. Constitui prerrogativa reflexa do poder de iniciativa legislativa o requerimento de retirada de projeto de lei formulado pelo Presidente da República à Câmara dos Deputados, relativamente a projeto de sua autoria, enquanto não concluídas as votações da fase deliberativa parlamentar. Ocorrência no PL n. 4.302/1988, proposição do Presidente da República. Deliberação parlamentar de requerimento de retirada constitui questão prejudicial ao mérito da proposição. Ausência de deliberação implica usurpação de poder, não sanável por sanção presidencial. Inconstitucionalidade formal. Arts. 2º, 61, § 1º, e 84, III, da Constituição da República (CR).

---

(32) Conf. Flávia Piovesan. *Proteção judicial contra omissões legislativas. Ação Direta de Inconstitucinalidade por omissão e Mandado de Injunção*. 2. ed. 2003. São Paulo: Revista dos Tribunais.

(33) ADI 5.685/DF, de autoria da Rede Sustentabilidade, que tem como Ministro Relator Gilmar Mendes. A essa ADI foram apensadas as seguintes: ADI 5.735, ADI 5.695, ADI 5.686, ADI 5.687.

(34) ADPF 324/DF.

(35) *Inconstitucionalidade da terceirização na atividade-fim: o valor social da livre-iniciativa e a função social da empresa"*. In: *Terceirização de serviços e direitos sociais trabalhistas*. Gustavo Filipe Barbosa Garcia e Rúbia Zanotelli de Alvarenga (Coords.). São Paulo: LTr, 2017. p. 13-19.

2. Contratação interempresarial de serviços – terceirização. Arts. 4º-A, 5º-A e art. 9º, § 3º, da Lei n. 6.019/1974, na redação da Lei n. 13.429/2017. Interpretação que admite terceirização irrestrita de atividades finalísticas viola o regime constitucional de emprego socialmente protegido (CR, arts. 1º, IV, 7º a 11, 170, VII e VIII, e 193), a função social constitucional da empresa (arts. 1º, IV, 5º, XXIII, e 170, III, c/c arts. 7º, XII, 24, XIV, 212, § 5º, 218, § 4º, e 227), o princípio isonômico nas relações de trabalho (arts. 5º, *caput*, e 7º, V) e a regra constitucional do concurso público nas empresas estatais exploradoras de atividade econômica (arts. 37, II, e 173, § 1º, II), bem como a Declaração da Filadélfia (art. I.a) e as Convenções ns. 29 e 155 da Organização Internacional do Trabalho (OIT). Inconstitucionalidade sem redução de texto.

3. As categorias mais modernas do domínio e do programa normativo acerca do trabalho na Constituição de 1988 recusam intermediação irrestrita de mão de obra, por agredir o conceito de "relação de emprego" acolhido pelo art. 7º, I, da CR, como meio técnico-jurídico de atribuir frutos do trabalho de alguém a outrem, sem reificar o trabalhador, por supressão total ou parcial de sua liberdade, como nos regimes precedentes de escravidão e servidão. Reiteração do parecer lançado no recurso extraordinário com agravo 713.211/MG, com repercussão geral (convertido no RE 958.252/MG), caso-líder do tema de repercussão geral 725 ("terceirização de serviços para consecução da atividade-fim de empresa").

4. A interpretação jurisprudencial consolidada na Súmula n. 331 do Tribunal Superior do Trabalho, que reconhece legalidade de terceirização de atividades de apoio administrativo e nega efeitos trabalhistas à de atividades finalísticas, compatibiliza-se plenamente com a ordem jurídica constitucional, que garante direitos fundamentais dos trabalhadores e limita a contratação de serviços, na administração pública, a atividades materiais acessórias, instrumentais e auxiliares de órgãos e entes públicos. Aplica-se idêntico limite a empresas privadas e estatais exploradoras de atividade econômica. Art. 173, § 1º, II, da CR. Impõe-se preservar o regime constitucional do concurso público. Art. 37, II, da CR; art. 10, § 7º, do Decreto-lei n. 200/1967; art. 1º do Decreto n. 2.271/1997.

5. Trabalho temporário. Arts. 2º e 10 da Lei n. 6.019/1974, na redação da Lei n. 13.429/2017. Viola o regime constitucional de emprego socialmente protegido e a função social constitucional da empresa a ampliação do regime de locação de mão de obra temporária para atividades permanentes de empresas, ainda que de natureza intermitente, periódica ou sazonal (art. 2º, *caput* e § 1º, da Lei n. 6.019/1974). Aliada à triplicação do prazo contratual, de 90 para 270 dias (art. 10 da Lei n. 6.019/1974), a extensão do regime permite ampla substituição de postos de emprego por mão de obra intermediada, superprestigiando interesses econômicos privados em detrimento do valor social do trabalho (art. 1º, IV, da CR) e do princípio constitucional da proporcionalidade. Arts. 1º, 7º a 11, 170, VII e VIII, e 193, da CR.

6. Esvazia o conteúdo dos direitos fundamentais sociais dos trabalhadores, especialmente o conceito de relação de emprego (art. 7º, I, da CR), interpretação que autorize irrestrita subcontratação de serviços de atividades finalísticas e legislação que torne ordinário regime de comercialização de mão de obra temporária, para além das demandas imprevisíveis e extraordinárias das empresas tomadoras. Medidas que retraem em muito o padrão civilizatório de utilização do trabalho livre, constitucionalmente conquistado à custa de intensos conflitos sociais. Legislação socialmente opressiva, desproporcional, que incorre em desvio de finalidade, ao subverter os fins que regem o desempenho da função estatal, em violação do interesse público. Afronta à cláusula constitucional de vedação de retrocesso social desarrazoado. Vulneração da Declaração da Filadélfia (art. I.a) e das Convenções ns. 29 e 155 da OIT. Ofensa a normas internacionais de direitos humanos, ao Pacto de São José da Costa Rica, à Carta da Organização dos Estados Americanos, ao Pacto Internacional de Direitos Econômicos, Sociais e Culturais. Inconstitucionalidade material.

7. Parecer por declaração de inconstitucionalidade formal da Lei n. 13.429/2017; sucessivamente, por declaração de inconstitucionalidade sem redução de texto dos arts. 4º-A, 5º-A e 9º, § 3º, da Lei n. 6.019/1974, inseridos pela Lei 13.429/2017, para afastar interpretação que permita terceirização de atividades finalísticas de empresas privadas e entidades da administração pública, e por declaração de inconstitucionalidade dos arts. 2º e 10 da Lei n. 6.019/1974, na redação da Lei n. 13.429/2017, que amplie o regime e o prazo dos contratos de trabalho temporário. (Parecer PGR acostado aos autos da ADI 5685/DF. <file:///D:/BACKUP%20 DOIS/Artigos/Terceirização%20Novos%20Contornos%20 COGEAE/Parecer%20PGR%20na%20DIn%205685%20 pela%20inconstitucionalidade%20Lei%2013.429.pdf>).

Das razões do opinativo vê-se que a vislumbrada inconstitucionalidade decorre basicamente dos seguintes aspectos: (i) "ausência de deliberação implica usurpação de poder, não sanável por sanção presidencial"; (ii) a "interpretação que admite terceirização irrestrita de atividades finalísticas viola o regime constitucional de emprego socialmente protegido (CR, arts. 1º, IV, 7º a 11, 170, VII e VIII, e 193)"; violando também (iii) "a função social constitucional da empresa (arts. 1º, IV, 5º, XXIII, e 170, III, c/c arts. 7º, XII, 24, XIV, 212, § 5º, 218, § 4º, e 227)" e, ainda, o "princípio isonômico nas relações de trabalho (arts. 5º, *caput*, e 7º, V) e a regra constitucional do concurso público nas empresas estatais exploradoras de atividade econômica (arts. 37, II, e 173, § 1º, II)".

Ainda que a afronta à Constituição tenha sido alegada com base em dispositivo alterado (art. 4º-A da Lei n. 13.249/2017, com redação da Lei n. 13.429/2017), a nova lei, na essência, em nada modificou em essência a lei anterior, apenas teve o propósito de, dissipando dúvidas e divergências, deixar clara a autorização para terceirizar a atividade finalística, inclusive da atividade principal da empresa.

Certamente, o vazio legislativo em relação à possibilidade de terceirizar atividade-fim da empresa foi suprido, mas a última palavra acerca da conformidade da prática com a ordem constitucional está nas mãos do Supremo Tribunal Federal.

As ações abstratas (ADI e ADPF) em curso poderão perder o objeto em decorrência da nova redação do art. 4º-A da Lei n. 6.019/1974, pela Lei n. 13.467/2017, mas a matéria é a mesma e, acredita-se, o STF será acionado.

5. TERCEIRIZAÇÃO DE PRODUTO OU SERVIÇO. EMPRESA SEM EMPREGADO. POSSIBILIDADE

Aspecto relevante, se constitucional for a autorização para a empresa terceirizar atividade finalística, envolve a possibilidade de existir empresa sem empregados.

Com a atenção voltada para essa questão, lembram Gabriela Neves Delgado e Helder Santos Amorim, em substancioso estudo sobre inconstitucionalidade da terceirização na atividade finalística da empresa[36], que a "prática da terceirização na atividade-fim esvazia a dimensão comunitária da empresa", na medida em que a "radicalização desse mecanismo pode viabilizar a extrema figura da **empresa sem emrpregados**". E assim, por liberalidade, exime-se a empresa de responsabilidades sociais, trabalhistas previdenciárias e tributárias.

Ademais, seria nesse espaço da atividade-fim, destacam os referidos autores, que a "Constituição reserva à empresa **a função social de promover emprego direto com o trabalhador, com máxima proteção social, tendo em conta a dupla qualidade protetiva desse regime de emprego:** uma proteção temporal, que remete à pretensão de máxima continuidade do vínculo de trabalho, e uma proteção especial, de garantia de integração do trabalhador à vida da empresa"[37].

De fato, se por um lado, não há dúvida de que a terceirização frustra o princípio da continuidade do vínculo de emprego direto com o tomador dos serviços e também aniquila a possibilidade de integração do trabalhador na vida da empresa cliente, por outro, evidenciam os termos do art. 4º-A, da Lei n. 6.019/1974 (com redação da Lei n. 13.467/2017[38]) que é irrestrita liberdade de contratar.

Sendo assim, em tese, nada impede que a empresa entregue a terceiro a execução de toda sua atividade produtiva, se esta permitir e for sua vontade. Trata-se de inevitável conclusão frente aos termos da lei. Aliás, já havia possibilidade de existir empresa sem empregado – e ela de fato existe, independentemente de previsão do legislador[39].

Todavia, essa não foi deliberada intenção do legislador, na medida em que instituiu regras de isonomia entre empregados da contratante e da contratada, a evidenciar que o propósito, ao admitir a terceirização, não foi admitir empresa sem empregado.

Com efeito, nos termos do art. 4º-C da mesma Lei n. 13.467/2017[40], há expressa referência à extensão de mesmas condições relativas a alimentação, transporte, atendimento médico e ambulatorial, treinamento, além de condições sanitárias e ambiente de trabalho adequado, a empregados da contratada, quando forem os serviços executados nas dependências da tomadora dos serviços. Além disso, no § 1º do mencionado art. 4º-C, também há previsão de, mediante consenso, instituir-se isonomia salarial entre empregados da contratante e os da contratada.

Assim, de uma análise sistemática da lei chega-se à conclusão de que o legislador autorizou ampla liberdade de contratar, em razão da qual poderá a empresa operacionalizar a descentralização produtiva, inclusive da atividade finalística. Isso não significa autorização legislativa que contemple hipótese de empresa sem empregados, ao revés, foram instituídas regras de isonomia entre empregados da contratante e da contratada, a evidenciar que a tomadora de serviços também possui empregados.

A primeira impressão, portanto, é que só excepcionalmente poderá a empresa operar sem empregados.

6. CONCLUSÃO

O marco legal da terceirização foi instituído. Doravante, incertezas quanto à possibilidade de terceirizar de forma

---

(36) *Inconstitucionalidade da terceirização na atividade-fim: o valor social da livre-iniciativa e a função social da empresa".* In: *Terceirização de serviços e direitos sociais trabalhistas.* Gustavo Filipe Barbosa Garcia e Rúbia Zanotelli de Alvarenga (Coords.). São Paulo: LTr. 2017. p. 15.

(37) Gabriela Neves Delgado e Helder Santos Amorim. *Inconstitucionalidade da terceirização...cit. p. 13* (negrito no original)

(38) "Art. 4º-A. Considera-se prestação de serviços a terceiros a transferência feita pela contratante da execução de quaisquer de suas atividades, inclusive sua atividade principal, à pessoa jurídica de direito privado prestadora de serviços que possua capacidade econômica compatível com a sua execução.

(39) Indústria automobilística e da construção civil podem oferecer exemplos de empresa sem empregado, onde se terceiriza todo o processo produtivo.

(40) Art. 4º-C. São asseguradas aos empregados da empresa prestadora de serviços a que se refere o art. 4º-A desta Lei, quando e enquanto os serviços, que podem ser de qualquer uma das atividades da contratante, forem executados nas dependências da tomadora, as mesmas condições: I – relativas a: a) alimentação garantida aos empregados da contratante, quando oferecida em refeitórios; b) direito de utilizar os serviços de transporte; c) atendimento médico ou ambulatorial existente nas dependências da contratante ou local por ela designado; d) treinamento adequado, fornecido pela contratada, quando a atividade o exigir. II – sanitárias, de medidas de proteção à saúde e de segurança no trabalho e de instalações adequadas à prestação do serviço.

irrestrita não existem, salvo se o Supremo Tribunal Federal vir a declarar inconstitucionalidade do art. 4º-A da Lei n. 6.019/1974, com redação da Lei n. 13.467/2017.

A questão não é mais o que terceirizar (atividade-apoio/atividade-fim), mas a fraude. Terceiriza-se atividade inerente à produção e serviço, mas não se terceiriza mão de obra. Intermediação de força trabalho é – e continua – vedado.

Daí a necessidade de se identificar, com acuidade, o instituto com seus elementos e características, a fim de terceirizar-se operação e não mão de obra. A permissão legal é para empresa principal encarregar ou delegar a uma empresa auxiliar execução de obra ou serviço. Isso é diferente de empresa principal encarregar a empresa auxiliar da incumbência de fornecer-lhe mão de obra.

7. REFERÊNCIAS BIBLIOGRÁFICAS

ABDALA, Vantuil. *Aperfeiçoamento de regras para terceirização.* Notas trabalhistas. Sistema FIRJAN, Ano VI, n. 57. julho/agosto 2008. p. 1-2.

BORBA. Joselita Nepomuceno. *Terceirização sob a perspectiva do Supremo Tribunal Federal (STF). Repercussão Geral. Edição da Lei n. 13.429, de 31.03.2017. Aspectos processuais.* In: Conselho Jurídico Sinduscon-SP 15 anos. São Paulo: BB Editora. 2017.

_____. *Externalização produtiva: subcontratação e terceirização. Como não precarizar? Necessária aplicação do princípio da igualdade de tratamento e da responsabilidade solidária em aspectos de direitos inderrogáveis.* In: Terceirização de serviços e direitos sociais trabalhistas. Gustavo Filipe Barbosa Garcia e Rúbia Zanotelli de Alvarenga (Coords.) São Paulo: LTr. 2017.

_____. *Efetividade da tutela coletiva.* São Paulo: LTr. 2008.

CASTRO, Maria do Perpétuo Socorro W. de. *Terceirização. Uma expressão do direito flexível do trabalho na sociedade contemporânea.* LTr, 2014.

COUTINHO, Grijalbo Fernandes. *Terceirização. Máquina de moer gente trabalhadora.* LTr Editora, 2015.

DELGADO, Gabriela Neves; AMORIM, Helder Santos. *Os limites constitucionais da terceirização.* LTr, 2014.

_____. *A inconstitucionalidade da terceirização na atividade-fim: O valor social da livre-iniciativa e a função social da empresa.* In: Terceirização de serviços e direitos sociais trabalhistas. Gustavo Filipe Barbosa Garcia e Rúbia Zanotelli de Alvarenga (Coords.). São Paulo: LTr. 2017.

GARCIA. Gustavo Filipe Barbosa. *Terceirização não é intermediação de mão de obra.* Disponível em: <http://genjuridico.com.br/2015/04/13/terceirizacao-nao-e-intermediacao-de-mao-de-obra/>.

KELSEN, Hans. *Teoria pura do direito.* 5. ed. Tradução de João Batista Machado. Coimbra: Armênio Amado. 1979.

MAIOR, Jorge Luiz Souto. *A terceirização e a lógica do Mal. Dignidade humana e inclusão social.* Gabriela Delgado (Coord.). LTr, 2010.

MANNRICH, Nelson. A terceirização e os novos desafios do direito do trabalho. *Revista da Academia Brasileira de Direito do Trabalho.* v. 20. 2015.

_____. Terceirização: Luzes e sombras. In: *Empresa e trabalho.* Estudos em Homenagem a Amador Paes de Almeida. Sergio Pinto Martins e Ana Flávia Messa (Coords.). São Paulo: Saraiva, 2010.

MELGAR, Alfredo Montoya. *Derecho del trabajo.* 36. ed. Madrid: Editora Tecnos, 2015.

MELO FILHO, Luiz Felippe Vieira de. *Não se pode vender como mercadoria o trabalho humano.* Informativo da Associação Nacional dos Procuradores do Trabalho – ANPT. Ano VI, n. 61 março 2011. Entrevista.

PEREIRA, Ricardo José Macêdo de Britto. *A inconstitucionalidade da liberação generalizada da terceirização. Interpretação da Lei 13.429, de 31.03.2017.* In: Terceirização de serviços e direitos sociais trabalhistas. Gustavo Filipe Barbosa Garcia e Rúbia Zanotelli de Alvarenga (Coords.). São Paulo: LTr, 2017.

ROBORTELLA, Luiz Carlos. *O moderno direito do trabalho.* LTr, 1994.

SILVA, Antônio Alvares da. *Terceirização:* um tigre de papel. Editora RTM, 2015.

Jornada de Trabalho – Horas *In Itinere*

Marcelo Morelatti Valença[1]
Maria Cibele de Oliveira Ramos Valença[2]

Com a vigência da Lei n. 13.467/2017, implementando a denominada Reforma Trabalhista, faz-se necessário analisar importante tema relacionado à jornada de trabalho, mais especificamente, das horas in itinere e o acidente de trabalho.

Cabe elucidar que os apontamentos a seguir realizados considerarão as horas in itinere sob a vertente trabalhista e também sob a vertente previdenciária, não devendo ser esquecido que ambos os ramos do direito, apesar de autônomos, com regramentos próprios, produzem efeitos importantes entre si e nas demais áreas do direito.

Logo, cabe ao intérprete a tentativa de realizar uma interpretação harmônica das normas aplicáveis ao tema com todas as demais áreas do direito envolvidas.

In itinere significa "no caminho", aplicável na área trabalhista à jornada de trabalho do empregado, mais especificamente, no deslocamento do empregado de sua residência até o trabalho e do trabalho até sua residência, podendo referido conceito ser ampliado a outro lugar habitual que o empregado frequente antes ou após a jornada de trabalho (como, por exemplo, do trabalho à faculdade, encerrando ali a responsabilidade do empregador).

Cabe esclarecer que esses deslocamentos sempre foram muito importantes para a relação entre empregado e empregador, uma vez que a discussão principal era saber se o horário gasto com esse deslocamento seria computado na jornada diária de trabalho do empregado, bem como, a eventual responsabilidade civil do empregador por acidentes ocorridos durante esse deslocamento pelo empregado.

Conforme determina a Constituição Federal, ninguém é obrigado a fazer ou a deixar de fazer alguma coisa senão em virtude de lei, nos termos do inciso II, art. 5º.

O Código de Processo Civil, por sua vez, em seus arts. 926 e 927, determina que os Tribunais devem uniformizar sua jurisprudência, mantendo-a estável, íntegra e coerente, sempre utilizando por parâmetro seu entendimento dominante. Assim, os enunciados de súmula não obrigam diretamente empregado e empregador, mas direcionam as decisões dos juízes e dos tribunais.

Neste contexto, temos que a Súmula n. 90, do TST, estabelece que a jornada de trabalho é acrescida pela hora *in itinere* desde que o local de trabalho seja de difícil acesso ou não seja servido por transporte público regular e a condução servida pelo empregador.

Foi estabelecido ainda que a incompatibilidade entre os horários de início e término da jornada do empregado e os do transporte público regular não seria suficiente para gerar o direito às horas *in itinere*.

Referida súmula ainda estabelece que se houver transporte público regular em parte do trajeto percorrido em condução da empresa, as horas *in itinere* remuneradas limitar-se-iam ao trecho não alcançado pelo transporte público, afirmando que o tempo que extrapolar a jornada legal seria considerado como extraordinário e sobre ele deveria incidir o adicional respectivo.

O fato de o empregador cobrar, parcialmente ou não, importância pelo transporte fornecido, para local de difícil acesso ou não servido por transporte regular, não afastaria o direito à percepção das horas *in itinere*.

A CLT estabelecia:

> "Art. 58 § 2º: O tempo despendido pelo empregado até o local de trabalho e para o seu retorno, por qualquer meio de transporte, não será computado na jornada de trabalho, salvo quando, tratando-se de local de difícil acesso ou não servido por transporte público, o empregador fornecer a condução."

Com o advento da Lei Federal n. 13.467/2017[3], o deslocamento *in itinere* deixou de ser considerado como tempo à disposição do empregador, passando o empregado

---

(1) Mestre e doutor pela Pontifícia Universidade Católica de São Paulo, advogado, palestrante e professor do curso de pós-graduação em direito do Trabalho da PUC/COGEAE.

(2) Mestre e doutora pela Pontifícia Universidade Católica de São Paulo, advogada, palestrante e professora de cursos de pós-graduação.

(3) A Medida Provisória n. 808, de 14 de novembro de 2017, estabeleceu em seu art. 2º que "*O disposto na Lei n. 13.467, de 13 de julho de 2017, se aplica, na integralidade, aos contratos de trabalho vigentes*".

a não mais ter direito ao seu cômputo na jornada de trabalho, independentemente da data de início do contrato de trabalho, a saber:

> Art. 58 § 2º: O tempo despendido pelo empregado desde a sua residência até a efetiva ocupação do posto de trabalho e para o seu retorno, caminhando ou por qualquer meio de transporte, <u>inclusive o fornecido pelo empregador, não será computado na jornada de trabalho, por não ser tempo à disposição do empregador</u>.

Reconhecidamente houve supressão do direito à percepção do pagamento pelas horas extras eventualmente consideradas pela soma da jornada diária com o deslocamento *in itinere*. Atualmente, para efeito de jornada de trabalho, será considerado somente o período em que o empregado estava efetivamente à disposição do empregador.

Há que se mencionar que, longe das justificativas individuais dos sujeitos do contrato de trabalho, sob o aspecto geral, parece ser mais certo considerar somente o tempo efetivamente à disposição do empregador.

Esse entendimento trata todos os empregados de forma isonômica, pois não faz distinção entre aqueles que se deslocavam, pelo menos em parte, em transporte fornecido pela empresa ou em transporte público. Também importante destacar que eventual discriminação na contratação do empregado que mora mais longe do local de trabalho ou que viesse a ter tempo considerado como *in itinere*, que sempre foi a preocupação de todos, desaparece.

A justificativa de que o acidente pode ocorrer nesse trajeto não é suficiente, sob nossa ótica, para considerar o tempo à disposição do empregador, aplicando as consequências jurídicas até então vigentes antes da reforma trabalhista.

Mister lembrar que acidentes acontecem, estando a pessoa empregada ou não, e para isso existe o Sistema de Seguridade Social, composto pela Assistência, Saúde e Previdência Social. Proteção extra pode ser contratada através de Planos de Previdência Privada ou, até mesmo, por meio de seguro.

Sendo o empregado e o empregador contribuintes obrigatórios do sistema previdenciário, demonstrado está que a proteção social existe e, em caso de acidente, a própria legislação previdenciária dispensa o cumprimento de carência.

Como se vê, os meios de reparação e proteção daquele segurado, trabalhador ou não, que sofre um acidente já existe, não se justificando atribuir ao empregador a responsabilidade por algo que ninguém consegue evitar.

A justificativa da nova legislação é melhorar a relação entre empregado e empregador, atribuindo a ambos maior flexibilidade, sendo o negociado privilegiado.

Se essa sistemática vai efetivamente garantir melhores condições para ambos os sujeitos da relação empregatícia, somente o futuro dirá. Todavia, diante do caos vivenciado política e economicamente no país, algo precisava ser feito, como de fato foi.

Inegavelmente existem repercussões nos demais ramos do direito, principalmente no direito previdenciário.

A Lei Federal n. 8.213/1991 dispõe:

> Art. 21. Equiparam-se também ao acidente do trabalho, para efeitos desta Lei:
> (...)
> IV – o acidente sofrido pelo segurado ainda que fora do local e horário de trabalho:
> (...)
> d) no percurso da residência para o local de trabalho ou deste para aquela, qualquer que seja o meio de locomoção, inclusive veículo de propriedade do segurado

Ora, o direito previdenciário equipara o acidente ocorrido na locomoção entre residência e trabalho e vice-versa como acidente de trabalho. Trata-se de texto expresso da lei, cabendo a ressalva que para que houvesse a descaracterização do acidente de trabalho caberia ao empregador o ônus da prova.

O empregador ainda compete a expedição da CAT – comunicação de acidente de trabalho – nos exatos termos estabelecidos pelo art. 22 da Lei Federal n. 8.213/1991, a saber:

> Art. 22. A empresa ou o empregador doméstico deverão comunicar o acidente do trabalho à Previdência Social até o primeiro dia útil seguinte ao da ocorrência e, em caso de morte, de imediato, à autoridade competente, sob pena de multa variável entre o limite mínimo e o limite máximo do salário de contribuição, sucessivamente aumentada nas reincidências, aplicada e cobrada pela Previdência Social.

O acidente de trabalho era considerado como elemento para o cálculo do Fator Acidentário de Prevenção – FAP, que incide no SAT/RAT.

A alíquota do SAT/RAT – Seguro de Acidente do Trabalho, destina-se a financiar os benefícios concedidos em razão do grau de incidência de incapacidade laborativa decorrente dos Riscos Ambientais do Trabalho, nos percentis mensais de 1, 2 ou 3% incidentes sobre o total da remuneração paga ou creditada, a qualquer título, aos empregados e trabalhadores avulsos.

Melhor explicando, tendo em vista a atividade preponderante do empregador (CNPJ raiz), cabe à Secretaria da Previdência, atualmente integrante do Ministério da Fazenda distribuir os referidos percentis gerando às empresas a responsabilidade pelo próprio enquadramento, que deve ser revisado mensalmente.

A referida relação consta do Anexo V, do Decreto n. 3048/1999, sendo possível relacionar a alíquota a ser aplicada ao Código de Atividade Econômica Principal (CNAE).

Após inúmeras discussões judiciais, a Secretaria da Receita Federal publicou a IN SRF n. 1453, autorizando que o enquadramento das alíquotas fosse feito por estabelecimento (e não mais apenas com apoio na atividade preponderante da matriz), critério utilizado atualmente para cálculo do FAP.

Sobre o SAT/RAT incide o FAP que, por sua vez, pode elevar ao dobro, ou diminuir pela metade, os índices do SAT/RAT, que passará a oscilar entre 0,5% e 6% em razão do desempenho da empresa em relação à respectiva atividade econômica, medido por meio da avaliação dos índices de frequência, gravidade e custo dos benefícios concedidos aos empregados de cada empresa.

Retomando a questão principal, o acidente de trajeto ocorrido com o empregado impactaria negativamente no cálculo do FAP, aumentando, inegavelmente a alíquota SAT/RAT.

O legislador ordinário, ao criar o FAP, almejou beneficiar as empresas que investissem na prevenção de acidentes e penalizar aquelas que não o fizessem. Resume-se à análise do desempenho de cada empresa em relação às demais empresas de mesma subclasse de CNAE. Por óbvio, portanto, que devem interferir no cálculo do FAP tão somente os eventos ocorridos no ambiente de trabalho – e não nas ruas – pois são justamente em relação a esses que a empresa possui o poder de prevenir.

Somente é possível implementar política mais efetiva de saúde e segurança no trabalho no ambiente gerido pelo empregador, e não nas ruas da cidade onde se encontra instalada. Como atribuir à empresa responsabilidade por lesões corporais decorrentes da má conservação urbana, de complicações no trânsito ou de problemas dos meios de transporte públicos, facilmente identificados na cidade onde mantém suas atividades? Como pretender que a empresa invista na prevenção de tais ocorrências?

Referidos acidentes, por conceito estritamente legal – art. 21, § 1º, da Lei n. 8.213/1991, são entendidos como merecedores de emissão de CAT e, na maioria das vezes, de deferimento de benefício previdenciário, bem como de todas as garantias legais daí decorrentes.

Não há como a empresa empregadora assegurar, ou mesmo inibir, a ocorrência de eventos como o ora tratado, concretizados em local externo aos seus estabelecimentos, em face dos quais não tem nenhuma ingerência.

O acidente de trajeto em particular não decorre de nenhuma desídia ou imprudência da empresa empregadora, visto que ocorre enquanto o segurado empregado está em trânsito, indo ou retornando da empresa.

Nenhuma relação há entre esse acidente e a postura da empresa quanto ao emprego de métodos ou programas de prevenção de infortúnios.

Pela função social do direito previdenciário é até louvável a iniciativa legal ora tratada. Entretanto, como o empregador não tem como evitar, ou mesmo minimizar, a ocorrência destes eventos considerados acidentes de trajeto, assim como não concorre, seja por ação ou omissão para sua ocorrência, não é correto computá-los no cálculo do FAP.

Penalizar a empresa por acidentes envolvendo seus empregados no trajeto ao posto de trabalho, contrariaria toda a teleologia da criação do FAP, destinada, seguramente, a estimular posturas voltadas a evitar a ocorrência de acidentes e a sancionar os empregadores que não adotam procedimentos tendentes a minimizar essas ocorrências.

Se não há espaço para o empregador promover rotinas e procedimentos que reduzam ou minimizem a ocorrência de acidentes, porque esses acidentes ocorrem no trânsito dos empregados, não há razão para considerá-los no momento de apurar o grau de comprometimento desse empregador na prevenção de acidentes ou em outros reflexos decorrentes, como pagamento de encargos previdenciários e fundiários, bem como onerá-lo com garantia de estabilidade ao empregado acidentado.

Dado que a intenção da norma é, claramente, premiar empregadores prudentes e atuantes e castigar empresas descompromissadas com seus empregados, os dados a serem considerados devem ser aqueles que refletem, efetivamente, cada uma dessas posturas antagônicas.

Assim, os acidentes de trajeto devem ser excluídos do cálculo utilizado para apontar os índices de frequência, gravidade e custo da empresa, determinantes do FAP, bem como do rol das situações equiparadas a acidente do trabalho.

Corrigindo essa situação, o Conselho Nacional da Previdência Social – CNPS, por meio da Resolução n. 1.329/2017, alterou a metodologia de cálculo prevista no Anexo da Resolução MPS/CNPS n. 1.316, de 31 de maio de 2010, para excluir o acidente de trajeto para cálculo do FAP, ou seja, reconheceu que o empregador não é responsável pela ocorrência desse tipo de risco social e, por essa razão, não poderá ser considerado o acidente de trajeto para cálculo do FAP, diminuindo ou aumentando a alíquota SAT/RAT.

Entendemos que outras consequências ainda deverão ser geradas como consequência complementar da alteração trazida neste sentido pelo Reforma Trabalhista. Da mesma forma que o tempo de trajeto não mais integra a jornada de trabalho do empregado, o acidente de trajeto não deveria ser mais considerado como acidente de trabalho por equiparação, como atualmente previsto na legislação previdenciária acima destacada, haja vista que acabaria com a garantia de emprego prevista no art. 118 da Lei Federal n. 8.213/1991, a saber:

> Art. 118. O segurado que sofreu acidente do trabalho tem garantida, pelo prazo mínimo de doze meses, a manutenção do seu contrato de trabalho na empresa, após a cessação do auxílio-doença acidentário, independentemente de percepção de auxílio-acidente.

Ora, se referido acidente de trajeto não é mais considerado para efeito de cálculo do FAP, e também não é mais considerado tempo à disposição do empregador, acreditamos que também não mais deverá ser considerado como acidente de trabalho por equiparação, afastando a eventual garantia de emprego já citada, bem como os encargos legais decorrentes da situação.

O sistema jurídico é harmônico e deverá eliminar todas as antinomias entre seus diversos ramos, legitimando a conclusão acima destacada.

Meio Ambiente do Trabalho e Limites de Jornada de Trabalho e a Desvinculação da Proteção Da Saúde do Trabalhador

Maria José Giannella Cataldi[1]

1. INTRODUÇÃO

As mudanças sociais, econômicas e culturais e seus impactos nas relações de trabalho não são novidades no mundo jurídico ou em qualquer outro campo de investigação acadêmica. Por exemplo, em 2000, quando ainda não se falava sobre os grandes impactos das redes sociais e da tecnologia acessível a uma enorme parte da população, o sociólogo italiano Domenico De Masi, em sua mais célebre publicação *O Ócio Criativo*, já problematizava questões das "novas" relações de trabalho importantes, tais como: o teletrabalho, jornadas de trabalho reduzidas, entre outros.

Não há dúvidas de que as relações de trabalho e a tutela jurídica ao trabalhador vêm se modificando, mas isso é ainda mais evidente com as evoluções tecnológicas. Se no fim do século XX já era uma preocupação, é preciso lembrar que de lá para cá, a sociedade se transformou de maneira extrema. Por exemplo, entre 2005 e 2015, segundo dados do IBGE, o número de casas que acessam a internet no Brasil saltou de 7,2 milhões para 39,3 milhões, um aumento de cerca de 446%.

De modo que é forçoso crer que tais mudanças de hábitos não interferissem em nada nas relações trabalhistas. Ainda que em outros países a adesão ao mundo digital seja muito maior, não há como pensar que tantas mudanças de comportamento passaram inócuas no âmbito do trabalho.

Com efeito, seria necessário alterações no texto da CLT – Consolidação das Leis Trabalhistas, pois tais leis foram elaboradas em uma época em que 69% da população ainda era rural, no ano de 1947, conforme dados de urbanização do IBGE. Claro que em 1988, a Constituição Federal trouxe outras normas norteadoras dos Direito do Trabalho e dos Direitos Fundamentais, como por exemplo, a fixação da jornada máxima de trabalho em 44 horas semanais, mas não é possível esperar daquela ocasião uma contemplação de tantas mudanças sociais, econômicas e culturais.

Assim, um novo texto para a CLT, que ficou conhecido como reforma trabalhista de 2017, poderia contemplar inúmeras questões desafiadoras tais como a jornada do trabalho em uma época de trânsito caótico no horário do *rush* ou o teletrabalho (ou *homeoffice*), por exemplo, como já se falava há tanto tempo, entre outras questões de extrema relevância e recorrentes nas novas formas de trabalho.

Cumpre notar que a relação entre o labor e os Direitos Fundamentais, bem como a valorização do principio da dignidade humana, poderiam estar fortificadas ainda que contemplando uma série de mudanças da sociedade. Pois, apenas para ilustrar, nunca se falou tanto em esgotamento profissional CID Z.73 (ou síndrome de *burnout*) e tantas metas e exigências ao trabalhador como em tempos de globalização. O estresse parece ser algo natural na vida do trabalhador contemporâneo. Bem como um trabalhador laborando do outro lado do mundo já é uma realidade, tal ideia era abordada ainda de cunho bastante abstrato no início do processo de globalização, quando houve a promulgação da Constituição Federal vigente no país.

Insta esclarecer que, as relações de trabalho são os vínculos que se estabelecem no âmbito do trabalho. De forma geral, fazem referência às relações entre o trabalho ou a mão de obra prestada pelo trabalhador e o capital, pago pela entidade empregadora ou contratante no âmbito do processo de produção.

Assim, o papel das empresas na prevenção dos riscos para a saúde do trabalhador e o dos sindicatos na defesa desse direito é muito importante, ter a devida atenção por parte de muitas organizações de trabalhadores, que ainda não entenderam e não se conscientizaram de que a defesa da integridade física e mental do trabalhador é a mais importante e premente tarefa a ser desenvolvida. Sem dúvidas, as doenças e problemas de saúde do trabalhador de uma sociedade industrial são diferentes do profissional contemporâneo.

Nesse sentido, focando na jornada de trabalho e na saúde do meio ambiente laboral, o presente trabalho visa analisar suas novas dimensões em razão das alterações advindas da Lei n. 13.467, de 13 de julho de 2017.

---

(1) Advogada. Professora universitária, com pós-doutoramento em Direitos Humanos pelo Jus Gentium Conimbrigae (IGC/CDH) da Faculdade de Direito de Coimbra. Bacharel, Mestre e Doutora em Direito do Trabalho pela Faculdade de Direito da PUC/SP.

Assim sendo, deverá ser enfrentada ainda a questão da saúde mental do trabalhador frente à nova legislação, bem como as disposições constitucionais que tratam dos direitos fundamentais para a preservação da saúde do trabalhador. Vamos averiguar questões sobre as horas extras, teletrabalho, jornada de descanso e as consequências na saúde mental do trabalhador.

2. A RELAÇÃO DE TRABALHO

Vale retomar que o trabalho humano é tão antigo quanto a história da humanidade. O direito moderno impôs a necessidade da criação de direitos sociais no contexto da evolução dos direitos fundamentais clássicos, na medida em que a relação capital e trabalho passaram a ser mais intensas e frente aos problemas da revolução industrial.

Com o surgimento do Direito do Trabalho, na segunda fase do direito moderno – a partir da primeira década do século XX, com o aparecimento do capitalismo industrial e a evolução tecnológica, as relações sociais passaram e ainda passam por turbulências de ordem econômica, social e cultural.

No nosso ordenamento, a legislação da Consolidação das Leis do Trabalho, estabelece a definição de empregado, nos moldes tradicionais, aquela pessoa que, uma vez admitida na empresa, tem celebrado e formalizado o contrato laboral com o empregador.

O art. 3º da Consolidação das Leis do Trabalho afirma *"considera-se empregado toda pessoa física que prestar serviços de natureza não eventual a empregador, sob a dependência deste mediante salário"*. O disposto legal, inalterado após a vigência da nova lei, estabelece alguns requisitos identificadores da condição de empregado: ser pessoa física; o trabalho deve ser não eventual; estar presente nessa relação à subordinação ao empregador; é indispensável o recebimento de salário pelo empregado, pois não existe contrato de trabalho gratuito e o desempenho das atividades pelo empregado deve ser feita com pessoalidade.

Nesse sentido, o Prof. Amauri Mascaro Nascimento[2] define empregado como a pessoa física que presta serviços de natureza contínua a empregador, sob a subordinação deste mediante pagamento de salário.

O art. 2º do Estatuto Consolidado, ainda que com alterações no texto do 2º e 3º parágrafos, manteve seu *caput*, que define empregador da seguinte forma: *"considera-se empregador a empresa individual ou coletiva que, assumidos os riscos da atividade econômica, admite, assalaria e dirige a prestação pessoal de serviços"*[3].

Ou seja, o empregador é a pessoa que utiliza o trabalho do empregado. Para essa definição é essencial que o empregador (pessoa natural ou jurídica) contrate empregados.

Na prática, costuma-se chamar o empregador de patrão, empresário e o parágrafo primeiro do mesmo art. equipara assim o empregador:

> "Para os efeitos da relação de emprego, os profissionais liberais, as instituições de beneficência, as associações recreativas ou outras instituições sem fins lucrativos, que admitirem trabalhadores como empregados"[4].

Já a empresa tem característica eminentemente econômica, pois pressupõe a combinação destes fatores da produção: terra, capital e trabalho. A empresa tem suas atividades voltadas para o mercado, sendo, portanto, um centro de decisões, no qual são adotadas as estratégias econômicas.

Podemos assim dizer que, a empresa é a atividade organizada para a produção de bens e serviços para o mercado, com a principal finalidade de alcançar o lucro. A relação entre as pessoas e os meios para o exercício da empresa leva à abstração, em que a figura mais importante seria, na verdade, a do empresário, cujo interesse principal é administrar a relação capital e trabalho, visando ao lucro.

É certo dizer que a empresa normalmente é o empregador. A própria Consolidação das Leis do Trabalho equivale o empregador à empresa (art. 2º). Modernamente a ideia de empresa se equipara a de uma instituição que perdura no tempo. Nela, o empresário é a pessoa que exercita profissionalmente a atividade economicamente organizada, visando à produção de bens ou serviços para o mercado.

Nesse conceito apresentado pelo Prof. Magano[5], verifica-se que o empresário não é aquele que exerce sua atividade eventualmente, mas habitualmente, com características profissionais. Quem assume os riscos do empreendimento é o empresário, que se beneficia dos lucros e se expõe ao prejuízo.

Dessa forma, a empresa é fonte de condições de trabalho e de organização em decorrência de situações jurídicas. Do ponto de vista subjetivo, a empresa compreende o desenvolvimento profissional de uma atividade e a organização dos meios para tanto, como da produção e prestação de serviços ou à produção de bens. A empresa administra a combinação do capital e do trabalho na produção.

A atividade pressupõe continuidade, duração e, ao mesmo tempo, orientação, que tem como objetivo dirigir a

---

(2) NASCIMENTO, Amauri Mascaro. *Curso de Direito do Trabalho*. São Paulo: Saraiva, 2003. p. 84.

(3) *Consolidação das Leis do Trabalho*. São Paulo: LTr, 2013.

(4) BRANCO, Ana Maria Saad Castello; SAAD, Eduardo Gabriel; SAAD, José Eduardo Duarte. § 1º, art. 2º da *CLT Comentada*. 47. ed. São Paulo: LTr, 2014.

(5) MAGANO, Octavio Bueno. *Curso de Direito Individual do Trabalho*. São Paulo: LTr, 1992. p. 31.

produção para o mercado. O empresário seria, entretanto, o sujeito da empresa, esta seria a atividade, e o estabelecimento, o meio destinado à consecução do fim empresarial. A posição objetiva entende que, tanto a empresa como o estabelecimento constitui a finalidade do empresário. A empresa também poderia ser a forma do exercício do estabelecimento, todavia este é estático e a empresa é compreendida por um conceito dinâmico, correspondendo, portanto, a um bem imaterial. Dessa forma, é possível ver a empresa não como pessoa jurídica, mas como objeto, e não como sujeito de direito, porque a empresa é uma forma de atividade do empresário. O sujeito de direito, assim, é o empresário.

Nesse diapasão, o trabalho enquanto atividade vinculada ao direito social está inserida em diversos artigos da Constituição Federal de 1988, entretanto, não existe norma expressa na atual Carta Política que confere o **direito ao trabalho**, como direito fundamental do trabalhador.

De tal sorte que, a Constituição brasileira reconhece de forma mais abrangente o direito social ao trabalho como condição da efetividade da existência digna (fim da ordem econômica) e a dignidade da pessoa humana, República Federativa do Brasil (art. 1º, III da CF). E aqui se entroncam o **direito individual** ao livre exercício de qualquer trabalho, ofício ou profissão, com o **direito social** ao trabalho, que envolve o direito de acesso a uma profissão, à orientação e formação profissional, à livre escolha do trabalho, assim como à relação de emprego (art. 7º, I) e o seguro-desemprego, que visam, entre outros, à melhoria das condições sociais dos trabalhadores.

Nessa linha, Manoel Gonçalves Ferreira Filho[6] ao tratar do assunto, lembra-se da importância do trabalho para cada indivíduo, decorrente diretamente do direito à vida e à sua sobrevivência. Como obrigação, deriva do fato de viver o homem em sociedade, dependendo da colaboração de todos os membros da sociedade.

E é nesse panorama que a chamada reforma trabalhista entrou em vigência, no ano de 2017, muito mais relacionada à "flexibilização"das normas trabalhistas do que contemplando garantias fundamentais. Há que notar que a própria mídia e alguns militantes políticos favoráveis à reforma aderiram o termo "flexibilização das normas trabalhistas"como sinônimo do projeto de lei deste projeto lei (quando não havia sido aprovado pelo Poder Legislativo), sinalizando seu caráter protetor ao mercado e aos anseios do empregador, muito mais do que preocupado com o trabalhador.

Com efeito, é possível observar que dentro de um complexo cenário de mudanças sociais, tecnológicas e econômicas, a opção do legislador reformista foi de agradar ao mercado, possibilitando assim, dentro dessa logica, um crescimento econômico maior. Certamente, o próprio nome "flexibilização"revela que a ideia não era de aumentar as proteções do trabalhador. Até a vigência do novo texto, como o empregado era um trabalhador subordinado, o mesmo estava sujeito a alguns poderes do empregador, tais como: o poder de direção, de organização e de controle. O poder de direção é a forma como o empregador define as atividades do empregado decorrentes do contrato de trabalho.

O fundamento legal do poder de direção é ainda encontrado no art. 2º da Consolidação das Leis do Trabalho, na definição de empregador, pois este é quem dirige as atividades do empregado.

Para alguns autores, o poder de direção seria um direito potestativo, ao qual o empregado não poderia se opor. Esse poder, porém, não é limitado, pois a própria lei determina as limitações do poder de direção do empregador, ainda com o novo texto. O poder de direção compreende não só o de organizar suas atividades, como também de controlar e disciplinar o trabalho, de acordo com os fins do empreendimento.

Assim, o contrato de trabalho é definitivamente uma espécie desse gênero, abrangendo desse modo uma extensa gama de subespécies contratuais: o trabalho subordinado, o contrato de empreitada, locação de serviço, trabalho avulso, o estágio, o trabalho autônomo, o trabalho temporário.

Desta forma, a doutrina e a jurisprudência concordavam que relação de trabalho é o gênero das quais são espécies diversas formas de prestação de trabalho humano, contratual ou não, remunerado ou não. É um termo ainda em aberto, do qual a doutrina e a jurisprudência têm encontrado dificuldades em delinear seus exatos contornos. Daí encontra-se dificuldades de se precisar quais são as espécies desse gênero. De acordo com Délio Maranhão[7], a relação jurídica de trabalho é a que resulta de um contrato de trabalho, denominando-se relação de emprego, quando se trata de um contrato de trabalho subordinado.

A relação de trabalho é gênero, do qual a relação de emprego é espécie. Por outras palavras: a relação de emprego, sempre, é relação de trabalho; mas nem toda relação de trabalho é relação de emprego.

Ainda, a relação de emprego possui caráter bilateral, oneroso, sinalagmático e comutativo. É bilateral, quer no sentido de depender da vontade de duas ou mais pessoas, quer no sentido de que as enlaça, simultaneamente, em uma teia, mais ou menos complexa, de prerrogativas e deveres. É onerosa, porque dela resultam obrigações recíprocas para os contratantes. É sinalagmática e comutativa,

---

(6) FERREIRA FILHO, Manoel Gonçalves. *Curso de Direito Constitucional*. São Paulo: Saraiva, 1994. p. 34.

(7) SÜSSEKIND, Arnaldo; MARANHÃO, Délio; VIANNA, Segadas; TEIXEIRA, Lima. *Instituições de Direito do Trabalho*. v. 1. São Paulo: LTr, 2000.

porque esses direitos e obrigações nascem a partir do momento em que a relação jurídica se constitui dentro do pressuposto de equivalência perfeita entre os encargos assumidos pelo trabalhador e pelo empresário, um em face do outro.

Todavia, com a nova lei, nasceram outras formas de contrato que não caracterizam o vínculo, como a do art. 442-B, que introduziu a possibilidade do trabalho autônomo "com ou sem exclusividade, de forma contínua ou não", conforme se observar no excerto abaixo. Ou seja, a um novo tipo contratual, diferente do que trata o art. 3º, sem o qual haja as relações empregatícias. Assim, nessa modalidade, o autônomo está à mercê dos próprios riscos, mesmo habitualmente com exclusividade:

> "Art. 442-B. A contratação do autônomo, cumpridas por este todas as formalidades legais, de forma contínua ou não, afasta a qualidade de empregado prevista no art. 3º desta Consolidação. (Redação dada pela Medida Provisória n. 808, de 2017)"
>
> "Art. 3º – Considera-se empregado toda pessoa física que prestar serviços de natureza não eventual a empregador, sob a dependência deste e mediante salário. Parágrafo único – Não haverá distinções relativas à espécie de emprego e à condição de trabalhador, nem entre o trabalho intelectual, técnico e manual"

Há que notar que a exclusividade na prestação laboral não é mais um fator decisivo para se estabelecer o vínculo empregatício, tampouco a habitualidade. E é notável que o novo texto possui claro objetivo de "burlar" liames empregatícios, livrando os empregadores de direitos fundamentais previstos na CF e na CLT ao mascarar contratos de trabalho que, na verdade, se tratam de relações empregatícias com os clássicos elementos: onerosidade, habitualidade, subordinação e pessoalidade.

Com efeito, é evidente que a lógica é agradar as empresas ao oferecer um tipo de contrato laboral "autônomo". Todavia, coloca-se a questão da segurança jurídica e, questiona-se a possibilidade de tal artigo tão flagrantemente em descompasso com a CF e com o que se estabeleceu dentro do Direito do Trabalho no país.

A relação de hipossuficiência ente trabalhador e empregado sempre foi marcante, bem como direitos inerentes à relação de vínculo empregatício, de modo que, é contrária a posição do Poder Constituinte Originário e de toda a história do Direito do Trabalho o artigo acima, que exclui a habitualidade e a exclusividade nessa relação.

Sem garantias básicas, mesmo que o prestador autônomo exerça função dominante pelo empregado, não há como afiançar a segurança constitucional no tocante à jornada do trabalhador ou da saúde no meio ambiente de trabalho. Por exemplo, nessa nova modalidade contratual, se houver um acidente de trabalho, não há responsabilidade do contratante. Assim como a questão de jornada de trabalho. Fica o autônomo à mercê de suas próprias contribuições ao Regime da Previdência e sem o gozo de férias + 1/3, verbas rescisórias, FGTS, entre outros. Assim, a boa-fé no contrato como autônomo fica a critério do empregador, após esse precedente do legislador.

De modo que se muitos dizem que a reforma trabalhista não alterou de modo significativo a questão das horas extras, responsabilidades no tocante à saúde e meio ambiente laboral, aqui, com apenas esse artigo, toda a relação empregatícia fica em risco. E nenhuma garantia existirá ao trabalhador, apenas as que foram avençadas em caráter de contrato autônomo.

3. OS DIREITOS FUNDAMENTAIS NAS RELAÇÕES DE TRABALHO NO ÂMBITO DA OIT

Uma vez apresentadas as partes e as características do contrato de trabalho e relação de emprego antes em contrapartida com o novo precedente introduzido pela reforma, devem-se analisar os direitos fundamentais nas relações de trabalho. Os direitos humanos fundamentais como espécie do gênero direitos humanos estão diretamente relacionados com a relação capital e trabalho. O Direito do Trabalho tradicionalmente ditado por normas imperativas, atualmente vem mudando esta concepção, derivada do liberalismo, transmutando em verdadeiros eixos gravitacionais do direito positivo infraconstitucional.

A consequência dessa nova realidade nas relações de trabalho, iluminada pelos princípios e valores plasmados no texto constitucional, se apresenta por três princípios fundamentais na seara trabalhista: dignidade da pessoa humana, valor social do trabalho e o chamado solidarismo.

O Direito do Trabalho participa desse processo com a sua forma própria de expressão: a norma jurídica e os instrumentos coletivos de trabalho, devendo se identificar com a nova organização social.

De tal sorte é muito importante a preocupação de preservar os direitos fundamentais nas relações de trabalho, com a preservação da espécie humana, que vem sendo frontalmente destruída diante dos interesses do mundo globalizado.

Diante dessas questões, há uma preocupação especial com a proteção dos direitos humanos, com os direitos individuais, interesses ambientais e sociais, que são direitos soberanos, não tem necessidade de estar no ordenamento jurídico nacional, pois são direitos inerentes à pessoa.

A Declaração sobre os Princípios e Direitos Fundamentais no Trabalho foi adotada na Conferência Internacional do Trabalho da OIT em 18 de junho de 1998, 50 anos depois da Declaração Universal dos Direitos Humanos da Organização das Nações Unidas – ONU, e desenvolve os direitos humanos compreendidos na área de competência da Organização Internacional do Trabalho (OIT), que adicionalmente também compõem a agenda da Organização Mundial do Comércio (OMC). São quatro princípios que regem os direitos fundamentais, a saber: 1º) livre associação e reconhecimento do direito de negociação coletiva;

2º) eliminação de todas as formas de trabalho forçado; 3º) efetiva abolição de trabalho infantil; e 4º) eliminação da discriminação com relação ao emprego e à ocupação. Esses princípios constituem uma base mínima universal de direitos do trabalho para todos os países membros, independente de sua ratificação das convenções pertinentes.

O acompanhamento dos procedimentos tomados nos diversos países e o controle sobre os avanços de seu cumprimento são realizados por meio de relatórios anuais encaminhados pelos governos, empregadores, trabalhadores, ou em conjunto à OIT. Esta instituição, por sua vez, disponibiliza assistência técnica e outras formas de apoio para a implementação de suas normas.

Vale observar que, quanto aos países em desenvolvimento, embora apresentem resistência em acordar formalmente quaisquer dos itens integrantes da cláusula social, em virtude das possíveis sanções e potenciais prejuízos comerciais, estão avançando na aceitação dos princípios de direitos fundamentais no trabalho. Indicadores, retirados de documentos oficiais da OIT, evidenciam evolução positiva neste aspecto.

Vários governos manifestam a intenção de ratificar com a OIT uma ou mais convenções pertinentes; o número de governos que informam sua situação e as medidas tomadas em relação a essa matéria vem aumentando (67% do total dos relatórios devidos); a base de informações tem sido aprimorada; assim como há maior envolvimento efetivo na aplicação de medidas por parte de associações de empregadores e trabalhadores, e de ONGs,

Princípios Fundamentais da OIT – Declaração de Filadélfia de 1944[8]:

a) O trabalho não é uma mercadoria;

b) A liberdade de expressão e de associação é uma condição indispensável a um progresso ininterrupto;

c) A penúria, seja onde for, constitui um perigo para a prosperidade geral; e

d) A luta contra a carência, em qualquer nação, deve ser conduzida com infatigável energia, e por um esforço internacional contínuo e conjugado, no qual os representantes dos empregadores e dos empregados discutam, em igualdade, com os dos Governos, e tomem com eles decisões de caráter democrático, visando o bem comum.

Princípios Relativos aos Direitos Fundamentais Objeto das Convenções da OIT – 1998[9]

a) A liberdade sindical e o reconhecimento efetivo do direito de negociação coletiva;

b) A eliminação de todas as formas de trabalho forçado ou obrigatório;

c) A abolição efetiva do trabalho infantil;

d) A eliminação da discriminação em matéria de emprego e ocupação.

As convenções da Organização Internacional do Trabalho são consideradas pelo Prof. Hélio Guimarães, citado pelo ilustre Professor Amauri Mascaro Nascimento[10]: *"legislação federal típica, em grande parte ignorada, ou só conhecida por poucos"*. A rigor, a OIT é um organismo possuidor de personalidade jurídica internacional, na forma do que estabelece o art. 39 de sua Constituição, gozando de autonomia.

Destina-se a OIT, basicamente, à universalização de normas vinculadas às relações que envolvem dentro de um critério iluminado por parâmetros estabelecidos pelos Direitos Humanos Fundamentais. Desde 30 de maio de 1946, as Nações Unidas reconhecem a OIT como organismo especializado competente para empreender a ação que considere apropriada, de conformidade com o seu instrumento constitutivo básico, para cumprimento dos propósitos nele expostos.

Tendo realizado, desde sua fundação em 1919 até os dias de hoje, inúmeras Conferências através das quais foram adotadas várias Convenções. Embora dependam de ratificações dos Estados soberanos, entendemos, de qualquer maneira, importante examinar algumas de suas convenções, especialmente aquelas adaptadas ao conteúdo de nossa legislação, e em razão de sua importância como fonte de direito admitida amplamente pela doutrina.

Dentre aquelas vinculadas à livre organização sindical, destacam-se a Convenção n. 87, sobre liberdade sindical, a Convenção n. 154, sobre o fomento da convenção coletiva, a Convenção n. 98, sobre proteção à liberdade sindical e à negociação coletiva, a Convenção n. 135, sobre facilidades e prerrogativas para o exercício da representação dos trabalhadores e a Convenção n. 151, sobre direitos sindicais no setor público.

É importante lembrar a profunda identidade, ditada pela OIT por meio de suas normas com o Direito Sindical e as denominadas Liberdades Civis. Cabe, portanto observar, que a plena vigência dos direitos civis e políticos constituem uma premissa fundamental para o exercício dos direitos sindicais, conforme dispõe as diversas regras da OIT.

No tocante a atividade sindical, a OIT esclarece que os denominados Direitos Sindicais estão inseridos dentro de uma concepção mais ampla onde os sindicatos atuam em defesa de direitos coletivos, das denominadas Liberdades Civis, liberdades estas que não afastam a defesa de direitos, metas individuais.

---

(8) Disponível em: <www.oit.org.br/info/download/constituicao_oit.pdf>. Acesso em 29 jun. 2014.
(9) Disponível em: <www.oit.org.br/info/download/constituicao_oit.pdf>. Acesso em 29 jun. 2014.
(10) NASCIMENTO Amauri Mascaro. *Compêndio de Direito Sindical*. 7. ed. São Paulo: LTr, 2012. p. 54.

É indispensável lembrar sobre a necessidade de ratificação. A OIT não é um parlamento internacional ou uma organização supranacional com total força de determinação sobre os Estados-membros. Aproxima-se mais de uma conferência diplomática em matéria de direito do trabalho, e, nessas condições, do assentimento dos participantes depende a força das suas decisões. A interpretação as convenções internacionais, em virtude do art. 37 da Constituição da OIT, é confiada à Corte Internacional de Justiça, no entanto, sendo a convenção uma norma jurídica os Tribunais de cada Estado poderão interpretá-la no exercício das atribuições jurisdicionais normais. A Convenção n. 87 da OIT, do ano de 1948, foi em parte seguida pela Constituição de 1988, que assegurou a livre criação de sindicatos.

4. OS DIREITOS FUNDAMENTAIS E O TRABALHO NA LEGISLAÇÃO BRASILEIRA

Abrangendo o estudo de princípios e normas que configuram o estatuto superior do ordenamento jurídico, o direito constitucional inclui diversas províncias de estudo. Dada a supremacia formal e material da Constituição, sua extensão, enquanto texto normativo, depende da decisão dos constituintes, provocando, como consequência, a maior ou menor constitucionalização de temas relativos às bases da organização social, política, cultural e econômica do Estado. Na medida em que há maior constitucionalização de normas pertinentes aos diversos ramos do direito, maior a extensão dos capítulos de estudo do direito constitucional.[11]

Assim, a preservação dos direitos fundamentais de forma genérica está inserida na manutenção da dignidade da pessoa humana, um dos fundamentos do Estado Democrático de Direito brasileiro, nos termos do art. 1º de nossa Constituição, valor maior que cabe aos Princípios do Direito do Trabalho tentar preservar.

De fato, muitas vezes os direitos fundamentais encontram-se reconhecidos constitucionalmente, mas nem sempre. Nas palavras do Professor Amauri Mascaro Nascimento: "há direitos infraconstitucionais fundamentais, embora formalmente constitucionais[12]".

O direito constitucional do trabalho configura o estudo dos fundamentos constitucionais da matéria trabalhista, buscando o entendimento e a sistematização das normas constitucionais sobre a matéria, enquanto incorporados ao conjunto normativo concernente à organização social e política da sociedade.

Dentre os direitos fundamentais do trabalhador, temos os direitos da personalidade, tutelados em razão da necessidade de interferência estatal no âmbito da autonomia da vontade, em questões pessoais do empregado. Destacamos, pois, alguns aspectos ilustrativos: a limitação ao poder de fiscalizar a atividade do empregado (a revista do empregado), a liberdade de pensamento, de convicção filosófica e política (a livre filiação sindical).

Há direitos fundamentais por meio dos quais se objetiva defender a dignidade moral do empregado, como o dano moral, o assédio moral e o assédio sexual.

Existe, ainda, consoante dito retro, o direito de não ser discriminado; direito que resguarda a mulher trabalhadora, o trabalhador estrangeiro, o trabalhador portador de necessidades especiais, o trabalhador portador do vírus HIV, dentre outros.

Cada um desses temas comportaria uma pesquisa específica. Ante essa impossibilidade, concentra-se na proteção jurídica da vida, da saúde, da integridade física do trabalhador e do meio ambiente do trabalho, direitos fundamentais reconhecidos constitucionalmente ao trabalhador brasileiro.

Tais preocupações justificaram o surgimento do Direito do Trabalho, no século XVIII, marcado pela Revolução Industrial e suas consequências, ao mesmo tempo, importantíssimas e desastrosas: a mesma máquina, que possibilitou a produção em série e a instauração de um novo modo de produção, trouxe doenças, acidentes e invalidez; em suma: a necessidade de um aparato de proteção social.

Hoje, no Brasil, o texto constitucional esboçou preocupação com proteção de direitos, de tal sorte que, várias normas inseridas na atual Carta Política visam à proteção de direitos fundamentais no âmbito do meio ambiente do trabalho, tais como: a *redução dos riscos inerentes ao trabalho, por meio de normas de saúde, higiene e segurança*[13]. Existe também a legislação infraconstitucional com o intuito de preservar o meio ambiente, como por exemplo, as Normas Regulamentadoras do Ministério do Trabalho- NRs, que dispõe sobre os mais variados assuntos na defesa do meio ambiente de trabalho, tais como a Inspeção Prévia, a Comissão Interna de Proteção a Acidentes – CIPA, Edificações, Instalações e Serviços de Eletricidade, Insalubridade, Periculosidade etc.

Caso não seja possível a redução do risco a níveis "aceitáveis", o constituinte previu, no inciso XXIII, do art. 7º: *Adicional de remuneração para as atividades penosas, insalubres e perigosas, na forma da lei*[14].

---

(11) MELO, Carlos Antônio de Almeida. *Temas Constitucionais, v. 1 – Série Positividade e Sociedade*. Fundação Escola Superior do Ministério Público, 2001. p. 76.
(12) NASCIMENTO Amauri Mascaro. *Curso de Direito do Trabalho*. São Paulo: Saraiva, 2012. p. 148.
(13) Art. 7º, inciso XXII da Constituição Federal do Brasil de 1988.
(14) Art. 7º, inciso XXIII da Constituição Federal do Brasil de 1988.

5. SAÚDE E SEGURANÇA NO TRABALHO

Com efeito, após observarmos os Direitos Fundamentais relacionados ao trabalho, é pertinente questionar a validade do art. 442-B da nova Lei n. 13.467, de 13 de julho de 2017, não apenas no tocante se ele é ou não abarcado pela Constituição Federal, como também, se há um confronto com princípios internacionais ora vigentes. Ou seja, se é abarcado pelo *jus cogens*.

Afinal, se um autônomo, que presta serviço para uma única empresa, subordinado a ela, inclusive com função relacionada à atividade principal da empresa, sofre um acidente, por exemplo, e perde sua perna, carregará a marca dessa perda para o resto da vida, mas deverá arcar sozinho com tais riscos e custos. No máximo, o que avençou em caráter de contrato autônomo, se é que alguma clausula prevista o beneficiava.

Vale notar que os acordos coletivos, que poderiam garantir mais direitos com o novo diploma legal, invariavelmente, terão impactos desfavoráveis ao trabalhador, tendo em vista o fim da contribuição sindical compulsória. Assim os sindicatos, que poderiam buscar mais garantias à categoria, perdem força.

Outrossim, quanto à desvinculação da proteção à saúde do trabalhador, a Lei n. 8.213/1991 que abrangia como acidente de trabalho aquele sofrido "no percurso da residência para o local de trabalho ou deste para aquela, qualquer que seja o meio de locomoção, inclusive veículo de propriedade do segurado", em seu art. 21, é contrária ao disposto no art. 58, introduzido pela nova lei que estabelece que as horas *in itinere* (ou horas de percurso ou trajeto) não podem ser computadas em sua jornada de trabalho, por não ser tempo à disposição do empregador, livrando o empregador não apenas de custos de transporte, mas da obrigação de computar o tempo desprendido no trajeto de casa para o trabalho, independentemente do local ser ou não de fácil acesso. As Súmulas ns. 90 e 320 do TST são incompatíveis com a nova lei também, que previam esses locais de difícil acesso.

Ainda, de modo indireto, cabe a interpretação de que a referida lei de âmbito previdenciário não mais se aplica aos acidentes de trajeto, com o novo diploma legal. Assim, é inegável a perda de um direito importante, não o de acesso ao Regime da Previdência, mas o de estabilidade de 12 (doze) meses prevista na lei previdenciária. Ou seja, se acidente ocorrer durante as horas *in itinere*, a estabilidade acidentária de um ano está em risco.

Novamente, observa-se um cenário preocupante e distante de modelos e propostas ligadas ao *Welfare State*. Existe um claro anseio de agradar o mercado a todo custo, mas será que o custo não é caro demais para o sistema de saúde do país, se todas as empresas introduzirem o contrato autônomo? E quanto ao trabalhador que se acidenta no percurso do trabalho?

Ademais, seguir legislações de países que pouso se autorregulam, como os Estados Unidos, não foi a ideia do Poder Constituinte Originário, muito pelo contrário, privilegiou-se o bem-estar social, de modo que abordar a questão da flexibilização enfraquecendo sindicatos e desvinculando garantias ao trabalhador é bastante questionável.

Vale observar as definições sobre acidente de trabalho, lembrando que para efeito da nossa legislação, a doença profissional equipara-se ao acidente do trabalho ou infortúnio do trabalho, chamado *accident du travail* pelos franceses, *industrial accident* pelos ingleses, *betriebsunfal* pelos alemães, e *infortúnio sul lavore* pelos italianos, conceituado pela legislação, assenta-se nos requisitos de causalidade, prejudicialidade e do nexo etiológico ou causal. São consideradas como acidentes do trabalho[15] as seguintes entidades mórbidas:

I – Doença profissional, assim entendida é aquela produzida ou desencadeada pelo exercício do trabalho peculiar a determinada atividade constante da relação de que trata o Anexo II.

II – Doença do trabalho, assim entendida a adquirida ou desencadeada em função de condições especiais em que o trabalho é realizado e com ele se relacione diretamente, desde que constante da relação de que trata o Anexo II.

A Lei n. 3.367, de 19 de outubro de 1976, regulamentada pelo Decreto n. 79.037, de 24 de novembro de 1976, tinha fundamento jurídico na teoria do risco profissional, ampliada pelas teorias do risco de autoridade e social.

Um de seus pontos relevantes está na identificação de **doença profissional e de doença do trabalho como expressões sinônimas, equiparando-as ao acidente do trabalho** nas hipóteses constantes da relação organizada pelo Ministério da Previdência e Assistência Social. A conjunção alternativa ou está a demonstrar a igualdade, o sinônimo entre doença profissional ou do trabalho, adotada pela legislação especial.

A propósito, deixou anotado Joaquim Pimenta[16] que:

"se há margem científica para distinguirmos a lesão corporal da doença, não há essa margem para distinguirmos a doença da perturbação funcional. Seja qual for a natureza da moléstia, ela envolverá, sempre, uma perturbação fisiológica. Bastaria, portanto, ao legislador, definir o acidente do trabalho como sendo lesão corporal ou moléstia oriunda de ocorrências verificadas em virtude do trabalho."

---

(15) Decreto n. 2.172, de 05.03.1997, arts. 131 e 132, incisos I e II.
(16) FARIA, José Eduardo; CAMPILONGO, Celso Fernandes. *A Sociologia Jurídica no Brasil*. Porto Alegre: Fabris, 1991. p. 146/147.

Não se confundem acidente e doença profissional ou do trabalho. Naquele, normalmente há caracterização pela violência; nesta existe um processo com certa duração, que vem a se desencadear em momento exato e provocar uma lesão corporal, ou perturbação funcional, ou mesmo morte do empregado. A perícia determinará a existência ou não da relação entre a doença profissional ou do trabalho e o acidente para a formal configuração do nexo etiológico ou causal.

A doença profissional ou do trabalho caracteriza-se quando, formal o diagnóstico de afecção, ou de intoxicação, verificar-se que o empregado exerce atividade que o expunha ao agente patogênico. O legislador suprimiu, em termos, a incidência dos benefícios acidentários nos casos de doenças profissionais atípicas, de sorte que, quando da equiparação ao acidente típico, deu sentido idêntico para doença profissional e doença do trabalho.

No ano de 2007, foram registrados 653.090 acidentes e doenças do trabalho entre os trabalhadores assegurados da Previdência Social. Observem que este número, que já é alarmante, não inclui os trabalhadores autônomos (contribuintes individuais) e as empregadas domésticas. Estes eventos provocam enorme impacto social, econômico e sobre a saúde pública no Brasil.

Entre esses registros contabilizou-se 20.786 doenças relacionadas ao trabalho, e parte destes acidentes e doenças tiveram como consequência o afastamento das atividades de 580.592 trabalhadores devido à incapacidade temporária (298.896 até 15 dias e 281.696 com tempo de afastamento superior a 15 dias), 8.504 trabalhadores por incapacidade permanente, e o óbito de 2.804 cidadãos.

Até o mês de abril de 2007, para que a perícia médica do INSS caracterizasse um evento de incapacidade laborativa como um acidente ou uma doença do trabalho era obrigatória a existência de uma Comunicação de Acidente do Trabalho (CAT) protocolada junto ao INSS. Em 2007, além dos casos de notificação destes eventos contabilizados mediante CAT (514.135 acidentes e doenças do trabalho), a Previdência Social reconheceu mais 138.955 casos. Isto significa um acréscimo no reconhecimento de eventos como de natureza acidentária da ordem de 21,28%.

Para uma noção da importância do tema saúde e segurança ocupacional basta observar que no Brasil, em 2007, ocorreu cerca de uma morte a cada 3 horas, motivada pelo risco decorrente dos fatores ambientais do trabalho e ainda cerca de 75 acidentes e doenças do trabalho reconhecidos a cada 1 hora na jornada diária. Em 2007 observou-se uma média de 31 trabalhadores/dia que não mais retornaram ao trabalho devido à invalidez ou morte.

Se considerar exclusivamente o pagamento, pelo INSS, dos benefícios devido a acidentes e doenças do trabalho somado ao pagamento das aposentadorias especiais decorrentes das condições ambientais do trabalho em 2008, encontrava-se um valor da ordem de R$ 11,60 bilhões/ano. Se adicionar as despesas como o custo operacional do INSS mais as despesas na área da saúde e afins o custo – Brasil atinge valor da ordem de R$ 46,40 bilhões. A dimensão dessas cifras apresenta a premência na adoção de políticas públicas voltadas à prevenção e proteção contra os riscos relativos às atividades laborais. Muito além dos valores pagos, a quantidade de casos, assim como a gravidade geralmente apresentada como consequência dos acidentes do trabalho e doenças profissionais, ratificam a necessidade emergencial de construção de políticas públicas e implementação de ações para alterar esse cenário.

O tema prevenção e proteção contra os riscos derivados dos ambientes do trabalho e aspectos relacionados à saúde do trabalhador felizmente ganha a cada dia maior visibilidade no cenário mundial, mas a nova lei está em contrariedade com tais princípios.

Neste trabalho, foram mencionadas a perda de direitos como: a garantia de estabilidade no acidente de trabalho de trajeto, bem como a questão da diminuição da representatividade sindical e, especialmente a possibilidade de burlar contratos que antes tinham vínculo empregatício. Todavia, o diploma legal que alterou inúmeros artigos da CLT, contém desvinculação de uma série de direitos do trabalhador, relacionado saúde e jornada de trabalho, por exemplo, no art. 317. Comparando-se o primeiro texto (redação original) com a segunda, da reforma, isso é evidente:

"Art. 318 – Num mesmo estabelecimento de ensino não poderá o professor dar, por dia, mais de 4 (quatro) aulas consecutivas, nem mais de 6 (seis), intercaladas.

Art. 318. O professor poderá lecionar em um mesmo estabelecimento por mais de um turno, desde que não ultrapasse a jornada de trabalho semanal estabelecida legalmente, assegurado e não computado o intervalo para refeição."

O novo texto do art. 318, apenas a título ilustrativo, demonstra a desvinculação de um direito fundamental do professor, atividade notoriamente penosa, ao retirar o limite de 4 (quatro) aulas consecutivas e 6 (seis) intercaladas.

Há que observar aqui a questão da saúde do professor e seu cansaço físico e mental. Pela redação, se o professor laborar por mais de 8 horas diárias em mais de um turno, não terá direito a horas extras, por exemplo. Isso sem abordar a possibilidade uma jornada de trabalho insana para um profissional que fica de pé, lidando com muitos alunos.

Outro claro retrocesso nesse sentido é a questão da gestante e da lactante e a insalubridade do art. 394-A, da nova lei, que não apenas perdeu o adicional de insalubridade, como abriu a possibilidade de labor em caráter insalubre para gravidas e lactantes, quando há atestado médico. Com efeito, não é difícil de imaginar mães que para não perderem o adicional ou até mesmo para não desagradarem empregadores se submetem à tal situação, em detrimento da saúde:

Art. 394-A. A empregada gestante ou lactante será afastada, enquanto durar a gestação e a lactação, de quaisquer atividades, operações ou locais insalubres, devendo exercer suas atividades em local salubre. (Incluído pela Lei n. 13.287, de 2016)

Art. 394-A. A empregada gestante será afastada, enquanto durar a gestação, de quaisquer atividades, operações ou locais insalubres e exercerá suas atividades em local salubre, excluído, nesse caso, o pagamento de adicional de insalubridade. (Redação dada pela Medida Provisória n. 808, de 2017)

§ 2º O exercício de atividades e operações insalubres em grau médio ou mínimo, pela gestante, somente será permitido quando ela, voluntariamente, apresentar atestado de saúde, emitido por médico de sua confiança, do sistema privado ou público de saúde, que autorize a sua permanência no exercício de suas atividades. (Redação dada pela Medida Provisória n. 808, de 2017)

§ 3º A empregada lactante será afastada de atividades e operações consideradas insalubres em qualquer grau quando apresentar atestado de saúde emitido por médico de sua confiança, do sistema privado ou público de saúde, que recomende o afastamento durante a lactação. (Redação dada pela Medida Provisória n. 808, de 2017)

Cabalmente em disparate com o entendimento do TST e até com a luta histórica do movimento dos trabalhadores, com a nova lei, a jornada de 12 (doze) horas de trabalho em caráter insalubre e 36 de descanso, com o art. 60, passa a não ter necessidade de licença prévia. Assim, observa-se que a questão da saúde foi bastante prejudicada, seja diretamente ou indiretamente com a extensão de jornadas em diversos casos, que serão abordados na segunda parte. De modo que é inegável que houve um retrocesso muito grande na questão da proteção da saúde ao trabalhador e ao meio ambiente de trabalho, favorecendo jornadas excessivas e insalubres.

Se o país ganha "confiança" do mercado, e investimentos econômicos em curto prazo, mais para frente, poderá pagar essa conta, seja na insegurança jurídica da possibilidade de declaração de inconstitucionalidade de algumas leis, seja na conta da saúde pública ao obrigar tais condições que só favorecem aquele que vê a relação de trabalho como mera forma de lucrar, cada vez mais. Ou seja, privilegia o "mau capitalista" em detrimento de questões sociais importantes.

6. JORNADA DE TRABALHO NA LEGISLAÇÃO BRASILEIRA

A utilização do trabalho humano é um fato que esteve presente na história da humanidade. O homem sempre teve sua mão de obra utilizada e, na maioria das vezes, explorada desde a mais tenra idade. O Prof. Amauri Mascaro Nascimento[17] destaca que na antiguidade somente uma elite socioeconômica desfrutava de intervalo de descanso e na idade média, poucas foram as modificações, apesar do maior respeito pelo homem.

Com o advento da Revolução Industrial e a descoberta da máquina vapor como fonte de energia e a sua aplicação nas fábricas e na industrialização, operou uma autêntica revolução nos métodos de trabalho. Na medida em que a industrialização invadia o setor produtivo, os trabalhadores eram submetidos a jornadas de trabalho estafantes.

Os trabalhadores ficavam sujeitos a longas jornadas de trabalho, exercendo atividades perigosas insalubres, em ambientes nocivos à saúde, desprovidos de condições sanitárias e de higiene. Trabalhavam em minas de subsolo, fábricas metalúrgicas, fábricas de cerâmica e fábricas de tecelagem, sem qualquer limite ou proteção social. Diante deste quadro é que o Estado passou a se mobilizar e a interferir nas relações trabalhistas para proteger os trabalhadores, sendo que, as primeiras leis de proteção aos trabalhadores foram exatamente as que se destinaram a limitar a duração da jornada de trabalho.

Na Inglaterra em 1847 foi fixada a jornada de trabalho de 10 horas. Na França foi estabelecido o mesmo limite em 1848 e em Paris foi fixada a jornada de trabalho de 11 horas em 1849. Em 1868 foi fixada a jornada de trabalho de 8 horas diárias no serviço público federal dos Estados Unidos e em 1901 esse mesmo limite foi estabelecido de forma geral na Austrália.

No Brasil a evolução histórica e legislativa mostra que a preocupação com a limitação da duração do trabalho é recente. Em 1932 foi fixada a jornada de trabalho de 8 horas para os trabalhadores do comércio. Em 1933 leis esparsas fixaram a jornada de trabalho nas barbearias, farmácias e panificação. Também em 1933 leis fixaram em 6 horas a jornada de trabalho nas casas de diversões nos bancos e casas bancárias e em 7 horas nas casas de penhores.

Em 1934 foram editadas leis para fixar em 8 horas a duração da jornada de trabalho dos empregados em transportes terrestres, armazéns, hotéis, restaurantes e frigoríficos e para estabelecer em 6 horas a duração da jornada de trabalho dos empregados em telegrafia, radiotelegrafia e radiotelefonia.

Mas foi em 1943 que a legislação sobre jornada de trabalho ganhou pulso definitivo no Brasil. Em consequência das profundas modificações sociais e políticas implementadas por Getúlio Vargas, foi editada a Consolidação das Leis do Trabalho, que no seu Capítulo II, trata da Duração da Jornada de Trabalho, que é composta de várias seções, que dispõem sobre jornada de trabalho, períodos de descanso, trabalho noturno e quadro de horário.

É importante definir a jornada de trabalho como o período diário durante o qual o trabalhador está à disposição da sua empresa, horário são os marcos de início e fim de um dia de trabalho, mas na jornada só se computa o efetivo tempo de trabalho e faz parte do Direito do trabalho. Cada país possui sua própria regulamentação para a quantidade de horas na jornada de trabalho e seus limites e considerações específicas.

---

(17) NASCIMENTO, Amauri Mascaro. *Curso de Direito do Trabalho*. 17. ed. rev. e atual. São Paulo: Saraiva, 2001. p. 697.

Com a nova lei, ficou fixada a jornada de trabalho como sendo apenas o tempo efetivamente trabalhado pelo empregado, não incluindo em seu cômputo, portanto, os intervalos, ainda quando remunerados, como, por exemplo, os intervalos de mecanografia e digitação.

No tocante à duração da jornada de trabalho, a Constituição Federal estabelece a jornada normal de 8 (oito) horas diárias (respeitado o limite de 44 horas semanais) ou de acordo com previsão legal ou convencional. A jornada de trabalho para os empregados que atua em turnos de revezamento, o artigo. 7º, XIII da CF prevê a duração do trabalho normal não superior a oito horas diárias e quarenta e quatro semanais, facultada a compensação de horários e a redução da jornada, mediante acordo ou convenção coletiva de trabalho. Entende-se como jornada extraordinária ou suplementar, aquelas horas trabalhadas acima do horário normal.

Com a introdução do novo texto, o art. 4º da CLT, e o § 2º, o tempo que o empregado fica na empresa em caráter adicional sem efetiva prestação do serviço, como por exemplo, no caso em que troca de uniforme ou ainda toma café da manhã no local de prestação de serviço, antes do inicio efetivo da jornada, não terá esse tempo computado como à disposição do empregador ou período extraordinário. Senão vejamos:

"§ 2º Por não se considerar tempo à disposição do empregador, não será computado como período extraordinário o que exceder a jornada normal, ainda que ultrapasse o limite de cinco minutos previsto no § 1º do art. 58 desta Consolidação, quando o empregado, por escolha própria, buscar proteção pessoal, em caso de insegurança nas vias públicas ou más condições climáticas, bem como adentrar ou permanecer nas dependências da empresa para exercer atividades particulares, entre outras: (Incluído pela Lei n. 13.467, de 2017) (Vigência)

I – práticas religiosas; (Incluído pela Lei n. 13.467, de 2017)

II – descanso; (Incluído pela Lei n. 13.467, de 2017)

III – lazer; (Incluído pela Lei n. 13.467, de 2017) (Vigência)

IV – estudo; (Incluído pela Lei n. 13.467, de 2017) (Vigência)

V – alimentação; (Incluído pela Lei n. 13.467, de 2017)

VI – atividades de relacionamento social; (Incluído pela Lei n. 13.467, de 2017)

VII – higiene pessoal; (Incluído pela Lei n. 13.467, de 2017)

VIII – troca de roupa ou uniforme, quando não houver obrigatoriedade de realizar a troca na empresa. (Incluído pela Lei n. 13.467, de 2017) (Vigência)."

Ou seja, não integrará o salário nas hipóteses elencadas acima, de modo a restringir o conceito de tempo de serviço. Cumpre notar que para algumas profissões a troca de uniforme sequer existe, mas é bastante rigoroso o rol acima, pois a questão do uniforme é essencialmente laboral e a troca de roupas, assim com a higiene pessoal e a alimentação, está relacionada com a dignidade da pessoa humana, de modo que é discutível tal rigor.

Igualmente, como já mencionado, as horas de trajeto também não caracterizam jornada de trabalho (art. 58-A) na atual vigência do diploma que regulariza as relações de trabalho, sendo, portanto, apenas o trabalho efetivo, como parte do cômputo da jornada de trabalho. Destarte, tal entendimento é de desumanizar o trabalhador, tratando-o como "máquina de gerar lucro". Visão essa incompatível com a da atualidade nos direitos fundamentais e o trabalho, como já demonstrado anteriormente.

O labor em caráter de horas extraordinárias, que era regulado pelo art. 59 foi alterado, com a supressão da necessidade por escrito entre empregador e empregado. Na questão de compensação de horas nos bancos de horas. O pacto pode ser individual, mas deverá ocorrer por escrito:

"Art. 59 – A duração normal do trabalho poderá ser acrescida de horas suplementares, em número não excedente de 2 (duas), mediante acordo escrito entre empregador e empregado, ou mediante contrato coletivo de trabalho.

Art. 59. A duração diária do trabalho poderá ser acrescida de horas extras, em número não excedente de duas, por acordo individual, convenção coletiva ou acordo coletivo de trabalho. (Redação dada pela Lei n. 13.467, de 2017) (Vigência)

(...)§ 5º O banco de horas de que trata o § 2º deste art. poderá ser pactuado por acordo individual escrito, desde que a compensação ocorra no período máximo de seis meses. (Incluído pela Lei n. 13.467, de 2017)

§ 6º É lícito o regime de compensação de jornada estabelecido por acordo individual, tácito ou escrito, para a compensação no mesmo mês. (Incluído pela Lei n. 13.467, de 2017)"

Assim, ao suprimir a obrigatoriedade do acordo por escrito acerca das horas extras, abre-se precedente para uma avença oral acerca da obrigatoriedade de prestação de labor em caráter de horas extras, por no máximo, mais 2 (duas) horas diárias. O que prejudica segurança das relações de trabalho, bem como o trabalhador, que claro sempre é a relação hipossuficiente no contrato de trabalho.

No paragrafo que trata dos bancos de horas igualmente. Ou seja, o pacto individual entre empregado e empregador é comparável à negociação de um contrato bancário, por exemplo, dificilmente se consegue alterar alguma cláusula por mera falta de interesse da parte "mais forte". Assim, é impossível não crer que haverá abusos e que é um claro retrocesso uma pactuação individual acerca da jornada de trabalho. O legislador reformista desprezou uma politica vigente em âmbito internacional de coerência e prevenção da saúde no meio ambiente de trabalho, bem como foi contrario ao art. 4º da Convenção n. 155, da OIT de 1994, o qual prevê:

"Art. 4º 1. Todo Membro deverá, em consulta às organizações mais representativas de empregadores e de trabalhadores, e levando em conta as condições e a prática nacionais, formular, por em prática e reexaminar periodicamente uma política nacional coerente em matéria de segurança e saúde dos trabalhadores e o meio ambiente de trabalho.

2. Essa política terá como objetivo prevenir os acidentes e os danos à saúde que forem consequência do trabalho, tenham relação com a atividade de trabalho, ou se apresentarem durante o trabalho, reduzindo ao mínimo, na medida que for razoável e possível, as causas dos riscos inerentes ao meio ambiente de trabalho."

Igualmente, foi contrário aos princípios básicos das relações de trabalho, prejudicando e muito o ambiente de trabalho com negociações individuais.

No art. 59-A, o legislador expressa a possibilidade do turno de 12 horas de trabalho por 36 horas de descanso para qualquer categoria profissional, desde que haja previsão no acordo coletivo ou, novamente, em acordo por escrito entre as partes. Também vai contrário ao que vinha defendendo a jurisprudência e a OIT, deixando para uma avença entre empregado e empregador algo tão extremo quanto essa jornada de trabalho.

No art. 60, que disciplina a jornada de 12x36, quando esse turno for laborado em caráter de insalubridade, não mais é exigido licença prévia.

Com efeito, é um enorme retrocesso esse contratualismo individual defendido pela reforma e, invariavelmente, acordos com tal jornada, poderão ter sérios reflexos na saúde da população, de modo geral. E o art. 60 é extremamente contrário aos princípios da valorização dos acordos coletivos em âmbito internacional, bem como diminui garantias mínimas do obreiro, colocando em risco a segurança jurídica das relações de trabalho.

Por fim, a questão da jornada parcial, isto é, a reforma cria duas opções para jornada parcial em seu art. 58-A, são elas: contrato de até 30 horas semanais, sem horas extras, ou de até 26 horas semanais, com até 6 horas extras. A jornada máxima era de 25 horas antes.

7. O TELETRABALHO

O tão esperado *homeoffice* foi finalmente positivado. Todavia, em um contexto político de priorizar os interesses empresariais, bem como permitir a individualização das avenças de prestação de serviço, foi bastante permissivo o legislador reformista, que não garantiu condições mínimas para uma relação justa, nestas ocasiões. Assim, não é difícil prever a precarização desta recém-regulamentada forma de trabalho:

> "Art. 75-B. Considera-se teletrabalho a prestação de serviços preponderantemente fora das dependências do empregador, com a utilização de tecnologias de informação e de comunicação que, por sua natureza, não se constituam como trabalho externo. (...)
> Art. 75-D. As disposições relativas à responsabilidade pela aquisição, manutenção ou fornecimento dos equipamentos tecnológicos e da infraestrutura necessária e adequada à prestação do trabalho remoto, bem como ao reembolso de despesas arcadas pelo empregado, serão previstas em contrato escrito. Parágrafo único. As utilidades mencionadas no *caput* deste art. não integram a remuneração do empregado.
> Art. 75-E. O empregador deverá instruir os empregados, de maneira expressa e ostensiva, quanto às precauções a tomar a fim de evitar doenças e acidentes de trabalho. (...) (Incluído pela Lei n. 13.467, de 2017) (Vigência)."

Assim, já chegou defasada a positivação dessa modalidade e em nada garante ao trabalhador em relação à jornada de trabalho ou mesmo quanto à saúde mental, afinal, o lar seria o espaço de descanso do obreiro.

Portanto, estão no campo abstrato as instruções e prevenções contra acidentes e doenças do trabalho. Os instrumentos de trabalho também não foram contemplados pelo legislador que deixou também à cargo dos pactos, de modo que computadores, *smartphones* e gastos com internet, poderão recair ao obreiro em uma relação extremamente precária.

8. O TRABALHO INTERMITENTE E A QUESTÃO DOS TURNOS

Sobre essa nova e peculiar modalidade, preconiza os arts. 452-A e 452-B e seguintes que abordam contrato intermitente, inclusive podendo as partes convencionar sobre turnos de prestação de serviço:

> "Art. 452-A. O contrato de trabalho intermitente será celebrado por escrito e registrado na CTPS, ainda que previsto acordo coletivo de trabalho ou convenção coletiva, e conterá: (Redação dada pela Medida Provisória n. 808, de 2017)
> Art. 452-B. É facultado às partes convencionar por meio do contrato de trabalho intermitente: (Incluído pela Medida Provisória n. 808, de 2017)
> I – locais de prestação de serviços;
> II – turnos para os quais o empregado será convocado para prestar serviços;
> III – formas e instrumentos de convocação e de resposta para a prestação de serviços; (...) (Incluído pela Medida Provisória n. 808, de 2017)"

A redação introduz uma nova forma de prestação laboral em que o trabalhador não sabe quando vai prestar serviço, mas deverá estar à disposição tendo em vista que a comunicação se dará com apenas 3 (três) dias de antecedência. Sem garantias salariais ou ainda qualquer previsão de prestação até a véspera, é impossível imaginar os danos na saúde mental do trabalhador intermitente.

Com efeito, após a possibilidade de jornadas de 12x36 em negociações individuais, o legislador reformista então permitiu a contratação intermitente cuja definição de turnos ficará a critério de negociações entre partes. Insta esclarecer um pouco mais sobre jornadas especiais.

Algumas atividades desenvolvidas por trabalhadores são executadas em jornadas de trabalho de forma ininterrupta. Na maioria das vezes, esse labor é exercido dessa forma em razão da atividade que desenvolve a empresa ou a instituição. Essa jornada de trabalho realizada de forma ininterrupta.

Em razão da atividade penosa exercida pelos petroleiros e petroquímicos, por exemplo, que atuam obrigatoriamente em regime de turno ininterrupto de revezamento, foi criada uma legislação específica, que passou a estabelecer-lhes condições mais favoráveis de trabalho.

O trabalho em turnos tem sido apontado, pela grande maioria dos estudiosos, como agente causador de desconforto e de problemas de saúde. As principais queixas dos trabalhadores em turnos referem-se basicamente aos problemas de sono, distúrbios nervosos e digestivos.

O sono é um importante ponto a ser discutido no trabalho em turnos, tanto no tocante aos aspectos da sua duração. Quanto ao número de horas de sono, tema frequentemente abordado em recentes simpósios, organizados pela "International Labour Organization", Sub-Comitê de Trabalho em Turnos da "Permanent Comission and International Association on Occuparional Health", "Laboratory for Clinical Stress Research", International Ergonomics Association" e "Humana Factors Society" e o O laboratório para Pesquisa Clínica do "Stress", do Instituto Karolinska, de Estocolmo.

Os estudiosos do tema afirmam que os trabalhadores em turnos dormem menos horas que aqueles que executam tarefas diurnas e que a quantidade de sono para os trabalhadores em turnos é igual ou maior que para os trabalhadores diurnos. Os especialistas sugerem que essa maior duração do sono é necessária para compensar "débitos" de sono. Os trabalhadores em turnos apresentam também maior número de mais longos cochilos fora do período principal de repouso.

9. SAÚDE MENTAL E O ASSÉDIO MORAL NO TRABALHO

A questão de trabalhos em horários especiais foi acima mencionada em razão de aberturas da nova lei. No entanto, é impossível não prever ainda o aumento do assédio moral no trabalho, que já não é um fenômeno novo, poder-se-ia dizer que ele é tão antigo quanto o trabalho.

A novidade reside na intensificação, gravidade, amplitude e banalização do fenômeno e na abordagem que tenta estabelecer o nexo-causal com o trabalho e tratá-lo como não inerente ao trabalho. A reflexão e o debate sobre o tema são recentes no Brasil, ganhando força com a repercussão da publicação na França do livro de Marie France Hirigoyen, *Harcelement moral: la violence perverse au quotidien*.[18]

Muitos são os estudiosos do tema e a professora Aldacy Rachid Coutinho, da Universidade Federal do Paraná, em brilhante intervenção em Conferência realizada em Curitiba, em abril de 2002 sobre assédio sexual e moral afirma:

"Assédio moral atinge 36% dos brasileiros. O assédio vem ganhando espaços cada vez maiores na mídia e nas discussões que envolvem os trabalhadores por ser uma das várias formas de violência que atinge, principalmente, a mulher. Uma pesquisa realizada pela médica do trabalho Margarida Barreto, da PUC de São Paulo, aponta que 36% da população brasileira economicamente ativa, que está trabalhando, passa por violência moral. Nos países europeus, segundo a organização internacional do Trabalho, esse índice cai para 10% e nos Estados Unidos, para 7%. Define-se por assédio moral toda 'exposição prolongada e repetitiva do profissional a situações humilhantes e vexatórias no ambiente de Trabalho.'"

De acordo com Margarida Barreto, *"essas humilhações se caracterizam por relações hierárquicas desumanas e autoritárias, onde a vítima é hostilizada e ridicularizada diante dos colegas e isolada do grupo"*. A pesquisadora afirma também que o assédio moral é uma das consequências do modelo econômico neoliberal, que força as empresas ao cumprimento rígido de metas, com a diminuição dos postos de trabalho, sobrecarregando quem permanece no emprego. *"Esse trabalhador flexível é expropriado no seu saber fazer, no seu tempo. Ele é encarado como um indivíduo sem desejo, sem família, sem amigos, sem vida pessoal. Há um clima de desassossego, de insegurança, de medo, de incerteza acentuada e de submissão muito grande"* – acrescenta ela."[19]

Nesse contexto neoliberal, ocorre a exposição dos trabalhadores e trabalhadoras a situações humilhantes e constrangedoras, repetitivas e prolongadas durante a jornada de trabalho e no exercício de suas funções, sendo mais comuns em relações desumanas e as éticas de longa duração, de um ou mais chefes dirigida a um subordinado, desestabilizando a relação da vítima com o ambiente de trabalho e a organização.

As consequências na saúde mental e física dos trabalhadores são enormes e ensejam a reparação de danos pelos autores, a fim de se restaurar a relação de equilíbrio social, devendo ser postulado pelas vítimas todos os valores referentes ao tratamento clínico e psíquico.

---

(18) IRIGOYEN, Marie France. *Harcelement Moral:* La Violence Perverse au Quotidien. Assédio Moral: A Violencia Perversa do Cotidiano. Ed. Bertrand, 2000. *Apud*, BARRETO. Margarida. *Violencia, Saúde, Trabalho – Uma Jornada de Humilhações*. São Paulo: EDUC-Editora da PUC/SP, 2001, p. 45-48.

(19) COUTINHO, Aldacy Rachid. Ciclo de Conferências de Direito do Trabalho, promovido por Internet-lex, em Curitiba, no Paraná, em 25 de abril de 2001. In: *Discriminação*. Disponível em: <www.internet-lex.com.br>. Acesso em: 19 jun. 2014.

10. CONCLUSÃO

É importante lembrar que o trabalho sempre foi mais que um direito, para qualquer ser humano, é tão importante o trabalho que a Declaração Universal dos Direitos do Homem foi aprovada pela Assembleia Geral das Nações Unidas em 1948, e prevê a valorização do trabalho e o direito ao trabalho, como assim expressa:

> *"Art. XXIII. 1. Todo homem tem direito ao trabalho, à livre escolha de emprego, a condições justas e favoráveis de trabalho, e à proteção contra o desemprego. 2. Todo homem, sem qualquer distinção, tem direito a igual remuneração por igual trabalho. 3. Todo homem que trabalha tem direito a uma remuneração justa e satisfatória, que lhe assegure, assim como sua família, uma existência compatível com a dignidade humana, e a que se acrescentarão, se necessário, outros meios de proteção social. 4. Todo homem tem direito a organizar sindicatos e a neles ingressar para proteção de seus interesses. Art. XXIV. Todo homem tem direito a repouso e lazer, inclusive a limitação razoável das horas de trabalho e as férias remuneradas periódicas. Art. XXV. 1. Todo homem tem direito a um padrão de vida capaz de assegurar a si e a sua família saúde e bem-estar, inclusive alimentação, vestuário, habilitação, cuidados médicos e os serviços sociais indispensáveis, e direito à segurança em caso de desemprego, doença, invalidez, viuvez, velhice, ou outros casos de perda dos meios de subsistência em circunstâncias fora de seu controle. 2. A maternidade e a infância têm direito a cuidados e assistências especiais. Todas as crianças, nascidas dentro ou fora do matrimônio, gozarão da mesma proteção social."*

Diante das questões apreciadas, o ponto fundamental deste trabalho é que todo ser humano tem direito à vida, ao trabalho e, sobretudo, a uma jornada de trabalho digna, que preserva sua saúde física e mental. De tal sorte que, a relação capital e trabalho deve respeitar os direitos fundamentais da pessoa, podendo-se afirmar que a crescente fadiga dentre aqueles que trabalham ou estão desempregados, tem desencadeado um processo de adoecimento coletivo, seja por meio do estresse, ou de outras doenças causadas pelo meio ambiente do trabalho.

Tal situação chega a ser absurda: alguns doentes ficam em razão da nova estrutura de produção do trabalho e outros adoecem em razão da fadiga ocasionada por falta de trabalho. Nesse sentido, verifica-se a necessidade de mudanças na relação capital e trabalho, que efetivamente envolve o meio ambiente do trabalhador.

Com fundamento no art. 8º inciso III da Constituição Federal, nos arts. 1º *caput* e inciso IV, 5º, incisos I e II da Lei n. 7.347 de 24 de julho de 1985 e arts. 81, parágrafo único, art. 82, incisos III e IV da Lei n. 8.078 de 11 de setembro de 1990 (Código de Defesa do Consumidor) e finalmente, quanto a autorização expressa no estatuto sindical, as entidades sindicais têm legitimidade para agir na defesa dos interesses sociais, individuais indisponíveis, difusos e coletivos quando desrespeitados os direitos sociais constitucionalmente garantidos, inclusive no tocante ao direito ambiental. Nesse sentido, deveriam os sindicatos efetivamente buscar seu lugar na sociedade, enquanto efetivo representante da categoria, atuando de forma ativa na proteção do meio ambiente de trabalho, prevenindo e investigando mediante procedimentos próprios as doenças ocupacionais, bem como os acidentes de trabalho.

Todavia, com a flexibilização das normas trabalhistas observou-se a opção do país em sentido contrário ao do bem-estar social, mas buscando na relação de trabalho o máximo de proveito. Como já mencionado anteriormente, em detrimento da saúde do trabalhador fez-se a opção de à curto prazo tentar atrair mais empresas. Todavia, é evidente que isso terá reflexos enormes na sociedade. Seja pela inconstitucionalidade alarmante de algumas das normas da reforma, que foram votadas em caráter exclusivamente politico, mal discutidas com a sociedade e tampouco com pareceres técnicos.

Afinal, como pode o legislador estender as negociações de turnos de trabalho e até do 12x36 à todas categorias, de modo que o contrato individual define os termos do pacto laboral. Como pode o trabalhador, evidentemente o elo mais fraco da relação, negociar com empresas globais sobre os termos do teletrabalho?

É claro que a sociedade vai pagar essa conta, especialmente em saúde pública, pois não é possível garantir a saúde mental do obreiro nessas condições.

Já do lado do empregador, este deveria complementar uma política de gerenciamento estratégico, a fim de efetivamente cumprir as normas sobre o meio ambiente, apresentar programas de prevenção aos acidentes e doenças no trabalho, investindo em projetos de educação aos seus empregados de forma que eles realmente conheçam os produtos que manuseiam, a cadeia produtiva da fábrica, os perigos existentes, informando os dados técnicos da empresa e outros procedimentos a sanar as inadequações apresentadas, visando a preservação da saúde do empregado.

Os programas de preservação do meio ambiente podem também estabelecer uma revisão na distribuição dos postos de trabalho, revisão de toda planta fabril, melhorias de proteção coletiva e uso de tecnologias limpas, despoluição da água, recuperação do solo, reflorestamento etc.

Existem ainda outros programas de motivação e desenvolvimento profissional criado para ampliar ou rever perspectivas de capacitação profissional, permitindo desenvolver os talentos e formações criativas entre os empregados.

Finalmente, as empresas poderiam desenvolver programas específicos de saúde pessoal, inclusive com sessões de relaxamento físico, exercícios de postura no trabalho e melhorias ergonômicas.

Deve-se salientar a necessidade de criar uma nova cultura na sociedade, de preservação à vida, frisando-se que as reações de *estresse* estão presentes em todos os momentos de nossa vida, lembrando que o trabalho, por excelência, é a melhor fonte de realização pessoal e profissional de subsistência, devendo apresentar formas criativas para modificar a ideia de que o trabalho é um sofrimento constante, encontrando-se propostas para gerenciar o estresse de cada dia.

Era isso que se espera de uma reforma trabalhista no ano de 2017. Uma contemplação dos princípios fundamentais da sociedade, bem como a utilização dos avanços tecnológicos a fim de possibilitar renda e melhoria na qualidade de vida de empregados e empregadores. No entanto, o que se viu foi uma série de afrontas ao poder constituinte originário, retrocesso em relação aos princípios da OIT, também em âmbito internacional, e a positivação de normas que a jurisprudência há muito tempo já havia pacificado em sentido diverso.

De modo que até mesmo o mais otimista dos cidadãos prevê um aumento das doenças laborais, especialmente mentais nesse contexto de extremo estresse, bem como a precarização das relações de trabalho e a diminuição da vinculação do empregador. O que não beneficia nenhum cenário.

Por fim, conclui-se que uma renovação das formas de trabalho poderia (e deveria) ser elaborada, mas aumentando garantias mínimas e não instaurando o caos, que agrada empresas, por ora, mas compromete seriamente o orçamento futuro do país na questão da saúde pública. Afinal, a China hoje é o exemplo que ninguém quer seguir, de exploração extrema do capital humano, a qualquer custo. A nova lei se aproxima mais da China do que da luta histórica do movimento operário no Brasil e despreza o Poder Constituinte Originário, bem como sequer debateu tais inovações com a sociedade e com os operadores do Direito. De modo que novas políticas, ainda que exclusivamente no âmbito da autonomia privada, que visam a proteção ao trabalhador são essências nesse atual contexto, iminente de uma onda de doenças laborais causadas pelo estresse e pela intensificação das desigualdades sociais, com tamanha precarização no âmbito do trabalho.

11. REFERÊNCIAS BIBLIOGRÁFICAS

ALMEIDA, Renato Rua de (Coord.). *Direitos fundamentais aplicados ao direito do trabalho.* São Paulo: LTr, 2010.

ALMEIDA, Renato Rua de. *Proteção contra a despedida arbitrária ou sem justa causa.* São Paulo: Revista LTr, Ano 75 – 02/156. fev./2011.

BARROS, Alice Monteiro de. *Curso de Direito do trabalho.* 7. ed. São Paulo: LTr. 2011.

BOBBIO, Norberto. *A era dos direitos.* Rio de Janeiro: Campus, 2004.

CALVO, Adriana Carrero. *O Assédio moral institucional e a dignidade da pessoa humana. Portal Jurídico Investidura*, Florianópolis/SC, 07.10.2008. Disponível em: <www.investidura.com.br/1227>. Acesso em: 05 out. 2013.

CANOTILHO, José Joaquim. *Estudos Sobre Direitos Fundamentais.* Coimbra: Coimbra Editora, 2004.

COTRIM, Gilberto. *Direito fundamental – Instituições de direito público e privado.* 23. ed. São Paulo: Saraiva, 2011.

DELGADO, Mauricio Godinho. *Curso de direito do trabalho.* São Paulo: LTr, 2006.

_____. Direitos Fundamentais na relação do trabalho. *Revista de Direitos e Garantias Fundamentais*, n. 2/2007 – 12/39 p.

DIAS, Carlos Eduardo Oliveira. Dissertação de Mestrado pela PUC-SP. *Entre os Cordeiros e os Lobos:* Reflexões Sobre os Limites da Negociação Coletiva nas Relações de Trabalho. 2008. p. 136.

FERREIRA, Januário Justino. *Saúde mental no trabalho:* Coletânea do Fórum de Saúde e Segurança no Trabalho do Estado de Goiás. Goiânia: Cir Gráfica, 2013.

FERREIRA FILHO, Manoel Gonçalves. *Direitos humanos fundamentais.* 13. ed. São Paulo: Saraiva, 2011.

RAMALHO, Maria do Rosário Palma. *Direito do trabalho – Parte I – Dogmática geral.* 2. ed. Coimbra: Almedina, 2009.

REALE JÚNIOR, Miguel. *Lições preliminares de direito.* São Paulo: Saraiva, 2006.

RODRIGUEZ, Américo Plá. *Princípios de direito do trabalho.* 3. ed atualizada. São Paulo: LTr, 2004.

ROMITA, Arion Sayão. *Direitos Fundamentais nas Relações de Trabalho.* São Paulo: LTr, 2005.

SARLET, Ingo Wolfgang. *A Eficácia dos Direitos Fundamentais na Perspectiva Constitucional.* Porto Alegre: Livraria do Advogado, 2009.

SEM, Amartya. *A Ideia de Justiça.* São Paulo: Companhia das Letras, 2009.

_____. São Paulo: Companhia das Letras, 2000.

SÜSSEKIND, Arnaldo; MARANHÃO, Délio; VIANNA, Segadas; TEIXEIRA, Lima. *Instituições de direito do trabalho.* v. 1. São Paulo: LTr, 2000.

Desemprego e Contrato de Trabalho Intermitente

Michel Olivier Giraudeau[1]

1. INTRODUÇÃO

Sabe-se, há muito tempo, no Brasil, que boa parte dos trabalhadores ativos, mesmo que submetidos ao regime de subordinação, não têm carteira assinada, vinculados a uma relação de trabalho contratada e desenvolvida "na informalidade", sempre à margem da proteção legal e sem o recolhimento dos encargos que se destinariam à Previdência e aos projetos sociais viabilizados, por exemplo, com os recursos de Fundo de Garantia, numa realidade tão carente de projetos sociais eficientes.

Há uma verdade muito inconveniente nesta constatação: a de que todos os princípios e regras de proteção ao trabalhador, desenvolvidos conscientemente pelo Direito do Trabalho, ao longo da história, não contemplam, na prática, milhares de relações de trabalho que se concretizam sem a proteção e participação do Estado. A distorção é atribuída, essencialmente, não à conhecida ineficiência do poder de fiscalização, mas ao rigor e onerosidade muitas vezes excessivos das regras de proteção e dos encargos sociais, que encorajam o contratante a dar preferência à informalidade.

Nesse cenário é que se desenvolvem diversas formas de relação de trabalho, sem o manto de proteção da legislação trabalhista. A necessidade do reconhecimento e regulação de novas formas de relação de trabalho se apresenta, de qualquer forma, como uma modificação necessária, porque a lei posta não alcança razoavelmente a realidade.

Contudo, há um difícil meio termo a ser encontrado entre a adequação das normas que regulam as relações de trabalho, em sintonia com a realidade inevitável, e o simples abandono das diretrizes protecionistas que foram forjadas em favor da parte mais fraca da relação contratual, consequência de uma histórica constatação do efeito perverso que a livre contratação do trabalho marcou ao longo da história. A proteção do trabalho humano deve sobrepor-se ao valor da livre iniciativa, mas, ao fazê-lo, tem o difícil desafio de evitar que o exagero inviabilize o próprio trabalho e o sustento do trabalhador.

As alterações trazidas pela chamada 'Reforma Trabalhista' recebem duras e merecidas críticas dos operadores do Direito do Trabalho, por força do visível despreparo do legislador, que resultou no descuido de princípios essenciais da relação de trabalho, além de esboçar uma reação um tanto destemperada ao protecionismo da jurisprudência trabalhista.

As críticas mais conscientes admitem, no entanto, que o esforço de modificação da lei encontra alguma correspondência na dura realidade do desemprego e crise financeira dos últimos anos no Brasil, que hoje vive um tímido quadro de recuperação, em que o próprio trabalho informal se apresenta como solução ao desemprego.

2. TRABALHO INTERMITENTE

No caso do trabalho intermitente, a alteração legal tem amparo no reconhecimento de uma prática de contratação pontual do trabalho subordinado, que se desenvolveu em atividades mais específicas, como os serviços de garçons e músicos, em hotéis, bares e restaurantes, no aumento da demanda de mão de obra, em períodos sazonais, ou conforme a necessidade variável na realização de eventos.

Assim, dentre as alterações trazidas pela Lei n. 13.467, de 13 de julho de 2017, já modificada pela Medida Provisória n. 808, de 14.11.2017, a reforma dá nova redação ao art. 443, e acrescenta o art. 452-A, ambos da CLT, para prever a possibilidade de contratação, mediante vínculo de emprego, na *prestação de trabalho intermitente*.

Relembre-se que a classificação da CLT prevê a regra do contrato de trabalho por prazo indeterminado: a continuidade da prestação sucessiva é presumida por princípio, dada a expectativa natural de que essa prestação deve se reiterar, indefinidamente. Como exceção a essa regra, há as hipóteses de contrato por prazo determinado, previstas no art. 443, §§ 1º e 2º, cuja redação permanece inalterada.

A presunção do trabalho por tempo indeterminado, ressalvadas as exceções do contrato de termo certo, decorre

---

[1] Advogado graduado pela Universidade Mackenzie. Especialista e mestre em Direito do Trabalho, pela PUC-SP. Professor no curso de pós-graduação lato sensu em Direito Material e Processual do Trabalho da Cogeae, PUC-SP. Sócio do escritório Grunwald e Giraudeau Advogados Associados.

do conceito de que o trabalho atende a uma necessidade constante, ou ao menos previsível, do empregador, o que caracteriza, no contrato típico de emprego, o elemento da não-eventualidade, a que se refere o art. 3º da CLT.

Ao lado dos contratos de prazo indeterminado (regra) e prazo determinado (exceção à regra), a nova redação legal passou a estabelecer, entretanto, uma forma mais específica de contratação, que também pressupõe os outros elementos caracterizadores do vínculo de emprego (art. 3º da CLT) – pessoalidade, onerosidade e subordinação – mas, afastando a hipótese da não eventualidade, prevê a prestação dos serviços de forma descontínua, fazendo com que os direitos trabalhistas sejam quitados, proporcionalmente, a cada período pontual de prestação.

O trabalho intermitente não tinha paralelo na legislação brasileira e se destaca, essencialmente, pelo fato de desatrelar-se deste requisito da *não eventualidade*, relativo à previsibilidade do trabalho.

Homero Batista[2] alardeia dois importantes aspectos da alteração legal. O primeiro deles é exatamente a flexibilização desse conceito de habitualidade, para abrigar atividades ocasionais, embora repetitivas, e cuja descontinuidade antes servia de argumento do contratante para afastar o reconhecimento do vínculo de emprego com o trabalhador, sempre que, a despeito do trabalho oneroso, pessoal e subordinado, a prestação não ocorresse com alguma regularidade. O argumento da inexistência do requisito da 'não eventualidade' da prestação afastava o reconhecimento do vínculo de emprego, nesses casos. O autor observa que a contrapartida da alteração legal é, portanto, a possibilidade do reconhecimento da existência de contrato de trabalho intermitente, em juízo, embora as partes não o tenham formalizado como tal, se verificados os demais requisitos fáticos desta contratação. O segundo aspecto ressaltado pelo autor diz respeito à potencial precarização do trabalho, no uso desta figura, já que o trabalhador estará registrado, sem garantia de remuneração, a depender da efetiva convocação ao trabalho e prestação de serviços pontuais.

3. DIREITO ESTRANGEIRO

Antes de analisarmos as normas específicas que passam a regular esse espécie de contrato, é importante observar, entretanto que ela encontra correspondência em disposições já estabelecidas em outros países, com algumas variações, como nos países de Common Law: Estados Unidos (*just-in-time scheduling*) e Reino Unido (*zero hour contract*). Também na Europa há previsão na Alemanha (*arbeit auf abruf*, traduzido como *trabalho a pedido*); Itália (*lavoro intermitente* ou *chiamata*) ou Portugal (que prevê duas espécies de trabalho intermitente: *trabalho alternado* e *trabalho à chamada*)[3].

Nos Estados Unidos o *jus-in time scheduling* estabeleceu-se essencialmente nas lojas de varejo e restaurantes. A reação crítica a esta figura contratual deu-se em razão da imprevisibilidade das horas de trabalho, por força de grandes oscilações, como se aponta no Relatório IV, concernente à "proteção dos trabalhadores num mundo em transformação", da Conferência Internacional do Trabalho, em 2015.

A contratação de empregados de acordo com a demanda ensejou o desenvolvimento de *softwares* específicos, voltados à análise estatística da variação de vendas, para projeção dos fluxos de clientes e adequação da quantidade de trabalhadores necessários em cada período.

Em reação aos efeitos negativos dessa contratação, como a angustiante espera do trabalhador pela convocação e as consequências do trabalho imprevisível sobre sua vida privada, alguns estados instituíram regras para pagamento mínimo nos períodos previstos no calendário de atividades, ainda que não houvesse a efetiva convocação a trabalho.

No Reino Unido, a figura do *zero hour contract* também veio com intuito de atribuir maior liberdade na contratação das relações de trabalho, em meio a controvérsias, especialmente diante da inexistência de qualquer garantia de número de horas a serem trabalhadas ou turno de trabalho, o que levou o Governo a proibir o uso de exclusividade nesses contratos, em 2014. Paulo Roberto Fernandes[4] salienta que a polêmica se intensificou, desde que a Nova Zelândia impôs imitação ao uso desse contrato.

O autor informa a estimativa de que mais de novecentas mil pessoas já trabalhavam sob o regime do chamado *contrato zero hora*, em 2014, no Reino Unido, especialmente em lojas de varejo e restaurantes. A rede *McDonald´s*, por exemplo, mantinha, nesse período, 90% de sua mão de obra em contratos desta espécie.

Na Alemanha, o contrato conhecido como "trabalho a pedido"(*arbeit auf abruf*) veio com a Lei de Promoção ao Emprego, em 1987, prevendo a convocação ao trabalho de acordo com a necessidade do empregador, embora o contrato deva antever a duração semanal e a quantidade diária de horas a serem prestadas. Na ausência de previsão da duração semanal, considera-se a jornada de dez horas por semana, mas a jurisprudência também afasta a possibilidade de fixação desse período mínimo, se a prática

---

(2) DA SILVA, Homero Batista Mateus. *Comentários à Reforma Trabalhista*. Revista dos Tribunais, 2017. p. 73 e 74.

(3) FERNANDES, Paulo Roberto. *A Figura do Trabalho Intermitente do PL 6.787/2016 (Reforma Trabalhista) à Luz do Direito Comparado*. Disponível em: <http://ostrabalhistas.com.br/figura-do-contrato-de-trabalho-intermitente-do-pl-no-6-7872016-reforma-trabalhista-luz-do-direito-comparado/>.

(4) Obra citada.

reiterada configurar a prestação em períodos muito superiores. Evita-se, com esse critério, a abrupta diminuição do patamar de horas de trabalho comumente prestada pelo empregado, segundo a vontade do empregador.

A convocação do empregado deve realizar-se com a antecedência mínima de quatro dias e este último tem a garantia de ser convocado pelo menos para a prestação de três horas consecutivas. A lei alemã possibilita, ainda, a alteração desses limites em negociação coletiva.

Na Itália, esse tipo de contrato foi introduzido pela Lei Biaggi, em 2003, com o objetivo declarado de proporcionar o aumento do emprego no país. Algumas alterações foram introduzidas com a posterior reforma trabalhista (*Jobs Act*) em 2015. Ali há uma restrição no uso do contrato de trabalho intermitente, para destiná-lo aos menores de 25 anos e maiores de 55 anos, critério que tem o propósito de incentivar a colocação desses trabalhadores no mercado.

A previsão legal assegura a contratação para a prestação de trabalho de forma descontínua ou intermitente, segundo o que venha a ser fixado em negociação coletiva ou, na sua ausência, conforme a regulação do Ministério do Trabalho. A prática se destina aos setores de entretenimento, turismo e serviços em locais abertos ao público, ou, na hipótese de atividade diversa, impõe-se a observância do limite de trabalho intermitente, por 400 dias a cada três anos civis, por trabalhador, sob pena de o trabalho transfigurar-se em contrato por tempo integral e prazo indeterminado.

Paulo Roberto Fernandes observa, também, a possibilidade, assegurada legalmente, quanto à cláusula de obrigatoriedade de atendimento do chamado, por parte do trabalhador. Apenas nesse caso, assegura-se, ao contratado, uma compensação mínima pelo tempo à disposição, enquanto espera a convocação, que sempre deve realizar-se com antecedência não inferior a um dia útil.

A lei italiana impõe algumas restrições expressas ao uso do contrato de trabalho intermitente, dando conta de sua excepcionalidade: é vedado para a substituição de trabalhadores em greve; reposição de mão obra de trabalhadores dispensados coletivamente, nos últimos seis meses; empregadores que tenham realizado a redução do horário de trabalho, ou que não tenham efetuado a avaliação de risco em segurança do trabalho.

Em Portugal a introdução do contrato de trabalho intermitente se fez como parte do chamado Acordo Tripartido para um Novo Sistema de Regulação das Relações Laborais, no de 2008, e instituído no Código do Trabalho, em 2009, como medida de reação à crise de desemprego.

O uso deste contrato, que deve atender à forma escrita, se destina à empresa que tenha atividade descontínua ou com intensidade variável, segundo o art. 157 do Código do Trabalho, característica que a doutrina portuguesa aponta, assim mesmo, como uma ampla previsão ao cabimento dos contratos dessa natureza.

A lei o classifica em duas situações distintas: o chamado "trabalho alternado" e o "trabalho à chamada", sendo que ambos devem especificar o número de horas ou dias (em tempo integral) a serem trabalhados por ano. O não preenchimento deste requisito impõe o reconhecimento do contrato sem período de inatividade.

O "trabalho alternado" é utilizado em atividades em que seja possível programar as necessidades descontínuas de atividade; a doutrina dá o exemplo de uma fábrica de ovos de páscoa ou artigos de Natal. Diz o art. 159 do Código do Trabalho que as partes estabelecem a duração da prestação, de modo consecutivo ou intercalado, bem como o início e termo de cada período de trabalho. As partes devem, também, prever o valor devido e os períodos de prestação, fixando antecipadamente, a duração do trabalho e as épocas do ano, sendo que a prestação do trabalho não poderá ser inferior a seis meses por ano, quatro dos quais devem ser consecutivos.

No "trabalho à chamada" as partes estabelecem a antecedência com que o empregador deve informar o início do trabalho, período que não deve ser inferior a vinte dias. Durante o período de inatividade o trabalhador não se obriga à exclusividade, mas mantém os direitos e deveres contratuais; nesse período o trabalhador recebe uma compensação a ser fixada em negociação coletiva, assegurando-se, na ausência desta, o percentual de 20% da remuneração base, com periodicidade equivalente à da remuneração.

A classificação em dois tipos diversos de contrato intermitente, na lei portuguesa, faz-se, portanto, conforme seja a característica do período de inatividade. Assim, no "trabalho alternado" esse período é previsto antecipadamente, tendo em vista a previsibilidade do trabalho e dos intervalos. Na segunda espécie (trabalho à chamada) o empregado aguarda a convocação do empregador, para um momento de atividade não antecipado do contrato.

4. TRABALHO INTERMITENTE NO BRASIL

Verificados alguns modelos estrangeiros do contrato de trabalho intermitente, cabe analisarmos, concretamente, as regras instituídas para esta espécie de contrato, com a Reforma Trabalhista, que determinou, no primeiro momento, a alteração do art. 443 e § 3º, da CLT, e a introdução do art. 452-A e seus §§ 1º a 9º, da CLT.

A reforma foi introduzida pela polêmica Lei n. 13.467/2017, cuja vigência se iniciou em 11 de novembro de 2017, após *vacatio legis* da cento e vinte dias seguintes à sua publicação. Esses dispositivos foram, porém, imediatamente alterados pela Medida Provisória n. 808/2017, que teve vigência iniciada em 14.11.2017 e validade prevista até 22.02.2018, conforme art. 62 da Constituição Federal; o texto tem expectativa de integrar o ordenamento jurídico, com a sua conversão em lei ordinária. O cenário atual é, contudo, de adaptação às diversas alterações legais introduzidas na CLT, que ainda devem demandar novas alterações a médio prazo, tendo em vista a reação da doutrina e jurisprudência, diante das diversas modificações legais.

Na redação em vigência, o trabalho intermitente é conceituado no § 3º do art. 443 da CLT, como um contrato de trabalho, em que a prestação de serviços, com subordinação, não é contínua, alternando-se com períodos de inatividade. A prestação, segundo o dispositivo, é determinada em horas, dias ou meses, independentemente do tipo de atividade do empregado e do empregador, exceto para os aeronautas, regidos por legislação própria. Como se vê, a alteração legal não restringe o uso desta espécie de contrato aos segmentos que demandem, efetivamente, a contratação pontual de empregados, por força da necessidade de picos de mão de obra; de modo mais abrangente do que os modelos do direito italiano ou português, a lei autoriza a contratação intermitente, qualquer que seja a atividade dos contratantes, e excepciona, apenas, o contrato do aeronauta, que, embora apresente a caraterística da prestação variada do empregado, em cumprimento de escalas de voos, já se encontra regido por legislação específica.

A Medida Provisória modifica o *caput* do art. 452-A da CLT e prevê os §§ 1º a 12º, acrescentando, ainda, os arts. 452-B a 452-H. Determina-se, no art. 452-A, que o contrato deve ser formalizado por escrito, com a devida anotação em Carteira de Trabalho, mesmo que haja previsão de sua existência por acordo coletivo ou convenção coletiva de trabalho. A exigência desses requisitos dá conta da excepcionalidade desse tipo de contrato; o não cumprimento desses requisitos indica, portanto, a presunção do contrato de trabalho típico, por tempo indeterminado, a exemplo do entendimento reiterado da jurisprudência, em situações análogas, como o contrato de tempo determinado, quando não devidamente formalizado ou o próprio contrato de trabalho temporário, que impõe, ao contratante, o ônus de evidenciar sua regularidade, quando questionada em juízo. Ainda, como requisitos formais da contratação de trabalho intermitente, determinam os incisos I a III, do art. 452-A, que o contrato deve conter a identificação das partes, assinatura, domicílio de ambos e sede da reclamada, além do local e prazo para pagamento, estipulado o valor da hora ou dia de trabalho, que não poderá ser inferior ao valor proporcional do salário mínimo, assegurada a remuneração adicional pelo trabalho noturno.

A convocação do trabalhador pode ocorrer por qualquer meio eficaz, desde que informe qual será a jornada, com antecedência mínima de três dias. Recebida a convocação, o empregado deve responder ao chamado no prazo de vinte e quatro horas; o silêncio é presumido como recusa do trabalhador aos serviços oferecidos. O § 3º do art. 452-A ressalva que o direito de recusa da convocação não desnatura o contrato de trabalho existente, prevalecendo a relação de subordinação que lhe é inerente.

A Medida Provisória n. 808/2017 revogou o § 4º do art. 452-A, que, na redação original da Lei n. 13.467/2017, previa a regra da aplicação de multa de cinquenta por cento da remuneração pactuada, em prejuízo do empregado, na hipótese de este último haver aceitado a convocação, deixando de comparecer. O critério já havia recebido duras críticas, antes mesmo do início de vigência da lei, por possibilitar uma situação muito incomum, no contrato de trabalho, em que o empregado, embora registrado, possa resultar como devedor do empregador, situação que agravaria, ainda mais, o desequilíbrio entre as partes, especialmente nesse contrato, em particular, em que o empregado se sujeita à incerteza da convocação do trabalho, por parte do contratante. No mesmo sentido, reputa-se injusta limitação do pagamento da metade do valor contratado, se, em sentido contrário, é o empregador que não cumpre o combinado; neste caso o empregado, que atendeu ao pedido, poderia ter renunciado a outras ofertas, acreditando que o chamado do empregador seria certo[5]. A condição encontra entretanto, a intenção de aplicação analógica da hipótese de rescisão antecipada do contrato por prazo determinado, por parte do empregado, conforme a previsão dos arts. 479 e 480, da CLT, em que se permite a dedução de até 50% do período restante do contrato, não cumprido pelo empregado, se demissionário antes do término do prazo pactuado, ressalvada a hipótese de cláusula assecuratória do direito recíproco de rescisão antecipada.

A despeito da revogação do § 4º, do art. 452-A, a Medida Provisória n. 808/2017 prevê, no art. 452-B, que a partes podem convencionar, em contrato, também a reparação recíproca na hipótese de cancelamento de serviços previamente agendados. O critério deixa em aberto, portanto, a condição anteriormente determinada pelo dispositivo revogado, se as partes assim dispuserem, o que possibilita, na prática, a imposição desta condição pelo empregador, desde o início da contratação. Nesse caso, abre-se a possibilidade de o contrato prever, individualmente, uma condição desproporcional, em que a indenização pelo não atendimento do chamado seria ainda maior do que o próprio limite anteriormente previsto pela disposição revogada, de 50% do valor pactuado. A nosso ver, a lacuna legal deixa espaço para a jurisprudência, que deverá impor limites a esse tipo de negociação livre, no contrato, sob pena de grave desequilíbrio, que poderia ultrapassar os limites do princípio da alteridade do art. 2º, da CLT, segundo o qual é o empregador que assume os riscos de sua própria atividade.

Ainda quanto à hipótese de descumprimento do empregado, no atendimento da convocação já por ele confirmada, mesmo que não pactuada a indenização compensatória, não se descarta, teoricamente, a possibilidade de rescisão contratual por justa causa, se o emprego passa a se ausentar, reiteradamente, a despeito de sua confirmação

---

(5) DA SILVA, Homero Matheus da Silva. Obra citada. p. 75.

quanto ao trabalho convocado. Afinal, o descumprimento do trabalhador, no atendimento do chamado, resulta, em tese, no prejuízo da programação do empregador, que conte com a mão de obra já contratada, para uma situação de demanda excepcional. A falta reiterada do empregado, especialmente num contrato dessa natureza, ensejaria a deterioração da relação de fidúcia entre as partes, justificando-se, em tese, o rompimento da relação contratual, por desídia do trabalhador intermitente.

A Medida Provisória revogou também o § 5º, do art. 452-A, mas previu a mesma disposição no art. 452-C, acrescido ao texto legal, que conceitua o período de inatividade como o "intervalo temporal distinto daquele para o qual o empregado intermitente haja sido convocado e tenha prestado serviços". O dispositivo assegura, em seguida, que o empregado poderá prestar de qualquer natureza a outros tomadores, seja ou não por trabalho intermitente, inclusive em outra atividade. O referido período não é considerado como tempo à disposição do empregador e não deve ser remunerado por este último, sob pena de descaracterizar-se o contrato de trabalho intermitente, conforme previsão expressa do § 2º do art. 452-C. A disposição se diferencia de referências europeias, como no Direito italiano ou português, em que se assegura a remuneração mínima pelo período de inatividade, como compensação pela incerteza da convocação, característica desse tipo de contrato. Seria razoável, por exemplo, a garantia do pagamento de, pelo menos 20% do período de atividade, ou segundo negociação coletiva, como se garante no contato português. O conceito de retribuição pelo período de inatividade, durante o qual o empregado aguarda a convocação incerta, poderia encontrar analogia na remuneração do período de sobreaviso, ao qual o Direito do Trabalho assegura a remuneração, muito embora, neste último caso, verifiquem-se obrigações mais caras ao trabalhador, como a restrição ao seu direito de locomoção e obrigatoriedade do atendimento da convocação, já decorrente da expectativa natural do contrato típico de trabalho, que mantém com o empregador.

As partes fixam a data para pagamento pelos serviços intermitentes prestados, momento em que o empregado recebe, proporcionalmente, a remuneração pactuada; férias proporcionais com o acréscimo de um terço; décimo terceiro proporcional, repouso semanal remunerado e adicionais legais, cada uma dessas parcelas devidamente identificadas, quanto ao título e valor. A periodicidade do pagamento é limitada pelo § 11, do art. 452-A, que assegura o pagamento dessas parcelas em período não superior a um mês, contado desde o primeiro dia de prestação de serviço. A disposição pretende assegurar uma regularidade razoável do pagamento, a despeito da eventualidade dos períodos de prestação.

O período de um mês de gozo de férias é assegurado, a cada doze meses, durante o qual o empregado não pode ser convocado para a prestação de serviços. Esse período pode parcelado em três partes, como prevê o art. 134, §§ 1º e 2º, da CLT. Relembre-se que a remuneração proporcional das férias é realizada, com periodicidade não superior a cada mês, de forma proporcional ao período de atividade. Assim a garantia do período de inatividade, correspondente às férias anuais pressupõe o prévio pagamento do período de descanso, já incluído nas quitações periódicas do ano.

A Medida Provisória n. 808/2017 revogou o § 8º do art. 452-A, mas prevê, da mesma forma, com a introdução do art. 452-H, que o empregador efetuará o recolhimento das contribuições previdenciárias próprias e do empregado, assim como os depósitos de FGTS, com base no período mensal, fornecendo os comprovantes respectivos ao empregado.

Os §§ 13 a 15, do art. 452-A, da CLT, dispõem sobre a garantia dos benefícios previdenciários, de auxílio-doença e salário maternidade. Acerca do afastamento do empregado, antes da percepção do auxílio-doença, a disposição legal afasta a hipótese da interrupção, assegurada aos contratos típicos de trabalho, no período de até 15 dias, durante o qual o empregador pagaria a remuneração do empregado. A disposição considera, portanto, a excepcionalidade o trabalho intermitente, em que a prestação está diretamente condicionada à necessidade pontual da prestação dos serviços, diferentemente do contrato típico, em que as partes estabelecem uma previsível e sucessiva prestação de serviços. O tratamento dado à espécie retira, entretanto, uma condição naturalmente assegurada ao trabalhador, em caso de acidente ou doença do trabalho, indicando, mais uma vez, que o trabalho intermitente é, de fato, um contrato de trabalho mais precário, sem o respaldo de algumas garantias legais asseguradas ao trabalhador.

Nesse sentido, aliás, verifica-se a questão relativa à estabilidade provisória, a exemplo do acidente de trabalho ou a empregada gestante: a lei não faz referência ao tratamento legal que essa hipótese de contrato receberia, quanto à estabilidade, se atendidos os requisitos previstos para o contrato regular de emprego. A questão merecerá tratamento jurisprudencial e doutrinário, mas já se pode antever que a disposição legal reserva um tratamento diferenciado a esse tipo de contrato, em que pesem as críticas recebidas, segundo o qual a vinculação do trabalho do empregado está diretamente relacionada à necessidade pontual do empregador. Como consequência lógica, esse tratamento tende a afastar as hipóteses de permanência do trabalhador no emprego, sob pena de desnaturar a intermitência do trabalho, uma característica essencial desse contrato. Assim, as hipóteses de estabilidade no emprego seriam afastadas do contrato de trabalho intermitente, salvo interpretação mais protecionista da jurisprudência, ou mesmo posterior disposição legal, que venha a assegurar algumas garantias mais específicas, dosadas para essa espécie de contrato de trabalho.

Ainda, quanto às garantias dos benefícios previdenciários, observa-se que a Receita Federal[6] prevê a necessidade de complementação, por parte do empregado que receba rendimento inferior ao salário mínimo mensal, sob pena de não lhe ser computado o tempo de contribuição, para recebimento dos benefícios e cumprimento do prazo de carência. A situação será muito comum aos empregados de contratos intermitentes que, mesmo no acúmulo de contratos paralelos, não cheguem a atingir rendimento suficiente a garantir o valor mínimo de contribuição.

Acerca da extinção do contrato, o art. 452-D prevê sua rescisão automática, sempre que não houver convocação do trabalhador pelo prazo de um ano, a partir do evento mais recente, entre a data de celebração do contrato, a última convocação ou o último dia de prestação de serviços. Ressalvadas as hipóteses de justa causa ou rescisão indireta do contrato (regras gerais de rescisão dos contratos de trabalho por justo motivo, previstas, nos arts. 482 e 483 da CLT), assegura-se a indenização, pela metade, do aviso prévio e o percentual de 20% sobre o saldo de FGTS. O levantamento dos depósitos de FGTS está restrito a 80% do valor dos próprios depósitos, não se autorizando o ingresso do trabalhador no Programa de Seguro Desemprego. O tratamento dispensado pelo art. 452-E, da CLT, à rescisão do contrato intermitente corresponde àquele previsto na redação do art. 484-A, da CLT, também introduzido com a Reforma Trabalhista, para a figura da rescisão conatual por acordo das partes, no contrato típico de trabalho.

O cálculo das verbas rescisórias e aviso prévio realiza-se pela média dos valores recebidos pelo empregado durante o contrato, considerados apenas os meses de atividade, no intervalo dos último doze meses, ou o próprio período do contrato de trabalho intermitente, se inferior aos doze meses. Não se cogita do cumprimento do período de aviso prévio, mas apenas o pagamento de indenização correspondente. Essa característica também decorre da vinculação entre a atividade do trabalhador e a própria necessidade existente em cada convocação pontual, o que afasta a possibilidade de prestação de serviços apenas para cumprimento do período de aviso prévio.

Finalmente, a disposição do art. 452-G afasta a possibilidade de o empregado já registrado por contrato de trabalho indeterminado passar a prestar serviço, para o mesmo empregador, mediante contrato de trabalho intermitente, durante o prazo de dezoito meses contados da data de sua demissão. A vedação legal se limita, expressamente, contudo, até o dia 31 de dezembro de 2020, o que resulta em reconhecer que essa condição será admitida, legalmente, após a data referida.

5. CONCLUSÃO

Como se vê, é inegável que o trabalho intermitente configura uma espécie precária de atividade, o que suscita muitas controvérsias entre os operadores do Direito do Trabalho, inclusive nos próprios países que o instituíram anteriormente. As críticas se justificam diante da fragilidade da condição do trabalhador que, embora formalmente empregado, não obtém a contrapartida da subordinação, na expectativa da regularidade do trabalho remunerado. O empregado, nessa espécie de contrato, sujeita-se à espera incerta da convocação, condição que se realiza segundo a necessidade ou conveniência do próprio empregador.

A intermitência da atividade do empregado pressupõe períodos indefinidos e irregulares, o que se distancia, essencialmente, de uma condição inerente ao contrato típico de emprego. Já se atribui, à inovação legal, o demérito de institucionalizar a regularização do "bico", como se conhece, popularmente, o trabalho pontual e informal, para atendimento de uma necessidade casual do contratante.

Em contrapartida, contudo, é exatamente no reconhecimento da prática desse tipo de contratação, e na tutela de alguns direitos do trabalhador que assim se sustenta, que reside o aspecto positivo da mudança.

A exemplo de diversas alterações legais trazidas com a Reforma Trabalhista, porém, a inovação reclama alguns ajustes, como a restrição desse trabalho a alguns segmentos mais específicos, ou mesmo a garantia mínima de remuneração durante os períodos de inatividade do trabalhador. Tratando-se de um dos aspectos mais polêmicos da reforma, espera-se, assim, o ajuste pontual de algumas disposições legais sobre o tema, assim como o tratamento jurisprudencial, na apreciação de questões mais práticas e específicas do contrato de trabalho intermitente.

---

(6) Ato Declaratório Interpretativo (ADI/RFB n. 6), publicado no Diário Oficial da União, em 27 de novembro de 2017.

Limites à Responsabilização do Sócio Retirante por Débitos Trabalhistas

Otto Dmitry Garkauskas Hernandes[1]

1. INTRODUÇÃO

Desde os primórdios da humanidade, os seres humanos buscam associar-se entre si, seja com um, ou mais grupos de pessoas, visando diferentes finalidades. Nos dizeres de Thomas Hobbes, em sua obra Leviatã, a formação de sociedades entre os homens não decorre de um instinto natural, mas sim o atendimento a interesses comuns. *In verbis*:

> A natureza não colocou no homem o instinto de sociabilidade; o homem só busca companheiros por interesse; por necessidade; a sociedade política é o fruto artificial de um pacto voluntário, de um cálculo interesseiro.[2]

Não discorrendo sobre a assertividade da constatação do filósofo inglês, certo é que esta casa muito bem com o conceito de sociedades empresárias[3] do ordenamento jurídico brasileiro, que podem ser definidas como organizações econômicas formadas por mais de uma pessoa, detendo personalidade jurídica e patrimônio próprios, possuindo como escopo auferir lucros, inteligência que se pode extrair do art. 981 do Código Civil ("CC").

Nesse diapasão, observa-se que a busca de fins comuns (nesse caso auferir lucros), é o impulsor da formação da sociedade empresária, ela mesma um ente com personalidade jurídica própria, sendo seus sócios considerados empreendedores (que, além de aportarem capital, costumam desempenhar trabalho na sociedade na condição de administradores, controlando as empresas) ou investidores (apenas aportam capital).[4]

Assim, embora por diversas razões, caso algum sócio deixe de compor os quadros da sociedade, esta subsiste por sua própria natureza, não estando condicionada a permanência nem mesmo de seus fundadores. Contudo, a verdade é que a simples retirada do sócio não o desvincula totalmente da figura da sociedade, eis que ainda possui responsabilidades advindas de sua participação, estando dentre elas as dívidas da sociedade contraídas na época em que figurou como sócio, sejam elas tributárias, cíveis ou trabalhistas.

A grande questão é a limitação dessa responsabilidade, seja quanto ao montante pelo qual responderia, seja quanto ao período em que poderia ser acionado para tanto, pois, por certo, esta não é *ad perpetuam*.

Sob a ótica da Justiça do Trabalho, altercava-se sobre a limitação temporal da responsabilidade daquele sócio que se retirou da sociedade ante as dívidas de natureza trabalhista desta, posto que os Tribunais Trabalhistas, assim como a doutrina, balizavam-se por entendimentos distintos, o que gerava insegurança jurídica para esses ex-componentes do quadro societário.

A Lei n. 13.467/2017 ("Reforma Trabalhista"), que alterou a Consolidação das Leis do Trabalho ("CLT") em diversos pontos, trouxe disposição específica nesse sentido em seu art. 10-A, onde ficou estabelecido que a responsabilidade do sócio retirante limita-se em dois anos da averbação de sua retirada da sociedade no contrato social, sendo esta subsidiária aos bens da sociedade e de seu quadro societário atual, salvo em caso de fraudes.

Destarte, importante se faz ponderar como, e em que hipóteses e limites poderia ser responsabilizado o sócio retirante ante as dívidas de natureza trabalhista das sociedades que compunha, analisando-se também, ainda que brevemente, as formas de sociedades, sejam estas empresárias ou simples, para, assim, se constatar quais serão os impactos propiciados pela nova lei e como serão sentidos por todos.

---

(1) Advogado. Bacharel em direito pela Universidade Presbiteriana Mackenzie, especialista em Direito Sindical Empresarial pela Fundação Getúlio Vargas e especializando em Direito do Trabalho pela Pontifícia Universidade Católica de São Paulo.

(2) MONTEIRO, João Paulo. *Apud* HOBBES, Thomas. *Leviatã ou matéria, forma e poder de um estado eclesiástico e civil*. São Paulo: Nova Cultural, 1997. p. 11.

(3) Neste estudo serão abordadas as formas de sociedades, com foco nas empresárias, sem abranger, contudo, a figura do empresário individual.

(4) COELHO, Fábio Ulhoa. *Manual de Direito Comercial*. 23. ed. São Paulo: Saraiva, 2011. p. 39.

2. DÍVIDAS DE NATUREZA TRABALHISTA E A ORDEM DE PREFERÊNCIA PARA RESPONSABILIZAÇÃO POR ELAS

Anteriormente, competia à Justiça do Trabalho tão somente o julgamento de ações oriundas da relação de emprego (aquelas que tinham como grande requisito caracterizador a subordinação), bem como relações de pequena empreitada (o empreiteiro não era empregado, mas operário artífice) e trabalhadores portuários (demandavam contra os operadores portuários ou órgãos gestores de mão de obra). Contudo, essa situação se alterou no ano de 2004, em que foi editada a Emenda Constitucional 45 que alterou o art. 114 da Constituição da República Federativa do Brasil ("CRFB"), passando a ampliar a competência dessa Especializada para julgar a maior parte das ações decorrentes das relações de trabalho, estando contidas nestas ações de natureza sindical e que envolvam administrativas (exemplo: ações anulatórias de autos de infração trabalhistas).[5]

Portanto, temos que dívidas e obrigações trabalhistas não são apenas aquelas referentes às verbas rescisórias ou horas extras não pagas, por exemplo, pela empresa a seus empregados, mas sim todas aquelas derivadas de relações trabalhistas, que podem incluir grandes montantes e responsabilidade social, que normalmente acompanham ações coletivas, dentre outras.

Como visto alhures, a sociedade empresária, que, na área trabalhista usualmente denominamos simplesmente como empresa ou grupo de empresas (quando falamos de grupo econômico)[6], tem personalidade jurídica própria, pelo que é a responsável principal por seus débitos.

Nesse sentido, comumente vemos o trabalhador propondo ação em face à empresa ou grupo de empresas que o contratou ou aos quais seus serviços foram aproveitados, e não contra as demais pessoas físicas ou jurídicas que as compõem. Inobstante, possível se faz o ajuizamento de ação contra a empresa empregadora e, também, a inclusão de seus sócios ou outras empresas que integram o mesmo grupo econômico no polo passivo da ação já em fase de conhecimento, desde que haja justificativa plausível para tanto.

Assim, as empresas coligadas por pertencerem a um mesmo grupo econômico, quando inclusas no processo, respondem de forma solidária haja vista a teoria dual ou do empregador único, adotadas pela doutrina e jurisprudência majoritárias[7], da qual deriva o entendimento de que a execução poderá ser promovida em face de qualquer integrante do grupo econômico, independentemente deste ter participado da fase de conhecimento ou ter constado do título judicial.[8]

Eventuais responsabilidades trabalhistas podem decorrer também da contratação de empresas de serviços terceirizadas e/ou temporárias, pois, o não adimplemento dos débitos trabalhistas advindos dos empregados ou prestadores de serviços destas, ensejará a responsabilidade da empresa tomadora de serviços, que pode ser: (i) subsidiária caso observados e cumpridas as condições trazidas pelas Leis ns. 13.467/2017 e 13.429/2017, respectivamente, ou, (ii) solidária, quando não cumpridas efetivamente as condições trazidas nas referidas leis, e/ou estarem presentes de forma concomitante os requisitos de vínculo de emprego (subordinação, habitualidade, pessoalidade, onerosidade e pessoa física) entre a figura do trabalhador terceirizado/temporário e a empresa tomadora de serviços, e/ou nos casos de fraude.

Já os sócios da empresa, via de regra, respondem de forma subsidiária pelo patrimônio da pessoa jurídica regularmente constituída (ordem de preferência do art. 10-A, inciso II da Reforma Trabalhista), tanto é que possuem o direito de preferência a esta, podendo fazer com que a execução seja redirecionada à empresa ao indicar bens livres e desembaraçados desta que possam liquidar o débito da execução, nos termos dos §§ 1º e 2º do art. 795 do Código de Processo Civil ("CPC"), sendo que, se os bens da sociedade não lhe cobrirem às dívidas, responderão na proporção em que tiverem participado das perdas sociais (art. 1.023 do CC)[9] ou até que a dívida seja saldada, caso tenha havido a desconsideração da personalidade jurídica da empresa[10], quando responderão de forma ilimitada.

---

(5) Excetuam-se desse rol as ações de estatutários, de temporários contratados pela Administração Pública, bem como aquelas decorrentes da contratação de profissionais liberais (Súmula n. 363 do Superior Tribunal de Justiça).

(6) No direito comercial "empresa"é a atividade econômica desempenhada pela sociedade empresária, porém, não nos atendo a tecnicidades, no presente estudo, sem que haja o prejuízo de emprego do vocábulo "sociedade", iremos tratar a palavra "empresa"como o ente jurídico a que comumente fazemos referência no dia a dia, ou seja, como sinônimo de sociedade empresária.

(7) SARAIVA, Renato e MANFREDINI, Aryana. *Curso de Direito Processual do Trabalho*. 11. ed. São Paulo: Método, 2014. p. 533.

(8) Essa tese ganhou força quando o Tribunal Superior do Trabalho ("TST") em 2003 cancelou o enunciado 205, que dispunha quanto à impossibilidade de que a execução se desse contra aquele que, ainda que integrante de grupo econômico e responsável solidário, não constasse do título executivo judicial como devedor, pois muitos passaram a entender que o cancelamento do referido enunciado implicava em entendimento *a contrario sensu* do que preconizava.

(9) MARTINS, Sérgio Pinto. *Direito Processual do Trabalho*. 38. ed. São Paulo: Saraiva, 2016. p. 995.

(10) Sobre a desconsideração da personalidade jurídica ver capítulo 4 deste estudo.

Nos casos de gestão fraudulenta ou qualquer outro tipo de fraude, a responsabilidade dos sócios atuais será solidária (art. 9º da CLT), o que também se verificará caso tenham participado da fase de conhecimento e constem no título executivo judicial nesse sentido, a teor do que prevê a Súmula n. 331, item IV do TST.

Os ex-sócios, por sua vez, respondem de forma ainda mais subsidiária que os sócios atuais (inciso III do art. 10-A da Reforma Trabalhista), sendo os últimos a figurarem nessa cadeia de reponsabilidade, salvo nas hipóteses de fraude, em que responderão de forma solidária (arts. 10-A, parágrafo único da Reforma Trabalhista e 9º da CLT).

Importante observar que não se admite a denunciação da lide dos antigos proprietários da empresa aos atuais ou vice-versa, posto que o empregador é a empresa (art. 2º da CLT), de modo que a responsabilidade fixada em contrato quanto ao ingresso e retirada de sócios não repercute nas relações trabalhistas, sendo assunto a ser discutido na Justiça Comum, pois a mudança da estrutura jurídica ou na propriedade da empresa não pode prejudicar os direitos dos trabalhadores, inteligência que pode ser extraída dos arts. 10 e 448, ambos da CLT.[11]

3. TIPOS DE SOCIEDADES E FORMAS DE PARTICIPAÇÃO DOS SÓCIOS EM CADA UMA

Sobre as formas de sociedade e a responsabilidade de cada sócio, Ives Gandra Martins Filho[12] tem um quadro-resumo prático, que reproduzimos a seguir:

SOCIEDADE	CONCEITO	RESPONSABILIDADE
Em comum	Sociedade não registrada (irregular portanto, operando sem personalidade jurídica.	Solidária e ilimitada de todos os sócios.
Em conta de participação	Sociedade de fato, que opera sob a firma individual do sócio ostensivo, contando com o capital dos sócios participantes (ocultos).	Ilimitada do sócio ostensivo perante terceiros e ilimitada à sua participação, dos sócios participantes.
Simples	Sociedade de natureza civil, composta de pessoas físicas (que podem participar apenas com seus serviços) e/ou jurídicas, que adquire personalidade jurídica pelo simples registro civil de pessoas jurídicas.	Subsidiária dos sócios, na proporção de sua participação no capital social.
Em nome coletivo	Sociedade de pessoas físicas que operam sob uma única firma social.	Ilimitada e solidária de todos os sócios.
Em comandita simples	Sociedade que combina responsabilidade limitada com ilimitada dos sócios, conforme a sua classe.	Ilimitada e solidária dos sócios comanditados (que dão nome à firma e a dirigem) e limitada ao valor da respectiva quota dos sócios comanditários (que apenas fornecem capital).
Limitada	Sociedade cujo capital se divide em quotas assumidas pelos sócios e que não admite sócio que apenas preste serviços.	Limitada ao valor da quota de cada sócio (solidária entre eles, enquanto não integralizado o capital social).
Anônima	Sociedade em que o capital social é divido em ações, livremente negociáveis e distribuíveis.	Limitada ao preço de emissão das ações que subscrever ou adquirir.
Em comandita por ações	Sociedade em que o capital social é dividido em ações, livremente negociáveis e transferíveis.	Limitada ao valor das ações para os sócios-acionistas, mas atribuindo-se ao acionista-administrador responsabilidade subsidiária e ilimitada pelas dívidas da sociedade.
Cooperativa	Sociedade de pessoas, com ou sem capital social, que busca o desenvolvimento de uma atividade comum, sem fim lucrativo.	Limitada ou ilimitada, conforme disponham seus estatutos.

---

(11) MARTINS, Sérgio Pinto. Obra já citada. p. 320.
(12) MARTINS FILHO, Ives Gandra da Silva. *Manual Esquemático de Direito e Processo do Trabalho*. 23. ed. São Paulo: Saraiva, 2016. p. 741 e 742.

Com efeito, como visto do quadro acima, o direito brasileiro disponibiliza vários modelos de sociedades para os empreendedores e/ou investidores, modelos esses que podem ser divididos a partir de várias classificações, sendo uma delas a que leva em conta a atribuição ou não de personalidade jurídica, dividindo as sociedades respectivamente em personificadas e despersonificadas.

Vale pontuar que, embora a elaboração do ato constitutivo crie a sociedade, sua personalidade jurídica apenas se inicia com o registro do ato constitutivo da mesma no órgão público próprio (junta comercial ou cartório de registro civil das pessoas jurídicas, dependendo do objeto que a sociedade terá).

Podemos enquadrar as sociedades despersonificadas apenas como sujeitos de direito, enquanto as sociedades personificadas além de sujeitos de direito, também podem ser enquadradas como pessoas jurídicas, pois, enquanto as primeiras podem realizar apenas o que expressamente está autorizado em lei, as segundas podem realizar, além do que a lei autorizar, tudo que esta não vede. Sobre as diferenças conceituais entre sujeitos de direito e pessoas, preceitua o professor Ulhoa Coelho[13]:

> Explique-se: sujeito de direito e pessoa não são conceitos sinônimos. Antes, sujeito de direito é gênero do qual pessoa é espécie. Todos os centros subjetivos de referência de direito ou dever, vale dizer, tudo aquilo que a ordem jurídica reputa apto a ser titular de direito ou devedor de prestação, é chamado de sujeito de direito. Ora, isto inclui determinadas entidades que não são consideradas pessoas, tais a massa falida, o condomínio horizontal, o nascituro, o espólio etc. Estas entidades, despersonalizadas, compõem juntamente com as pessoas o universo dos sujeitos de direito.
>
> A pessoa jurídica não se confunde com as pessoas que a compõem. Este princípio, de suma importância para o regime dos entes morais, também se aplica à sociedade empresária. Tem ela personalidade jurídica distinta da de seus sócios; são pessoas inconfundíveis, independentes entre si. Pessoa jurídica é um expediente do direito destinado a simplificar a disciplina de determinadas relações entre os homens em sociedade. Ela não tem existência fora do direito, ou seja, fora dos conceitos tecnológicos partilhados pelos integrantes da comunidade jurídica. Tal expediente tem o sentido, bastante preciso, de autorizar determinados sujeitos de direito à prática de atos jurídicos em geral.
>
> O que distingue o sujeito de direito despersonalizado do personalizado é o regime jurídico a que ele está submetido, em termos de autorização genérica para a prática dos atos jurídicos. Enquanto as pessoas estão autorizadas a praticar todos os atos jurídicos a que não estejam expressamente proibidas, os sujeitos de direito despersonalizados só poderão praticar os atos a que estejam, explicitamente, autorizados pelo direito.

Passemos a uma breve análise dessa classificação e dos tipos de sociedades componentes.

3.1. Sociedades despersonificadas

As sociedades despersonificadas não podem estabelecer relações jurídicas válidas, ou seja, não são aptas a contraírem direitos e obrigações por si mesmas. Existem no direito brasileiro duas modalidades societárias que não possuem o atributo da personalidade que são as sociedades em comum e as sociedades em conta de participação.

São modelos societários pouco utilizados, pois os empreendedores enxergam para o seu negócio a necessidade de ser atribuída personalidade para a sociedade, porém, isso não é uma regra, e, a depender das especificidades da situação, esse tipo pode sim ser útil, podendo ser o mais indicado a depender do caso.

3.1.1. Sociedade em comum

A sociedade em comum, com previsão nos arts. 986 a 990 do CC, se caracteriza por não possuir ato constitutivo ou, quando o têm, tal ato não é levado a registro no órgão competente, ou seja, esta modalidade regula as relações entre sócios que, ou deixaram de escrever o seu ato constitutivo e negociaram verbalmente os termos de sua sociedade, ou que até redigiram o contrato social mas não o levaram no cartório ou na junta.

Portanto, tal sociedade se caracteriza pela exploração de atividade econômica sem a realização de registro prévio, havendo assim uma irregularidade formal em sua constituição. Em decorrência disso, respondem todos sócios de forma ilimitada, e aqueles que se apresentam como representantes ainda terão responsabilidade solidária à sociedade no cumprimento de obrigações, tal qual preceitua o art. 990 do CC.

3.1.2. Sociedade em conta de participação ("SCP")

As SCPs, regulamentadas pelos arts. 991 a 996 do CC, são modelos societários bastante peculiares, sendo conhecidas como sociedades ocultas[14], pois parte dos sócios participa dos investimentos empresariais e da divisão de lucros, mas não toma a frente das negociações

---

(13) COELHO, Fábio Ulhoa. Obra já citada. p. 138 e 139.

(14) A denominação "oculta" para estas sociedades não quer dizer que estejam à margem do direito, afinal, atos jurídicos em geral com finalidade ilícita, seja eles quais forem, acarretam em nulidade.

com terceiros (não se expõem), sendo epitetados de sócios ocultos ou participantes. Divergem, portanto, dos chamados sócios ostensivos, que, se expõe pela sociedade, negociando com terceiros, promovendo eventos etc.

Dessa forma, quando uma ou mais pessoas querem, junto com outra(s), constituir um objetivo empresarial e econômico, mas não querem tomar a frente das participações (motivos pessoais, familiares, negociais, mercadológicos, etc), podem combinar com seu(s) sócio(s) que somente este(s) último(s) se apresente(m) diante do mercado, repartindo custos e receitas posteriormente.

Nesta modalidade são os sócios ostensivos que respondem pelas obrigações da sociedade de forma ilimitada e solidária, sem direito de preferência (assumem tal encargo como responsabilidade pessoal), enquanto os sócios ocultos, por sua vez, não respondem pelos débitos diretamente, mas apenas perante os ostensivos e na forma que tenha sido pactuado entre eles.[15]

3.2. Sociedades personificadas

As sociedades personificadas são aquelas que são dotadas de personalidade jurídica, de modo que seus bens e obrigações não se confundem, via de regra, com os das pessoas que a compõe.[16] A atribuição de personalidade própria para a sociedade é essencial e inerente à própria atividade econômica empresarial, pois forma um novo ente capaz de atuar e responder por si mesmo.

Nessa senda, Ulhoa Coelho especifica de forma instrutiva as consequências geradas pela personalização das sociedades empresárias:

> *a) Titularidade negocial* — quando a sociedade empresária realiza negócios jurídicos (compra matéria-prima, celebra contrato de trabalho, aceita uma duplicata, etc.), embora ela o faça necessariamente pelas mãos de seu representante legal (Pontes de Miranda diria "presentante legal", por não ser a sociedade incapaz), é ela, pessoa jurídica, como sujeito de direito autônomo, personalizado, que assume um dos polos da relação negocial. O eventual sócio que a representou não é parte do negócio jurídico, mas sim a sociedade.
>
> *b) Titularidade processual* — a pessoa jurídica pode demandar e ser demandada em juízo; tem capacidade para ser parte processual. A ação referente a negócio da sociedade deve ser endereçada contra a pessoa jurídica e não os seus sócios ou seu representante legal. Quem outorga mandato judicial, recebe citação, recorre, é ela como sujeito de direito autônomo.
>
> *c) Responsabilidade patrimonial* — em consequência, ainda, de sua personalização, a sociedade terá patrimônio próprio, seu, inconfundível e incomunicável com o patrimônio individual de cada um de seus sócios. Sujeito de direito personalizado autônomo, a pessoa jurídica responderá com o seu patrimônio pelas obrigações que assumir. Os sócios, em regra, não responderão pelas obrigações da sociedade. Somente em hipóteses excepcionais, que serão examinadas a seu tempo, poderá ser responsabilizado o sócio pelas obrigações da sociedade.

Vejamos os tipos de sociedades que se enquadram nessa classificação.

3.2.1 Sociedade em nome coletivo

Sociedade regida pelos arts. 1.039 a 1.044 do CC, e subsidiariamente pelas regras da sociedade simples. É considerado como modelo societário genérico, de tal modo que, se o contrato social não mencionar que tipo de sociedade os sócios escolheram pra si, deve-se presumir, em obediência ao princípio do tipo societário mais simples, que se trata de sociedade em nome coletivo.

Estas sociedades são dotadas de caráter personalíssimo sendo que, a teor do art. 1.003 do CC, a cessão das quotas sociais[17] depende de permissão dos demais sócios, que respondem de forma subsidiária à sociedade, bem como solidária e ilimitadamente entre si pelos débitos da pessoa jurídica.

3.2.2 Sociedade em comandita simples

Prevista nos arts. 1.045 a 1.051 do CC, na sociedade em comandita simples existem dois tipos de sócios: os (i) comanditários, que são obrigados pelos fundos com que ingressaram na sociedade; e, (ii) os comanditados, que serão responsáveis solidária e ilimitadamente pelas obrigações sociais.

Vale dizer que apenas os sócios comanditados podem ser administradores, devendo o nome empresarial necessariamente valer-se de seus nomes civis (apenas podem ser pessoas físicas).

3.2.3 Sociedade limitada (Ltda.)

Espécie de sociedade de maior presença no cenário nacional, que se caracteriza por ser contratual (tem por ato

---

(15) COELHO, Fábio Ulhoa. Obra já citada. p. 177 e 178.

(16) Como exceção podemos citar o grupo econômico quando deve responder por débitos trabalhistas, ante a teoria do empregador único vista alhures.

(17) Quota social é uma fração ideal do capital social, representando uma relação direta do sócio quotista com a sociedade, sendo característica das sociedades denominadas contratuais (sociedade em nome coletivo, sociedade limitada e sociedade em comandita simples).

constitutivo o contrato social), e é formada por duas ou mais pessoas, sendo a responsabilidade destas limitadas, conforme veremos a seguir.

Com efeito, o capital social[18] deste tipo societário está dividido em quotas, por isso nos referimos aos sócios dela como quotistas, que respondem limitadamente ao valor capital social de suas respectivas quotas, porém solidariamente pela integralização do capital social.

Tal sociedade é dotada de uma vontade própria, que é expressa pelos sócios em reuniões (para sociedades com até dez sócios) e assembleias (obrigatória para sociedades com mais de dez sócios), sendo as deliberações tomadas pelos votos dos sócios, contados de acordo com a participação no capital social (art. 1.010 do CC).[19]

É regida pelo CC entre os arts. 1.052 à 1.057, aplicando-se de forma subsidiária os dispositivos das sociedades simples (arts. 997 e 1.038 do CC) ou, ao invés disso, caso haja disposição expressa no contrato social, será possível que se aplique subsidiariamente a elas as regras das sociedades por ações (art. 1.053 do CC).

2.2.4 Sociedade anônima (S.A.)

Sociedade na qual o capital é dividido em ações, possuindo um modo de constituição peculiar próprio, sendo considerada sociedade institucional ou normativa (seu funcionamento é condicionado às normas estabelecidas na lei ou no estatuto), estando a responsabilidade dos sócios adstrita ao preço de emissão das ações subscritas ou adquiridas. Tem sua regulamentação por leis especiais, bem como aos arts. 1.088 e 1.089 do CC.[20]

Diferentemente da sociedade Ltda., na S.A. não há solidariedade em relação à integralização do capital social, posto que não existe qualquer vínculo dos sócios entre si, mas apenas destes com a figura da sociedade.

Sobre esta espécie societária, Tomazette[21] ressalta a sua importância para o desenvolvimento do sistema econômico predominante no mundo hoje, o capitalismo:

> A sociedade anônima é um mecanismo de financiamento das grandes empresas, sendo o instrumento popular do desenvolvimento do capitalismo. Sem tal instrumento o capitalismo não teria alcançado o grau de desenvolvimento já atingido, pois não teria encontrado os meios necessários para tanto.
>
> (...)
>
> A sociedade anônima é o instrumento fundamental para o desenvolvimento dos grandes empreendimentos, na medida em que alia a capacidade ilimitada de atrair recursos financeiros e a possibilidade de limitar e dispersar os riscos dos empreendimentos.

Vale observar que, em nosso dia a dia só encontramos, praticamente, sociedades Ltda. e S.A., porque estes são os únicos dois tipos societários empresários nos quais todos os sócios respondem limitadamente pelas obrigações, pois, em todos os demais tipos, há a presença de sócio de responsabilidade ilimitada, o que é um elemento desencorajador à adesão a estes.

3.2.5 Sociedade em comandita por ações

Previstas nos arts. 1.090 a 1.092 do CC, assim como as sociedades anônimas são estatutárias ou institucionais, tendo seu capital dividido em ações, não havendo vínculo dos sócios uns para com os outros, mas apenas dos sócios para com a sociedade.

Nesta modalidade, porém, existem sócios comuns que respondem de forma limitada, bem como, necessariamente, sócios administradores respondendo de forma ilimitada. Pelo sócio administrador assumir tamanha responsabilidade, a concretização de alguns atos da sociedade dependem da sua anuência, tais como alterações no estatuto, prorrogação de seu prazo de duração etc. Os administradores são nomeados pelo estatuto da sociedade, não possuindo mandato fixado, de modo que sua destituição está condicionada pela vontade tomada por sócios que contenham ao menos dois 2/3 (dois terços) do capital social.

3.2.6 Sociedades simples

Sociedade simples é aquela que explora uma atividade qualquer, mas que não tenha a organização de uma empresa. Diferencia-se, assim, das demais modalidades de sociedades vistas até aqui, que são sociedades empresárias.

De fato, o que caracteriza a pessoa jurídica como sociedade simples ou empresária é o modo como estas exploram seu objeto, sendo que, se este for explorado sem empresarialidade (sem que haja organização dos fatores de produção de forma profissional), esta será simples e, a *contrário sensu*, será empresária. Não se inserem na regra as sociedades por ações, que sempre serão empresárias independentemente do objeto que explorem (art. 2º, § 1º da

---

(18) Capital social é uma quantia expressa em moeda nacional, que deve ser informado no contrato social, e é composto pelos valores que os sócios se comprometeram em aportar na sociedade, podendo ser formado por bens ou por dinheiro.
(19) TOMAZETTE, Marlon. *Curso de Direito Empresarial*. v. 1. 8. ed. São Paulo: Atlas, 2017. p. 459.
(20) MARTINS, Frans. *Curso de Direito Comercial*. 40. ed. Rio de Janeiro: Forense, 2017. p. 203.
(21) TOMAZETTE, Marlon. Obra já citada. p. 515.

lei de Sociedades Anônimas), e as cooperativas, que sempre serão sociedades simples (art. 982, parágrafo único do CC).[22]

3.2.6.1. Cooperativa

Espécie de sociedade simples, constitui uma sociedade de pessoas unidas pela cooperação e ajuda mútua, gerida de forma democrática e participativa, com objetivos econômicos comuns. É regida pelo art. 982 do CC.

Não possui fins lucrativos, porém, havendo resultado positivo financeiro, pode distribuir sobras aos seus integrantes, sendo verificada com mais frequência nas áreas médica e agrícola (produtores agrícolas que por meio dela adquirem maquinário).

Nas cooperativas não existem "donos", pois, embora possua uma diretoria com fins organizacionais, todas as decisões são tomadas entre seus membros em uma assembleia. Os integrantes da cooperativa podem responder de forma limitada ou ilimitada, a depender do que for definido em seu estatuto.

Nessa esteira de pensamento, diz-se que a cooperativa é de todos seus integrantes e, se uma pessoa for angariada para entrar em uma cooperativa com finalidade de prestar um serviço e ficar sobre a ingerência de outra, na realidade, o que se terá não será uma cooperativa, mas uma empresa intermediadora de mão de obra, o que constitui uma irregularidade, caracterizando fraude.[23]

Assim, não é vedado às cooperativas a contratação de empregados, o que não é correto é que os seus associados, que formam a cooperativa, atuem como empregados e não cooperativados.

4. DESCONSIDERAÇÃO DA PERSONALIDADE JURÍDICA

Conforme dito em tópico anterior, é pouco usual vermos uma ação sendo ajuizada não apenas contra a empresa (seu empregador), mas também contra os sócios desta, e isso se dá, principalmente, porque pode o sócio ser incluído no polo passivo da ação já em fase de execução, sem a necessidade de que tenha participado da fase de conhecimento ou que conste no título judicial, pois, na qualidade de componente do quadro de sócios da empresa, é entendível que se aproveitou, ainda que indiretamente, dos serviços prestados, sendo patrimonial sua responsabilidade.

Para tanto, necessário se faz a ocorrência da desconsideração da personalidade jurídica da empresa, instituto proveniente de influências das jurisprudências americana e alemã, que, já com certa antiguidade em nosso país, visa prevenir a ocorrência de fraudes.

De fato, um dos casos pioneiros e mais emblemáticos de desconsideração da personalidade jurídica aconteceu quando, no ano de 1892, mesmo sendo o instituto visto com sérias ressalvas pela doutrina da época, com intuito de apurar a dominação de mercado por algumas empresas nos Estados Unidos da América do Norte, a Corte Suprema do Estado de Ohio determinou a desconsideração da autonomia de quatro pessoas jurídicas, ficando constatado que acionistas da Standard Oil Co., empresa fundada pelo magnata do petróleo John D. Rockefeller, celebraram um *trust agreement*[24] com acionistas de outros sociedades petrolíferas, no qual foram transmitidas suas respectivas ações[25] para um *trust* da própria Standard Oil, que era formado por um grupo de nove fiduciários da empresa de petróleo[26], tendo estes nove passado a dominar integralmente as empresas e, consequentemente, determinarem os preços do mercado norte americano, sem que houvesse uma concorrência efetiva e saudável, formando o que chamamos de monopólio.[27]

No Brasil, a primeira manifestação quanto ao tema veio no ano de 1969, quando, na Faculdade de Direito da Universidade Federal do Paraná, Rubens Requião proferiu a conferência "Abuso de Direito e Fraude Através da Personalidade Jurídica: *Disregard Doctrini*", servindo essa de paradigma para doutrina e jurisprudência firmarem entendimento de que, não obstante ausência de previsão no Código Civil de 1916, a desconsideração da personalidade jurídica de sociedade empresária não dependia de expressa previsão legal, posto que esta constituiria atribuição do

---

(22) COELHO, Fábio Ulhoa. Obra já citada. p. 137.

(23) Embora o art. 442, parágrafo único da CLT disponha não haver vínculo empregatício entre os associados à sociedade cooperativa, esta é apenas uma presunção, permitindo que o poder judiciário e os órgãos de fiscalização do trabalho possam elidi-las quando presente os requisitos constantes nos arts. 2º e 3º do diploma celetista.

(24) Acordo de confiança – Tradução nossa.

(25) Títulos que representam um direito de crédito do acionista em face da sociedade, não sendo dotados de exigibilidade plena (diversamente das quotas, que serão vistas mais adiante, os acionistas não possuem direito de exigir da sociedade o valor a elas correspondente pela sua retirada do quadro societário).

(26) MARTINS, Sérgio Pinto. Obra já citada. p. 999.

(27) FIGUEIREDO, Leonardo Vizeu. *A questão do monopólio na Constituição da República Federativa do Brasil e o Setor Postal*. Revista Eletrônica de Direito Administrativo Econômico (REDAE), n. 17. Salvador: Instituto Brasileiro de Direito Público, 2009. p. 11.

juiz na condução do processo, de modo a coibir a prática de atos fraudulentos.[28]

Quando se fala em desconsideração, momentaneamente desconsidera-se a personalidade da empresa, "levantando-se seu véu"(*to lift the corporate veil*), e adentra-se no patrimônio do sócio (o que se faz de forma incidental e temporária – "o véu é recolado em seu lugar depois"). No processo do trabalho são aplicadas duas teses que falam quais as condições para que se possa adentrar no patrimônio dos sócios por meio da desconsideração da personalidade jurídica:

a) Teoria objetiva/menor: basta que a empresa não tenha bens (insuficiência bem) para pagar o trabalhador, nos ditames do art. 28, § 5º do Código de Defesa do Consumidor ("CDC") – é a adotada majoritariamente pela doutrina e jurisprudência trabalhista, por a considerarem mais protetiva e compatibilizada com o processo do trabalho.

b) Teoria subjetiva/maior: necessário que, além da insuficiência de bens pela empresa, seja demonstrada fraude ou abuso de direito por esta ou seu sócio, consubstanciada no art. 50 do CC.

Fica nítido, portanto, que não se confundem os patrimônios da sociedade e de seus sócios, sendo que os bens particulares desses segundos apenas respondem pelas dívidas da sociedade nos casos excepcionados em lei, conforme supracitados arts. 28, § 5º do CDC e 50 do CC.

Vale dizer que, conforme já citado alhures, a responsabilidade do ex-sócio nesses casos será ilimitada em relação ao passivo trabalhista a que esteja respondendo, cabendo-lhe manejar a devida ação de regresso em face da empresa ou outros sócios em momento posterior, o que será feito ante a Justiça Comum.

4.1. O incidente trazido pelo CPC de 2015

O CPC de 2015 trouxe em seu corpo disposições que transformaram a desconsideração da personalidade jurídica em um verdadeiro incidente processual, de modo que esta passou a ser considerada uma modalidade de intervenção de terceiros.

Com efeito, os arts. 133 a 137 do CPC vieram estabelecer esse incidente, que tem a finalidade de conceder um contraditório para que, em qualquer fase do processo que este venha a ocorrer, o sócio ou pessoa jurídica a ser incluído no processo seja citado para "manifestar-se e requerer as provas cabíveis no prazo de quinze dias"(art. 135 do CPC).

Muitos doutrinadores e magistrados entendem não ser tal incidente adequado ao processo do trabalho quando aplicado na fase de execução, pois a hipossuficiência do credor trabalhista e a natureza alimentar do crédito autorizam a postergação do contraditório para após a garantia do juízo pela oposição de embargos à execução ou embargos de terceiro a depender do caso, e de que a suspensão do processo quando instaurado o procedimento do § 3º do art. 134 do CPC atrasa seu andamento[29], bem como por ser incompatível com a supracitada teoria objetiva/menor (basta a constatação de insuficiência de bens na sociedade em arcar com os débitos para se adentrar no patrimônio dos sócios).

Entretanto, analisando-se referido incidente, em especial os arts. 133 e 134 do CPC, observa-se que este constitui apenas uma procedimentalização para atingir o patrimônio do sócio, não alterando, assim, os requisitos de direito material, que permanecem intocados. Ou seja, ainda que se instaure o incidente de desconsideração da personalidade jurídica não quer dizer que não haverá a aplicação da teoria objetiva/menor no processo do trabalho, pois esta constitui regra de direito material, sendo o contraditório estabelecido pelo incidente muito mais restritivo e célere, onde as matérias a serem discutidas não envolvem a realização de prática de atos fraudulentos e de abuso de direito, que não são pressupostos para que haja a desconsideração, mas sim a exigência da aplicação do benefício de ordem pelo sócio atual ou sócio retirante etc.

O TST, por sua vez, posicionou-se a favor da aplicação do incidente da desconsideração da personalidade jurídica, dispondo expressamente no art. 6º da Instrução Normativa ("IN") 39 de 2016 a recepção do referido procedimento ao processo do trabalho, admitindo, contudo, que este fosse instaurado de ofício pelo juiz.

A Reforma Trabalhista em seu art. 855-A corporificou este incidente nas disposições celetistas, reproduzindo quase que de forma integral o art. 6º da IN n. 39 do TST, exceto por uma pequena diferença. Levando em consideração que os parágrafos e incisos não foram modificados em sua essência, façamos o cotejo do *caput* de ambos artigos:

Reforma Trabalhista	Instrução Normativa n. 39 de 2016
Art. 855-A. Aplica-se ao processo do trabalho o incidente de desconsideração da personalidade jurídica previsto nos arts. 133 a 137 da Lei n. 13.105, de 16 de março de 2015 – Código de Processo Civil.	Art. 6º Aplica-se ao Processo do Trabalho o incidente de desconsideração da personalidade jurídica regulado no Código de Processo Civil (arts. 133 a 137), *assegurada a iniciativa também do juiz do trabalho na fase de execução* (CLT, art. 878). (*grifos nossos*)

---

(28) REQUIÃO, Rubens. *Abuso de direito e fraude através da personalidade jurídica "Disregard Doctrine"*. São Paulo: Saraiva, 1977. p. 61.

(29) SCHAVI, Mauro. *Reforma Trabalhista e o Processo do Trabalho*. São Paulo: LTr, 2017. p. 129 e 130.

Podemos constatar, portanto, que a diferença entre as disposições é que a Reforma exclui a possibilidade de instauração por iniciativa do Juízo do trabalho na fase de execução, de modo que deverá ser instaurado a pedido da parte, o que se coaduna com a mudança que a nova lei imprimiu no art. 878 da CLT, onde a execução apenas poderá ser inicializada pelas partes, a menos que a parte que será exequente esteja se valendo do *jus postulandi*.

Ressaltamos, porém, que ainda permanecerão debates a respeito da aplicação do art. 855-A, *caput*, haja vista haver margem para intepretação de que o incidente de desconsideração da personalidade jurídica, por estar incluso na fase de constrição dos bens, pode ser tido como hipótese de impulso oficial.

Por fim, vale dizer que, pelo incidente de desconsideração implicar em um risco iminente para o sócio, este, caso seja inserido na execução, poderá impetrar agravo de petição sem necessidade de depósito recursal, a teor do que estabelece o inciso II do § 1º do art. 855-A da Reforma, sendo dotado tal recurso de efeito meramente devolutivo.[30]

5. PECULIARIDADES SOBRE A RESPONSABILIZAÇÃO DO SÓCIO RETIRANTE ANTES DA VIGÊNCIA DA REFORMA TRABALHISTA

Enquanto o véu que separa os sócios da empresa ainda mantém-se suspenso, ou seja, após a desconsideração da personalidade jurídica da empresa, bem como após exauridas as tentativas de constrição dos bens dos sócios atuais desta, busca-se uma outra figura para saldar os créditos trabalhistas, que o seja, o ex-sócio da sociedade, gênero do qual o sócio retirante é espécie.

Não possuía a CLT qualquer disposição a respeito da figura do ex-sócio, de modo que tínhamos uma lacuna normativa no diploma celetista, o que, permitia, desde que compatível com as demais normas celetistas, a utilização do direito processual comum para preenchê-la, conforme preceitua o art. 769 desta Consolidação.

O que gerava altercações antes, especialmente em âmbito jurisprudencial, era o limite temporal da responsabilidade do sócio retirante, eis que o CC possui os arts. 1.003, parágrafo único e 1.032, que são específicos nesse sentido e estabelecem um prazo de dois anos a contar da averbação da retirada desse integrante da sociedade, pelo que se argumentava se este é, ou não, abrangido pela sistemática trabalhista. Nesses termos, exaram os artigos:

> Art. 1.003 – A cessão total ou parcial de quota, sem a correspondente modificação do contrato social com o consentimento dos demais sócios, não terá eficácia quanto a estes e à sociedade.
>
> **Parágrafo único.** Até dois anos depois de averbada a modificação do contrato, responde o cedente solidariamente com o cessionário, perante a sociedade e terceiros, pelas obrigações que tinha como sócio.
>
> Art. 1.032 – A retirada, exclusão ou morte do sócio, não o exime, ou a seus herdeiros, da responsabilidade pelas obrigações sociais anteriores, até dois anos após averbada a resolução da sociedade; nem nos dois primeiros casos, pelas posteriores e em igual prazo, enquanto não se requerer a averbação.

Assim, analisando-se ambos os dispositivos supra em conjunto com o art. 769 da CLT, abre-se margem para diversas interpretações, todas já adotadas em certo momento pelos Tribunais do Trabalho, dentre elas que existe responsabilidade do sócio retirante para com as dívidas da sociedade que compôs pelo tempo que figurou em seu quadro até (i) dois anos contados da averbação da saída do ex-sócio no ato constitutivo; (ii) dois anos contados da saída de fato do ex-sócio (independentemente de averbação); (iii) independente do tempo, desde que tenha o ex-sócio figurado no quadro social quando da prestação de serviços do(s) ex-empregado(s), argumentando nessa última hipótese pela incompatibilidade desses artigos com os princípios protetor, da natureza alimentar e da irrenunciabilidade do crédito trabalhista.[31]

Vale pontuar que também se davam diferentes interpretações quanto ao momento processual em que as ações trabalhistas deveriam estar para se chegar à figura do sócio retirante, ou seja, que este responderia por dois anos entre o período (i) de sua saída e o ajuizamento; (ii) entre sua saída e a fase de execução; ou (iii) entre sua saída e a expedição do mandado de citação, penhora e avaliação.[32]

Ainda, havia margem para compreensão de que os dois anos abrangiam as obrigações contraídas pela sociedade quando o sócio não mais a compunha, subsistindo responsabilidade deste, conforme decisão proferida no Recurso de Revista n. 169000-37.1997.5.02.0029.[33]

Com tantas possíveis interpretações na busca da satisfação dos créditos trabalhistas, gerava-se uma insegurança

---

(30) A concessão de efeito suspensivo nesse caso é deferida pelo Tribunal, devendo haver requerimento da parte plenamente justificado para tanto.

(31) SCHIAVI, Mauro. Obra já citada. p. 127.

(32) DA SILVA, Homero Batista Mateus. *Comentários à Reforma Trabalhista*. São Paulo: Revista dos Tribunais, 2017. p. 27.

(33) Disponível em: <http://aplicacao5.tst.jus.br/consultaunificada2/inteiroTeor.do?action=printInteiroTeor&format=html&highlight=true&numeroFormatado=RR%20-%20169000-37.1997.5.02.0029&base=acordao&rowid=AAANGhAAFAAAxbdAAK&dataPublicacao=20/11/2009&localPublicacao=DEJT&query=>. Acesso em: 01 nov. 2017, às 21:42.

jurídica muito grande aqueles que integram uma sociedade, tanto aos sócios retirantes, quanto aos atuais, que, um dia, também poderiam acabar saindo de seu quadro.

6. PONDERAÇÕES SOBRE A RESPONSABILIZAÇÃO DO SÓCIO RETIRANTE PÓS REFORMA TRABALHISTA

De forma a diminuir a celeuma criada ante a insegurança que as diferentes interpretações dadas aos arts. 1.003 e 1.034 do CC pelos Tribunais do Trabalho geravam, estabeleceu o legislador, no art. 10-A da Reforma Trabalhista, limites à responsabilidade do sócio após sua retirada do quadro societário.

Com efeito, trouxe o referido artigo regras mais claras sobre a responsabilidade do sócio retirante, estabelecendo que este responda subsidiariamente pelo período em que figurou como sócio da sociedade somente em ações ajuizadas em até dois anos após ter sido averbada a modificação do contrato de sociedade com sua saída, salvo em caso de fraude, hipótese em que responderá ilimitadamente, sendo que deve ser observada a seguinte ordem de cobrança: em 1º (primeiro) da sociedade, 2º (segundo) dos sócios atuais e, apenas depois, em 3º (terceiro), o sócio retirante. *In verbis*:

> Art. 10-A. O sócio retirante responde subsidiariamente pelas obrigações trabalhistas da sociedade relativas ao período em que figurou como sócio, somente em ações ajuizadas até dois anos depois de averbada a modificação do contrato, observada a seguinte ordem de preferência:
>
> I – a empresa devedora;
>
> II – os sócios atuais; e
>
> III – os sócios retirantes.
>
> Parágrafo único. O sócio retirante responderá solidariamente com os demais quando ficar comprovada fraude na alteração societária decorrente da modificação do contrato.

A ordem de responsabilidade na execução já era observada pelos juízes trabalhistas, de modo que o legislador apenas consolidou o que já vinha sendo aplicado. Contudo, quanto ao aspecto temporal, veio no sentido de pacificar a celeuma anteriormente existente, conforme debatido alhures.

Não obstante, ainda prevalece certa imprevisibilidade ao sócio retirante, posto que pode responder por ação trabalhista ajuizada no período de dois anos a contar de sua retirada, cujo deslinde acarrete em sua inclusão no polo passivo da execução, o que pode levar anos e acabar por surpreender o sócio retirante, todavia, cabe a este, por ter optado por arcar com os riscos do negócio, tomar as cautelas necessárias para se precaver, como, por exemplo, monitorar por meio de certidões as ações que forem ajuizadas em face da sociedade nesses dois anos.

Outro ponto que vale a pena ressaltar é que a Reforma impõe que a contagem do prazo de dois anos se inicie da averbação da saída do sócio no ato social da sociedade, porém gera o questionamento se seria esta uma solenidade formal ou essencial.

De uma primeira leitura, tem-se a averbação como uma solenidade essencial, de modo que constituiria um ato imprescindível para retirada do sócio, porém, a partir de uma interpretação teleológica da norma, constata-se que esta visa garantir segurança jurídica, constituindo-se uma solenidade formal, pelo que se estabelece aqui uma presunção relativa, de modo que, cabe ao sócio retirante provar que de fato havia deixado a sociedade dois anos antes, o que também está em consonância com o princípio da primazia da realidade sobre a forma.

Vale pontuar que, para que haja a averbação, devem ser observadas outras formalidades a depender da sociedade, sendo que, se esta for por prazo indeterminado, deve haver notificação prévia de sessenta dias do sócio retirante aos demais, e, se de prazo determinado, deve ser deferida a retirada por justa causa em juízo, nos termos do art. 1.029 do CC.

Pontos que, contudo, não foram abordados expressamente pela Reforma Trabalhista foram as hipóteses de exclusão do sócio e de como responderiam os herdeiros deste, em caso de falecimento.

Porém, na falta de regulação nesse sentido e, se tendo em conta a nova disposição trazida pelo art. 10-A da Reforma, pode-se aplicar de forma analógica o prazo de dois anos fixado para o sócio retirante de forma combinada com o supracitado art. 1.032 do CC.

Por fim, sempre que constatada hipótese de fraude, como nos casos de inclusão de "laranjas" no quadro da sociedade, o ex-sócio responderá de forma solidária, o que já era aplicado, visto que qualquer fraude implica na nulidade do ato (retirada da sociedade), nos termos do art. 9º da CLT.

7. CONCLUSÃO

Pela existência de lacuna normativa na CLT sobre quais seriam os limites à responsabilidade do sócio retirante, especialmente quanto ao aspecto temporal, houveram diversas interpretações pelos juízes e Tribunais do Trabalho sobre a compatibilidade e possibilidade de aplicação ou não das disposições do CC que estabelecem prazo de dois anos, bem como de quando se inicia a contagem deste.

O art. 10-A da Reforma Trabalhista veio de modo a disciplinar tal ponto, complementando a norma celetista, o que, com certeza, gera maior segurança jurídica ao quadro de sócios em geral, posto que tanto os sócios atuais, como aqueles que ainda não integram a sociedade, estarão cientes de como será a sua responsabilidade quanto aos débitos de natureza trabalhista da pessoa jurídica caso venham a retirar-se desta.

Nessa senda, o art. supracitado traz também maior estabilidade, indo de encontro ao princípio da livre iniciativa, insculpido no art. 170 da CRFB, não se destoando do princípio da proteção ao trabalhador, pelo contrário, harmonizando-se com este, haja vista que estabelece prazo razoável de dois anos para que seja ajuizada ação trabalhista e que possam vir a responder, o que não agride os direitos dos trabalhadores.

Portanto, mesmo que não disciplinadas de forma expressa todas as hipóteses em que um sócio que não mais compõe a sociedade possa responder, a Reforma Trabalhista trouxe um norte a ser seguido ao tratar da figura do sócio retirante, o que pode ser acompanhado, por analogia, pelos Tribunais ao lidar com casos similares.

Destarte, constata-se que o legislador, ao pacificar o limite de tempo ao qual pode responder o sócio retirante, por fim libertou-o de qualquer responsabilidade que possa advir de débitos trabalhistas após transcorridos os dois anos de sua saída, em consonância com os dizeres de John Locke de que "a finalidade da lei não é abolir ou conter, mas preservar e ampliar a liberdade"[34], afinal, nenhuma responsabilização em nosso ordenamento jurídico deve ser *ad perpetuam*.

8. REFERÊNCIAS BIBLIOGRÁFICAS

COELHO, Fábio Ulhoa. *Manual de direito comercial*. 23. ed. São Paulo: Saraiva, 2011.

DA SILVA, Homero Matheus Batista. *Comentários à reforma trabalhista*. 1. ed. São Paulo: Revista dos Tribunais, 2017.

FIGUEIREDO, Leonardo Vizeu. A questão do monopólio na Constituição da República Federativa do Brasil e o Setor Postal. *Revista Eletrônica de Direito Administrativo Econômico (REDAE)*, n. 17. Salvador: Instituto Brasileiro de Direito Público, 2009.

LOCKE, John. *Segundo Tratado Sobre o Governo*. 2. ed. São Paulo: Abril Cultura, 1978.

MARTINS FILHO, Ives Gandra da Silva. *Manual esquemático de direito e processo do trabalho*. 23. ed. São Paulo: Saraiva, 2016

MARTINS, Frans. *Curso de direito comercial*. 40. ed. Rio de Janeiro: Forense, 2017.

MARTINS, Sérgio Pinto. *Direito processual do trabalho*. 38. ed. São Paulo: Saraiva, 2016.

MONTEIRO, João Paulo. *Apud* HOBBES, Thomas. *Leviatã ou matéria, forma e poder de um estado eclesiástico e civil*. São Paulo: Nova Cultural, 1997.

REQUIÃO, Rubens. *Abuso de direito e fraude através da personalidade jurídica "Disregard Doctrine"*. São Paulo: Saraiva, 1977.

SARAIVA, Renato e MANFREDINI, Aryana. *Curso de Direito Processual do Trabalho*. 11. ed. São Paulo: Método, 2014.

SCHAVI, Mauro. *Reforma trabalhista e o processo do trabalho*. São Paulo: LTr, 2017.

TOMAZETTE, Marlon. *Curso de direito empresarial*. v. 1. 8. ed. São Paulo: Atlas, 2017.

---

(34) LOCKE, John. *Segundo Tratado Sobre o Governo*. 2. ed. São Paulo: Abril Cultura, 1978. p. 115.

O Dano Extrapatrimonial na Lei n. 13.467/2017 e Medida Provisória n. 808 de 14.11.2017 – Um Texto sem Contexto

Ricardo Pereira de Freitas Guimarães[1]

1. O DANO E SUA COMPREENSÃO

O dano – seja ele de qualquer origem e em simples linguagem – nos remete a ideia homogênea de malefício causado, um movimento que causou certo estrago, que desintegrou totalmente ou em parte o que era inteiro em sua gênese.

Sendo o direito – numa de suas multifatoriais compreensões – o elemento posto (enquanto ordenamento jurídico) que por meio de seus vetores de regência legitimados proíbe, autoriza ou permite atitudes nas relações interpessoais jurídicas no escopo social, se incumbiu mediante previsões legislativas, acompanhado pelo avanço doutrinário, de realizar a ligação de causa e efeito, ou seja, de causalidade, no que se refere à responsabilização do agente por eventual dano causado a outrem.

Além do estudo do dito efeito responsabilização, o aumento dos diálogos relacionais estimulados pelo avanço e diferenciação de suas formas no tecido social, acabou por encaminhar a questão do dano por outro viés que se afasta da polarização de quem causou referido malefício, caminhando para o âmago da questão de qualificação da conduta capaz de responsabilização pelo dano.

Daí emerge a teoria de origem que complementa as duas ideias quanto a ligação dos polos entre quem causou e quem sofreu o dano e como qualificar a atitude como geradora de dano e identificá-la seguramente para uma justa reparação.

Pacificou-se então, num primeiro momento, a escolha do critério de qualificação do ato do agente causador do dano, identificada como teoria da culpa, que possui três gatilhos de conduta vinculados à ação ou à omissão, a saber: imperícia, imprudência e negligência, detidamente codificado na legislação pátria tanto na legislação infraconsitucional como no pacto político de 1988.

Um passo adiante, outra observação doutrinária surgiu, e já com componente instrumental processual vinculado à atribuição ou encargo probatório, que em algumas hipóteses de ocorrência de um dano, mesmo que identificada a polaridade das partes atuantes (causador(es) e sofredor(es) do dano), a culpa, para inúmeros contratos – principalmente aqueles ditos de adesão – a solução encaminhada pelo próprio Judiciário *per si*, acabava por se aproximar de uma mera dogmática. Noutras palavras, desperta entre estudiosos uma nova observação, de que em situações pontuais, não havia preservação sistemática do ordenamento jurídico sob a ótica social constitucional e infraconstitucional, ao simplesmente não se identificar a culpa. Vale dizer, e de forma simplista, a teoria da culpa (identificada como responsabilização subjetiva na doutrina) não atendia em tempo e modo o ideal de "justiça", enquanto entrega da tutela.

Encampada a ideia da limitação sistêmica do ordenamento ao aplicar apenas a teoria da responsabilidade subjetiva, deflagrou-se a ideia de que havia hipóteses em que o simples risco ao qual era exposto o ser-humano no contexto de uma relação social seria capaz de produzir o convencimento pela necessidade de reparação do dano causado, substituindo o fator culpa – enquanto elo de ligação entre ofensor e ofendido, em seus desdobramentos – pelo fator risco ao qual estava exposto quem sofreu o dano.

Observa-se então a origem dessa segunda teoria (chamada de responsabilização objetiva) em inúmeras criações doutrinárias que identificam cada uma sob um viés, critérios de aplicabilidade da teoria do risco em seus desdobramentos. Dessa necessidade de avanço social, emergem no contexto a teria do risco integral, teoria do risco criado, teoria do risco proveito, teoria do risco profissional, teoria do risco social, entre outras tantas que se observam na doutrina, abraçadas de forma mais intensificada nas relações de consumo e nas relações de trabalho, em que

---

(1) Advogado, professor, doutor e mestre em direito do Trabalho pela Pontifícia Universidade Católica de São Paulo – PUC/SP. Professor da PUC-SP – COGEAE, Autor das obras "CLT comentada", "Princípio da Proporcionalidade no Direito do Trabalho"e "Manual de direito Individual do Trabalho", todos pela Thomson e Reuters. Titular da Cadeira 81 da Academia Brasileira de Direito do Trabalho.

a assimetria das relações é inerente ao próprio relacionamento ou contrato.[2]

Contudo, a precificação também foi tema de necessário enfrentamento, pois de início, o pensamento dominante vinculava o dano, especialmente a uma violação especificamente material, o que pode ser observado ao longo do tempo nas próprias decisões do Supremo Tribunal Federal. Ocorre que, não deixou a doutrina escapar, que além dos prejuízos de estirpe material, havia outros prejuízos, inviáveis de simples monetarização, que poderiam de igual forma ser objeto de indenização, pois não vinculados diretamente aos bens materiais, passíveis de precificação e mercantilização direta, e sim aos direitos de personalidade, que de igual forma poderiam ser violados pelo fator dano.

Importante salientar, que esse foi um passo absolutamente relevante dado pela doutrina, que passou a compreender que não apenas o que se "tem" é passível de perda, e, portanto, de reparação, e numa visão até então escanteada, passou a considerar o valor do que o homem "é" como objeto de reparabilidade, atendendo não mais como mero simbolismo a necessidade do reconhecimento da dignidade da pessoa humana.

Aqui o campo do dano reconhecido como extrapatrimonial. É relevante ressaltar aqui a importante crítica de Luciano Martinez a esta nomenclatura adotada na CLT, posto que teria sido melhor utilizar a expressão "dano ao patrimônio imaterial", a qual se mostra mais técnica ao indicar que os direitos de ordem personalíssima também integram o patrimônio das pessoas, tanto físicas quanto jurídicas, ou mesmo a expressão "dano moral", por ser esta já consagrada doutrinária e na jurisprudencia, sendo que a mesma pode ser encarada como gênero que engloba várias espécies de danos à pessoa, como por exemplo o dano existencial.[3]

2. Do dano extrapatrimonial

Ao contrário do dano material, que numa simples pesquisa do que se perdeu ou o que se deixou de ganhar por conta do ato praticado gerador do dano – lucros cessantes ou danos emergentes –, o dano extrapatrimonial não encontra a mesma facilidade prática de sua identificação e fixação.

Isso ocorre, principalmente e em larga escala, posto que a proteção ao ser humano se apoia em direitos fundamentais constitucionais, que geralmente são violados por tratamento discriminatório ou por pura ofensa pessoal, geralmente vinculados ao gênero, etnia, condição social, idade, intimidade, imagem entre outros.

A dificuldade se eleva ainda, quando direitos dessa dimensão encontram-se em rota de colisão, isto é, quando tanto quem sofre o dano quanto quem lhe dá origem encontram-se guarnecidos – seja no que diz respeito às suas atividades ou pessoas – de direitos constitucionais, tornando de extrema e significativa importância a observância do caso concreto para avaliação de qual dos direitos deve prevalecer naquele momento, sem afastar o outro do ordenamento jurídico.[4]

Essas questões acabam por inviabilizar resposta legislativa pré-fixada, indenização *prima facie* estipulada.

Precificar qual foi o dano causado à imagem de um trabalhador ou mesmo à imagem de uma empresa, ou ainda, o dano moral causado pela recusa na admissão em razão da etnia, condição social, intimidade, entre outros, realmente não é tarefa fácil.

Mesmo sabendo que o dano extrapatrimonial ocorre *in re ipsa*, apenas o desvendar da tonalidade do dano é capaz de gerar o que se chama de justa reparação. Isso pode ser exemplificado de forma bastante simples e até porque não dizer intuitiva, pois aquele que sofre um acidente de trabalho com queimaduras em 70% de seu corpo parece ter direito a uma indenização extrapatrimonial maior que aquele que simplesmente é inscrito indevidamente no sistema de proteção ao crédito indevidamente.

Nesse diapasão, o dano extrapatrimonial é todo aquele causado seja por culpa ou pelo simples risco que atinge a esfera da personalidade. Relembre-se que o dano extrapatrimonial não é capaz de atingir apenas a pessoa natural, e sim, em hipóteses que não são poucas, de igual forma a própria pessoa jurídica, ficando o exemplo do dano à imagem.

Antes de se proceder à análise de como o tema foi tratado na reforma trabalhista, é importante versar brevemente sobre o caráter da sanção ou indenização resultante de

---

(2) Para um estudo mais aprofundado sobre o desenvolvimento histórico do dano moral, cf. FELKER, Reginaldo Delmar Hintz. *O dano moral, o assédio moral e o assédio sexual nas relações do trabalho*: frente à doutrina, jurisprudência e legislação. São Paulo: LTr, 2006; THEODORO JÚNIOR, Humberto. *Dano Moral*. 7. ed. Belo Horizonte: Editora Del Rey, 2010; SANTOS, Enoque Ribeiro dos. *Responsabilidade objetiva e subjetiva do empregador em face no novo Código Civil*. 2. ed. São Paulo: LTr, 2008. Cf. também, mais especificamente no tocante à historicidade legislativa: FREUDENTHAL, Sergio Pardal. *A Evolução da Indenização por Acidente do Trabalho*. São Paulo: LTr, 2007.

(3) MARTINEZ, Luciano. *Curso de Direito do Trabalho*: relações individuais, sindicais e coletivas do trabalho. 8. ed. São Paulo: Saraiva, 2017. p. 279.

(4) Para uma melhor compreensão do caráter colidente intrínseco aos direitos fundamentais, cf. GUERRA FILHO, Willis Santiago. CARNIO, Henrique Garbellini. *Teoria da Ciência Jurídica*. 2. ed. São Paulo: Saraiva, 2009. E, mais especificamente no que tange ao direito do trabalho: GUIMARÃES, Ricardo Pereira. *Princípio da Proporcionalidade no Direito do Trabalho*: teoria e prática. São Paulo: Revista dos Tribunais, 2015.

danos extrapatrimoniais. Se nos danos materiais a indenização tem o condão de ressarcir o prejuízo causado, nos danos extrapatrimoniais há uma divergência.

Fala-se num caráter pedagógico da indenização, de modo que esta consiga ser para o agressor uma punição educativa, com o intuito principal de que o mesmo não volte a repetir o mesmo ato, conforme entende Vólia Bomfim.[5]

Por outro lado, há quem entenda, na contramão do posicionamento anterior[6], que a função da indenização, nestes casos, é de índole satisfatória, ou seja, serve para atenuar o dano sofrido, e não para inibir a prática que o gerou.

Não existe, a nosso ver, incompatibilidade entre as teses acima, mas, muito pelo contrário, as duas encontram sua razão de ser e, portanto, o ideal é que haja entre elas um meio termo, como explicitado por Caio Mário da Silva:

> Na reparação por dano moral estão conjugados dois motivos, ou duas concausas: I) punição ao infrator pelo fato de haver ofendido um bem jurídico da vítima, posto que imaterial; II) pôr nas mãos do ofendido uma soma que não é o *pretium doloris*, porém o meio de lhe oferecer a oportunidade de conseguir uma satisfação de qualquer espécie, seja de ordem intelectual ou moral, seja mesmo de cunho material.[7]

Pode-se concluir que a função da indenização referente a danos extrapatrimoniais não é de simplesmente ressarcir o ofendido, mas de lhe oferecer uma contrapartida de caráter não propriamente satisfatório, mas talvez atenuante do dano sofrido, ao mesmo tempo em que deve desencorajar, em seu responsável, a atitude que o originou.

3. AS PREMISSAS UTILIZADAS PELA LEI N. 13.467/2017

A recente legislação vigente inseriu na Consolidação das Leis do Trabalho o art. 223, alíneas *a* a *g*, incisos e parágrafos, e a simples leitura do texto, nos força a identificar 4 (quatro) pilares mestres, como se passa a demonstrar com nossos grifos e maiúsculas, avaliando um a um.

No art. 223- A dita a lei:

> "Aplicam-se à reparação de danos de natureza extrapatrimonial decorrentes da relação de trabalho APENAS O DISPOSITIVO DESTE TÍTULO".

Ao dizer a lei que a aplicação para reparação do dano extrapatrimonial restringe-se "APENAS AO DISPOSITIVO DESTE TÍTULO", de chofre demonstra a *novel* legislação que não haveria que se falar em aplicações subsidiárias ou de qualquer interpretação que não atenda o preceito ali desenhado sob pena de violação à própria lei posta.

Aqui, um ponto deve ser destacado. Observe-se que o advérbio "apenas" parece intencionalmente limitador da atuação do Judiciário. Isso porque, se bem observado, mesmo com o art. 8º *caput* da CLT mantido, com permissão de aplicação subsidiária da jurisprudência, analogia, equidade, normas gerais de direito e outros princípios, houve importante alteração no parágrafo único, transformado em parágrafo 1º pela reforma, e inserção do § 2º no mesmo art. 8º da CLT.

Num primeiro momento, retirou-se do texto legal do parágrafo a expressão "**naquilo em que não for incompatível com os princípios fundamentais deste**", deixando apenas "o direito comum será fonte subsidiária do direito do trabalho". Contudo o *caput* do artigo cita:

> "as autoridades administrativas e a Justiça do trabalho, NA FALTA DE DISPOSIÇÕES LEGAIS E CONTRATUAIS..."

Vê-se então, que apenas NA FALTA DE DISPOSIÇÕES LEGAIS E CONTRATUAIS se aplicaria agora o § 1º, o que demonstra que se observado apenas o texto, sem contexto, como há previsão legal no caso do dano extrapatrimonial dizendo que "**RESTRINGE-SE APENAS**" ao dispositivo desse título", somado a retirada do antigo parágrafo único, agora § 1º quanto a possível incompatibilidade com os princípios como saída para aplicação subsidiária, aparentemente o Julgador está adstrito à aplicação da lei e ponto.

Este entendimento, contudo, mostra-se totalmente contrário aos pressupostos do Estado Democrático de Direito que estão no âmago da Constituição Federal, como se pode observar da lição abaixo:

> Com efeito, prevalecendo uma insana exegese literal, teríamos de admitir que, a contar da Lei n. 13.467/2017, as relações jurídicas trabalhistas seriam as únicas, no Brasil, cuja regência da responsabilidade civil para danos extrapatrimoniais não permitiria incidência de regras básicas do Direito Civil e da própria Constituição Federal a respeito do tema, como, por exemplo, a proteção constitucional do bem jurídico vida privada (expressamente resguardado no tema da reparação de danos morais [art. 5º, X] e literalmente não citado no art. 223-C da CLT – aspecto que prejudicaria claramente o ofendido) ou mesmo a justíssima regra de que, havendo excessiva desproporção entre a gravidade da culpa e o dano, poderá o juiz realizar redução equitativa da indenização (CC, art. 944, pa-

---

(5) CASSAR, Vólia Bomfim. *Direito do Trabalho*. 12. ed. Rio de Janeiro: Forense, 2016. p. 922.
(6) SÜSSEKIND, Arnaldo; MARANHÃO, Délio; *et al*. *Instituições de Direito do Trabalho*. v. I. 21. ed. São Paulo: LTr, 2003. p. 632.
(7) PEREIRA, Caio Mário da Silva. *Responsabilidade civil*. 9. ed. Rio de Janeiro: Editora Forense, 2001. p. 317.

rágrafo único – aspecto que prejudicaria claramente o ofensor). Nada mais incoerente.⁽⁸⁾

Ao ler o § 2º, inserido no mesmo art. 8º, acaba a dúvida quanto às amarras propostas ao Judiciário, quando se lê:

> "Súmulas e Enunciados de jurisprudência editados pelo Tribunal Superior do Trabalho e pelos Tribunais Regionais do Trabalho não poderão restringir direitos legalmente previstos nem criar obrigações que não estejam em lei".

Esse desenho inicial do texto, como primeiro pilar, e diga-se pilar mestre de orientação para a aplicação do dano extrapatrimonial, tenta solidificar os outros três pilares, que acompanharam a relevante alteração. Vamos a eles, com início pelo art. 223-B que indica outros dois pilares:

> "Causa dano de natureza extrapatrimonial a **AÇÃO OU OMISSÃO** que ofenda a esfera moral ou existencial da pessoa física ou jurídica, as quais **SÃO TITULARES EXCLUSIVAS** do direito à reparação".

Aqui, observa-se duas questões que não podem passar a sorrelfa daqueles que atuam na seara do direito laboral. Por primeiro, observa-se que ação ou omissão são caracterizadoras da responsabilidade civil advinda exclusivamente da culpa (natureza jurídica), ou seja, reprime o legislador originário a aplicação do avanço doutrinário e legislativo quanto à responsabilidade pelo risco, já adotada de forma ampla no direito do trabalho, adicionando texto protecionista aos empregadores e contrário ao princípio da proteção da relação laboral, que como já dito é assimétrica. Mas não é só.

Ao continuar a leitura, verifica-se uma exclusividade da busca pela reparação que no mínimo é violadora da própria sucessão hereditária ou sucessória empresarial, pois ao relatar que **"SÃO TITULARES EXCLUSIVOS"** apenas quem prestou o serviço ou quem recebeu o serviço, exclui do mundo jurídico da reparação esposa, filhos e outros na linha sucessória do empregado, bem como eventual empresa adquirente, que como exemplo pode pleitear uma disputa por violação à sua imagem.

No mesmo sentido, observando o pilar mestre que dita ser aplicável **"APENAS AO DISPOSITIVO DESTE TÍTULO"**, evita a imbricação de textos componentes do ordenamento jurídico de clara aplicação subsidiária.

Se lido o texto sem contexto, teremos a clara percepção de que esposa, filhos e pessoas com quem tenham vínculo de natureza familiar não poderão pleitear eventual indenização extrapatrimonial de empregado falecido, o que torna a lei um papel ao vento, para ser elegante.

Por fim como último pilar, e não menos importante, no art. 223-G § 1º, inciso I a IV, cria a lei um tabelamento do humano, considerando o seu "ter", esquecendo o que ele "é" nos termos constitucionais. Relembre-se que houve tentativa quando da edição da lei de imprensa de tabelamento do dano moral (dano extrapatrimonial) que já foi declarado inconstitucional pelo STF.

Aliás, antes mesmo do julgamento da ADPF 130, na qual o STF decidiu pela não recepção da lei de imprensa no ordenamento jurídico, por ser a mesma incompatível com a Constituição Federal de 1988, o STJ já havia se posicionado no sentido de que a indenização decorrente de dano moral não poderia estar sujeita à tarifação prevista na referida lei, nos termos da Súmula n. 281.

A doutrina também tecia fortes críticas à ideia de tarifar as indenizações, como se pode ver do trecho abaixo de João de Lima Teixeira Lima:

> Essa predeterminação do ressarcimento, ou tarifação, trata de igual modo lesões essencialmente desiguais. O juiz fica adstrito a valores indenizatórios não raro inadequados ou desproporcionais à lesão perpetrada. A intensidade do dano moral grave necessariamente não encontra correspondência no limite máximo tarifado. E, quanto mais estreita esta faixa de reparabilidade, mais avulta a desconformidade da transgressão praticada com a compensação pecuniária capaz de satisfazê-la. Por isso, o método se nos afigura incapaz de permitir que a dor sofrida seja reparada na devida medida, por uma condigna compensação.⁽⁹⁾

Indica o texto da reforma, que como pessoa humana, o dano extrapatrimonial será medido pela condição do empregado, sendo que o inciso XI do art. em comento reza que ao apreciar o pedido o juiz deverá considerar "a situação social e econômica das partes envolvidas", ou seja, se o mesmo tratamento vexatório for encaminhado a um executivo e a um faxineiro, esse último terá uma indenização menor. Isto faz com que se solidifique o pensamento mesquinho de que o status ou função da pessoa determina o seu valor enquanto ser humano!! Com todo respeito ao texto legislativo, o humano é único, simplesmente por ser humano. A diferença apontada é inconstitucional, violadora de princípios comezinhos da dignidade da pessoa humana, para ser respeitoso.

Ao tratar do tema o art. cria ao lado da natureza da ofensa, seja ela leve, média, grave ou gravíssima, um limite de indenização que tem como parâmetro o valor do limite máximo dos benefícios do Regime Geral de Previdência Social. E mais, no § 2º, ao relatar que pode o empregador pleitear isso do seu empregado, usa como critério o salário

---

(8) SOUZA JÚNIOR, Antônio Umberto de. (*et al*). *Reforma Trabalhista*: análise comparativa e crítica da Lei n. 13.467. São Paulo: Rideel, 2017. p. 119-20.

(9) SÜSSEKIND, Arnaldo; MARANHÃO, Délio; et ali. Instituições de direito do trabalho. v. 1. 21. ed. São Paulo: LTr, 2003. p. 630.

do empregado ofensor. Nessa senda, o empregado que ganha R$ 1.000,00 (mil reais) poderá ter que indenizar seu empregador em até 50 (cinquenta) vezes seu salário.

Teratologia pura.

A alegação que alguns apresentam para o tabelamento, no sentido de que a arbitrariedade conferida ao judiciário seria capaz de gerar enriquecimento ilícito é deveras frágil, se tratando de desconhecimento do instituto do enriquecimento sem causa, pois na hipótese há causa para reparação, pressuposto não acolhido pelo enriquecimento sem causa, para não avançar no tema.

Outro argumento a favor do tarifamento, na esteira do acima citado, isto é, oriundo da crítica à possibilidade de demandar do magistrado uma avaliação subjetiva, é que a sua ausência ensejaria grave insegurança jurídica.[10] Ora, é claro que a ausência de tarifamento tem por consequência uma maior dependência da subjetividade de quem está julgando. Mas seria este um problema irremediável? E, mais ainda, um problema maior do que a própria precificação *a priori*?

A resposta, com todo o respeito às posições contrárias, deve ser no sentido de que a tarifação dos valores referentes a indenizações decorrentes de danos extrapatrimoniais afigura-se não somente muito pior que deixar maior âmbito valorativo aos juízes, mas também inconstitucional.

Primeiramente, de grande relevância lembrar que antes de se haver tabelas consignando os valores – seja no caso da lei de imprensa ou agora no tocante à reforma trabalhista – sempre coube à doutrina e à jurisprudência definir os parâmetros e, apesar da subjetividade que lhe é inerente, isto permitia, por outro lado, na atuação do magistrado a fixação do valor com sensatez e equanimidade, como pontua Sônia Mascaro Nascimento.[11]

Ademais, esta tentativa de "desumanizar" o direito e sua aplicação, buscando critérios fixos e preestabelecidos para questões de alto grau de complexidade e que contêm peculiaridades infinitas nos casos concretos não encontra guarida em nosso ordenamento jurídico, como adverte Carlos Roberto Gonçalves:

> Não tem aplicação, em nosso país, o critério da tarifação, pelo qual o quantum das indenizações é prefixado. O inconveniente desse critério é que, conhecendo antecipadamente o valor a ser pago, as pessoas podem avaliar as consequências da prática do ato ilícito e confrontá-las com as vantagens que, em contrapartida, poderão obter, como no caso do dano à imagem, e concluir que vale a pena, no caso, infringir a lei.[12]

Isto se aplica de modo integral ao direito trabalhista, em que o empregador poderia cometer atos atentatórios à dignidade da pessoa humana dos empregados de modo proposital, sabendo o quanto pagaria por isso, baseado num cálculo racional e frio de quanto deverá pagar para poder causar danos extrapatrimoniais, numa abstração total da realidade e peculiaridades do caso concreto.

4. CONCLUSÃO

Ao enfrentar o tema mediante as concretas alterações legislativas numa visão macro do sistema jurídico, inviável num primeiro momento não acolher o equívoco legislativo implementado com inarredável característica de inconstitucionalidade.

O jurista, para interpretar esse novo objeto [direito no contexto de pós 2ª Guerra] e aplicar as suas normas de forma mais adequada, deverá atualizar os seus instrumentos, migrando do modelo metodológico juspositivista, hierarquizado, excludente e centralizado, para o modelo pós-positivista, no qual se reconhece a força normativa das regras e dos princípios jurídicos, principalmente dos direitos humanos e fundamentais, que são aplicados aos casos concretos por intermédio da mediação legislativa ordinária, das normas coletivas autônomas ou mesmo diretamente a partir dos tratados e da Constituição, admitindo-se a eficácia horizontal dos direitos fundamentais[13].

5. REFERÊNCIAS BIBLIOGRÁFICAS

CARDOZO, Hélio Apoliano. *História dinâmica da responsabilidade civil*. Campinas: Bookseller, 2005.

CASSAR, Vólia Bomfim. *Direito do trabalho*. 12. ed. Rio de Janeiro: Forense, 2016.

DELGADO, Rodrigo Mendes. *O valor do dano moral – Como chegar até ele*. 2. ed. Leme: J. H. Mizuno, 2005.

FELKER, Reginaldo Delmar Hintz. *O dano moral, o assédio moral e o assédio sexual nas relações do trabalho: frente à doutrina, jurisprudência e legislação*. São Paulo: LTr, 2006.

FREUDENTHAL, Sergio Pardal. *A evolução da indenização por acidente do trabalho*. São Paulo: LTr, 2007.

GONÇALVES, Carlos Roberto. *Direto civil brasileiro, volume IV: responsabilidade civil*. 6. ed. São Paulo: Saraiva, 2011.

---

(10) Cf. a respeito: STOCCO, Rui. *Tratado de Responsabilidade Civil*. 6. ed. São Paulo: Revista dos Tribunais, 2004. p. 1671.

(11) MASCARO NASCIMENTO, Sônia. O Dano Extrapatrimonial na Justiça do Trabalho. In.: AGUIAR, Antônio Carlos (Coord.). *Reforma Trabalhista*: aspectos jurídicos relevantes. São Paulo: Quartier Latin, 2017. p. 340-41.

(12) GONÇALVES, Carlos Roberto. *Direto Civil Brasileiro, volume IV*: responsabilidade civil. 6. ed. São Paulo: Saraiva, 2011. No mesmo sentido: CARDOZO, Hélio Apoliano. *História Dinâmica da Responsabilidade Civil*. Campinas: Bookseller, 2005 e DELGADO, Rodrigo Mendes. *O Valor do Dano Moral – Como chegar até ele*. 2. ed. Leme: J. H. Mizuno, 2005.

(13) MOLINA, André Araújo. *Os Direitos Fundamentais na Pós-Modernidade*: o futuro do Direito e do Processo do Trabalho. Rio de Janeiro: Lumen Juris, 2017. p. 368.

GUERRA FILHO, Willis Santiago. CARNIO, Henrique Garbellini. *Teoria da ciência jurídica*. 2. ed. São Paulo: Saraiva, 2009.

GUIMARÃES, Ricardo Pereira. *Princípio da proporcionalidade no direito do trabalho*: teoria e prática. São Paulo: Revista dos Tribunais, 2015.

MARTINEZ, Luciano. *Curso de direito do trabalho*: relações individuais, sindicais e coletivas do trabalho. 8. ed. São Paulo: Saraiva, 2017.

MASCARO NASCIMENTO, Sônia. O Dano Extrapatrimonial na Justiça do Trabalho. In: AGUIAR, Antônio Carlos (Coord.). *Reforma trabalhista*: aspectos jurídicos relevantes. São Paulo: Quartier Latin, 2017.

MOLINA, André Araújo. *Os direitos fundamentais na pós-modernidade*: o futuro do Direito e do Processo do Trabalho. Rio de Janeiro: Lumen Juris, 2017. p. 368.

PEREIRA, Caio Mário da Silva. *Responsabilidade civil*. 9. ed. Rio de Janeiro: Editora Forense, 2001.

SANTOS, Enoque Ribeiro dos. *Responsabilidade objetiva e subjetiva do empregador em face no novo Código Civil*. 2. ed. São Paulo: LTr, 2008.

SOUZA JÚNIOR, Antônio Umberto de. (*et al*). *Reforma trabalhista*: análise comparativa e crítica da Lei n. 13.467. São Paulo: Rideel, 2017.

STOCCO, Rui. *Tratado de responsabilidade Civil*. 6. ed. São Paulo: Revista dos Tribunais, 2004.

SÜSSEKIND, Arnaldo; MARANHÃO, Délio; *et al*. *Instituições de direito do trabalho*. v. I. 21. ed. São Paulo: LTr, 2003.

THEODORO JÚNIOR, Humberto. *Dano moral*. 7. ed. Belo Horizonte: Del Rey, 2010.

Extinção Contratual por Acordo entre Empregado e Empregador. Art. 484-A da CLT

Rui César Públio B. Correa[1]
Renata Barbosa Castralli Mussi[2]

1. INTRODUÇÃO

O direito do trabalho foi criado com o objetivo de proteger a classe trabalhadora. A própria Constituição Federal de 1988 entendeu pela necessidade de compensar a condição de hipossuficiência do trabalhador – efeito de sua subordinação jurídica e, muitas vezes, econômica quanto à empresa – e estabeleceu um rol de garantias constitucionais com o escopo de equilibrar a relação jurídica laboral.

Essa tendência protecionista foi resultado tanto do contexto histórico que desencadeou o surgimento da justiça do trabalho, como do reconhecimento quanto a importância do trabalho para o sustento e dignidade do indivíduo. Consequentemente, assim como as normas constitucionais, os princípios trabalhistas atuam predominantemente em prol do trabalhador durante toda a relação jurídica; mas, em especial, no momento do término do contrato de trabalho.

Um pensamento mais tradicional, permite entender que o fim do contrato repercute em demasiado prejuízo ao trabalhador. A remuneração, contraprestação dada pelo seu esforço, é cortada, o que prejudica seu sustento e de sua família. Nesse sentido, o momento da extinção do contrato sempre foi de grande relevância para a justiça do trabalho.

Em um cenário de pós-modernidade, caracterizada pela pluricentralidade, pela riqueza da diversidade e pela liquidez das relações, qualificada pela evolução dos processos tecnológicos e a acessibilidade dos meios de informática em todo o mundo, esse excesso de proteção ao trabalhador vem recebendo diversas críticas, em face da própria limitação que impõem ao empregado.

Com o desenvolvimento socioeconômico e o processo de nascimento dinâmico dos direitos humanos, a relação de trabalho também sofreu modificações; assim, não seria mais razoável aplicar, no cenário atual, premissas ou normas jurídicas que foram motivadas por um contexto clássico de emprego e mão de obra.

Sob a força irreversível da globalização, a tutela jurídica do trabalho humano ganha força e importância crescentes, mas não implica necessariamente em manutenção da proteção nos moldes estabelecidos em 1943. O estudo da força de trabalho do homem, mediante o reconhecimento do valor intrínseco da existência humana, revela-se salutar para a redefinição de seu próprio valor.

O legislador absorveu a redefinição da figura do empregado, no presente momento histórico, relativizando seu conceito de hipossuficiência. Diversos dispositivos da reforma prezam pela maior autonomia do trabalhador e dos sindicatos, e a menor interferência do Estado na relação de emprego. Princípios como o da continuidade da relação de emprego, das presunções favoráveis ao trabalhador e da aplicação da norma mais favorável, perderão espaço para a autonomia da vontade das partes no direito do trabalho.

O objetivo principal deste trabalho é o de analisar uma dessas modificações trazidas pela reforma: o comum acordo ou distrato. Apresentando suas principais características, impactos e os motivos que contribuíram para sua criação.

Este trabalho concentra-se neste ponto da reforma, sob a luz do nascimento dinâmico dos direitos humanos, para tentar compreender este novo instituto.

Para a realização do presente será utilizado o método teórico-bibliográfico, pelo qual serão utilizados textos de livros, artigos e publicações jurídicas, valendo-se de pesquisa bibliográfica. Abordar-se-á o tema de maneira dedutiva e dialética, partindo-se da análise de dispositivos do Direito brasileiro, relevantes para o deslinde do trabalho.

---

(1) Pós-Doutor em Direito do Trabalho pela Universidade de Córdoba (Arg). Doutor e Mestre pela Pontifícia Universidade Católica de São Paulo. Juiz Titular da Vara do Trabalho de Poá (SP). Juiz Convocado no TRT/SP desde 2010.

(2) Mestre em Direito pela Universidade Nove de Julho; Pós-Graduada em Direito do Estado pela Universidade Federal da Bahia. Oficial da Reserva não Remunerada da Força Aérea Brasileira. Assistente de Juiz Titular do TRT/SP.

2. PRAXISMO. FRAUDE NA RESCISÃO

Antes da reforma trabalhista, a possibilidade do empregado e empregador fazerem um acordo de desligamento (na modalidade de distrato) não tinha previsão legal.

A doutrina e a jurisprudência admitiam essa possibilidade apenas em determinados casos, como por exemplo:

ACORDO JUDICIAL. QUITAÇÃO PELO EXTINTO CONTRATO DE TRABALHO. COISA JULGADA. EFEITOS. A existência de acordo judicial dando plena quitação ao extinto contrato de trabalho, sem a existência de ressalva sobre qualquer parcela, inibe nova discussão acerca de qualquer verba decorrente daquele liame empregatício. Sendo esta a hipótese dos autos, forçoso reconhecer que nova ação versando sobre o extinto pacto laboral encontra óbice na coisa julgada operada quando da celebração do acordo judicial, nos termos consubstanciados na OJ SBDI-II n. 132 do col. TST". (RO-00398-2011-009-10-00-8, Relator Desembargador Pedro Luis Vicentin Foltran, DEJT de 02.12.2011).

(TRT-10 – RO: 1703201100210004 DF 01357-2012-802-10-00-0 RO, Relator: Desembargadora Flávia Simões Falcão, Data de Julgamento: 06.02.2013, 3ª Turma, Data de Publicação: 22.02.2013 no DEJT)

RECURSO ORDINÁRIO DA RECLAMADA. RESCISÃO DO CONTRATO DE TRABALHO. ACORDO EXTRAJUDICIAL. QUITAÇÃO. LIMITES. A transação extrajudicial que importa a rescisão do contrato de trabalho implica quitação exclusivamente das parcelas e valores constantes do recibo e, portanto, não impossibilita que o empregado venha ao Poder Judiciário buscar os direitos trabalhistas que entender violados. RECURSO ADESIVO DO RECLAMANTE. MULTA DO ART. 477 DA CLT. A existência de controvérsia acerca da existência de vínculo de emprego no período alegado na exordial é suficiente para afastar a aplicação da multa em questão.

(TRT-7 – RO: 780008620085070010 CE 0078000-8620085070010, Relator: Dulcina de Holanda Palhano, Data de Julgamento: 19.10.2009, Turma 2, Data de Publicação: 12.11.2009 DEJT)

O acordo extrajudicial de quitação do contrato sempre deveria passar pela avaliação do judiciário para alcançar seu objetivo.

A lei antiga previa basicamente três formas de extinção motivada pelas partes: a resilição, decorrente da manifestação unilateral de vontade; a resolução, que seria a extinção por ato faltoso feito pelo empregado ou empregador; e a rescisão, que representa a nulidade do contrato. Ademais, qualquer uma das modalidades mencionadas acarretaria consequências excessivamente onerosas para um dos lados da relação.

Na prática, observou-se que, mesmo inexistindo previsão legal do distrato na justiça do trabalho, existia uma incidência relevante de casos de acordos rescisórios. Por exemplo, quando o empregado não queria arcar com o ônus do seu pedido de demissão, pedia para a empresa fazer seu desligamento por rescisão direta – o que possibilita seu acesso ao montante do Fundo de Garantia e ao seguro-desemprego – e combinava a devolução da multa de 40% do FGTS (art. 18, § 1º, da Lei n. 8.036/1990) para seu ex-empregador. Essa, dentre outras práticas, eram consideradas como rescisões fraudulentas.

Caso o Ministério do Trabalho tomasse conhecimento desses acordos, deveria aplicar multa aos envolvidos, bem como determinar a devolução dos valores recebidos de forma indevida.

Ademais, houve casos que a justiça criminal condenou o empregado pelo crime de estelionato exatamente por ter acordado a rescisão fraudulenta com o objetivo de burlar a proteção estatal contra a despedida arbitrária. *In verbis:*

PENAL. ESTELIONATO MAJORADO. CONCURSO MATERIAL. SEGURO-DESEMPREGO. PRINCÍPIO DA INSIGNIFICÂNCIA. INAPLICÁVEL. ELEMENTAR DO TIPO. ARDIL. PRESENTE. VÍNCULO INFORMAL DE TRABALHO. (...). PREJUÍZO/DANOS CAUSADOS. JUSTIÇA GRATUITA. ISENÇÃO DAS CUSTAS PROCESSUAIS. 1. Apelante que, após dissimular com a firma individual do corréu, por 02 (duas) vezes, rescisão de contrato de trabalho, deu entrada no requerimento de seguro-desemprego, recebendo, de forma fraudulenta, 04 (quatro) parcelas do benefício, de julho a outubro/2001, além de mais 05 (cinco) parcelas, de agosto a dezembro/2004, praticou o crime do art. 171, § 3º, c/c o art. 69 do CP (estelionato majorado em concurso material, duas vezes). 2. Nos delitos de estelionato praticados em relação ao recebimento de seguro-desemprego não se aplica o princípio da insignificância. (Precedentes deste Tribunal Regional e do Superior Tribunal de Justiça). 3. O ardil está materializado na simulação da dispensa imotivada, situação que possibilitou ao apelante receber as parcelas indevidas do seguro-desemprego. 4. Comete o crime de estelionato majorado (art. 171, § 3º, do CP) o agente que, demitido sem justa causa, recebe parcelas do seguro-desemprego, mas mantém o vínculo informal de trabalho, posteriormente reconhecido em reclamação trabalhista. (Precedente da Turma). 5. Não há que se falar em erro de proibição (art. 21 do CP), quando as provas dos autos afastam a alegada boa-fé e demonstram a presença do dolo em receber a vantagem indevida. 6. O art. 171, § 1º, do CP trata da hipótese de estelionato privilegiado e determina que se "o criminoso é primário, e é de pequeno valor o prejuízo, o juiz pode aplicar a reprimenda conforme o disposto no art. 155, § 2º", ou seja, diminuída de um a dois terços, ou aplicando somente a pena de multa. Entende a jurisprudência que o prejuízo de "pequeno valor" não pode ultrapassar o salário mínimo vigente na época dos fatos. (Precedente do STJ e desta Turma). 7. Na hipótese, embora o réu seja tecnicamente primário, não se pode considerar de pequeno valor o "prejuízo" causado ao Fundo de Amparo ao Trabalhador no montante de R$ 2.020,00 (dois mil e vinte reais), que ultrapassa, em muito, o salário mínimo vigente na época dos fatos: R$ 180,00 (cento e oitenta reais) em 2001 e R$ 260,00 (duzentos e sessenta reais) em 2004. 8. O cálculo da pena-base ocorreu em estrita observância do determinado pelo art. 59 do CP. 9. Esta Turma, em consonância com o Superior Tribunal de Justiça, já decidiu que, embora o pagamento do benefício do seguro-desemprego seja efetivado em parcelas, trata-se de um único crime, não sendo hipótese de continuidade delitiva (art. 71 do CP). (Precedente do STJ e da Turma). 10. Deferido o benefício da Justiça Gratuita ao apelante assistido pela Defensoria Pública da União. 11. Há que ficar sobrestado o pagamento de custas e despesas processuais enquanto perdurar o estado de pobreza do condenado pelo prazo máximo de 05 (cinco) anos, quando então estará prescrito, nos termos do art. 12 da Lei n. 1.060/1950 ou pelo prazo de 05 (cinco) anos, cabendo ao Juízo da Execução verificar a real situação financeira do réu. 12. Apelação do Ministério Público Federal desprovida. 13. Apelação do réu parcialmente provida.

(ACR 0011001-77.2011.4.01.3800/MG, Rel. Juíza Federal Rosimayre Gonçalves de Carvalho (Conv.), Terceira Turma, e-DJF1 de 07.04.2017).

PENAL. PROCESSUAL PENAL. ESTELIONATO. USO DE DOCUMENTO FALSO. COMPETÊNCIA. JUSTIÇA FEDERAL SAQUE FRAUDULENTO DE SALDO DE FGTS. CEF. MATERIALIDADE, AUTORIA E DOLO. PROVA. DOSIMETRIA DAS PENAS. ARREPENDIMENTO POSTERIOR. 1. A prática de estelionato, consistente no saque fraudulento de saldo de FGTS, depositado junto à Caixa Econômica Federal, atrai a competência da Justiça Federal para o processamento e julgamento da ação penal. Precedente da Terceira Seção do STJ. 2. Materialidade, autoria e dolo do delito de estelionato comprovados pelo conjunto probatório constante dos autos. 3. O arrependimento posterior, antes do oferecimento da denúncia, com a integral reparação do dano, assim como a atenuante da confissão ampla e espontânea do réu, deve ser valorado pelo juiz, de modo a incentivar aqueles que cometem delitos a se redimirem de seus atos ilícitos.

(TRF-4 – ACR: 50001936820124047207 SC 5000193-68.2012.404.7207, Relator: Revisora, Data de Julgamento: 10.06.2014, Sétima Turma, Data de Publicação: D. E. 12.06.2014)

O objetivo da reforma trabalhista, nesse ponto, foi legalizar e regulamentar essa modalidade extintiva que já vinha sendo incidente na relação trabalhista. Além de que, dar mais autonomia para as partes que, por consentimento, quiserem por fim na relação sem acarretar maiores prejuízos.

3. NOVA MODALIDADE DE EXTINÇÃO DO CONTRATO DE TRABALHO: POR ACORDO ENTRE EMPREGADO E EMPREGADOR

A Lei n. 13.467, de 13 de julho de 2017, denominada de "reforma trabalhista", regulamentou a já conhecida extinção do contrato de trabalho por acordo entre empregado e empregador.

Na realidade, o legislador ordinário ao introduzir no ordenamento jurídico nacional a extinção do contrato por comum acordo, mediante a figura inserida no novo art. 484-A da CLT, legalizou prática não rara no mercado de trabalho de distrato.

O art. 484-A traslada para o mundo jurídico esta modalidade de extinção do contrato de trabalho entre as partes da relação de emprego, fixando o montante das verbas rescisória devidas pela empresa.

A reforma trabalhista de 2017 mantém todas as formas de extinção do contrato de trabalho e acrescenta esta novel modalidade ao texto da CLT, nos seguintes termos:

Art. 484-A. O contrato de trabalho poderá ser extinto por acordo entre empregado e empregador, caso em que serão devidas as seguintes verbas trabalhistas:

I – por metade:

a) o aviso prévio, se indenizado; e

b) a indenização sobre o saldo do Fundo de Garantia do Tempo de Serviço, prevista no § 1º do art. 18 da Lei n. 8.036, de 11 de maio de 1990;

II – na integralidade, as demais verbas trabalhistas.

§ 1º A extinção do contrato prevista no *caput* deste artigo permite a movimentação da conta vinculada do trabalhador no Fundo de Garantia do Tempo de Serviço na forma do inciso I-A do art. 20 da Lei n. 8.036, de 11 de maio de 1990, limitada até 80% (oitenta por cento) do valor dos depósitos.

§ 2º A extinção do contrato por acordo prevista no *caput* deste artigo não autoriza o ingresso no Programa de Seguro-Desemprego.

Inspirado no instituto da "culpa recíproca", que extingue o contrato de trabalho mediante a associação dos institutos da rescisão indireta e da justa causa, considerando que empregado e empregador incorreram em condutas faltosas, que tornaram insustentável a manutenção do vínculo de emprego, o legislador reformista estabeleceu, que em caso de extinção do ajuste por comum acordo, o empregado fará jus a perceber metade da indenização adicional do FGTS (multa fundiária de 20%) e metade do aviso prévio, se indenizado.

Referida inspiração, pode ser observada quando se analisa o disposto na Súmula n. 14 do C. TST, e no § 2º do art. 18 e no inciso I do art. 20, ambos da Lei n. 8.036, de 11 de maio de 1990.

A Súmula n. 14 do TST prevê que reconhecida a culpa recíproca são devidos, pela metade, o aviso prévio, o décimo terceiro salário e as férias proporcionais, com a seguinte redação:

Súmula n. 14 do TST

CULPA RECÍPROCA (nova redação) – Res. n. 121/2003, DJ 19, 20 e 21.11.2003.

Reconhecida a culpa recíproca na rescisão do contrato de trabalho (art. 484 da CLT), o empregado tem direito a 50% (cinquenta por cento) do valor do aviso prévio, do décimo terceiro salário e das férias proporcionais.

Por sua vez, o § 2º do art. 18 da Lei n. 8.036/1990, prevê que a indenização do FGTS, no caso, é devida pela metade, ou seja, no percentual de 20%:

Art. 18. Ocorrendo rescisão do contrato de trabalho, por parte do empregador, ficará este obrigado a depositar na conta vinculada do trabalhador no FGTS os valores relativos aos depósitos referentes ao mês da rescisão e ao imediatamente anterior, que ainda não houver sido recolhido, sem prejuízo das cominações legais. (Redação dada pela Lei n. 9.491, de 1997)

§ 1º Na hipótese de despedida pelo empregador sem justa causa, depositará este, na conta vinculada do trabalhador no FGTS, importância igual a quarenta por cento do montante de todos os depósitos realizados na conta vinculada durante a vigência do contrato de trabalho, atualizados monetariamente e acrescidos dos respectivos juros. (Redação dada pela Lei n. 9.491, de 1997)

§ 2º Quando ocorrer despedida por culpa recíproca ou força maior, reconhecida pela Justiça do Trabalho, o percentual de que trata o § 1º será de 20 (vinte) por cento.

§ 3º As importâncias de que trata este artigo deverão constar da documentação comprobatória do recolhimento dos valores devidos a título de rescisão do contrato de trabalho, observado o disposto no art. 477 da CLT, eximindo o empregador, exclusivamente, quanto aos valores discriminados. (Redação dada pela Lei n. 9.491, de 1997) (Vide Lei Complementar n. 150, de 2015) (grifei)

Já o inciso I do art. 20 da citada lei federal, prevê o direito do empregado sacar o FGTS, tendo o legislador reformista incluído o inciso I-A, para assegurar ao empregado levantar 80% do montante depositado a título de FGTS pelo empregador:

Art. 20. A conta vinculada do trabalhador no FGTS poderá ser movimentada nas seguintes situações:

I – despedida sem justa causa, inclusive a indireta, de culpa recíproca e de força maior; (Redação dada pela Medida Provisória n. 2.197-43, de 2001)

I-A – extinção do contrato de trabalho prevista no art. 484-A da Consolidação das Leis do Trabalho (CLT), aprovada pelo Decreto-Lei n. 5.452, de 1º de maio de 1943; (Incluído pela Lei n. 13.467, de 2017)

Contudo, cumpre observar, que o legislador reformista ressalvou na alínea *a* do inciso I do novo art. 484-A da CLT, que o aviso prévio apenas será devido pela metade, se indenizado, ressalva inexistente na Súmula n. 14 do TST, que trata da culpa recíproca.

Assim, em princípio, se o aviso prévio, no distrato em comento, for trabalhado, deverá ser cumprido integralmente, segundo as regras aplicáveis ao caso concreto.

Sobre o tema, Homero Batista Mateus da Silva[3] (2017, p. 96) amplia a interpretação do art. 484-A, entendendo que:

(...) ser compatível abranger, também, o comum acordo para a rescisão antecipada do contrato de trabalho por prazo determinado, rechaçando-se ao meio a indenização o aviso-prévio – se havia a cláusula assecuratória de rescisão antecipada, de que fala o art. 481 da CLT – eliminando-se a indenização que seria devida de parte a parte – art. 479 da CLT.

Em relação à indenização do FGTS, a mesma será devida pela metade, tanto na extinção do contrato de trabalho por comum acordo entre as partes, quanto na culpa recíproca, registrando que referida identidade de tratamento está prevista em textos legais diversos, Lei n. 13.467/2017, para a primeira, e Lei n. 8.036/1990, para a segunda.

A extinção do contrato de trabalho prevista no *caput* do art. 484-A permite, ainda, a movimentação da conta vinculada do trabalhador no FGTS, na forma do inciso I-A do art. 20 da Lei n. 8.036/1990, incluído pela Lei n. 13.467/2017, limitada até 80% dos valores depositados pelo empregador, ao longo do contrato de trabalho, objeto do distrato. Limitação esta inexistente, no instituto da "culpa recíproca", onde o empregado pode levantar a integralidade dos valores depositados a título de FGTS.

Por opção legislativa, ante a ausência de justa causa de ambas as partes, o inciso II do art. 484-A da CLT assegura ao empregado a percepção das demais verbas rescisórias em sua integralidade. Desta forma, o décimo terceiro salário deve ser pago integralmente, se devido, ou na proporção dos meses contratuais no respectivo ano; as férias simples + 1/3 ou proporcionais + 1/3, conforme o período aquisitivo em andamento, bem como o saldo de salário.

Quanto às parcelas da rescisão definidas no art. 484-A da CLT, Vólia Bomfim Cassar[4] (2017, p. 62) entende, que "o distrato é gênero do qual o PDV (art. 477-B da CLT) é mera espécie. Por isso, também o PDV deve pagar, ao menos, as parcelas da rescisão previstas no art. 484-A da CLT".

O § 2º do art. 484-A, rechaçou expressamente a possibilidade de acesso ao seguro-desemprego, despicienda a previsão expressa, pois esta figura jurídica não implica em desemprego involuntário, tal como previsto no inciso II, do art. 7º da Constituição Federal.

---

(3) SILVA, Homero Batista Mateus da. *Comentários à reforma trabalhista*. Análise da Lei 13.467/2017 – Artigo por artigo. São Paulo: Revista dos Tribunais, 2017. p. 95-97.

(4) CASSAR, Vólia Bomfim; BORGES, Leonardo Dias. *Comentários à reforma trabalhista*. Lei 13.467, de 13 de julho de 2017. São Paulo: Método, 2017. p. 62.

Interpretando-se sistematicamente, o empregador mantém o prazo de 10 dias para o efetivo pagamento das verbas rescisórias e entrega dos documentos de rescisão ao empregado, contados da manifestação expressa, ainda que verbal, do mútuo consentimento para o encerramento do contrato ou do último dia do aviso prévio trabalhado.

No mesmo sentido, Maurício Godinho Delgado e Gabriela Neves Delgado[5] (2017, p. 191):

> O prazo para o acerto rescisório continua a ser de 10 dias, contados da comunicação fática relativa ao encerramento do contrato. Trata-se do lapso temporal para o pagamento das verbas rescisórias e entrega dos documentos da rescisão ao empregado, inclusive os que comprovem a comunicação da extinção contratual aos órgãos competentes, com a concomitante obtenção, junto ao trabalhador, de sua assinatura na quitação rescisória. É o que se infere da leitura combinada dos dois dispositivos legais, isto é, o art. 484-A da CLT, em harmonia ao § 6º do art. 477 da Consolidação.

Sobre as formalidades, ou falta delas, na extinção do contrato de trabalho por acordo entre empregado e empregador, Homero Batista Mateus da Silva[6] (2017, p. 96), ponderou:

> Será interessante observar o desenvolvimento dessa nova figura de rescisão contratual, haja vista que, ao mesmo tempo em que ela foi criada, o legislador aboliu a necessidade da homologação sindical e até mesmo a necessidade de entrega do termo de rescisão para a movimentação do fundo de garantia (art. 477, especialmente § 10, da CLT), tornando um pouco mais difícil enxergar, numa primeira leitura dos documentos, qual foi a natureza da rescisão. Em princípio, não será possível entender que houve mútuo consentimento da simples leitura da carteira de trabalho. Talvez neste particular tenhamos encontrado o exemplo que faltava, no comentário ao art. 477, de hipótese em que as guias farão diferença e não serão supridas por simples anotação da data de saída na carteira de trabalho.

Não obstante as semelhanças entre os institutos do comum acordo e da culpa recíproca, cumpre observar que não há que se falar em culpa, no primeiro, mas em mútuo consentimento, em conformidade com o fenômeno jurídico-social de nascimento dinâmico de direitos[7] (SILVEIRA, ROCASOLANO, 2017, p. 175), do qual emerge a necessidade de garantir a integralidade dos elementos de liberdade, que compõem o valor da dignidade humana, de forma indivisível e interdependente.

O Direito compõem-se de intervenções positivas, ao mesmo tempo, estáveis e flexíveis, por parte de uma autoridade legítima, em consonância com as novas realidades históricas. Isto porque, há uma intrínseca relação entre o Direito e os fatos sociais que o legitimam e embasam as constantes alterações legislativas e atualizações legais. O legislador não pode olvidar os valores postos e incorporados à sociedade, sob pena ser ilegítimo, tornando o texto legal uma letra morta (DÍAZ, 1982, p. 125-126)[8].

Para Miguel Reale[9] (2002, p. 67-68):

> O Direito é, por conseguinte, um fato ou fenômeno social; não existe senão na sociedade e não pode ser concebido fora dela. Uma das características da realidade jurídica é, como se vê, a sua sociabilidade, a sua qualidade de ser social. É a concretização da ideia de justiça na pluridiversidade de seu dever ser histórico, tendo a pessoa como fonte de todos os valores. Correspondem eles ao que denominamos invariantes axiológicas ou valorativas, como as relativas à dignidade da pessoa humana, à salvaguarda da vida individual e coletiva, elevando-se até mesmo a uma visão planetária em termos ecológicos. [...] obedece, respectivamente, a uma perspectiva do fato [...], da norma [...] ou do valor. Donde devemos concluir que a compreensão integral do Direito somente pode ser atingida graças à correlação unitária e dinâmica das três apontadas dimensões da experiência jurídica, que se confunde com a história mesma do homem na sua perene faina de harmonizar o que é com o que deve ser.

Assim, sob o prisma do desenvolvimento dinâmico dos direitos humanos, que redefine o valor do trabalho humano e a figura do empregado, não o balizando apenas como meio de produção a ser transformado em capital novo e meio de manutenção de sua família por intermédio

---

(5) DELGADO, Maurício Godinho; DELGADO, Gabriela Neves. *A reforma trabalhista no Brasil*. Com comentários à Lei n. 13.467/2017. São Paulo: LTr, 2017. p.189-191.

(6) SILVA, HOMERO BATISTA MATEUS da. *Comentários à reforma trabalhista*. Análise da Lei 13.467/2017 – Artigo por artigo. São Paulo: Revista dos Tribunais, 2017. p. 95-97.

(7) SILVEIRA, Vladmir Oliveira da. ROCASOLANO, Maria Mendez. Direitos humanos: conceitos, significados e funções. São Paulo: Saraiva, 2010. p. 175.

(8) No mesmo sentido, Elias Díaz: "La norma jurídica aparece en relación con una determinada realidad social – que le sirve de orden y sobre la cual a su vez aquella opera – y en relación con determinado sistema de valores – que orienta a esa normatividad y pretende, en cada caso, servirle como fundamento y razón legitimadora" (DÍAZ, Elias. Sociología y filosofía del derecho. Madrid: Taurus, 1982. p. 125-126)

(9) REALE, Miguel. *Lições preliminares de direito*. 27. ed. São Paulo: Saraiva, 2002. p. 2, 32, 67-68.

do salário recebido, ampliando-o de modo a assegurar a liberdade dos indivíduos para pensar, criar, manifestar suas ideias e soluções, e respeitar suas escolhas (CASTRALLI, SILVEIRA, 2015, p. 61-86), entende-se que a presente atualização legislativa está conforme com a nova dinâmica jurídica-social e concretiza a dignidade da pessoa humana, tanto na dimensão da liberdade, quanto na dimensão da igualdade[10].

Deste modo, apresentando-se como um instrumento que viabiliza e aumenta o diálogo entre empregado e empregador, respeitando suas individualidades e vontades, este mecanismo de consenso, oportuniza maior composição entre as partes, desjudicializando questões equacionáveis entre elas, como forma de acesso à justiça, desonerando em fim o Poder Judiciário.

Por fim, cumpre observar que qualquer outro acordo fora do previsto legalmente, tais como: anotações na CTPS com o intuito de demonstrar um vínculo de emprego que não existiu ou, baixa na CTPS simulando um desligamento que não ocorreu, para se valer do recebimento do FGTS ou do seguro-desemprego, ainda configura fraude, podendo ser tipificado como crime de estelionato previsto no art. 171 do Código Penal.

4. CONCLUSÃO

O presente trabalho procurou estudar o novo instituto jurídico que legalizou a extinção do contrato de trabalho mediante consenso entre empregado e empregador.

Observou-se que o art. 484-A foi inspirado no instituto jurídico da "culpa recíproca" e consequentemente apresenta diversos pontos em comum, tais como: aviso prévio, se indenizado pela metade; indenização do FGTS, pela metade; possibilidade de saque do FGTS, mas limitado a 80% dos valores depositados pelo empregador, limitação inexistente para o caso de culpa recíproca; e impossibilidade de percepção do seguro-desemprego, uma vez que não se trata de desemprego involuntário, nos dois casos.

Embora inspirado na culpa recíproca, o art. 484-A não está fundado neste elemento subjetivo, mas no mútuo consentimento, no acordo de vontades, em conformidade com o fenômeno jurídico-social de nascimento dinâmico de direitos, que respeita as liberdades e suas manifestações em uma relação jurídica.

Ainda que questionáveis algumas alterações introduzidas pela Lei n. 13.467/2017, denominada de "reforma trabalhista", o certo é que vislumbra-se que a oficialização do distrato pelo art. 484-A da CLT compõem os processos emancipatórios necessários ao desenvolvimento econômico, mas, ao mesmo tempo, está em conformidade com a primeira e segunda dimensões de direitos humanos, gerando consequências positivas para ambas as partes da relação laboral.

5. REFERÊNCIAS

CASSAR, Vólia Bomfim; BORGES, Leonardo Dias. *Comentários à reforma trabalhista*. Lei n. 13.467, de 13 de julho de 2017. São Paulo, Método, 2017. p. 62.

CASTRALLI, Renata Barbosa; SILVEIRA, Vladmir Oliveira da. *A dimensão ecológica dos direitos humanos e a redefinição do valor do trabalho humano*. São Paulo: Revista Thesis Juris, v. 4, n. 1, janeiro/junho 2015, p. 61-86.

DELGADO, Mauricio Godinho; DELGADO, Gabriela Neves. *A reforma trabalhista no Brasil*. Com comentários à Lei n. 13.467/2017. São Paulo: LTr, 2017.

DÍAZ, Elias. *Sociología y filosofia del derecho*. Madrid: Taurus, 1982.

REALE, Miguel. *Lições preliminares de direito*. 27. ed. São Paulo: Saraiva, 2002.

SILVA, Homero Batista Mateus da. *Comentários à reforma trabalhista*. Análise da Lei 13.467/2017 – Artigo por artigo. São Paulo: Revista dos Tribunais, 2017.

SILVEIRA, Vladmir Oliveira da; ROCASOLANO, Maria Mendez. *Direitos humanos*: conceitos, significados e funções. São Paulo: Saraiva, 2010.

---

(10) CASTRALLI, Renata Barbosa; SILVEIRA, Vladmir Oliveira da. *A dimensão ecológica dos direitos humanos e a redefinição do valor do trabalho humano*. São Paulo: Revista Thesis Juris, v. 4, n. 1, janeiro/junho 2015. p. 61-86.

II
Direito Coletivo do Trabalho

CIBERCULTURA E O PAPEL DOS SINDICATOS PÓS-REFORMA TRABALHISTA

Antonio Carlos Aguiar[1]

1. ENCONTRABILIDADE

A reforma trabalhista, recentemente promulgada, traz consigo várias alterações estruturais na forma e comportamento das relações de trabalho: individuais e coletivas.

Os sindicados têm, de um lado, maior responsabilidade, por força do reconhecimento do negociado sobre o legislado, e, do outro, uma imperiosa necessidade de demonstrar eficácia representativa, a fim de poder efetivamente responder pelas (reais) necessidades de seus representados e, com isso, ter elevado, a cada dia, o número de pessoas dispostas a contar com sua representação, financiando, inclusive, suas atividades por meio de contribuições facultativas.

Um *encontro*.

Um *encontro* entre expectativas, necessidades e oportunidades.

Um *encontro* que exige uma visão – sem preconceitos – da forma; do como; das regras que serão estabelecidas em cada forma de concretização de novos modelos representativos.

Um *encontro* num espaço de tempo que perfaz a junção do presente com o futuro, que se exterioriza em protótipos próprios de uma era digital, de um especial modo de traduzir, explicitar e entender onde estamos e para onde iremos, em velocidade exponencial.

Pode-se dizer: uma *encontrabilidade*.

Encontrabilidade. Termo que se origina da palavra inglesa *findability*, atualmente utilizada na conceituação da atividade dos profissionais digitais, os chamados arquitetos de informação, especialistas em SEO[2] e diversos outros ligados à comunicação digital ao redor do mundo, como John Zyskowski[3] cita em artigo recente.

Nos dias atuais, não adianta existir, se você não puder ser *encontrado*.

Encontro que tem a ver com finalidade; com público-alvo, com objetivos; com estruturação finalística de longo alcance.

Um *encontro* de técnicas e formas de representação e negociação essenciais para se chegar a esse objetivo; pacificando conflitos; otimizando e customizando relacionamentos; modernizando e atualizando contratos de trabalho para fluência e navegação no século XXI.

2. CIBERCULTURA

Hoje, a um simples clique é possível, via internet, ter acesso a todo tipo de informações: manuais, dicas, questionários, enfim, uma gama significativa de atuação para absolutamente tudo.

Em um contrato (individual ou coletivo) de trabalho não é diferente. O uso de ferramentas digitais (e espaço para arquivamento de fotos, vídeos e outros documentos) é indispensável; é fundamental. Perpassa, inclusive, as funções eminentemente profissionais. Consagra também o pessoal. São armazenados e guardados sob vigilância constante por *backups* efetuados pelo empregador em suas máquinas (os computadores, *smartphones*, *tablets* etc. continuam sendo de propriedade do empregador) várias informações e dados pessoais do empregado. A sua disponibilização (durante e após a relação de trabalho) merece atenção e regramento positivado.

Se o empregado prestar serviços externos ou em *home office* poderá (se não houver explícita ordem em sentido contrário) utilizar de rede *wi-fi* pública e/ou gratuita.

---

(1) Sócio do Peixoto & Cury, integrante desde 1987. Bacharel em Direito pela Pontifícia Universidade Católica de São Paulo – PUC/SP; Especialista em Direito do Trabalho pela Universidade de São Paulo – USP e Mestre e Doutor em Direito do Trabalho pela Pontifícia Universidade Católica de São Paulo – PUC. Professor Doutor em Direito do Trabalho na Faculdade de Direito do Centro Universitário da Fundação Santo André. Autor de diversos artigos e dos livros: "Negociação Coletiva" e "Advocacia Trabalhista", ambos pela Editora Saraiva e "Unicidade Sindical no Brasil: Mito ou Realidade?", pela Editora *Quartier Latin*.

(2) Na prática, o especialista em SEO oferece técnicas para melhorar a posição de um site no Google (e outros buscadores) e fazer com que a página da companhia tenha mais visibilidade e, consequentemente, mais visitantes. Disponível em: <https://olhardigital.com.br/noticia/especialista-em-seo-e-a-profissao-do-presente/32612>. Acessado em 02.10.2017.

(3) Disponível em: <https://fcw.com/.../.../homepage-tech-briefing-findability.aspx...>

Estará (o risco é grande e efetivo), contudo, trabalhando e possivelmente disponibilizando informações confidenciais para quem não deveria nesta hipótese. Alguém lhe disse que isso não era seguro? Uma política interna, disposição contratual e/ou acordo sindical alertando-o para esse fato de risco é fundamental A necessidade dessas prévias comunicativas, diante dos reflexos negativos que podem desdobrar-se da sua (má) utilização. Inconteste.

Por falar em política interna será que há alguma disciplinando como ele deve usar (ou não usar) os aparelhos que lhe são ofertados para o trabalho, como computadores, *smarthphones, tablets* etc.? E mais: que eles serão considerados como ferramenta de trabalho e, portanto, sujeitos à fiscalização e controle? Condição que implica análise e verificação de (por) terceiros de fatos, fotos e comportamentos íntimos?

Ou mais ainda: que o empregador poderá, ao longo do contrato, obter informações estritamente pessoais relacionadas ao comportamento geral do empregado, geradoras de fórmulas que lhe permitem avaliar e assegurar a sua produtividade, influenciando diretamente a sua carreira profissional, sem que tenha possibilidade de um "contraditório" quanto ao subjetivo entendimento daquele que detém acesso a essas informações?

Ainda com relação ao uso do *wi-fi* aberto para clientes apenas com senha sem identificação, tem de ser explicitado ao trabalhador sobre os riscos de a sua utilização poder ser tratada em determinadas situações como crime virtual (além do acesso indevido por terceiros das informações contidas no aparelho), como, por exemplo, um roubo de identidade e de senha, com a utilização das informações pessoais para realizar compras *on-line* ou efetuar transações financeiras de forma indevida.

Ou, então: a) falsa identidade; b) calúnia, injúria ou difamação na internet; c) estelionato; d) pirataria; e) discriminação (comentários preconceituosos de cunho racista, sexista, homofóbico, transfóbico etc.); e) pedofilia. A lista é grande.

Destaque-se mais: terminada a relação teria o empregado um salvo conduto relativo a uma espécie de direito ao esquecimento? Seus dados pessoais são seus e de mais ninguém. Logo, tudo que estiver (se previamente autorizado para tanto) guardado em seu maquinário deverá ser-lhe entregue por meio de *pen drive* ou mídia equivalente, com garantia de não armazenamento por parte do empregador. A positivação coletiva dessas regras é imprescindível.

Há de se observar, ainda, outros aspectos periféricos e reflexivos supervenientes ao fim do contrato, não diretamente ligados ao arquivo/guarda de "coisas" pessoais. A relação profissional que foi mantida entre empregado e empregador é originária de um contrato sinalagmático-bilateral, portanto, limitado tão somente àqueles que o constituíram. Salvo informações de índole estatal, que obrigatoriamente devem ser guardadas e eventual ou periodicamente repassadas à fiscalização do Estado, a fidúcia contratual obriga as partes respeitarem a individualidade do contrato. Não repassarem a terceiros dados e/ou informações sem a anuência de seu titular.

Sem dúvida alguma, é importantíssima a celebração de instrumentos jurídicos de vazão eficaz para essa garantia. Eles podem perpassar por aditivos contratuais; compromissos expressos pós-contratuais, com cláusulas restritivas de liberdade; acordos coletivos de trabalho; políticas internas de *compliance*; e tudo mais que tenha o condão de limitar o conteúdo comunicativo dessas informações/dados pessoais e profissionais.

A necessidade de instrumentos de garantia formatados (a expectativa é essa num espaço de cibercultura) por um ente representativo que não necessariamente se perfaz por meio de uma estrutura horizontal é imperiosa. A cada dia as pessoas querem dizer mais sobre si, de si e por si. Elas mesmas. Por isso, por meio de "mobilizações espontâneas" (muitas advindas de redes sociais) espalham demandas, que imaginam serão atendidas por intermédios de organizações representativas verticalizadas. Eis aqui (mais um) grande desafio sindical.

Democracia nesta cibercultura não se adequa necessária e obrigatoriamente a uma rigidez hierárquica com nicho de poder demarcado. Logo, o modelo sindical deverá se amoldar a esse novo. A um compartilhamento em rede. As comissões de representação de trabalhadores apostas no corpo da reforma trabalhista sugerem um formato diferenciado a ser gestado e utilizado. Um baita desafio.

Para um melhor entendimento de como esse novo tem se desfraldado no dia a dia laboral, a necessidade de proteção de dados pessoais, algo possível (pelo menos melhor) de ser controlado, fiscalizado ou regrado, por meio de quem vivencia diuturnamente as relações trabalhistas, por intermédio da junção horizontalizada de representação.

3. PROTEÇÃO DE DADOS: UMA GARANTIA JURÍDICA HORIZONTALIZADA

Quando se fala em proteção, dentro de um contexto social permeado por questões tecnológicas, o que está em jogo não é mais efetivamente a construção de meios e formas que garantam o indivíduo (a pessoa humana) uma proibição plena quanto ao acesso a sua vida privada; à sua intimidade (algo como: *me deixe em* paz).

O que é possível e deve ser respeitado é outro modo garantido, qual seja o *controle*. Mecanismos legais que monitorem o acesso e uso dos seus dados pessoais, formadores da sua identidade e da sua personalidade, que garantam o segredo (se assim a pessoa quiser) sobre esses dados; sobre o fluxo dessas informações.

Muito embora no Brasil não exista uma regulamentação específica acerca da proteção de dados, a tutela privada de direitos da personalidade do trabalhador tem sua garantia, com vistas à proteção da dignidade da pessoa humana. Para tanto, observam-se as disposições principiológicas da

Constituição Federal, Consolidação das Leis do Trabalho, marco civil da internet e as negociações coletivas de trabalho.

A União Europeia, em 27 de abril de 2016, editou normas que compõem o agora chamado *General Data Protection Regulation* (GDPR). De acordo com o estabelecido, as organizações que manipulam e tratam dados pessoais da Comunidade Europeia terão de implementar as medidas até maio de 2018, dois anos após a edição[4]. O GDPR é composto por:

a) Regulamento (UE) 2016/679 do Parlamento Europeu e do Conselho – relativo à proteção das pessoas singulares no que diz respeito ao tratamento de dados pessoais e à livre circulação desses dados e que revoga a Diretiva 95/46/CE (Regulamento Geral sobre a Proteção de Dados)[5];

b) Diretiva (UE) 2016/680 do Parlamento Europeu e do Conselho – relativa à proteção das pessoas singulares no que diz respeito ao tratamento de dados pessoais pelas autoridades competentes para efeitos de prevenção, investigação, deteção ou repressão de infrações penais ou execução de sanções penais, e à livre circulação desses dados, e que revoga a Decisão-Quadro 2008/977/JAI do Conselho[6];

c) Diretiva (UE) 2016/681 do Parlamento Europeu e do Conselho de 27 de abril de 2016 – relativa à utilização dos dados dos registros de identificação dos passageiros (PNR) para efeitos de prevenção, deteção, investigação e repressão das infrações terroristas e da criminalidade grave.[7]

Em relação ao âmbito de aplicação, devemos ter em mente que o GDPR aplica-se a empresas brasileiras que tratam dados de cidadãos europeus, como, por exemplo, empresas que tenham matriz ou filial europeia, com sistema integrado para tratamento de dados.[8]

Numa relação de emprego, como bem alerta e destaca Tatiana de Almeida Granja[9], estão presentes princípios próprios do Direito do Trabalho, que impõem limites aos poderes do empregador (direção, hierárquico e de fiscalização), garantidores, portanto, da proteção de dados. Neste sentido, ao destacar, primeiramente, o *princípio da irrenunciabilidade de Direitos*, ela o faz citando outros dois autores:

Primeiro, a jurista Maria Belén Cardona Rubert[10], que identifica as possibilidades de tratamento de dados sensíveis:

---

(4) Considerando n. 171: A Diretiva 95/46/CE deverá ser revogada pelo presente regulamento. Os tratamentos de dados que se encontrem já em curso à data de aplicação do presente regulamento deverão passar a cumprir as suas disposições no prazo de dois anos após a data de entrada em vigor. Se o tratamento dos dados se basear no consentimento dado nos termos do disposto na Diretiva 95/46/CE, não será necessário obter uma vez mais o consentimento do titular dos dados, se a forma pela qual o consentimento foi dado cumprir as condições previstas no presente regulamento, para que o responsável pelo tratamento prossiga essa atividade após a data de aplicação do presente regulamento. As decisões da Comissão que tenham sido adotadas e as autorizações que tenham sido emitidas pelas autoridades de controlo com base na Diretiva 95/46/CE, permanecem em vigor até ao momento em que sejam alteradas, substituídas ou revogadas.

(5) Disponível em: <http://eur-lex.europa.eu/legal-content/PT/TXT/HTML/?uri=CELEX:32016R0679&from=PT>.

(6) Disponível em: <http://eur-lex.europa.eu/legal-content/PT/TXT/HTML/?uri=CELEX:32016L0680&from=PT>.

(7) Disponível em: http://eur-lex.europa.eu/legal-content/PT/TXT/HTML/?uri=CELEX:32016L0681&from=PT

(8) Art. 3º. Âmbito de aplicação territorial: 1. O presente regulamento aplica-se ao tratamento de dados pessoais efetuado no contexto das atividades de um estabelecimento de um responsável pelo tratamento ou de um subcontratante situado no território da União, independentemente de o tratamento ocorrer dentro ou fora da União. 2. O presente regulamento aplica-se ao tratamento de dados pessoais de titulares residentes no território da União, efetuado por um responsável pelo tratamento ou subcontratante não estabelecido na União, quando as atividades de tratamento estejam relacionadas com:

a) A oferta de bens ou serviços a esses titulares de dados na União, independentemente da exigência de os titulares dos dados procederem a um pagamento; b) O controlo do seu comportamento, desde que esse comportamento tenha lugar na União. 3. O presente regulamento aplica-se ao tratamento de dados pessoais por um responsável pelo tratamento estabelecido não na União, mas num lugar em que se aplique o direito de um Estado-Membro por força do direito internacional público.

(9) GRANJA, Tatiana de Almeida. *O desafio da proteção aos dados pessoais do trabalhador: a relação de trabalho*. Disponível em: <http://direitoeti.com.br/artigos/o-desafio-da-protecao-aos-dados-pessoais-do-trabalhador-a-relacao-de-trabalho/>. Acessado em: 29 out. 2017.

(10) No original: *El empresario únicamente podrá proceder al tratamiento automatizado de estos datos sensibles cuando, por la naturaleza del puesto, el trabajador deba realizar tareas cargadas de un indudable contenido ideológico, mientras que habrá que entender excluida esta posibilidad en el caso de tratarse de tareas neutras, ya que la aptitud para ejecutar dichas prestaciones no depende de la participación del trabajador en la tendencia o línea ideológica de la empresa y, por tanto, son ilícitas todas las indagaciones realizadas por el empresario dirigidas a obtener información relativa a la ideología, creencias religiosas, afinidad política o sindical del candidato al empleo o del trabajador en plantilla que tenga que desarrollar o que desarrolle actividades ideológicamente neutras.* CARDONA RUBERT, Maria Belén. Informática y

O empresário unicamente poderá proceder ao tratamento automatizado destes dados sensíveis quando, pela natureza do posto, o trabalhador deva realizar tarefas carregadas de um indubitável conteúdo ideológico, devendo ser excluída esta possibilidade no caso de se tratar de tarefas neutras, já que a aptidão para executar ditas prestações não depende da participação do trabalhador na tendência ou linha ideológica da empresa e, portanto, são ilícitas todas as indagações realizadas pelo empresário dirigidas a obter informação relativa a ideologia, crenças religiosas, afinidade política ou sindical do candidato ao emprego ou do trabalhador do quadro que tenha que desenvolver ou desenvolva atividades ideologicamente neutras.

Depois, traz à tona o entendimento de Daniel Martínez Fons[11]:

[...]. no que se refere aos dados especialmente protegidos, deve-se ter em conta que a exigência do consentimento na coleta e no tratamento de dados sensíveis não substitui nem neutraliza os direitos fundamentais à intimidade, liberdade religiosa, ideológica e sindical na relação de trabalho. Efetivamente, o requerimento empresarial ao trabalhador de qualquer informação relativa a algum dos aspectos agora citados se sujeita ao princípio da proporcionalidade. Isto significa que deve ser comprovado um interesse relevante no conhecimento da informação.

A seguir, trata do *princípio da qualidade dos dados*, evidenciando que por esse princípio "os dados coletados devem ser adequados, necessários e proporcionais (não excessivos) e adequados à finalidade de tratamento a que se destinam. Além disso, eles devem ser, de fato, necessários, indispensáveis e não excessivos ao propósito do tratamento. [...] deve haver proporcionalidade entre as naturezas dos dados levantados e o objetivo do tratamento de dados.

Insta registrar que as três exigências relacionadas à qualidade dos dados – adequação, pertinência ou necessidade e proporcionalidade em sentido estrito – correspondem aos três elementos do princípio da proporcionalidade".

Depois, completa com o *princípio da informação*, onde "é obrigação do empregador informar a existência e a finalidade do tratamento. É também necessário informar os meios e as fontes que serão utilizadas na obtenção dos dados, bem como as consequências da negativa de consentimento e/ou fornecimento das informações. [...] é mister demonstrar a idoneidade e garantir a transparência do tratamento de dados de caráter pessoal".

Outro princípio por ela relacionado refere-se ao *princípio do consentimento*, onde "em qualquer espécie de tratamento de dados, o consentimento do indivíduo tem importância capital. Trata-se do princípio que legitima todo o tratamento. Ele permite que o afetado controle a utilização de seus dados pessoais, o que se denomina direito à autodeterminação informativa".

Especificamente com relação a esse princípio, uma vez mais, ela se vale das assertivas e preciosas lições de Daniel Martínez Fons[12], para quem:

[...] o consentimento da pessoa afetada é princípio essencial da relação de tratamento de dados [...]. A aplicação de tecnologias que permitam coletar, armazenar e tratar dados de caráter pessoal exige, com caráter geral, o consentimento do afetado [...]. Trata-se, portanto, de acordo com a doutrina, do "informed consent", isto é, um <u>consentimento informado e plenamente consciente</u> sobre a relação jurídico-privada que se constrói entre o responsável do ficheiro e o afetado (tradução e grifos nossos).

E completa a relação com os princípios: (i) princípio da dignidade da pessoa humana; (ii) princípio da não discriminação; e (iii) princípio da boa-fé.

---

contrato de trabajo. Valencia: Tirant lo Blanch, 1999.p. 158-159 *apud* GRANJA, Tatiana de Almeida. *O desafio da proteção aos dados pessoais do trabalhador: a relação de trabalho.*

(11) *[...] por lo que se refiere a los datos especialmente protegidos, debe tenerse en cuenta que la exigencia del consentimiento en la recogida y tratamiento de datos sensibles no sustituye ni neutraliza los derechos fundamentales a la intimidad, libertad religiosa, ideológica y sindical en el relación de trabajo. Efectivamente, el requerimiento empresarial de cualquier información que se solicite al trabajador relativa a alguno de los aspectos ahora citados se halla sujeta al principio de proporcionalidad. Ello significa que debe justificarse un interés relevante en el conocimiento de la información.* MARTÍNEZ FONS, Daniel. Tratamiento y protección de datos de los trabajadores en la relación de trabajo. Derecho social y nuevas tecnologías. Madrid: Consejo General del Poder Judicial, 2005, p. 44. *apud* GRANJA, Tatiana de Almeida. *O desafio da proteção aos dados pessoais do trabalhador: a relação de trabalho.*

(12) *[...] es principio esencial de la relación de tratamiento de datos el consentimiento de la persona afectada [...]. La aplicación de tecnologías que permitan recabar, almacenar y tratar datos de carácter personal exige, con carácter general, el consentimiento del afectado [...]. Se trata, por tanto, de acuerdo con la doctrina, de "informed consent", esto es, un consentimiento informado y plenamente consciente sobre el que se construye la relación jurídico-privado entre el responsable del fichero y el afectado.* Martínez Fons, Daniel. Tratamiento y protección de datos de los trabajadores en la relación de trabajo. Derecho social y nuevas tecnologías. Madrid: Consejo General del Poder Judicial, 2005, p. 39. *apud* GRANJA, Tatiana de Almeida. *O desafio da proteção aos dados pessoais do trabalhador: a relação de trabalho.*

Para um real e efetivo efeito garantidor, hão de ser habilitados e reconhecidos alguns direitos suplementares: (a) direito de acesso; (b) direitos de retificação e de cancelamento; e (c) direito de oposição.

O empregado tem de ter acesso às informações que lhe dizem respeito. Deve-lhe ser facilitado o conhecimento, com simplicidade de caminhos para obtenção de todas as informações que concernem à sua vida (pessoal e profissional).

Neste sentido, Daniel Martínez Fons[13] assegura que:

[...] não cabe impor restrições indiretas que desestimulem o exercício do direito de acessar; de maneira que se deve rejeitar qualquer prática neste sentido, tais como circunscrever o exercício do direito fora da jornada de trabalho ou que o tempo investido não seja considerado tempo de trabalho, submeter a questionários os trabalhadores que querem acessar, nem, enfim, estabelecer um registro autônomo dos trabalhadores que fazem uso de sua faculdade.

Quanto à periodicidade, Tatiana de Almeida Granja, entende que deve ser fixado "um intervalo mínimo entre os acessos dos trabalhadores aos seus próprios dados, evitando transtornos para a organização decorrentes de sucessivos e despropositados acessos [...] com o estabelecimento de exigências mínimas que demonstrem a legitimidade de interesse".

Por óbvio, quando houver necessidades excepcionais e justificáveis, esse período pode sofrer alterações para atender essas legitimas urgências.

Embora não haja regulamentação específica na legislação brasileira (fora da realação de trabalho) interpretamos que a tutela dos direitos privados abarca a proteção do trabalhador, com base nas garantias constitucionais, Código Civil e Consolidação das Leis do Trabalho.

Os dados poderão ser objeto de correção (*Direitos de retificação e de cancelamento*), por meio de cancelamento (exclusão física do dado) ou, em alguns casos, pelo simples bloqueio ao acesso.

Há, ainda, a possibilidade do exercício do *Direito de oposição*, facultado ao empregado apresentar justificativas legítimas para exposição e/ou manutenção de seus dados pessoais, uma espécie de *jus resistentiae* no contrato de trabalho.

Note-se que esse procedimento de controle é indispensável dentro do seio da sociedade eminentemente digital que vivemos. Como alerta, Fernanda Bruno, professora e pesquisadora da UFRJ, destaca que "Os contornos modernos que conhecemos e herdamos – a separação público/privado e a definição de papéis em cada uma dessas esferas, a valorização da família, os direitos do indivíduo, a inviolabilidade do domínio privado, o direito ao segredo, à solidão, a proteção ao anonimato etc. – foram resultado de embates na definição das relações entre o estado e a sociedade civil, o indivíduo e o coletivo. Logo, a privacidade, não sendo uma condição "natural", está sujeita a variações, mas estas não seguem um princípio "evolutivo" que levaria a sua extinção (como quer Zuckerberg, presidente do Facebook), mas são (e foram sempre) o efeito de embates sociais, políticos, econômicos. A história da privacidade é uma história política do cotidiano, onde a micro e a macro-política não cessam de se misturar. É nesse sentido que se deve compreender as recentes transformações nos seus limites. A privacidade hoje está em disputa. Não se trata de afirmar que ela existe ou deixou se existir, mas de compreender os discursos, forças e práticas que hoje disputam pelo sentido, valor e experiência da privacidade. Essa disputa é especialmente sensível no campo das redes distribuídas de comunicação. Assim, é preciso entrecruzar a disputa em torno da privacidade e as disputas políticas, econômicas, sociais, cognitivas e estéticas que se travam no âmbito dessas redes, de seus "bens" materiais e imateriais, de seus modelos de comunicação, circulação e produção de informação, conhecimento, cultura etc. Não raro (embora não necessariamente) os que clamam pelo fim da privacidade também clamam pelo controle da liberdade e do anonimato, ou pelo controle das práticas de compartilhamento e colaboração na rede[14]".

O importante, sem dúvida alguma, é o cuidado e a forma como são tratadas, divulgadas e destinadas às informações provenientes de dados pessoais do trabalhador (antes, durante e após a relação de emprego), na medida em que esses dados pessoais (e sua publicidade) estão sob um invólucro digital de duas ordens:

---

(13) *[...] para la obtención de un resultado ponderado en la composición de los intereses opuestos no basta con la máxima tutela que pueda ofrecerse al ámbito estricto de la intimidad y un amplio conjunto de informaciones a las que legítimamente pueda acceder el empresario. Todo lo contrario el equilibrio de intereses debe fundamentarse sobre el principio de control del sujeto sobre la información relacionada con él. Ello se manifiesta en la existencia de una finalidad legítima que justifique la recogida de los datos de carácter personal. Es precisamente el referido principio el elemento esencial que ha de tomarse en consideración en la evaluación del tratamiento de datos en la relación laboral. Se trata, consiguientemente, de determinar la cantidad y calidad de las informaciones que sobre el cumplimiento de la prestación de trabajo pueden ser recogidas.* Martínez Fons, Daniel. Tratamiento y protección de datos de los trabajadores en la relación de trabajo. Derecho social y nuevas tecnologías. Madrid: Consejo General del Poder Judicial, 2005, p. 31-32. apud GRANJA, Tatiana de Almeida. *O desafio da proteção aos dados pessoais do trabalhador: a relação de trabalho.*

(14) BRUNO, Fernanda. O fim da privacidade em disputa. Disponível em: <http://revistapontocom.org.br/edicoes-anteriores-artigos/o-fim-da-privacidade-em-disputa>. Acessado em: 29 out. 2017.

a) Uma primeira que pode ser chamada de *mais superficial e visível*, "onde as pessoas geram e disponibilizam voluntariamente e sobre os quais usualmente têm o controle do seu grau de visibilidade e publicidade (conforme as ferramentas disponibilizadas aos usuários, e nas quais inscrevem-se as nuances éticas da política de privacidade desses serviços e ambientes)";

b) Há, contudo, uma segunda camada, que chamaremos de *profunda*, de dados que podem ou não conter meios de identificação dos indivíduos que os geraram. "Agregados em bancos de dados e submetidos a técnicas de mineração e *profiling*, tais dados geram mapas e perfis de consumo, interesse, comportamento, sociabilidade, preferências políticas que podem ser usados para os mais diversos fins, do marketing à administração pública ou privada, da indústria do entretenimento à indústria da segurança, entre outros. Neste caso, o controle do indivíduo sobre os seus próprios dados é bem menos evidente e a noção de privacidade (nos seus termos jurídicos) não dá conta da complexidade de questões sociais, políticas e cognitivas envolvidas"[15].

Logo, a proteção e guarda dos dados deve ser feita de maneira própria e complexa e não de modo amador e subjetivo, até porque o marco civil da internet exige a proteção da **privacidade do usuário**, mas pede a manutenção, por **um ano**, de registros que possam **identificar os autores** dos acessos.

4. CONCLUSÃO

"Com a chegada da tecnologia, a realidade pode ser (re) construída, sem necessariamente o resultado corresponder a um modelo originário, extraído da realidade percebida"[16]. Estamos vivendo num novo mundo. A pretensão e busca por soluções horizontalizadas exige autonomia. E com autonomia saímos da adolescência e entramos na idade adulta das relações de trabalho.

Fomos "**Picados pelas formigas**".

Uma analogia com o ritual de passagem em que se submetem indígenas da Amazônia.

A formiga é uma "Paraponera clavata, que os indígenas da Amazônia chamam tocandira e os de língua inglesa *bullet ant*, ou formiga-projétil. É assim chamada porque a dor que provoca quando pica com suas potentes mandíbulas é comparável à de um tiro de revólver. Para entrar no mundo dos adultos, os adolescentes homens da tribo dos Sateré Mawé, que vivem na fronteira entre o Amazonas e o Pará, desafiam esse monstruoso inseto – uma das maiores formigas do mundo, chegando a 3 centímetros - enfiando as mãos no interior de um par de luvas recheadas com dezenas de tocandiras. Os garotos têm que dançar com as mãos dentro da luva durante dez minutos. A dor pode durar até 24 horas e é tão intensa que o corpo sofre com convulsões. O mais inacreditável é que os homens da tribo repetem este ritual várias vezes durante a vida, para provar a sua masculinidade. E devem resistir sem gritar, sem chorar ou se lamentar durante pelo menos dez minutos!"[17]

O mundo adulto é maior com mais alternativas e responsabilidades.

Uma autonomia acompanhada de responsabilidade.

Veja o exemplo do § 5º, do art. 611-A, da CLT, que expressamente dispõe que: "os sindicatos subscritores de convenção coletiva ou de acordo coletivo de trabalho deverão participar, como litisconsortes necessários, em ação individual ou coletiva, que tenha como objeto a anulação de cláusulas desses instrumentos".

Um processo que tem como premissa de validade componentes de eticidade e fluidez de dados e condicionantes. Numa palavra: transparência.

Tudo dentro de um mundo em que conta com mais de sete bilhões de telefones celulares, muitos equipados com câmeras de alta resolução, tudo pode ser gravado em tempo real. Todos os nossos movimentos são gravados. Estamos mergulhados num mar de transparência radial.

Acresça-se à transparência outro componente indispensável ao reconhecimento jurídico deste universo negocial: a adaptabilidade.

Esse, aliás, é um elemento altamente importante numa sociedade em veloz transformação de conceitos, valores e crenças.

Para bem e melhor dimensionar esse *darwinismo* social que a todos nós abarca e que chega às relações de trabalho, vale a pena trazer à baila, como centro dessa esfera mutante, uma área das mais tradicionais e que, por isso mesmo, *a priori* deveria (deveria, mas não é) avessa a mudanças, ou seja, o universo familiar. Para tanto, segue uma observação esclarecedora da socióloga Anna Laura Zannata, em seu livro *As novas famílias*[18]. Diz ela:

---

(15) *Idem*.

(16) COLL, C; MONEREO, C (Org.). *Psicologia da educação virtual*: aprender e ensinar com as tecnologias da informação e da comunicação. Tradução Naila Freitas. Porto Alegre: Armed, p. 100, 2010.

(17) Disponível em: <https://www.brasil247.com/pt/247/revista_oasis/195398/Ontem-menino-hoje-homem-Os-ritos-de-passagem-mais-estranhos-do-mundo.htm>. Acesso em: 02 out. 2017.

(18) DE MASI, Domenico. *Alfabeto da sociedade desorientada*. Objetiva. Tradução Silvana Cobucci e Frederico Carotti. Rio de Janeiro, 2015. p. 101.

Um só indivíduo pode ter a experiência de viver uma experiência de viver uma sequência de formas familiares: pode começar sua vida numa família tradicional e, após o divórcio dos pais, passar a fazer parte de uma família com um só genitor (na maioria das vezes a mãe), depois uma família recomposta, a mãe que se casa novamente, adquirindo eventualmente novos irmãos e uma espécie de "pai social", mesmo que não reconhecido, que se soma, sem substituir, ao pai biológico e legal. Chegando à idade adulta, pode viver temporariamente sozinho, dando vida a uma família unipessoal, depois passar a conviver (família de fato) e posteriormente casar-se, não necessariamente com a mesma pessoa com quem conviveu; não se pode excluir que depois se divorcie, como fizeram seus pais, e dê vida a uma família recomposta, não mais como filho ou filha, mas como cônjuge ou companheiro, talvez experimentando de novo, antes ou depois, um período de solidão ou de convivência. Por fim – se for uma mulher, com maior probabilidade do que um homem –, concluirá sua vida outra vez só, como viúvo ou viúva. A família tende sempre a se transformar de experiência total e permanente em experiência parcial e transitória da vida individual. Além do mais, toda vez que se fala de casal, pode-se tratar também de dois homossexuais.

Não há dúvidas que, diante desse processo transformador, pelo qual uma pessoa, um trabalhador passa ao longo da sua vida, e o exemplo familiar foi apenas um matiz dos vários que lhe compõem o espectro de sobrevivência, que a mobilidade da negociação coletiva lhe é extremamente importante nesse feixe de adaptabilidade vivencial. Mais do que importante: imprescindível.

5. REFERÊNCIAS BIBLIOGRÁFICAS

Livros:

AGUIAR, Antonio Carlos. *Negociação coletiva de trabalho.* Saraiva, 2011.

ALVES, Rubem. *Concerto para corpo e alma.* São Paulo: Papirus Editora, 2002.

BRUNO, Fernanda. *O fim da privacidade em disputa.* Disponível em: <http://revistapontocom.org.br/edicoes-anteriores-artigos/o-fim-da-privacidade-em-disputa. Acessado em: 29 out. 2017>.

CAMPERO, Guilhermo et al, *Os atores sociais no novo mundo do trabalho.* São Paulo: OIT e LTr, 1994.

CARDONA RUBERT, Maria Belén. *Informática y contrato de trabajo.* Valencia: Tirant lo Blanch, 1999 apud GRANJA, Tatiana de Almeida. *O desafio da proteção aos dados pessoais do trabalhador*: a relação de trabalho.

COLL, C; MONEREO, C (Org.). *Psicologia da educação virtual*: aprender e ensinar com as tecnologias da informação e da comunicação. Tradução Naila Freitas. Porto Alegre: Armed.

MARTÍNEZ FONS, Daniel. Tratamiento y protección de datos de los trabajadores en la relación de trabajo. Derecho social y nuevas tecnologías. Madrid: Consejo General del Poder Judicial, 2005 apud GRANJA, Tatiana de Almeida. *O desafio da proteção aos dados pessoais do trabalhador*: a relação de trabalho.

DE MASI, Domenico. *Alfabeto da sociedade desorientada.* Objetiva. Tradução Silvana Cobucci e Frederico Carotti. Rio de Janeiro, 2015.

FISHER, Roger; Ury, Willian, Patton, Bruce, *Como chegar ao sim – Projeto de Negociação da Harvard School*, Imago, 2. ed., revisada e ampliada.

SERRA, Catarina, A responsabilidade social das empresas. *questões laborais,* ano XII, Coimbra: Coimbra Ed., 2005.

SUPIOT, Alain et al *Transformações do trabalho e futuro do direito do trabalho na Europa.* Coimbra: Coimbra Ed., 2003.

WATIKTINS, Michael, *Negociação.* Record, Harvard Business Essentials, 2011.

XAVIER, Bernardo da Gama Lobo, Polivalência e mobilidade. In: *1º Congresso Nacional de direito do trabalho.* Coimbra: Almedina, 1998.

Sites:

Disponível em: <https://olhardigital.com.br/noticia/especialista-em-seo-e-a-profissao-do-presente/32612>.

Disponível em: <https://fcw.com/.../.../homepage-tech-briefing-findability.aspx...>.

Disponível em: <https://www.brasil247.com/pt/247/revista_oasis/195398/Ontem-menino-hoje-homem-Os-ritos-de-passagem-mais-estranhos-do-mundo.htm.>

A Prevalência do Negociado sobre o Legislado e o Regime de Compensação de Horas

Cláudia José Abud[1]

1. INTRODUÇÃO

A Constituição Federal de 1988 dispôs, no rol dos direitos dos trabalhadores, o direito à "redução dos riscos inerentes ao trabalho, por meio de normas de saúde, higiene e segurança"(art. 7º, XXII).

Da mesma forma, a Carta Política reconheceu a saúde pública como "direito de todos e dever do Estado, garantido mediante políticas sociais e econômicas que visem à redução de riscos de doença e de outros agravos..."(art. 196, CF/1988) e conferiu ao Poder Público "...ações de vigilância sanitária e epidemiológica, bem como as de saúde do trabalhador"(art. 200 II, CF/1988).

Por sua vez, o art. 1º, declarou que "A República Federativa do Brasil (...) constitui-se em Estado Democrático de Direito e fundamenta-se, dentre outros, nos princípios da cidadania(II), da dignidade da pessoa humana (III) e dos valores sociais do trabalho e da livre iniciativa (IV). O art. 170 da Lei Maior preconiza que "a ordem econômica, fundada na valorização do trabalho humano e na livre iniciativa, tem por fim assegurar a todos existência digna, conforme os ditames da justiça social, observados os princípios da redução das desigualdades sociais (VII) e busca pelo pleno emprego (VIII)".

O foco deste estudo é a análise do instituto da compensação de horas – preconizado no inciso XIII do art. 7º da Constituição Federal e no § 2º do art. 59 da CLT – e sua disponibilidade nas negociações coletivas, em razão do disposto no inciso I, do art. 611-A da CLT, que consagra a prevalência do pacto negocial, quanto à jornada de trabalho, sobre a lei, desde que observados os limites constitucionais.

De fato, a Lei n. 13.467/2017, denominada Lei da Reforma Trabalhista, insculpiu, o princípio da prevalência do negociado sobre o legislado (art. 611-A da CLT) relacionando, exemplificadamente, os temas objeto de negociação coletiva que podem ser pactuados de forma distinta da lei infraconstitucional.

Defendemos o entendimento de que apesar de a Constituição Federal autorizar a compensação de horários e valorizar a negociação coletiva, as convenções e os acordos coletivos devem respeitar os limites estabelecidos nas normas infraconstitucionais quanto à duração do trabalho. Isso porque, a tutela da jornada de trabalho, insculpida na CLT, está em perfeita consonância com as regras e os princípios preconizados nos dispositivos constitucionais acima citados.

A Constituição Federal não atribuiu amplos e irrestritos poderes aos particulares para estabelecerem condições de trabalho, mormente se forem contrários à saúde e segurança do trabalhador e se ferirem os princípios consagrados na nossa Carta Magna.

Optamos pelo tema, dada a sua importância nas relações de trabalho e, por acreditar que haverá muitas discussões na doutrina e na jurisprudência, a respeito do alcance da aplicação do princípio da prevalência do negociado sobre o legislado na jornada de trabalho e, em especial, no sistema de compensação de horas.

2. FLEXIBILIZAÇÃO E A COMPENSAÇÃO DE HORAS

A flexibilização das normas trabalhistas no Brasil é um fenômeno que apresenta-se para modernizar e adaptar a lei frente às transformações sociais e econômicas vividas.

O desemprego em consequência do fenômeno econômico da globalização e da revolução tecnológica iniciada nos anos 90, impõe, segundo especialistas de diversos setores, a necessidade de se instituírem mecanismos legais tendentes a "compatibilizar as mudanças de ordem econômica, tecnológica ou social existentes entre o capital e o trabalho."[2]

---

(1) Advogada. Doutora e Mestre em Direito do Trabalho pela PUC-SP. Professora e Assistente de Coordenação do Curso de Especialização em Direito Material e Processual do Trabalho da PUC-SP. Professora Titular da Universidade Paulista.

(2) ALCÂNTARA, José Eduardo. *Direito do Trabalho Contemporâneo*, p. 68-69.

A Constituição Federal de 1988 prestigiou, em vários momentos, a flexibilização das regras trabalhistas, estipulando: a) que os salários poderão ser reduzidos por convenção ou acordo coletivo de trabalho (art. 7º, VI); b) que a compensação de horários ou a redução da jornada de trabalho são possíveis, mediante acordo ou convenção coletiva (art. 7º, XIII); c) que por meio de negociação coletiva está autorizado o aumento da jornada de trabalho nos turnos ininterruptos de revezamento (art. 7º, XIV).

Dentro desse processo de flexibilização, o regime geral da duração do trabalho tem se tornado flexível por meio de normas legais que garantem condições mínimas ao trabalhador e, em contrapartida, a sobrevivência da empresa, mediante participação dos sindicatos que irão fiscalizar essa flexibilização.

A compensação de horário de trabalho é, sem dúvida, eficiente instrumento flexibilizatório, pois permite equalizar o sistema de horas trabalhadas de forma que, em momentos de baixa produção, a empresa possa diminuir o tempo de trabalho de seus empregados, e exigir, em outro período, a prorrogação das horas de trabalho em tempos do aumento da demanda produtiva.

O regime de compensação, assim, possibilita a redução de custos da empresa, que estará desobrigada a pagar horas extras e arcar com as despesas por conta de prováveis demissões em épocas de baixa produtividade e, para o trabalhador a segurança de manter seu emprego.

A regra da compensação no direito do trabalho brasileiro tem por escopo possibilitar que o excesso de horas trabalhadas em um dia seja compensado com folgas ou a diminuição de horas em outro dia, sem que, com isso, tenha o empregado direito de receber qualquer adicional em sua remuneração.

A Constituição Federal de 1988, art. 7º, inciso XIII, dispõe que é "facultada a compensação de horários e a redução da jornada, mediante acordo ou convenção coletiva de trabalho".

A CLT, no § 2º do art. 59, por sua vez, cria o chamado "banco de horas" que autoriza a compensação de horários pelo prazo de um ano, desde que não seja ultrapassado o limite de dez horas diárias (art. 59).

Para o trabalho de mulheres o art. 374 da CLT estabelecia que "a duração normal diária do trabalho da mulher poderá ser no máximo elevada de duas horas, independente de acréscimo salarial, mediante convenção ou acordo coletivo nos termos do Tít.VI desta Consolidação, desde que o excesso de horas em um dia seja compensado pela diminuição em outro, de modo a ser observado o limite de quarenta e oito horas semanais ou outro inferior legalmente fixado". Este dispositivo foi revogado pela Lei n. 7.855/1989 e, portanto, a jornada de trabalho da mulher pode ser objeto de compensação de jornada, observado a regra geral disciplinadora do instituto.

Em se tratando de menor, estabelece o inciso I do art. 413 da CLT que o excesso de trabalho em um dia será compensado pela diminuição em outro, de modo a ser observado o limite máximo de quarenta e quatro horas semanais ou outro inferior legalmente fixado, desde que ajustado por convenção ou acordo coletivo.

O art. 60 da CLT, por sua vez, somente autoriza a prorrogação da jornada de trabalho nas atividades insalubres, se acordadas entre as partes, mediante licença prévia das autoridades competentes em matéria de higiene do trabalho.

Observamos que não há manifestação expressa, nesse artigo, a respeito da licença prévia da autoridade competente para a prorrogação da jornada de trabalho no regime de compensação de horas.

A reforma trabalhista não alterou os referidos dispositivos da CLT, mas apenas acrescentou o parágrafo único no art. 60 para excetuar da regra insculpida no *caput* o regime de trabalho de 12 horas de trabalho por 36 horas ininterruptas de descanso.

Assim, a compensação do horário de trabalho é, sem dúvida, eficiente instrumento flexibilizatório.

3. AUTONOMIA PRIVADA COLETIVA E A COMPENSAÇÃO DE HORAS

A importância conferida pela Norma Ápice às entidades sindicais está retratada no inciso XXVI do art. 7º "reconhecimento das convenções e acordo coletivos de trabalho", assim como o disposto no art. 8º, inciso VI, que torna obrigatória a "participação dos sindicatos nas negociações coletivas de trabalho".

Contudo, embora o legislador constituinte não tenha tratado dos limites à compensação da jornada, com exceção da obrigatoriedade de acordo ou convenção coletiva de trabalho, é certo que a autonomia coletiva não é absoluta, pois as regras concernentes à duração do trabalho são, essencialmente, normas de saúde e segurança do trabalhador.

É importante lembrar que, a limitação da duração diária do trabalho foi uma das primeiras reivindicações do operariado, de modo que a regulação da jornada constitui, historicamente, o marco inicial de todo um ramo do direito, originado pela necessidade de equalizar o desequilíbrio contractual existente na relação entre empregado e empregador.

Nesse contexto, há que se analisar o alcance do disposto no inciso I do art. 611-A, inserido pela Lei n. 13.467/2017, que dispõe:

"Art. 611 – A convenção coletiva de trabalho e o acordo coletivo de trabalho têm prevalência sobre a lei quando, entre outros, dispuserem sobre:

I – pacto quanto à jornada de trabalho, observados os limites constitucionais.

(...)"

De fato, a reforma trabalhista, materializada pela Lei n. 13.467/2017, ampliou o conceito de negociação coletiva ao prever que o sindicato tem a prerrogativa de pactuar, em prol da categoria, condições de trabalho, ainda que de forma diversa ou menos protetiva do que a lei.

O assunto é polêmico e gera discussões inesgotáveis, pois, como dissemos, muito embora o inciso XXVI do art. 7º da Constituição Federal prestigie o reconhecimento das convenções e dos acordos coletivos, como parte integrante dos direitos trabalhistas, por certo este direito não é absoluto e ilimitado.

O direito do trabalho se caracteriza por inúmeras normas imperativas e de ordem pública, não podendo, por princípio, ser violadas por qualquer ajuste estipulado entre empregado e empregador, nem pelos instrumentos normativos que lhes sejam aplicáveis, nos termos dos arts. 9º e 444 da CLT.

As normas jurídicas que regulam o sistema da jornada e duração do trabalho acompanham o caráter obrigatório que qualifica o direito do trabalho.

Como dissemos, as normas destinadas ao tempo de trabalho estão diretamente ligadas a questões relativas à saúde e segurança do trabalhador, sendo, portanto, de ordem pública. Em assim sendo, as partes não podem deixar de atender aos limites e aos preceitos legais estabelecidos, a não ser para ampliar a proteção mínima do trabalhador.

Nesse contexto, o art. 59 que limita a duas horas a prorrogação da jornada de trabalho e o § 2º do mesmo art. que rege a compensação anual por negociação coletiva, sem dúvida, é norma garantidora de saúde, higiene e segurança do trabalhador e, portanto, sua violação implica nulidade do ato.

A compensação de horas foi autorizada pela Lei n. 13.467/2017, por meio de acordo individual, se semanal, mensal ou semestral. No entanto, para fins de negociação coletiva, a nova Lei não estabeleceu limite máximo de compensação, o que não quer dizer que o instrumento normativo tem autonomia para fixar um limite superior a duas horas na prorrogação da jornada, nem tampouco a possibilidade de adotar o banco de horas em período superior a um ano, em desconformidade com o que estabelece o art. 59 e o § 2º da CLT.

Nota-se que, a Constituição Federal não fixa qualquer limite para a compensação de horários (inciso XIII, art. 7º CF), mas a CLT assim o fez, em observância as normas de saúde, higiene e segurança. Portanto, as entidades sindicais ao negociarem o regime de banco horas, devem observar o limite legal previsto na CLT por tratar-se de norma pública que visa assegurar proteção ao trabalhador contra os riscos à sua saúde.

Dessa forma, é inválida a cláusula coletiva que, ao negociar o banco de horas, autoriza o trabalho superior a 10 horas diárias ou autorize a compensação do banco de horas em período superior a 12 meses. Como dissemos, o regime de duração do trabalho tem normas de ordem pública e imperativa, sendo, portanto, inegociável por meio de norma coletiva. A excepcionalidade do sistema é dada pela própria CLT, na chamada jornada especial 12x36 horas, prevista no art. 59-A da CLT. A lei é o limite.

Ao fixar limites para a prorrogação da jornada de trabalho e para o sistema de compensação, o legislador ordinário fez a lição de casa alinhando-se aos princípios constitucionais de tutela à saúde do trabalhador, insculpido no inciso II, do art. 200 da Constituição Federal.

Assim, muito embora o inciso I do art. 614-A da CLT estabeleça que a negociação coletiva tem prevalência sobre a lei no tocante "ao pacto quanto à jornada de trabalho, observados os limites constitucionais" é evidente que também a norma infraconstitucional não pode ser desprezada, pois estabelece limites aos particulares quanto à matéria de ordem pública, como é o caso do tema da duração do trabalho.

4. CONCLUSÃO

O contexto histórico do direito do trabalho, bem como a análise do ordenamento jurídico brasileiro, sobre a duração do trabalho e a importância de sua limitação por meio de normas cogentes, demonstram que, embora a Constituição Federal de 1988, em seu art. 7º, inciso XIII tenha autorizado, por meio de acordo ou convenção coletiva de trabalho, a compensação de horários, é evidente que a negociação, individual ou coletiva, deve obedecer às normas de saúde e segurança do trabalhador, de maneira que seja garantido o interesse público de promover o bem-estar físico, mental e social dos trabalhadores.

O legislador constituinte deixou evidente e indiscutível a necessidade de impor limitações ao regime da duração do trabalho, pois no art. 7º, inciso XXII garante ao trabalhador normas jurídicas de saúde, higiene e segurança que visem a reduzir os riscos inerentes ao trabalho.

No que tange à compensação de jornada de trabalho, a norma infraconstitucional, vai ao encontro com o propósito do legislador constituinte ao estabelecer no art. 59 e § 2º da CLT o limite de duas horas diárias para a prorrogação da jornada de trabalho e, para fins de compensação de horas o limite máximo de um ano.

Isso porque, a prorrogação do tempo de trabalho, acima de limites toleráveis, implica o surgimento de doenças, de natureza diversa, decorrentes da fadiga, do estresse. Não foi por acaso que o ordenamento infraconstitucional estipulou a jornada máxima de dez horas e o inciso XXII o art. 7º da Constituição Federal estabeleceu "a redução de riscos inerentes ao trabalho, por meio de normas de saúde, higiene e segurança".

Além do mais, outros dispositivos constitucionais tratam de estabelecer normas destinadas a assegurar os direitos relativos à saúde. Nesse sentido, o art. 196, I, dispõe que a saúde é "direito de todos e dever do Estado, garantido mediante políticas sociais e econômicas que visem à redução de riscos de doença e de outros agravos e ao acesso universal e igualitário às ações e serviços para sua promoção, proteção e recuperação". Da mesma forma, o art. 200, II da nossa Carta Magna atribui competência ao sistema único de saúde para "executar as ações de vigilância sanitária e epidemiológica, bem como as de saúde do trabalhador (art. 200 II, CF/1988)".

Do ponto de vista social, a limitação da jornada também é fundamental, pois permite ao trabalhador gozar da vida, participando da comunidade em que vive, podendo praticar atividades esportivas, culturais, aprimorar seus conhecimentos e conviver com sua família. Aliás, o art. 1º da Constituição Federal trata exatamente de garantir esses direitos, pois reconhece que "A República Federativa do Brasil(...) constitui-se em Estado Democrático de Direito e tem como fundamentos a cidadania(I); III – a dignidade da pessoa humana, IV – os valores sociais do trabalho e da livre iniciativa. Dentro do enfoque econômico, o equilíbrio da jornada contribui para a diminuição do desemprego, abrindo campo àqueles que procuram uma vaga no mercado de trabalho. Esse objetivo, aliás, coaduna-se com o que prevê os incisos VII e VIII do art. 170 da Constituição Federal.

O inciso I do art. 611–A, insculpido na CLT pela Lei n. 13.467/17, por sua vez, estabelece que as entidades sindicais têm ampla liberdade para negociar sobre jornada de trabalho, desde que observados os preceitos constitucionais. Este dispositivo dá margem à interpretação de que o instrumento normativo está autorizado a pactuar sobre jornada de trabalho em detrimento ao comando infraconstitucional. Ou seja, o inciso I do art. 611-A pode ser interpretado como uma possibilidade do banco de horas não ter limite diário (art. 59 CLT), nem tampouco anual (§ 2º, art. 59 CLT) para efeitos de negociação coletiva.

Não concordamos com esta interpretação, pois embora a atuação sindical seja prestigiada no art. 8º, VI, da Constituição Federal, e referendada no art. 611 -A da CLT, não há como aceitar que a negociação coletiva não deva observar as normas cogentes e os princípios protetores que tutelam a saúde e segurança do trabalhador.

Assim sendo, o pacto coletivo, no tocante à duração do trabalho, deve observar o limite de prorrogação diária de até 10 horas e a compensação anual, previstos no art. 59 da CLT e § 2º, não havendo que se falar em prevalência do negociado sobre o legislado de forma ilimitada, pois o interesse coletivo não pode suplantar as garantias e os direitos constitucionais, que são inderrogáveis.

5. REFERÊNCIAS BIBLIOGRÁFICAS

ALCÂNTARA, José Eduardo. *Flexibilização da jornada de trabalho*: Uma Abordagem Crítica. Direito do Trabalho Contemporâneo. In: NETO, José Affonso Dallegrave (Coord.). São Paulo: LTr, 2003.

BARROS, Alice Monteiro de. *Curso de direito do trabalho*. São Paulo: LTr, 2005.

_____. *Contratos e regulamentações especiais de trabalho*: peculiaridades, aspectos controvertidos e tendências. 2. ed. São Paulo: LTr, 2002.

BUEN, Néstor de (Coord). *Jornada de trabalho e descansos remunerados*: perspectiva Ibero-Americana. São Paulo: LTr, 1996.

CABRAL, Adelmo de Almeida. *Jornada de trabalho na CLT e na legislação complementar*. São Paulo: LTr, 1995.

DELGADO, Mauricio Godinho. *Curso de direito do trabalho*. 6. ed. São Paulo: LTr, 2007.

_____.*Jornada de trabalho e descansos trabalhistas*. 3. ed. São Paulo: LTr, 2003.

GONÇALES, Odonel Urbano. MANUS, Pedro Paulo Teixeira. *Duração do trabalho*. São Paulo: LTr, 1996.

OLIVEIRA, Sebastião Geraldo de. *Proteção jurídica à saúde do trabalhador*. 4. ed. rev., amp. e atual. São Paulo: LTr, 2002.

ROMITA, Arion Sayão. *Direitos fundamentais nas relações de trabalho*. São Paulo. LTr, 2005.

REFORMA TRABALHISTA E A RELEVÂNCIA DE NORMAS COLETIVAS À LUZ DOS PRINCÍPIOS E REGRAS CONSTITUCIONAIS

Dinaura Godinho Pimentel Gomes[1]

1. NOÇÕES INTRODUTÓRIAS

Neste estudo, busca-se tratar a respeito da flexibilização da legislação trabalhista por meio da negociação coletiva, prevista como relevante mecanismo de modernização da legislação trabalhista, pela recente reforma introduzida pela Lei n. 13.467, de 13 de julho de 2017.

Tem sido através do diálogo social que vem se alcançando com menos dificuldades, nos países democráticos, salvaguardar conquistas dos trabalhadores condizentes com sua dignidade humana, diante das imposições de índole neoliberal. Por isso, não se pode mais minimizar o poder de ação dos sindicatos autênticos quando estes, efetivamente, se colocam em posição de agir, com responsabilidade e qualificação funcional, em prol da defesa dos interesses de seus representados. De certa forma, esse tipo de atuação elimina muitas possibilidades de trabalhadores serem vistos e tratados apenas como mera fonte de energia economicamente aproveitável para a produção de bens e serviços.

No entanto, para prevalecer o negociado sobre o legislado, como ora disciplinado, a realidade aponta ser necessário o fortalecimento dos órgãos de representação sindical por meio da garantia da liberdade sindical, tanto coletiva quanto individual, nos termos da Convenção n. 87 da OIT, ainda não ratificada pelo Brasil.

Por meio de uma responsável e ética atuação sindical, também poderão ser afastadas ou diminuídas estratégias capitalistas voltadas principalmente à redução de custos e de postos de trabalho, em vista apenas do aumento das margens de lucro. Emerge daí que, nessas condições, a negociação coletiva, quando *levada a sério,* passa a constituir uma das formas mais democráticas de se superar situações de crise econômica com graves repercussões de índole social. Por isso, torna-se necessário valorizar essa legitimação conferida aos sindicatos em defesa de direitos e interesses de seus representados, justamente na presente fase da realidade brasileira marcada pelo desemprego e pelo temor da perda dos empregos existentes.

Em caso contrário, quando o resultado da negociação coletiva externar, por meio de normas coletivas, perda ou diminuição de direitos trabalhistas em desacordo com as normas imperativas infraconstitucionais e constitucionais, sobreleva daí a atuação competente do Judiciário Trabalhista, para afastar eficácia jurídica daquelas normas no âmbito das relações individuais de trabalho.

Nesse sentido, o presente trabalho se desenvolve também em vista da restrição imposta pelo § 3º do art. 8º da CLT, introduzido pela Lei n. 13.467/2017, consistente no princípio da intervenção mínima do Judiciário Trabalhista na autonomia da vontade coletiva.

A abordagem visa a salientar a supremacia da Constituição Federal em qualquer circunstância. Por isso, procura-se evidenciar a indispensável interpretação teleológica pelo Juiz, em conformidade com a Lei Maior, diante da apreciação de um caso concreto.

Observados esses limites fundamentais, num regime democrático, a eficácia jurídica de normas coletivas mantém-se garantida como complemento da ordem jurídica a reger as relações socioeconômicas no mundo do trabalho em permanente mutação.

É o que se tem por objeto do presente artigo.

2. DIGNIDADE HUMANA E O VALOR SOCIAL DO TRABALHO COMO PRINCÍPIOS FUNDAMENTAIS DA REPÚBLICA FEDERATIVA DO BRASIL CONSTITUÍDA EM ESTADO DEMOCRÁTICO DE DIREITO

Justamente por associar a justiça social à solidariedade, a Constituição da República Federativa do Brasil adota

---

(1) Doutora em Direito do Trabalho e Sindical pela Universidade *Degli Studi di Roma – La Sapienza,* com revalidação sucessiva pela Universidade de São Paulo – USP. Pós-doutora em Direito junto à Pontifícia Universidade Católica – PUC-SP. Pós-Graduada em Economia do Trabalho (Curso de Especialização) pela UNICAMP. Juíza do Trabalho aposentada (9ª Região). Membro Titular da Academia Paranaense de Direito do Trabalho e da Academia de Letras, Ciências e Artes de Londrina. Professora Universitária em Cursos de Pós-Graduação em Direito. Autora de livro e artigos jurídicos.

um sistema econômico fundado na iniciativa privada, ao reconhecer o direito de propriedade.

Entretanto, estabelece que toda propriedade – inclusive a empresa – deve atender sua função social, o que consiste na consecução da finalidade de assegurar a todos existência digna, conforme os ditames da justiça social. Desse modo, a Constituição Federal buscou criar, "*no mínimo, um capitalismo social, por meio da estruturação de uma ordem social intensamente preocupada com a justiça social e a dignidade da pessoa humana*", nas palavras de José Afonso da Silva.[2]

Por tudo isso, a vigente Lei Maior elege o valor da dignidade humana como um dos fundamentos do regime político democrático que instaurou e institucionalizou (art. 1º, inc. III). Proclama a prevalência dos direitos humanos (art. 4º, inc. II) e a exequibilidade plena e imediata dos direitos fundamentais (em seu preâmbulo e § 1º, do art. 5º). Alarga a dimensão desses direitos para alcançar os direitos sociais (artigos 6º, 7º, 8º). Em tal dimensão, também preceitua que a livre-iniciativa não pode estar dissociada da valorização do trabalho humano, ambos considerados como princípios supremos da ordem constitucional e fundamentos da ordem econômica (art. 1º inc. IV, c/c art. 170). Amplia as condições de igualdade, quando realça a necessária observância dos "*ditames da justiça social*".

Desse modo, mesmo diante de crises econômicas que abalam as estruturas públicas e privadas, o Estado Democrático se destina a assegurar o bem de todos, garantindo as liberdades, os direitos fundamentais e um capitalismo social, o que possibilita a obtenção de meios satisfatórios para a superação de obstáculos ao desenvolvimento, não raro, provocados pelo processo de internacionalização da economia. É nesse sentido que a Constituição Federal, centralizada em valores, aponta as diretrizes para se recolocar em prática esquemas de cooperação entre as funções estatais e as forças produtivas, inter-relacionando as potencialidades do mercado com as políticas públicas, em vista do crescimento econômico e do progresso social do país.

Com efeito, o Estado Democrático de Direito é o modelo que melhor propicia o debate, principalmente diante de necessárias reformas tendentes à regulação do trabalho, de maneira a conciliar a criação de novos empregos de qualidade com as necessidades da empresa, em consonância com as exigências de um mercado global flutuante.

Nesse cenário, é através do diálogo que se pode manter as conquistas dos trabalhadores compatíveis com a dignidade humana, razão pela qual a eficácia econômica deve ser associada à exigência ética de promoção da justiça social.

É a partir dessa observância que se obtém uma interação expansionista dos valores da liberdade e da igualdade em prol da efetiva realização do valor justiça, num clima de solidariedade e participação social. Ao intervir com seriedade e transparência na ordem econômica e social, o Poder Público, visando a realizar os objetivos fundamentais da República Federativa do Brasil, tem como estabelecer eficazes políticas públicas sociais e fomentar a aplicação de investimentos de qualidade no intuito prospectivo de *construir uma sociedade livre, justa e solidária; garantir o desenvolvimento nacional; erradicar a pobreza e a marginalização*, reduzindo as desigualdades sociais, além de *promover o bem de todos*, tal como impõe o art. 3º inciso III, da Constituição Federal. Exsurge, nestes termos, a razão de ser do Estado Democrático de Direito.

Insta realçar que o alcance do crescimento econômico depende de investimentos de qualidade na educação, ciência, inovação e tecnologia, no solo brasileiro, para gerar novas demandas, sustentabilidade na conservação das empresas, num processo de competitividade em nível nacional e internacional. Advêm daí as possibilidades de se alcançar a crescente melhoria das condições de vida e de trabalho dos trabalhadores em geral, espelhada na obtenção de salários justos para bem usufruir uma vida realmente digna.

Assim, sob essa ótica, certos limites devem ser impostos às relações capitalistas através de um processo de ajustamento, para se obter o desenvolvimento social do país sob uma ótica mais humanista, à luz dos princípios e regras constitucionais vigentes e dos Tratados Internacionais de Direitos Humanos devidamente ratificados. Antes de tudo, cada trabalhador deve ser visto como detentor de direitos fundamentais sociais, amparados por normas pétreas da Constituição, que não podem ser afastadas nem eliminadas sequer por Emenda Constitucional, em face do implícito princípio constitucional da proibição de retrocesso social. E é através do trabalho, condignamente remunerado, aliado à efetividade de outros direitos sociais (CF, art. 6º), que se constrói uma sociedade democrática nesses moldes proclamados. É por isso que a ordem econômica deve associar a pretendida eficácia econômica à exigência ética de promover a justiça social.

Entretanto, mesmo nesse contexto de proteção dos direitos sociais dos trabalhadores por princípios e regras constitucionais, surgem novos desafios provocados pelo multilateralismo nas relações internacionais, agasalhado pela globalização econômica. Trata-se de um constante processo de transnacionalização de mercados que vêm alterando o modelo de gestão das atividades econômicas e empresariais, no âmbito local/nacional, cuja organização e finalidades passam a ser definidas em conformidade com as relações transcontinentais de cunho neoliberal.

Essa interdependência planetária, basicamente estabelecida para atender interesses de empresas multinacionais, gera a universalização de práticas políticas e econômicas

---

(2) SILVA, José Afonso da. Propriedade dos meios de produção e propriedade socializada. In: *Curso de direito constitucional positivo*. São Paulo: Malheiros, 1999. p. 786.

direcionadas à supressão de barreiras nacionais em prol do domínio econômico do mercado internacional, o que influencia a tomada de decisões políticas voltadas à realização da justiça social, no âmbito dos Estados-nação, como bem explica Zygmunt Bauman:

> As decisões são tomadas em outra parte pelos poderes estabelecidos, que, como são supranacionais por sua própria natureza, não são instados a observar leis e regulamentos locais: eles estão livres de limitações de conveniência política, bem como de necessidades de natureza social, em nome da objetividade e de um princípio de equidade que não expressa a verdadeira justiça.
>
> A separação entre os dois níveis, entre o global e o local, entre poder e política, teria continuado irresolvida e conflitante se o poder não tivesse tentado interferir na política – para recuperar a diferença, a distância entre os dois termos, e tentar padronizar seu comportamento. Ele interfere da única maneira possível, isto é, tornando *tout court* o lugar da política na gerência do local/nacional; e onde isso não é possível, tomando decisões políticas adequadas com persuasão consistente e/ou subordinação. Com controle sobre a política, o poder global pode agora dominar avidamente a sociedade e obstar qualquer resistência.[3]

Nesse contexto, as empresas nacionais de médio ou grande porte, para salvaguardar sua competitividade, com frequência, são submetidas a um novo perfil, planejamento ou ambientação, a drásticas alterações internas quanto à linha de produção, porque devem enfatizar a produtividade e enaltecer a qualidade, com eficiência e rapidez. Desse modo, são obrigadas a adotar a automação na prestação de serviços, valendo-se da informática, da microeletrônica, da nanotecnologia, o que provoca, de imediato, a redução de empregos fixos de forma inexorável e dramática, pois são facilmente substituídos por trabalhos terceirizados e em cadeias. Diante dessa realidade, são introduzidos elementos de flexibilidade que interferem na manutenção de postos de trabalho em razão das frequentes reestruturações necessárias, às quais as empresas são submetidas para atuarem num mercado global cada vez mais impositivo. Isso tudo induz à adoção de novas fases de reformulação da organização racional do trabalho, como, por exemplo, aquelas que têm sido introduzidas com a Quarta Revolução Tecnológica, como bem define Giovanni Alves:

> As inovações tecnológicas do novo complexo de reestruturação produtiva, que surge com a revolução das redes informacionais, contribuem para (1) uma ofensiva do capital na produção, ativando novas formas de controle do trabalho morto sobre o trabalho vivo, desmontando relações salariais e flexibilizando contratos de trabalho [...]. (2) a redução dos custos da integração da empresa-rede que surge a partir do oligopólio mundial e (3) para garantir novas formas de rentabilidade derivada das rendas relacionais, isto é, das relações entre empresas no curso do complexo de terceirizações industriais.[4]

Inegavelmente, as fortes interferências capitalistas, quando não fiscalizadas pelos órgãos governamentais e bem controladas por meio da negociação coletiva, acabam por precarizar o trabalho humano com a retirada ou diminuição de direitos, aniquilando a dignidade de tantas pessoas. Isto porque o Estado-nação, sem a participação social, apresenta-se tendencialmente enfraquecido para propiciar desenvolvimento, defesa e expansão das políticas públicas e, mais ainda, no que tange à sua função de possibilitar a concretização dos direitos fundamentais. Depara-se cada vez mais com a preponderância das polêmicas posições da maioria dos poderosos conglomerados transnacionais, a ampliar sobremaneira o pluralismo de ordens normativas.

A respeito dessa transformação, assim prelecionam José Ricardo Ramalho e Marco Aurélio Santana:

> O mundo do trabalho, principalmente em países desenvolvidos, se modificou rapidamente e o consenso protetor do *welfare state* foi substituído pela dieta neoliberal. Muitas certezas, consolidadas há pelo menos cinquenta anos, em termos da importância do papel do Estado na economia e da necessidade de processos regulatórios para manter a proteção social, foram profundamente abaladas ou enfraquecidas no debate público. Não tardou para que a experiência dos países centrais transbordasse, alcançando também os países periféricos, onde tanto a proteção social como a formalização das relações de trabalho já não eram das mais sólidas [...].
>
> Formas de contratação flexíveis, antes consideradas atípicas, passaram a ser a regra. As políticas de proteção ao indivíduo, dentro e fora do trabalho, foram sendo substituídas por políticas de aumento de competitividade. A própria avaliação acerca da desigualdade social mudou de perspectiva. Pensada antes, na ótica do Estado de bem-estar, como problema a ser tratado com o aumento dos benefícios sociais, passava, sob a nova ótica do Estado mínimo, a ser identificada como necessária para o maior engajamento e desempenho dos indivíduos na sociedade.[5]

---

(3) BAUMAN, Zygmunt; BORDONI, Carlo. *Estado de crise*. Trad. Renato Aguiar. Rio de Janeiro: Zahar, 2016. p. 23-24.

(4) ALVES, Giovanni. *Trabalho e subjetividade*: o espírito do toyotismo na era do capitalismo manipulatório. São Paulo: Boitempo, 2011. p. 81.

(5) RAMALHO, José Ricardo; SANTANA, Marco Aurélio. Trabalhadores, sindicatos e a nova questão social. In: *Além da fábrica*. São Paulo: Boitempo, 2003. p. 12.

Mesmo diante de tal realidade, torna-se imprescindível fortalecer a intervenção estatal na ordem econômica para coibir abusos, ao assegurar a livre-iniciativa e a livre concorrência, dando realce à proteção e promoção da existência digna de todos (CRFB, art. 170). Em caso contrário, poderá resultar o substancial esvaziamento das tendências de introdução das políticas públicas e sociais pelo Estado-nação, quando se depara sucumbido às reformulações de índole neoliberal que mais disseminam a desigualdade social e o frontal desrespeito ao valor social do trabalho.

Cumpre sempre relembrar que o postulado da dignidade humana tornou-se, em nível internacional, o epicentro e viga mestra do grande elenco de direitos civis, políticos, econômicos culturais e sociais, inter-relacionados e interdependentes numa abordagem holística, tal como vêm proclamados não só pelas constituições de cada Estado-nação de cunho democrático, mas principalmente pelos Tratados Internacionais de Direitos Humanos.[6]

Decorre dessa assertiva a necessidade premente de se afirmar cada vez mais a supremacia da Constituição Federal em prol da concretização dos direitos fundamentais sociais, no seio de uma República Federativa, fundada no respeito à dignidade humana e na valorização do trabalho humano (CRFB, art. 1º, incisos III e IV). Para tanto, torna-se necessário recolocar em prática esquemas de cooperação e lisura de propósitos entre as funções estatais e as forças produtivas, em busca do progresso social do país. Por conseguinte, constitui impostergável tarefa do Estado estabelecer efetivas diretrizes para o exercício da atividade econômica tendentes à formalização de uma ordem futura cada vez mais justa, mais humana e mais fraterna.

Nessa senda, volta-se a ressaltar que, nos termos da Lei Maior, toda e qualquer propriedade privada, aí incluída a empresa, titular dos meios de produção, só se legitima se cumprir uma função dirigida à justiça social, valorizando o trabalho humano, como fundamento e ponto de partida da Ordem Econômica e Financeira. Tal como salienta Eros Roberto Grau, o exercício de qualquer parcela da atividade econômica deve ser adequada à proteção da dignidade humana, salientando o seguinte:

> A dignidade da pessoa humana comparece, assim, na Constituição de 1988, duplamente: no art. 1º como princípio político constitucionalmente conformador (Canotilho); no art. 170, *caput*, como princípio constitucional impositivo (Canotilho) ou diretriz (Dworkin) ou, ainda, (...) como norma-objetivo.
>
> Nesta sua segunda consagração constitucional, a dignidade da pessoa humana assume a mais pronunciada relevância, visto comprometer todo o exercício da atividade econômica em sentido amplo – e em especial, o exercício da atividade econômica em sentido estrito – com o programa de promoção de existência digna, de que [...] todos devem gozar. Daí porque se encontram constitucionalmente empenhados na realização desse programa – dessa política pública maior – tanto o setor público quanto o setor privado. Logo, o exercício de qualquer parcela da atividade econômica de modo não adequado àquela promoção expressará violação do princípio duplamente contemplado na Constituição.[7]

É nesse contexto, portanto, de fiel observância e efetividade dos princípios constitucionais da dignidade humana e do valor social do trabalho que devem ser interpretadas e aplicadas as recentes reformas trabalhistas, introduzidas pela Lei n. 13.467, de 13 de julho de 2017. Nunca de modo contrário.

3. O MECANISMO DA FLEXIBILIZAÇÃO EM FACE DE DIREITOS FUNDAMENTAIS SOCIAIS DOS TRABALHADORES

Apesar da permanente influência da economia de mercado global no âmbito do Estado-nação, conforme já destacado, o diálogo e a postura ética dos protagonistas sociais podem criar condições para se possibilitar a adaptação das garantias e dos direitos dos trabalhadores às novas exigências técnico-produtivas da empresa, no sentido de não só trazer solução aos conflitos coletivos, mas, principalmente, de assegurar, de forma progressiva, a manutenção e a melhoria das condições de vida de todos que dependem do trabalho para desfrutar do direito à vida com dignidade. Portanto, é a constante busca do consenso que pode favorecer a manutenção e criação de postos de trabalho, ao mesmo tempo em que facilita às empresas a adaptação necessária para a retomada do crescimento, incorporando inovações.

Para tanto, muitas vezes, torna-se evidente a exigência de se introduzir certa flexibilização dos direitos de trabalhadores.

O trabalho em tempos flexíveis encaixa-se na chamada economia da inteligência ou economia imaterial e naquelas profissões e ocupações de setores mais altamente capitalizados e rentáveis da economia capitalista contemporânea, as atividades bancárias, de pesquisa, setores de inovação, de telefonia, computação,

---

(6) Cf. Declaração e Programa de Ação de Viena, adotada pela Conferência Mundial de Direitos Humanos, em 25 de junho de 1993, item 5. In: VILHENA, Oscar Vieira. *Direitos humanos*. Normativa internacional. São Paulo: Max Limonad, 2001, p. 181. *"Todos os direitos humanos são universais, indivisíveis e inter-relacionados. A Comunidade Internacional deve tratar os direitos humanos de forma global, justa e equitativa, em pé de igualdade e com a mesma ênfase [...]"*.

(7) GRAU, Eros Roberto. *A ordem econômica na Constituição de 1988 (Interpretação Crítica)*. 17. ed. São Paulo: Malheiros, 2015. p. 194-195.

sistemas de comunicação, redes de rádio e televisão, indústria, sistemas de transporte e serviços, assim por diante [...]. Existe um campo imenso de empresas de grande envergadura que operam na economia desenvolvida pela revolução técnico-científica contemporânea [...].

A flexibilização dos horários, dos empregos, dos contratos, dos salários, dos lugares de trabalho, e do que mais for possível pensar, requer a flexibilização dos trabalhadores. As empresas necessitam de trabalhadores flexíveis, que se sintam como se não fossem flexibilizados por uma força externa, mas que eles mesmos se compreendam como tais. Exige flexibilidade dos corpos e das mentes. E seus próprios comportamentos devem passar de rígidos para flexíveis. Por isso é necessário desvendar o processo de formação de trabalhadores flexíveis, o que requer um novo aprendizado do que seja o trabalho e de suas especificidades flexíveis.[8]

No entanto, convém esclarecer desde logo que, no Brasil, as hipóteses de adoção desse mecanismo da flexibilização estão previstas na Constituição Federal, no art. 7º, incisos VI, XIII e XIV. É permitido para alterar direitos dos trabalhadores que não sejam fundamentais nem irrenunciáveis, mediante compensação, ou, ainda, em situações especiais, temporárias e, sempre, mediante acordo ou convenção coletiva de trabalho. Sua adoção serve para possibilitar a adaptação das condições de trabalho – já regulamentadas por lei ou norma coletiva mais favorável – à dinâmica da realidade empresarial, a ensejar a diversificação das mesmas, com observância dos direitos essenciais que não podem ser eliminados, em sintonia com os princípios da proteção e da irrenunciabilidade que informam o direito do trabalho. Totalmente inadmissível, porém, é a desregulamentação dos direitos dos trabalhadores, o que poderia acarretar a própria destruição desse importante ramo do Direito.

Emerge daí, nos termos da Constituição Federal, a tutela dos direitos fundamentais dos trabalhadores, em face da flexibilização de normas legais rígidas, o que depende da modernização das estruturas sindicais. Para tanto, torna-se imprescindível garantir e promover a liberdade sindical, para que sejam formados sindicatos efetivamente representativos, capazes de articular políticas ativas de adaptação de determinadas formas e meios de prestação de serviços às necessidades econômicas da empresa, sem ferir ou anular direitos fundamentais que são indispensáveis para se garantir uma vida digna. Vale dizer, nos limites dos princípios e regras constitucionais, aliados às normas de Tratados Internacionais de Direitos Humanos ratificados pelo Brasil.

Ao tratar da importância do papel dos sindicatos modernos, Enoque Ribeiro dos Santos salienta o seguinte:

> Os sindicatos dos trabalhadores apresentam-se no mundo moderno como uma das únicas instituições capazes de defender, de maneira efetiva, os interesses individuais e coletivos de seus associados, pois detêm legitimidade, representatividade, poder político e reconhecimento por parte dos empresários, do Estado e da sociedade civil. No exercício de suas obrigações contratuais, em especial das elaborações normativas que resultam da negociação coletiva de trabalho, desenvolvem sua mais alta e solene função, assegurando melhores e mais equilibradas condições de trabalho, de remuneração e outros benefícios à classe trabalhadora [...].
>
> Além dessas tradicionais funções econômicas, sociais, jurídicas e políticas, os sindicatos têm prestado importante papel como veículos da democracia em vários países do mundo e atualmente estão sendo chamados a participar do intenso debate nacional, em vários temas que perpassam a dimensão social e penetram em todos os demais setores da coletividade para colaborarem com o Estado na formulação e implementação de políticas macro e microeconômicas que levam à modernização das instituições democráticas.[9]

Considera-se como atividade sindical aquela que se manifesta de forma organizada, congregando uma pluralidade de sujeitos, para transpor do plano individual para o coletivo negociações tendentes à satisfação de interesses conexos a relações de trabalho. Portanto, no interesse de seus representados, os sindicatos adquirem condições de agir como partícipes da política de desenvolvimento do país, quando apresentam e sustentam sérias propostas concretas e, ao mesmo tempo, atuam contra outras políticas públicas que ditam regras pertinentes ao sistema macroeconômico de modo assaz desfavorável aos interesses de empregados ou empregadores, conforme o caso.

É nesse cenário que "o sindicato constitui elemento indispensável à vida do Estado contemporâneo de índole democrática", como bem destaca Arion Sayão Romita, ressaltando ainda o seguinte:

> Longe de eliminar a importância do sindicato, o processo de globalização e de reestruturação econômica a realçou. A regulação conjunta das relações de produção constitui um imperativo indeclinável da democracia participativa. O progresso das relações sociais depende da atuação esclarecida dos sindicatos, no desempenho da função que lhe é inerente e indelegável,

---

(8) ROSSO, Sadi dal. *O ardil da flexibilidade*. São Paulo: Boitempo, 2017. p. 267-268.

(9) SANTOS, Enoque Ribeiro dos. *Negociação coletiva de trabalho nos setores público e privado*. São Paulo: LTr, 2016. p. 222-223.

de defender a dignidade do trabalho com base no espírito de solidariedade.⁽¹⁰⁾

Entretanto, lamentavelmente, a Constituição Federal de 1988 manteve a unicidade sindical o que tem afastado a possibilidade de se exercer, no país, a liberdade sindical nos moldes da Convenção n. 87 da Organização Internacional do Trabalho, a qual, até a presente data, não foi ratificada pela Nação brasileira. Assim, os trabalhadores ficam impossibilitados de exercer seu direito individual de escolha do sindicato de sua preferência, a exemplo do que ocorre nos países que adotam a pluralidade sindical. Além disso, existe a exigência constitucional de organização preponderante por categorias, o que impede também a formação de sindicatos mais autênticos, além de afastar a possibilidade de conscientização dos trabalhadores para a auto-organização, ou seja, para a formação de grupos de interesses homogêneos centrados efetivamente na defesa de suas reivindicações.

A solidariedade, que é a nota característica da formação inicial dos sindicatos, deu lugar à liberdade sindical – hoje reconhecida e sustentada pela maioria dos países que adotam o regime democrático de direito. Nesse sentido, Otto Kahn Freund salienta que *"as organizações dos trabalhadores não podem existir se os trabalhadores não são livres para se associarem nessas organizações e nelas permanecer"*. O mestre alemão evidencia que se trata de *"um direito fundamental do homem, uma liberdade civil, tal qual vem catalogado em grande número de Constituições"*.⁽¹¹⁾

De qualquer forma, os sindicatos, que vêm atuando com seriedade, ética e comprometimento com seus representados, têm como se adaptar às exigências dos novos modelos de organização produtiva, assegurando, com primazia, condições decentes de trabalho, para, ao mesmo tempo, satisfazer as necessidades emergenciais da empresa.

A propósito, cumpre destacar que a flexibilização tem sido muito estimulada e utilizada nos países bem mais desenvolvidos, por força das mudanças estruturais e tecnológicas do sistema econômico, principalmente por força do crescente desemprego, com a introdução de novas tipologias de contratos de trabalho, dando-se ênfase à expansão da terceirização. Isso acontece mesmo diante da perda do valor do conceito de solidariedade de classe com a fragmentação de grupos de trabalhadores, que antes atuavam em grandes indústrias, em cujo espaço era possível surgir e manter a necessária coalizão voltada à defesa de interesses profissionais comuns.

Nesse sentido, assim preleciona Sadi Dal Rosso:

"Especialmente o crescimento do desemprego provocou a ação política dos governos dos países mais ricos no sentido de estimular a flexibilização do trabalho como política social. Nos países centrais, foram realizados experimentos significativos de utilizar a potencialidade de arranjos flexíveis de trabalho para minorar o impacto social do desemprego e que ao mesmo tempo propiciavam o barateamento da mão de obra. A flexibilização das jornadas de trabalho amplia-se muito e de maneira diversa, [...] na análise dos casos dos Estados Unidos, do Canadá e da União Europeia. A crise financeira, econômica iniciada nos anos 2007-2008, tendo por detonador a exploração sem base de valor de papéis imobiliários, abateu-se sobre o centro do capitalismo mundial.⁽¹²⁾

Na mesma direção, eis as assertivas do economista e pesquisador Anthony B. Atkinson:

No século XX, o emprego nos países da OCDE (Organização para a Cooperação e Desenvolvimento Econômico) era amplamente caracterizado por trabalhos regulares, mas o Século XXI vem testemunhando um retorno significativo àquilo que hoje é considerado um emprego fora do padrão. O trabalho de meio período é o mais comum [...]. A evidência apresentada pela Comissão Europeia mostra que, em 2012, o trabalho em tempo parcial era 'involuntário' em uma proporção relativamente pequena de casos na Áustria (10%), Alemanha (17%), e Dinamarca (18%), mas a média ficou em 29% na Zona do Euro e passou de 50% na Grécia, Itália, Romênia e Espanha.⁽¹³⁾

No Brasil, a recente reforma trabalhista bem reforça a atuação sindical voltada à celebração de acordos e convenções coletivas de trabalho. Nesse sentido, os sindicatos terão a notável incumbência de adaptar normas dispositivas legais às realidades em que estão inseridas e nos limites das possibilidades concretas, na mesa de negociações, com ética e responsabilidade social.

Em tal situação, cumpre trazer à baila a aplicação de normas do Código Civil brasileiro que enaltecem a função social do contrato, pela sua repercussão coletiva, e impõem às partes contratantes a observância dos princípios da probidade e boa-fé no exercício da autonomia privada

---

(10) ROMITA, Arion Sayão. *Organização sindical. Relações de direito coletivo.* São Paulo: LTr, 2004. p. 131.

(11) KAHN-FREUND, Otto. Il Lavoro e la Legge. Trad. p/italiano – Guido Zangari. Milão: Giuffrè, 1974, p. 240. *"Le organizzazioni dei lavoratori non possono esistire se i lavoratori non sono liberi di associarsi ad esse e di rimanere in essi. Questo è un fondamentale diritto dell'uomo, una libertà civile, che come tale, nelle rubriche che catalogano i diritti fondamentali in un certo numero di Costituzioni"*. Tradução livre da autora.

(12) ROSSO, Sadi Dal. *Op. cit.*, p. 102-103.

(13) ATKINSON, Anthony B. *Desigualdade: o que pode ser feito.* Trad. Elisa Câmara. São Paulo: LeYa, 2015. p. 175.

individual ou coletiva (CC, arts. 421 e seguintes), em sintonia com a Lei Maior, a qual condiciona a liberdade de iniciativa e o direito de propriedade à sua função social (CRFB, arts. 1º inciso III; 170, III, 182, § 2º, e 186), conforme já se destacou.

A questão da ética passou a ser um dos aspectos fundamentais da nova ordem civil, o que alcança a atuação sindical no âmbito das relações coletivas de trabalho, no Brasil. Isso impõe a observância da prática da boa-fé no ato da negociação coletiva, em todas as suas fases. Certamente, o que pode resultar da conduta conduzida pela boa-fé é a inexorável realização da justiça pelas próprias partes, em um ambiente social concreto com repercussões positivas para todos que dela dependem.

A propósito, assim prelecionam Luiz Philippe Vieira de Mello Filho e Renata Queiroz Dutra:

> O Direito Civil, por força desse novo olhar privilegiado da Constituição de 1988, atentou para os desvios que a perspectiva excessivamente patrimonialística poderia conduzir as relações por ele regidas e pelo despropósito de desprestigiar o ser humano como finalidade última das instituições. Por essa razão, incorporou perspectivas diversas ao longo de sua trajetória, no sentido de tutelar diferenciadamente relações em que há assimetria entre as partes, buscando a igualdade substancial, entendendo limitada a própria autonomia da vontade [...], outrora considerada vetusta, bem como relendo seus institutos a partir do postulado da dignidade da pessoa humana, para dela extrair direitos da personalidade e também novos valores como a boa-fé objetiva, a solidariedade social, a função social da propriedade, dos contratos e da empresa, tudo tendo por foco o ser humano".[14]

É fácil perceber, portanto, a urgente necessidade de uma atuação sindical de qualidade, em plena sintonia com a nova ordem civil, econômica, política e social, no sentido de recondicionar a compreensão dos atores sociais (empregados, empregadores e seus órgãos de representação sindical) voltada à necessidade de se estabelecer um diálogo permanente, através da negociação coletiva adaptada às condições peculiares de cada unidade produtiva, como o meio mais viável de se obter o equilíbrio econômico que demanda um progresso social, e não apenas o crescimento econômico conduzido pelo mercado. É aqui, justamente, que se ressalta a importância de se implementar e de se exigir a observância das regras de conduta direcionadas pela boa-fé dos interlocutores sociais, para o exercício de sua atividade sindical com equilíbrio e racionalidade, de modo a buscar a adequação das reivindicações dos trabalhadores às possibilidades reais de cada unidade produtiva, sem afrontar os princípios e regras constitucionais.

Como bem enfatiza José Carlos Arouca,

> De fato, através da negociação coletiva o grupo profissional faz sua própria disciplinação, transformando seus interesses em direitos como conteúdo mínimo dos contratos de trabalho. Mas a autonomia coletiva nesse ponto se realiza com a conivência do lado oposto, dos empresários ou de sua representação sindical. Então, com o apoio na autonomia, os dois lados escrevem sua lei grupal, resolvendo o conflito só ensaiado [...]. A negociação coletiva levada a sério é um procedimento que coloca o trabalho e o capital num plano de igualdade.[15]

Para a eficácia desse entendimento, é necessário – sob o enfoque da boa-fé objetiva – que as partes sociais sejam leais na prestação das informações necessárias à justificação de suas propostas e respostas, de modo a guardar pertinência com a negociação, o âmbito dos debates e discussões em torno da pauta de reivindicações dos trabalhadores, em sintonia com as possibilidades da empresa. Por isso, impõe-se o fortalecimento da ação sindical autêntica com efetiva representatividade, para viabilizar a celebração de acordos e convenções coletivas de trabalho mesmo num caótico quadro econômico provocado pela concorrência desleal ou por crises temporárias.

Desse modo, com o estímulo à implementação da democracia participativa no âmbito da empresa, da qual resulta a divisão de responsabilidades, o empresário tem a chance de se manter competitivo na órbita econômica, assegurando efetivamente os direitos fundamentais sociais dos trabalhadores em prol do progresso dos objetivos empresariais traçados em consonância com a sua função social (CRFB, art. 170).

Urge, portanto, trazer à baila o enfoque jusfilosófico voltado para o ordenamento jurídico positivo, a evidenciar o compromisso da Ciência do Direito de influir no desenvolvimento do progresso tecnológico, no mundo do trabalho, em sintonia com a Democracia e de seu princípio basilar: o da *dignidade da pessoa humana*. Assim, se o direito deve se adequar à realidade, urge não perder de vista seu papel ético-cultural de referência às conquistas históricas da humanidade. Em decorrência disso, a flexibilização de normas e direitos trabalhistas deve ser voltada para estabelecer a justiça e a paz social entre as partes. Tudo de modo

---

(14) MELLO FILHO, Luiz Philippe Vieira de; DUTRA, Renata Queiroz. Centralidade da pessoa humana na Constituição *versus* centralidade do cidadão trabalhador: o desafio de reler o trabalho a partir da Constituição Federal de 1988. In: *Diálogos entre o direito do trabalho e o direito constitucional*: estudos em homenagem a Rosa Maria Weber. SARLET, Ingo Wolfgang (Coord. *et al*). Saraiva: São Paulo, 2014. p. 557.

(15) AROUCA, José Carlos. *Organização sindical no Brasil/passado, presente e futuro*. São Paulo: LTr, 2013. p. 200.

a propiciar o efetivo exercício da cidadania com responsabilidade, por parte de todos, empregador, empregados, fornecedores, parceiros, entre outros, num verdadeiro processo de integração, de solidariedade e responsabilidade social, voltado inclusive a assegurar a conservação da própria empresa.

Exaltando este mesmo entendimento, assim se manifesta Vólia Bomfim Cassar:

> A flexibilização é possível e necessária, desde que as normas por ela estabelecidas através da convenção ou do acordo coletivo, como previsto na Constituição ou na forma que a lei determinar, sejam analisadas sob duplo aspecto: respeito à dignidade do ser humano que trabalha para manutenção do emprego e redução de direitos apenas em casos de comprovada necessidade econômica, quando destinada à sobrevivência da empresa. Não alcançando este objetivo mínimo, conquistado arduamente ao longo da história do trabalhador, o acordo ou a convenção coletiva deverão ser considerados inconstitucionais, uma vez que valores maiores são aqueles protegidos pelos direitos fundamentais, afinal, os princípios norteiam a aplicação do direito.[16]

Nesse particular, evidencia-se que ao Poder Judiciário cumpre cada vez mais salvaguardar o papel ético-cultural do Direito e a supremacia da Constituição Federal, para garantir o respeito aos direitos fundamentais sociais dos trabalhadores, sob pena de se institucionalizar a volta da barbárie, ao se colocar o trabalhador apenas a serviço da economia de mercado em afronta aos princípios da dignidade e da valorização do trabalho humano.

4. INTERPRETAÇÃO DE NORMAS COLETIVAS DE TRABALHO EM CONFORMIDADE COM A CONSTITUIÇÃO FEDERAL

À luz dos princípios, regras e valores constitucionais – como diretrizes à interpretação – todas as normas infraconstitucionais estão sujeitas, sim, ao trabalho hermenêutico do juiz, para constituir a norma aplicável ao caso concreto, sem qualquer exceção. Isso não quer dizer que ele dispõe do arbítrio de ideias ou da faculdade de livremente eleger aquele ponto de vista que melhor lhe apraz, mas, sim, valer-se da compreensão do conteúdo da norma sujeita à interpretação. Partindo sempre do texto da mesma, através de uma interpretação teleológica, alcança seu real sentido, em face da situação de conflito *sub examine*, em vista da realização da justiça.

Sob esse prisma, cumpre ao Judiciário Trabalhista, nos limites de sua competência, bem valorar as normas coletivas, afastando aquelas tendentes a reduzir direitos dos trabalhadores, fazendo valer a Constituição Federal, eis que sua força ativa somente será sentida se forem cumpridas as metas e as tarefas que ela impõe e, principalmente *"se existir a disposição de orientar a própria conduta segundo a ordem nela estabelecida, se, a despeito de todos os questionamentos e reservas provenientes dos juízos de conveniência, se puder identificar a vontade de concretizar essa ordem"*, nas marcantes e precisas palavras de Konrad Hesse, que, de forma mais contundente, assim conclui: *"pode-se afirmar que a Constituição converter-se-á, em força ativa, se fizerem presentes na consciência geral – particularmente, na consciência dos principais responsáveis pela ordem constitucional – não só a vontade de poder (Wille sur Macht) mas também a vontade de Constituição (Wille zur Verfassung)"*.[17]

A supremacia da força ativa da Constituição Federal, tal como sustenta Konrad Hesse, depende substancialmente da independência técnica do magistrado, ao fazer o uso da hermenêutica jurídica, para a obtenção do real sentido de toda norma infraconstitucional a ser aplicada.

Bem aplicáveis são também as lições de Luís Roberto Barroso:

> Os princípios instrumentais de interpretação constitucional constituem premissas conceituais, metodológicas ou finalísticas que devem anteceder, no processo intelectual do intérprete, a solução concreta da questão posta [...].
>
> Do ponto de vista jurídico, o principal traço distintivo da Constituição é a sua supremacia, sua posição hierárquica superior à das demais normas jurídicas. As leis, atos normativos e atos jurídicos em geral não poderão existir validamente se incompatíveis com alguma norma constitucional. A Constituição regula tanto o modo de produção das demais normas jurídicas como também delimita o conteúdo que possam ter. Como consequência, a inconstitucionalidade de uma lei ou ato normativo poderá ter caráter formal ou material. A supremacia da Constituição é assegurada pelos diferentes mecanismos de controle de constitucionalidade [...]. É por força da supremacia da Constituição que o intérprete pode deixar de aplicar uma norma inconstitucional a um caso concreto que lhe caiba apreciar – controle incidental de inconstitucionalidade [...].[18]

---

(16) CASSAR, Vólia Bomfim. *Direito do trabalho de acordo com reforma trabalhista. Lei 13.467/2017*. São Paulo: Método, 2017. p. 42.

(17) HESSE, Konrad. *A força normativa da Constituição*. Trad. Gilmar Ferreira Mendes, Porto Alegre: Sergio Antonio Fabris Editora. 1991. p. 18-19.

(18) BARROSO, Luís Roberto. *O direito constitucional e a efetividade de suas normas. Limites e possibilidades da Constituição Brasileira*. Rio de Janeiro: Renovar, 2003. p. 312-313.

Contrariando as lições doutrinárias expostas e, de certa forma, afrontando os princípios da supremacia da Constituição e da interpretação conforme a Constituição, o disposto no § 3º do art. 8º da CLT, introduzido pela Lei n. 13.467/2017, dispõe o seguinte:

> "Art. 8º ...
>
> § 3º No exame de convenção coletiva ou acordo coletivo de trabalho, a Justiça do Trabalho analisará exclusivamente a conformidade dos elementos essenciais do negócio jurídico, respeitado o disposto no art. 104 da Lei n. 10.406, de 10 de janeiro de 2002 (Código Civil), e balizará sua atuação pelo princípio da intervenção mínima na autonomia da vontade coletiva."

Verifica-se que esse novo texto legal consagra a intervenção mínima na autonomia da vontade coletiva, o que impõe ao Poder Judiciário apenas o frio e neutral exame da presença, ou não, dos elementos essenciais do negócio jurídico, previstos no art.104, do Código Civil: I – agente capaz; II – objeto lícito, possível, determinado ou determinável; III – forma prescrita ou não defesa em lei.

Da análise desse texto legal, resulta ao Poder Judiciário, nesse específico caso, tão somente a mera apreciação dos requisitos formais de determinada norma coletiva, acompanhada da simples análise a respeito da ilicitude, ou não, da avença dela extraída, limitada aos termos do art. 611-B, da CLT, inserido pela citada lei. [19] Com isso, afasta por completo a aplicação dos princípios hermenêuticos na aferição da constitucionalidade relacionada a aspectos previstos em outras normas legais imperativas e inderrogáveis.

Inegavelmente, tal limitação aos poderes do juiz configura flagrante retrocesso, tal qual a ideia de Montesquieu – em lição incorporada pelo Estado Liberal – de se referir ao juiz apenas como "*la bouche de la loi*", submetido à interpretação meramente literal.

Bem a propósito, Sergio Alves Gomes preleciona o seguinte:

> "Ao Juiz, como membro que é do Poder Judiciário, reserva-se relevante papel na construção da democracia, no Estado Democrático de Direito, por meio da interpretação e aplicação do direito vigente. Deve o magistrado aprofundar-se no conhecimento dos princípios e regras constitucionais, atribuindo-lhes primazia em relação aos de natureza infraconstitucional. Exige-se, outrossim, o domínio dos princípios de hermenêutica geral. Vincula-se ele tão somente à Constituição e às leis que estão em harmonia com esta; pois deve negar aplicação às que repute inconstitucionais. O juiz constitucionalista [...] há de estar em sintonia, também com os tratados internacionais firmados pelo país, devendo aplicá-los sempre que necessário for, desde que consonantes com os princípios constitucionais do direito pátrio. Suas decisões hão de ser

---

(19) Art. 611-B. Constituem objeto ilícito de convenção coletiva ou de acordo coletivo de trabalho, exclusivamente, a supressão ou a redução dos seguintes direitos:

I – normas de identificação profissional, inclusive as anotações na Carteira de Trabalho e Previdência Social; II – seguro-desemprego, em caso de desemprego involuntário; III – valor dos depósitos mensais e da indenização rescisória do Fundo de Garantia do Tempo de Serviço (FGTS); IV – salário mínimo; V – valor nominal do décimo terceiro salário; VI – remuneração do trabalho noturno superior à do diurno; VII – proteção do salário na forma da lei, constituindo crime sua retenção dolosa; VIII – salário-família; IX – repouso semanal remunerado; X – remuneração do serviço extraordinário superior, no mínimo, em 50% (cinquenta por cento) à do normal; XI – número de dias de férias devidas ao empregado; XII – gozo de férias anuais remuneradas com, pelo menos, um terço a mais do que o salário normal; XIII – licença-maternidade com a duração mínima de cento e vinte dias; XIV – licença-paternidade nos termos fixados em lei; XV – proteção do mercado de trabalho da mulher, mediante incentivos específicos, nos termos da lei; XVI – aviso prévio proporcional ao tempo de serviço, sendo no mínimo de trinta dias, nos termos da lei; XVII – normas de saúde, higiene e segurança do trabalho previstas em lei ou em normas regulamentadoras do Ministério do Trabalho; XVIII – adicional de remuneração para as atividades penosas, insalubres ou perigosas; XIX – aposentadoria; XX – seguro contra acidentes de trabalho, a cargo do empregador; XXI – ação, quanto aos créditos resultantes das relações de trabalho, com prazo prescricional de cinco anos para os trabalhadores urbanos e rurais, até o limite de dois anos após a extinção do contrato de trabalho; XXII – proibição de qualquer discriminação no tocante a salário e critérios de admissão do trabalhador com deficiência; XXIII – proibição de trabalho noturno, perigoso ou insalubre a menores de dezoito anos e de qualquer trabalho a menores de dezesseis anos, salvo na condição de aprendiz, a partir de quatorze anos; XXIV – medidas de proteção legal de crianças e adolescentes; XXV – igualdade de direitos entre o trabalhador com vínculo empregatício permanente e o trabalhador avulso; XXVI – liberdade de associação profissional ou sindical do trabalhador, inclusive o direito de não sofrer, sem sua expressa e prévia anuência, qualquer cobrança ou desconto salarial estabelecidos em convenção coletiva ou acordo coletivo de trabalho; XXVII – direito de greve, competindo aos trabalhadores decidir sobre a oportunidade de exercê-lo e sobre os interesses que devam por meio dele defender; XXVIII – definição legal sobre os serviços ou atividades essenciais e disposições legais sobre o atendimento das necessidades inadiáveis da comunidade em caso de greve; XXIX – tributos e outros créditos de terceiros; XXX – as disposições previstas nos arts. 373-A, 390, 392, 392-A, 394, 394-A, 395, 396 e 400 desta Consolidação.

substancialmente fundamentadas nestes e nas demais regras e princípios que, eventualmente, tratem da matéria em questão. Por isso, vasto é o campo disponível à sua criatividade. É o oposto do juiz imaginado por Montesquieu: ser inanimado, 'bouche de la loi', incapaz de amainar os rigores da lei".[20]

Conforme já destacado, não se pode expandir a flexibilização de direitos dos trabalhadores de modo irrestrito, sob pena de o trabalho humano voltar a ser visto como *utilidade*, conceito esse dominante na época de vigência do liberalismo originário, o que, hodiernamente, configuraria nítido retrocesso social, vedado pelo art. 2º do Pacto Internacional de Direitos Econômicos, Sociais e Culturais, em sintonia com o disposto no *caput* do art. 7º da Constituição Federal.

É através do trabalho decente que vem assegurado o exercício da cidadania, como princípio supremo da ordem constitucional (art. 1º, inc. II, da CRFB), possibilitando a afirmação da identidade da grande maioria dos integrantes da população ativa, razão pela qual impõe-se a efetiva promoção e defesa dos direitos fundamentais de todos. Por isso, em caso de previsões normativas de redução ou modificação *in pejus* das condições de vida e de trabalho, fora dos limites legais e sem qualquer justificativa plausível, o acesso à justiça deve ser plenamente garantido. Mediante o devido processo legal, em sintonia com a Constituição Federal, vem assegurada a devida apreciação – e valoração – da *causa petendi*, sem qualquer restrição, principalmente em face de uma norma coletiva que apresenta conteúdo e finalidade inconstitucionais, embora aparentemente eficazes.

Assim, é manifestamente inconstitucional a norma estatuída no citado § 3º do art. 8º da CLT, introduzido pela Lei n. 13.467/2017, ao impedir o Juiz do Trabalho de fazer uso da equidade na interpretação sistemática e evolutiva do texto de norma coletiva, para o fim de deixar de aplicá-la. É o que deve suceder quando concluir que a mesma desrespeita direitos individuais dos trabalhadores sem justificativa plausível, fora de situações excepcionais e transitórias, sem qualquer compensação, em desacordo com os princípios e regras constitucionais.

Em substância, no que diz respeito aos princípios e garantias individuais, a regra da interpretação sistemática e evolutiva deve ser avaliada e praticada à luz da suprema garantia do acesso à justiça – entendida esta como penhor da justiça que o sistema processual é encarregado de promover. Para a efetividade dessa garantia é indispensável um sistema processual capaz de assimilar conflitos com toda generalidade possível e de dar-lhes tratamento adequado, de modo a não produzir injustiças em casos concretos.[21]

Nesse mesmo sentido, eis as precisas e bem atualizadas lições de Francesco Ferrara:

O direito opera por comandos abstratos. Mas a realização forçada destes comandos efetua-se por imposição judiciária. O juiz é o intermediário entre a norma e a vida: é o instrumento vivo que transforma a regulamentação típica imposta pelo legislador na regulamentação individual das relações dos particulares; que traduz o comando abstrato da lei no comando concreto entre as partes, formalizado na sentença. O juiz é a viva *vox iuris*.[22]

Além disso, ao Estado-juiz, mais precisamente ao Judiciário Trabalhista, incumbe fazer uso do processo como poderoso instrumento ético não apenas para dar efetividade aos direitos dos trabalhadores, mas também para assegurar e aplicar o princípio da conservação da empresa, ao proferir uma decisão com equidade. Nestas circunstâncias e a título de exemplo, qualquer empresa, atingida por norma coletiva de conteúdo assaz genérico, poderá enfrentar sérias dificuldades com a privação de seus bens ou paralisação de suas atividades, indevidamente, na ausência de necessárias especificações cabíveis para tanto. Caberá ao juiz da causa, no decorrer do processo, interpretar a norma coletiva em conformidade com a Constituição, e, assim, deixar de aplicá-la por concluir ser a mesma abusiva e sem fundamento legal que justifique a lesão ao patrimônio da empresa.

"O direito ao processo justo é multidimensional. Ele tem função integrativa, interpretativa, bloqueadora e otimizadora. Como princípio, exige a realização de um estado ideal de proteção aos direitos, determinando a criação de elementos necessários à promoção do ideal de tutelabilidade, o bloqueio à eficácia de normas contrárias ou incompatíveis com a promoção do estado de proteção e a otimização do alcance do ideal de produtividade dos direitos no Estado Constitucional [...].

A Constituição – o direito ao processo justo nela previsto – é o centro a partir do qual a legislação infraconstitucional deve se estruturar. O direito ao processo justo exerce

---

(20) GOMES, Sergio Alves. *Hermenêutica jurídica e Constituição no Estado Democrático de Direito*. Rio de Janeiro: Forense, 2002. p. 71.

(21) Nas doutas palavras de DINAMARCO, Cândido Rangel. *Instituições de Direito Processual Civil*. São Paulo: Malheiros, 200. p. 250.

(22) FERRARA, Francesco. *Interpretação e aplicação das leis*. Trad. Manuel A. Domingues de Andrade. Coimbra: Armênio Amado Editor, 1978. p. 112.

papel de centralidade na compreensão da organização infraconstitucional do processo. É nele que se deve buscar a unidade na conformação do processo no Estado Constitucional. Dada a complexidade da sua ordem jurídica, marcada pela pluralidade de fontes normativas, impõe-se não só uma leitura a partir da legislação infraconstitucional, mas também um diálogo das fontes da melhor interpretação da legislação processual e para otimização de soluções conforme o direito fundamental ao processo justo.[23]

Emerge daí que a mesma limitação imposta pelo citado § 3º do art. 8º, da CLT, introduzido pela reforma trabalhista (Lei n. 13.467/2017) poderá violar também o direito ao processo justo – CF, art. 5º, LIV – de quem busca a obtenção de tutela jurisdicional, nos termos do artigo 5º, XXXV da Constituição Federal.

A propósito, convém destacar que o Código de Processo Civil em vigor sistematiza de forma manifesta e inequívoca a *força normativa* da Constituição da República Federativa do Brasil, tal como está previsto desde logo em seu art. 1º:

"O processo civil será ordenado, disciplinado e interpretado conforme os valores e as normas fundamentais estabelecidos na Constituição da República Federativa do Brasil, observando-se as disposições deste Código".

Destarte, em qualquer situação concreta de conflito, o processo deve ser visto como o instrumento previsto para tutelar e garantir a efetividade de direitos fundamentais, tal como ocorre de forma bem específica no processo do trabalho, que se coloca a serviço da realização dos valores sociais expressos em princípios e regras constitucionais, com mais relevância o princípio da dignidade humana (CF, art. 1º, III), viga mestra dos direitos fundamentais sociais. Portanto, o Judiciário Trabalhista está também submetido ao disposto no art. 8º do Código de Processo Civil, para atender *"aos fins sociais e às exigências do bem comum, resguardando e promovendo a dignidade da pessoa humana e observando a proporcionalidade, a razoabilidade, a legalidade, a publicidade e a eficiência"*.

Em total sintonia, são as seguintes lições de Alípio Silveira que envolvem a livre atuação jurisdicional, diante do caso concreto, voltada exclusivamente à realização da justiça com equidade:

A equidade na interpretação significa a preferência, entre várias interpretações possíveis dum texto legal, daquela mais conforme ao ideal de justiça e à utilidade comum, assim como as exigências do bem comum.

Pressuposto lógico deste método é a adaptabilidade da lei aos princípios da justiça e do direito, uma vez atenuada sua imperfeição verbal ou mesmo lógica [...]. O direito não se petrifica, nem o julgador pode ficar insensível à realidade [...]..

O juiz se conduz guiado pelo propósito de fazer justiça, se orienta pela experiência humana, pelo senso jurídico, elementos esses que não podem ser apreendidos nem explicados através da pura lógica formal.[24]

Em síntese, ao Estado-Juiz compete fazer valer o papel ético-cultural do Direito, mormente em face das conquistas históricas obtidas no campo do Direito do Trabalho. Tanto as normas constitucionais quanto as leis ordinárias específicas prescrevem normas de proteção para se resguardar a dignidade humana. E, no âmbito da jurisdição e através do processo, vem assegurada a supremacia da Constituição Federal.

Assim, pelos caminhos previstos institucionalmente para a Justiça do Trabalho trilhar, certamente deverá ser afastado ou, ao menos, diminuído o domínio de interesses econômicos espelhado em visíveis condutas ilícitas, apenas sob a mera justificativa da necessidade de aumento de postos de trabalho em detrimento da manutenção das dignas condições de trabalho e de vida dos trabalhadores, amparadas no seio do Estado Democrático de Direito.

5. CONSIDERAÇÕES FINAIS

As transformações impostas pelo sistema neoliberal, hodiernamente dominante, vêm causando forte revolução na organização do trabalho no âmbito das empresas, a exigir a introdução de novas tecnologias e constante inovação. Tudo isso, aliado a crises econômicas sistêmicas, tem causado inexorável aumento dos índices de desemprego, o que realça a necessidade de modernização da legislação trabalhista em busca de adaptação a essa realidade.

Para tanto, a recente Lei n. 13.467/2017 introduz substanciais alterações na Consolidação das Leis do Trabalho, de 1943, tendentes a facilitar a flexibilização e a promover a negociação coletiva.

Indubitavelmente, o Estado Democrático de Direito tem sido uma das marcas do constitucionalismo ocidental que melhor propicia o debate, principalmente quando se depara com a necessidade de introduzir reformas na regulação do trabalho, para conciliar a criação de empregos

---

(23) Como bem se expressa MARINONI, Luiz Guilherme; MITIDIERO, Daniel. Direitos fundamentais processuais. In: *Curso de direito constitucional*. SARLET, Ingo Wolfgang; MARINONI, Luiz Guilherme; MITIDIERO, Daniel. São Paulo: Saraiva, 2017. p. 772-773.

(24) SILVEIRA, ALÍPIO. *Hermenêutica jurídica*: seus princípios fundamentais no direito brasileiro. v. 4, São Paulo: Leia Livros, 1992. p. 55 e 172.

com as necessidades da empresa diante das exigências de um mercado global flutuante.

Por certo, as necessidades de adaptação às emergenciais mudanças exigem a observância das regras de conduta direcionadas pela probidade e boa-fé por parte dos sindicatos, para a expansão do mecanismo da negociação coletiva com mais equilíbrio, razoabilidade e racionalidade. Torna-se imperioso, para tanto, buscar, atentamente, a adequação das reivindicações dos trabalhadores às possibilidades reais de cada unidade produtiva, porém de forma coerente, harmoniosa e justa. E esse resultado deverá ser espelhado em eficazes normas de acordos e convenções coletivas de trabalho em complemento às normas legais.

Em caso de conflito de interesses resultante de discussão a envolver a aplicação de normas coletivas, no âmbito do devido processo legal, ao Judiciário Trabalhista compete bem valorar seu conteúdo em conformidade com a Constituição Federal. E, nessa senda, poderá deixar de aplicá-las ao reconhecer que estas foram geradas apenas para favorecer fortemente interesses financeiros voltados ao lucro e à expansão de um paradigma econômico e tecnológico. Em razão disso, provocam a redução drástica de direitos fundamentais dos trabalhadores, sem justificativa social plausível, fora de situações excepcionais e transitórias devidamente especificadas no art. 7º, incisos VI, XIII e XIV, da Lei Maior.

Urge concluir, portanto, que ao Estado-Juiz incumbe, sim, em tais circunstâncias, proferir decisão que seja, ao mesmo tempo, válida e justa, apesar da limitação imposta pela Lei n. 13.467/2017, que, ao dar relevância ao princípio do negociado sobre o legislado, estabelece, de forma totalmente inapropriada, o princípio da intervenção mínima na autonomia da vontade coletiva em contraste com o princípio da máxima eficácia da Constituição Federal.

6. REFERÊNCIAS BIBLIOGRÁFICAS

ALVES, Giovanni. *Trabalho e subjetividade*: o espírito do toyotismo na era do capitalismo manipulatório. São Paulo: Boitempo, 2011.

AROUCA, José Carlos. *Organização sindical no Brasil/passado, presente e futuro*. São Paulo: LTr, 2013.

ATKINSON, Anthony B. *Desigualdade*: o que pode ser feito. Trad. Elisa Câmara. São Paulo: LeYa, 2015.

BAUMAN, Zygmunt; BORDONI, Carlo. *Estado de crise*. Trad. Renato Aguiar. Rio de Janeiro: Zahar, 2016.

BARROSO, Luís Roberto. *O direito constitucional e a efetividade de suas normas. Limites e possibilidades da Constituição brasileira*. Rio de Janeiro: Renovar, 2003.

CASSAR, Vólia Bomfim. *Direito do trabalho de acordo com reforma trabalhista. Lei 13.467/2017*. São Paulo: Método, 2017.

DINAMARCO, Cândido Rangel. *Instituições de direito processual civil*. São Paulo: Malheiros, 2003.

FERRARA, Francesco. *Interpretação e aplicação das leis*. Trad. Manuel A. Domingues de Andrade. Coimbra: Armênio Amado Editor, 1978.

GOMES, Sergio Alves. *Hermenêutica jurídica e constituição no estado democrático de direito*. Rio de Janeiro: Forense, 2002.

GRAU, Eros Roberto. *A ordem econômica na Constituição de 1988 (Interpretação Crítica)*. 17. ed. São Paulo: Malheiros, 2015.

HESSE, Konrad. *A força normativa da constituição*. Trad. Gilmar Ferreira Mendes, Porto Alegre: Sergio Antonio Fabris Edit. 1991.

KAHN-FREUND, Otto. *Il lavoro e la legge*. Trad. p/italiano – Guido Zangari. Milão: Giuffrè, 1974.

MELLO FILHO, Luiz Philippe Vieira de; DUTRA, Renata Queiroz. Centralidade da pessoa humana na Constituição versus centralidade do cidadão trabalhador: o desafio de reler o trabalho a partir da Constituição Federal de 1988. In: *Diálogos entre o direito do trabalho e o Direito Constitucional*: estudos em homenagem a Rosa Maria Weber. SARLET, Ingo Wolfgang et al, Saraiva: São Paulo, 2014.

RAMALHO, José Ricardo; SANTANA, Marco Aurélio. Trabalhadores, Sindicatos e a Nova questão social. In: *Além da fábrica*. São Paulo: Boitempo, 2003.

ROMITA, Arion Sayão. *Organização sindical. Relações de direito coletivo*. São Paulo: LTr, 2004.

ROSSO, Sadi dal. *O ardil da flexibilidade*. São Paulo: Boitempo, 2017.

SANTOS, Enoque Ribeiro dos. *Negociação coletiva de trabalho nos setores público e privado*. São Paulo: LTr, 2016.

SARLET, Ingo Wolfgang; MARINONI, Luiz Guilherme; MITIDIERO, Daniel. *Curso de Direito Constitucional*. São Paulo: Saraiva, 2017.

SILVA, José Afonso da. *Curso de Direito constitucional positivo*. São Paulo: Malheiros, 1999.

SILVEIRA, ALÍPIO. *Hermenêutica jurídica*: seus princípios fundamentais no Direito Brasileiro. v. 4. São Paulo: Leia Livros, [1992, 1993].

VILHENA, Oscar Vieira. *Direitos humanos. Normativa internacional*. São Paulo: Max Limonad, 2001.

Limites da Negociação Coletiva à Luz dos Direitos Fundamentais: análise da Lei n. 13.467/2017[1]

Luciana Paula Vaz de Carvalho[2]

1. CONSIDERAÇÕES INICIAIS

A Lei 13.467, de 13 de julho de 2017, introduziu no ordenamento jurídico brasileiro novos contornos às negociações coletivas, especialmente ao dispor sobre a prevalência do negociado sobre o legislado e elencar uma gama de possibilidades de negociação, reiterando o "princípio da intervenção mínima na autonomia da vontade coletiva".

Nos atemporais ensinamentos de Evaristo de Moraes Filho "o direito do trabalho é um direito imperativo, que limita deliberadamente a suposta liberdade de contratar, intervindo o Estado naquela esfera, outrora sagrada, da autonomia da vontade, da doutrina liberal. Escreve o Estado, com sua mão poderosa, a maioria das cláusulas do contrato de trabalho, sendo que todas de interesse público, irrevogáveis e irrenunciáveis por pactos particulares"[3].

Assim, aparentemente, há uma dicotomia entre o objetivo do legislador que, assumindo uma posição mais liberal fomenta a negociação coletiva, ampliando seu leque de possibilidades e a doutrina clássica, que alerta sobre a inderrogabilidade da norma e a indisponibilidade de direitos, dentro dos limites impostos pelos direitos fundamentais.

Dentro deste cenário, o presente estudo se desenvolve, com o profícuo objetivo de trazer à reflexão os limites da negociação da coletiva, sob a perspectiva dos direitos fundamentais.

2. BREVE HISTÓRICO LEGISLATIVO DAS NEGOCIAÇÕES COLETIVAS – A IMPORTÂNCIA DA CONSTITUIÇÃO FEDERAL DE 1988

O Sindicalismo brasileiro estruturou-se durante o Estado Novo, contudo, dada as condições econômicas e políticas do Brasil à época, que não estimulavam a negociação coletiva, a estrutura sindical apenas foi, efetivamente, alterada, com o advento da Constituição Federal de 1988.

Em síntese, a legislação brasileira sobre negociação coletiva que tinha como fruto jurídico, até então, as convenções coletivas de trabalho, apresenta o seguinte quadro de normas promulgadas[4]:

- Decreto n. 21.761, de 23.08.1932;
- Constituição Federal de 1934, que reconheceu as convenções coletivas de trabalho;
- Constituição Federal de 1937, que estendeu os efeitos dos contratos coletivos a sócios e não sócios dos sindicatos estipulantes e fixou um conteúdo obrigatório mínimo para eles;
- Decreto-lei n. 1.237, de 02.05.1939, que organizou a justiça do trabalho e investiu o Conselho Nacional do Trabalho de poderes para estender a toda a categoria, nos casos previstos em lei, os contratos coletivos de trabalho;
- Consolidação das Leis do Trabalho, de 1943, que previu a convenção coletiva de trabalho como instrumento normativo de efeitos *erga omnes* sobre toda a categoria;
- Constituição Federal de 1946, que mantem o reconhecimento das convenções coletivas de trabalho e inseriu a justiça do trabalho no Poder Judiciário, investindo-a de poderes normativos para, nos dissídios coletivos, estabelecer normas e condições de trabalho;
- Decreto-lei n. 229, que criou o nível de negociação coletiva até então existente no país: os acordos coletivos entre o sindicato da categoria e uma ou mais empresas e, por fim,

---

(1) Dedico este estudo aos meus pais, pois a eles pertence tudo que faço.
(2) Mestre em Direito das Relações Sociais pela Pontifícia Universidade Católica de São Paulo. Pós-Graduada em Direito do Trabalho pela Pontifícia Universidade Católica de São Paulo. Pós-graduada em Direito e Processo do Trabalho pela Universidade Cândido Mendes. Professora assistente da pós-graduação *lato sensu* da PUC-SP. Advogada.
(3) MORAES FILHO, Evaristo de. *Tratado Elementar de direto do trabalho*. v. I, 2. ed. Rio de Janeiro: Freitas Bastos, 1965. p. 37.
(4) NASCIMENTO, Amauri Mascaro. *Compêndio de direito sindical*. 3. ed. São Paulo: LTr, 2003. p. 359.

– Constituição Federal de 1988, que atribuiu à negociação coletiva a função de administrar crises na empresa, ao admitir a redução dos salários por acordos e convenções coletivas e, com a emenda constitucional n. 45/2004, condicionou a propositura de dissídios coletivos à prévia tentativa de negociação.

Importante mencionar que a Consolidação das Leis do Trabalho de 1943, reproduziu em parte as diretrizes do Decreto n. 21.761, de 1932, porém, trouxe algumas inovações no que tange: a) a competência, atribuída ao ministro, para homologar contratos coletivos; b) a extensão do contrato coletivo, por ato do ministro, aos membros das categorias profissionais e econômicas não sócios dos sindicatos, dentro das respectivas bases territoriais, desde que fosse do interesse público; c) a redução do prazo máximo de vigência dos instrumentos normativos de 02 anos; e d) a previsão da denúncia ou revogação.

A Constituição Federal de 1988 introduziu importantes regras às negociações coletivas, tais como: a) exigiu a participação obrigatória dos sindicatos nas negociações (art. 8º, VI); b) instituiu o princípio da irredutibilidade do salário, salvo o disposto em convenção ou acordo coletivo (art. 7º, VI); c) previu a arbitragem facultativa dos conflitos coletivos (art. 120, § 1º); d) proibiu a redução pelos Tribunais do Trabalho de vantagens previstas em convenção coletiva; e) condicionou o dissídio coletivo à prévia tentativa de negociação coletiva; e f) permitiu a ampliação, para mais de 6 horas, da duração diária do trabalho em turnos ininterruptos de revezamento, desde que por acordo ou convenção coletiva.

Diante das inovações trazidas pela Constituição Federal de 1988, o ilustre professor Amauri Mascaro Nascimento[5] conclui que "é possível dizer que houve a ampliação da contratação coletiva, mas alguns fatores a inibiram em nosso país. Primeiro, a fragilidade dos sindicatos, para a qual contribuiu o sistema de unicidade sindical, impeditivo da liberdade sindical. Segundo as restrições impostas pelo sistema legal de contratação coletiva quanto à legitimidade para negociar e aos níveis de contratação. (...). Terceiro, a unicidade sindical imposta por lei, contrária à liberdade sindical, prevista pela Convenção n. 87 da Organização Internacional do Trabalho (...). Quarto, o poder normativo da Justiça do Trabalho, ao qual recorrem os sindicatos, transferindo para o Estado, pela via do dissídio coletivo, a fixação das regras a serem observadas à falta de consenso. É uma proteção aos sindicatos frágeis, mas, ao mesmo tempo, institui uma cultura de intervenção do Estado que não favorece a autonomia coletiva dos particulares".

Nos dizeres de João de Lima Teixeira Filho, "a partir da Constituição Federal de 1988, a negociação coletiva de trabalho já não pode ser tratada de costas. Sua inconteste valorização constitucional como o processo mais eficaz e democrático de solução dos conflitos coletivos de trabalho lança sobre si um facho de luz de tal intensidade que não se poderá discorrer sobre o produto da negociação desapercebendo-se de sua fonte"[6].

Neste momento de intenso debate sobre a Lei n. 13.467/2017, objeto deste ensaio e que alterou substancialmente a Consolidação das Leis do Trabalho, vemos um novo cenário permeando as negociações coletivas, notadamente porque a nova legislação inovou e assentou o entendimento de que, em alguns aspectos, o negociado prevalecerá sobre o legislado, elencando o que pode (art. 611-A) e o que não (art. 611-B) ser negociado, possibilidades que serão, mais a frente, estudadas.

3. PRINCÍPIOS NORTEADORES DA NEGOCIAÇÃO COLETIVA

Os princípios, no âmbito da negociação coletiva, são postulados éticos ou normas de conduta que permeiam o processo negocial[7].

Nas palavras de José Augusto Rodrigues Pinto, na negociação coletiva, devem as partes "submeter-se a um preceituário, no sentido, exato de reunião de regras fundamentais que disciplinem seu exercício" ou "um regramento filosófico básico ou núcleo de prescrições consolidadoras de sua aplicação"[8].

Dentro desse contexto, podemos elencar como princípios fundantes da negociação coletiva: o princípio da boa-fé; o dever de informação; da razoabilidade e, por fim, a finalidade da negociação.

O princípio da boa-fé é inerente aos atos jurídicos em geral e, especificamente, na negociação coletiva, deve se fazer presente no processo de diálogo, sempre com lealdade e ética[9].

Nos ensinamentos de João de Lima Teixeira Filho, o princípio da boa-fé "não revela-se apenas na disposição da parte para negociar, analisar propostas adequadamente formuladas e contrapor. Está contido, com muita frequência, no modo pelo qual o acordo e a convenção coletiva de trabalho são redigidos e também é aferível na fase de fiel execução do pactuado. O instrumento normativo que

---

(5) NASCIMENTO, Amauri Mascaro. *Compêndio de direito sindical*. 3. ed. São Paulo: LTr, 2003. p. 364.
(6) TEIXEIRA FILHO, João de Lima. *Instituições de direito do trabalho*. 22. ed. v. 2. São Paulo: LTr, 2005. p. 1.193.
(7) *Idem*, p. 1.194.
(8) PINTO, José Augusto Rodrigues. *Direito Sindical e coletivo do trabalho*. São Paulo: LTr, 1998. p. 172.
(9) BRITO FILHO, José Claudio Monteiro de. *direito sindical*. 2. ed. São Paulo: LTr, 2007. p. 151.

recolhe e enuncia as condições de trabalho negociadas não pode transformar-se em fonte de dissidência, devido a uma redação premeditadamente ambígua ou obscura quanto aos limites da obrigação pactuada"[10].

Segue informando, o prestigiado autor, destaques da OIT – Organização Internacional do Trabalho, segundo a qual "na diplomacia internacional, uma certa ambiguidade e falta de precisão podem, às vezes, até ajudar a superar um grave obstáculo, mas pouco pode ser dito a favor de uma linguagem vaga e ambígua num acordo entre empregadores e trabalhadores". Recomendando, a OIT, que "os acordos coletivos devem ser escritos e com a maior simplicidade, clareza e brevidade possíveis, de modo que nenhuma das partes, empregadores ou trabalhadores, tenha dúvida sobre seu sentido"[11].

Maurício Godinho Delgado informa que "lealdade" e "transparência" na negociação coletiva visam garantir situação de equivalência entre os sujeitos, "premissas essenciais ao desenvolvimento democrático e eficaz do próprio processo negocial coletivo"[12].

A negociação coletiva tem por finalidade harmonizar os interesses contrapostos de trabalhadores e empregadores, traduzindo-se em uma alternativa bastante eficaz, quando bem realizada, para as demais formas de solução das disputas trabalhistas.

Nesse compasso, o princípio da boa-fé no processo de contratação coletiva é o mais importante, sendo absolutamente consagrado o dever moral das partes de agir com lealdade, sendo inaceitável pressupor "de forma satisfatória e suportável pelas partes, uma negociação em que elas, ou uma delas, atue deliberadamente de má-fé, com o único propósito de prejudicar a outra ou obter vantagens apenas para si, com base em comportamento que não se pauta pela ética"[13].

Seria, também, outro princípio de grande relevância o de *acesso à informação* e, conforme bem leciona João de Lima Teixeira Filho "para formulação adequada da pauta de reinvindicações, os pleitos devem ser substanciados a fim de permitir a compreensão de suas razões, gerar contrapropostos ou esclarecimentos e dar início à negociação. Mas, para tanto, é mister conhecer as reais condições econômico-financeiras da empresa ou dados do segmento econômico e sua capacidade de conceder determinados pleitos que os representados julgam cabíveis"[14].

Assim, imprescindível que as partes deem conhecimento recíproco sobre suas respectivas situações e condições a fim de propiciar um entendimento mais transparente e adequado possível.

Amauri Mascaro Nascimento, pertinentemente, salienta que "o dever de informação destina-se a fornecer ao sindicato os dados disponíveis, pelo empregador, úteis ou necessários para a avaliação das pretensões, em especial de reajustes salariais ou participação nos lucros ou resultados. Não é bem recebido pelo empregador. A concorrência é o principal motivo que leva a empresa a restringir a transparência dos seus dados"[15].

Evidentemente, como alerta Davi Furtado Meirelles, "este é um princípio que obriga a ambas as partes. Tanto o empregado, quanto o empregador, devem municiar o outro lado na negociação com informações pertinentes ao que será objeto da mesma. A outra parte, porém, tem o dever e o compromisso de não utilizar essas informações em prejuízo de quem as forneceu, como fazer divulgações públicas sobre assuntos sigilosos, se utilizar dos dados fornecidos numa outra negociação, mais ainda, se envolver em situações que possam interferir na livre concorrência do mercado"[16].

O mais importante é que o direito à informação não sirva de instrumento para dificultar o entendimento e a negociação, sendo absolutamente relevante a transparência das partes quanto as suas reais condições, notadamente porque o lado profissional necessita conhecer a situação econômica da empresa para apresentar sua pauta de reinvindicações e, por outra lado, a empresa precisa demonstrar sua capacidade de assumir os compromissos firmados no processo negocial.

E, ainda, como princípio basilar da negociação coletiva é o da *razoabilidade*, considerado este, na visão de João de Lima Teixeira Filho[17], corolário do direito à informação, pois a razoabilidade nas reinvindicações depende das informações necessárias para a sua formulação.

Ainda nos ensinamentos do ilustre jurista "há que existir razoabilidade nas reinvindicações a serem negociadas, sobretudo quando precedidas das informações necessárias à sua formulação. Compromete a eficácia do processo negocial o oferecimento de pleitos que não têm a mínima condição de serem atendidos, assim como a apresentação de

---

(10) TEIXEIRA FILHO, João de Lima. *Instituições de direito do trabalho*. 22. ed. v. 2. São Paulo: LTr, 2005. p. 1.193.
(11) Idem, p. 1.196.
(12) DELGADO, Mauricio Godinho. *Direito Coletivo de Trabalho*. São Paulo: LTr, 2001. p. 53.
(13) BRITO FILHO, José Claudio Monteiro de. *Direito sindical*. 2. ed. São Paulo: LTr, 2007. p. 151.
(14) TEIXEIRA FILHO, João de Lima. *Instituições de direito do trabalho*. 22. ed. v. 2, São Paulo: LTr, 2005. p. 1.196.
(15) NASCIMENTO, Amauri Mascaro. *Compêndio de direito sindical*. 3. ed. São Paulo: LTr, 2003. p. 334/335.
(16) MEIRELLES, Davi Furtado. *Negociação Coletiva no Local de trabalho*. São Paulo: LTr, 2008. p. 48.
(17) TEIXEIRA FILHO, João de Lima. *Instituições de direito do trabalho*. 22. ed. v. 2, São Paulo: LTr, 2005. p. 1.198.

contraproposta pela empresa muito aquém das suas reais possibilidades de dar a justa recompensa aos trabalhadores na negociação coletiva. Não podem as partes construir um fosso intransponível, fruto de posições extremadas, e querer transformar a negociação coletiva em palco de uma grande encenação"[18].

Por outro lado, como ressalta José Claudio Monteiro de Brito Filho, "não se quer, com isto, dizer que as partes devem concordar com todas as propostas da outra parte, apenas porque isto é possível, mas sim que devem negociar ancoradas no sentimento de que precisam atuar, para alcançar o consenso, imbuídas de boa-vontade, discutindo dentro dos limites e com base nas necessidade de cada uma"[19].

É imprescindível que as partes atuem com racionalidade, de modo justo, sensato e ponderado, "com abertura para rever posições ao se defrontarem com um fundamento legítimo, que escore a justeza da reivindicação ou revele seu irrealismo"[20].

Por fim, como quarto e último princípio, elencamos o da *inescusablidade negocial* que consiste no dever das partes em tentar a negociação, objetivando a convergência dos interesses e a composição consensual.

Nesse contexto, a Constituição Federal de 1988, conforme dissemos, foi a primeira a tratar a negociação coletiva em variados aspectos: a) como espécie do gênero "solução pacífica das controvérsias" para alcançar a "harmonia social e comprometida"; b) quanto a seus atores (art. 8º, VI); c) reconhecimento a autonomia privada coletiva (art. 7º, VI, XIII e XIV); e d) fazendo referência às formas de heterocomposição, quando insuficiente o diálogo direto (art. 114, §§ 1º e 2º)[21].

Entende, José Cláudio Monteiro de Brito Filho que referido princípio, a quem chama de *respeito à finalidade da negociação*, refere-se ao dever de negociar, que precisa ser respeitado sempre que necessário[22].

De qualquer forma, é imperativo em nosso ordenamento jurídico o dever de negociar, conforme se verifica no art. 114, § 2º da Constituição Federal e, ainda, no art. 616 da CLT, sendo este "o ideal a ser perseguido e, para tanto, o diálogo social só pode ser recusado se envidados esforços com vistas à sua efetivação"[23].

4. OS DIREITOS FUNDAMENTAIS NAS RELAÇÕES DE TRABALHO

Indubitavelmente, a Constituição Federal de 1988 foi um marco na restauração da ordem democrática e pela promoção e proteção dos direitos fundamentais. Desde o preâmbulo, a carta constitucional informa a construção de um Estado Democrático de Direito "destinado a assegurar o exercício dos direitos sociais e individuais, a liberdade, a segurança, o bem-estar, o desenvolvimento, a igualdade e a justiça, como valores supremos de uma sociedade fraterna, pluralista e sem preconceitos (...)".

Nos ensinamentos da brilhante jurista Flávia Piovesan "dentre os fundamentos que alicerçam o Estado Democrático de Direito brasileiro, destacam-se a cidadania e dignidade da pessoa humana (art. 1º, incisos II e III). Vê-se aqui o encontro do princípio do Estado Democrático de Direito e dos direitos fundamentais, fazendo-se claro que os direitos fundamentais são um elemento básico para a realização do princípio democrático, tendo em vista que exercem uma função democratizadora"[24].

E continua, "construir uma sociedade livre, justa e solidária, garantir o desenvolvimento nacional, erradicar a pobreza e a marginalização, reduzir as desigualdades sociais e regionais e promover o bem de todos, sem preconceito de origem, raça, sexo, cor, idade e quaisquer outras formas de discriminação, constituem os objetivos fundamentais do Estado brasileiro, consagrados no art. 3º da carta de 1988"[25].

Podemos, então, concluir que o objetivo primordial da Constituição Federal de 1988 é assegurar os valores da dignidade da pessoa humana como informadores de todo o ordenamento jurídico, para a promoção da justiça social. Partindo de tal premissa, os direitos fundamentais informados na Carta de 1988 são, na sua origem, direitos humanos e que estes, quando positivados, correspondem aos direitos fundamentais.

Na doutrina de Ingo Sarlet "direitos fundamentais são, portanto, todas aquelas posições jurídicas concernentes às pessoas que do ponto de vista do direito constitucional positivo, foram, por seu conteúdo e importância, integradas ao texto da Constituição e, portanto, retiradas da esfera de disponibilidade dos poderes constituídos, bem como as que, por seu conteúdo e significado, possam lhe ser

---

(18) TEIXEIRA FILHO, João de Lima. *Instituições de direito do trabalho*. 22. ed. v. 2, São Paulo: LTr, 2005. p. 1.198

(19) BRITO FILHO, José Claudio Monteiro de. *Direito sindical*. 2. ed. São Paulo: LTr, 2007. p. 152.

(20) TEIXEIRA FILHO, João de Lima. *Instituições de direito do trabalho*. 22. ed. v. 2, São Paulo: LTr, 2005. p. 1.198.

(21) *Idem*, p. 1.194.

(22) BRITO FILHO, José Claudio Monteiro de. *Direito sindical*. 2. ed. São Paulo: LTr, 2007. p. 152.

(23) TEIXEIRA FILHO, João de Lima. *Instituições de direito do trabalho*. 22. ed. v. 2, São Paulo: LTr, 2005. p. 1.195.

(24) PIOVEZAN, Flávia. *Direitos humanos e o direito constitucional internacional*. 9. ed. São Paulo: Saraiva, 2008. p. 26.

(25) *Idem*, p. 27.

equiparados, agregando-se à Constituição material, tendo, ou não, na Constituição Formal"[26].

O jurista Willis Santiago Guerra Filho ensina que "os direitos fundamentais são, originalmente, direitos humanos. Contudo, estabelecendo um corte epistemológico, para estudar sincronicamente os direitos fundamentais, devemos distingui-los, enquanto manifestações positivas do direito, com aptidão para a produção de feitos no plano jurídico, dos chamados direitos humanos enquanto pautas ético-políticas, situadas em uma dimensão suprapositiva, deonticamente diversa daquela em que se situam as normas jurídicas – especialmente aquelas de direito interno"[27].

Nesse contexto, a previsão dos direitos fundamentais na Constituição Federal é de grande importância, pois referidos direitos possuem diversas funções, entre as quais, a função de proteção do indivíduo perante o Estado, a função de prestação social, a função de proteção do indivíduo perante terceiros e a função de não discriminação[28].

Do ponto de vista doutrinário, importante discorrer que os direitos fundamentais se classificam em três dimensões: os de primeira dimensão, que correspondem aos direitos civis e políticos; os de segunda dimensão, que representam os direitos econômicos, sociais e culturais; e os terceira dimensão, que equivalem aos diretos difusos.

Os direitos fundamentais de primeira geração compreendem os direitos e garantias individuais (autonomia e liberdade da pessoa sem intervenção do Estado) e direitos políticos (direitos a participar da via política) que se opõem ao Estado. Em seguida, os direitos fundamentais de segunda dimensão (direitos sociais) que surgiu "especialmente pela necessidade de intervenção do Estado para minimizar os graves desajustes sociais diante da miserabilidade e das péssimas condições de vida da massa operária, ocorrida nos países industrializados da Europa, no século XIX"[29].

Relevante destacar que os direitos fundamentais de segunda dimensão exigem uma atuação incisiva do Estado uma vez são garantias, segundo Evaristo de Morais *apud* Wenner Keller, "em favor dos grupos sociais, da sociedade e de suas manifestações. O papel do Estado aqui não é negativista, de absenteísmo, de omissão; pelo contrário, manifesta-se concretamente, intervindo em favor de certas realizações materiais ou culturais. O seu papel ativo, e não mais passivo, de mero espectador"[30].

A terceira dimensão dos direitos fundamentais representam os direitos de solidariedade e fraternidade, também conhecidos como direitos coletivos e difusos, também previstos na Constituição Federal de 1988 quando trata, a título de exemplo, da defesa do consumidos e meio ambiente.

Ademais, outro importante aspecto que deve ser abordado diz respeito à eficácia dos direitos fundamentais, a qual será de extrema relevância às relações de trabalho.

Nesse sentido, embora devemos partir do pressuposto que os direitos fundamentais tem eficácia nas relações privadas, destacam-se três teorias sobre o assunto: a primeira nega completamente a incidência dos direitos fundamentais entre os particulares, podendo ser exigida apenas em face do Estado; a segunda teoria é a da aplicação reflexa ou indireta nas relações individuais, não negando a incidência, mas impondo limites em razão da autonomia privada e do princípio da liberdade e, por fim, a teoria da eficácia direta ou imediata, segundo a qual deve haver a aplicação direta dos direitos fundamentais nas relações privadas, ainda que sem qualquer intervenção do legislador, visto serem direitos subjetivos oponíveis *erga omes*[31].

Dentro desta última concepção que se conecta os ensinamentos de Flávia Piovesan, para quem "o valor da dignidade da pessoa humana, bem como o valor dos direitos e garantias fundamentais, vêm a constituir os princípios constitucionais que incorporam as exigências de justiça e dos valores éticos, conferindo suporte axiológico a todo o sistema jurídico brasileiro"[32].

E acrescenta, "no intuito de reforçar a imperatividade das normas que traduzem direitos e garantias fundamentais, a Constituição de 1988 institui o princípio da aplicabilidade imediata dessas normas, nos termos do art. 5º, § 1º. Esse princípio realça a força normativa de todos os preceitos constitucionais referentes a direitos, liberdades e garantias fundamentais, prevendo um regime jurídico específico endereçado a tais direitos. Vale dizer, cabe aos Poderes Públicos conferir a eficácia máxima e imediata a

---

(26) SARLET, Ingo Wolfgang. *A eficácia dos direitos fundamentais*. Porto Alegre: Livraria do Advogado, 2001. p. 82.

(27) GUERRA FILHO, Willis Santiago. *Direitos fundamentais, processo e princípio da proporcionalidade. Dos direitos humanos aos direitos fundamentais*. Porto Alegre: Livraria do Advogado, 1997. p. 12.

(28) SABINO, João Filipe Moreira Lacerda. Os Direitos Fundamentais nas Relações de Trabalho. In: PIOVESAN, Flávia; CARVALHO, Luciana Paula Vaz de (Coords.). *Direitos humanos e direito do trabalho*. São Paulo: Atlas, 2010. p. 65.

(29) KELLER, Werner. *O Direito ao Trabalho como Direito Fundamental*: instrumentos de efetividade. São Paulo: LTr, 2011. p. 26.

(30) *Idem*, p. 27.

(31) SABINO, João Filipe Moreira Lacerda. Os Direitos Fundamentais nas Relações de Trabalho. In: PIOVESAN, Flávia; CARVALHO, Luciana Paula Vaz de (Coords.). *Direitos humanos e direito do trabalho*. São Paulo: Atlas, 2010. p. 65.

(32) PIOVEZAN, Flávia. *Direitos humanos e o direito constitucional internacional*. 9. ed. São Paulo: Saraiva, 2008. p. 32.

todo e qualquer preceito definidor de direito e garantia fundamental"[33].

Importante ressaltar que o texto constitucional já dispõe sobre a aplicabilidade imediata das normas definidoras de direitos e garantias fundamentais[34], o que corrobora o entendimento de Ingo Sarlet de que "todos os direitos e garantias fundamentais têm seus efeitos jurídicos maximizados pelo princípio da aplicabilidade imediata"[35].

Do ponto de vista doutrinário, ainda sobre eficácia dos direitos fundamentais, temos a chamada eficácia vertical, isto é, em relação às entidades públicas e à eficácia horizontal, com vinculação dos particulares, surgindo a questão, em relação a última, se ela ocorre de forma imediata e direta ou mediata e indireta.

Dentro desse contexto, Renato Rua de Almeida apresenta uma definição didática e elucidativa, informando que "os que defendem a eficácia imediata e direta ressaltam a necessidade da proteção do princípio da dignidade da pessoa humana na base dos direitos fundamentais consagrado no texto constitucional brasileiro no art. 1º, inciso III, como princípio fundamental da República Federativa do Brasil, reconhecendo, ao mesmo tempo, que não constituem princípios de aplicação absoluta, mas que devem ser sopesados em face de uma possível colisão com outros valores constitucionais pela aplicação do princípio da proporcionalidade e de seus sub-princípios da necessidade, da adequação e da proporcionalidade propriamente dita, ou da razoabilidade"[36].

Segue ensinando que "os que defendem a eficácia mediata e indireta dos direitos fundamentais entendem que deve ser preservada a liberdade nas relações privadas, além de ressaltarem a importância da intermediação do poder legislativo na regulamentação dos direitos constitucionais, evitando-se o risco de uma exacerbação de poderes do judiciário"[37].

Posto isso, conclui-se que a teoria da eficácia direta ou imediata será aplicada quando a norma constitucional for destinada aos particulares direta ou indiretamente ou quando não houver disciplina legislativa sobre o tema, ou seja, na omissão legislativa deve-se aplicar diretamente a norma constitucional ou havendo legislação que discipline a aplicação do direito fundamental, esta deverá prevalecer, desde que em convergência com o espírito da norma constitucional.

Contudo, há direitos fundamentais que são dirigidos diretamente aos particulares, como ocorre com a maioria dos direitos trabalhistas previstos no art. 7º da Constituição Federal, sobre os quais não caberá a limitação legislativa, exceto quando a própria Constituição Federal permite.

E, partindo de referida premissa, que acolhe-se a teoria da incidência direta dos direitos fundamentais nas relações de trabalho, uma vez que a constitucionalidade do direito do trabalho tem como escopo promover a dignidade da pessoa humana nas relações trabalhistas, sobretudo porque, há uma inconteste desigualdade entre os sujeitos, impondo-se a atuação dos direitos fundamentais[38].

5. A Negociação Coletiva, os Direitos Fundamentais e a Reforma Trabalhista

Conforme dito alhures, a função dos direitos fundamentais nas relações de trabalho reafirma a necessidade de respeito à dignidade da pessoa humana, impedindo a possibilidade de retrocesso ou paralisia social.

Nas palavras de Arion Sayão Romita "o direito do trabalho da sociedade pós-industrial gira em torno do eixo do respeito aos direitos fundamentais dos trabalhadores, com a finalidade de implantar o império da dignidade do trabalhador como pessoa humana, como ser que produz em benefício da sociedade. No desempenho dessa tarefa, os direitos fundamentais exercem dupla função: limitam o exercício do poder do empregador no curso da relação de emprego e representam barreira oposta à flexibilização das condições de trabalho mediante negociação coletiva"[39].

---

(33) Idem, p. 35/36.
(34) Art. 5º, § 1º da Constituição Federal – "As normas definidoras de direitos e garantias fundamentais tem aplicação imediata".
(35) SARLET, Ingo Wolfgang. A eficácia dos direitos fundamentais. Porto Alegre: Livraria do Advogado, 2001. p. 248.
(36) ALMEIDA, Renato Rua de. Eficácia dos direitos fundamentais e seus impactos teóricos e práticos nas relações de trabalho à luz de questões trazidas pela Lei n. 13.467, de 13 de julho de 2017 sobre a reforma trabalhista. In: Revista LTr, ano 81, agosto de 2017. p. 910.
(37) Idem, p. 911.
(38) Nesse sentido, José Joaquim Gomes Canotilho in Estudos sobre Direitos Fundamentais, traz alguns exemplos de violações aos direitos fundamentais nas relações de trabalho, todos citados por João Filipe Moreira Lacerda Sabino em obra citada, página 78/79. "O primeiro exemplo é instituição bancária privada que preencheu todos os seus quadros de pessoal só com indivíduos do sexo masculino. Há discriminação e violação ao princípio constitucional da igualdade. Um segundo exemplo são entidades patronais e organizações sindicais que celebram contrato coletivo de trabalho onde se incluem as seguintes cláusulas *closed shop*, ou seja, a proibição de contratação de trabalhadores não sindicalizados; e a cláusula de regionalização, que restringe a contratação a trabalhadores com residência na região abrangida pelo contrato coletivo. Haveria violação da liberdade negativa de associação e discriminação de raça e de origem".
(39) ROMITA, Arion Sayão. Inderrogabilidade da norma e indisponibilidade de direitos em face da negociação coletiva: limites impostos pelos direitos fundamentais. In: Revista LTr, ano 81, junho de 2017. p. 652.

À luz dessa concepção, resta-nos analisar se a Lei n. 13.467/2017, ao estabelecer novos contornos à negociação coletiva de trabalho, notadamente ao expandir a possibilidade de pactuação por meio de convenção e acordo coletivos de trabalho, convergem com os direitos fundamentais, os quais, segundo vimos, possuem eficácia imediata às relações laborais.

Nesse compasso, a nova legislação alterou a Consolidação das Leis do Trabalho, para dispor, no art. 611-A, que os instrumentos coletivos se sobrepõem à legislação quando, dentre outros, dispuserem sobre:

I – pacto quanto à jornada de trabalho, observados os limites constitucionais;

II – banco de horas anual;

III – intervalo intrajornada, respeitado o limite mínimo de trinta minutos para jornadas superiores a seis horas;

IV – adesão ao Programa Seguro-Emprego (PSE), de que trata a Lei n. 13.189, de 19 de novembro de 2015;

V – plano de cargos, salários e funções compatíveis com a condição pessoal do empregado, bem como identificação dos cargos que se enquadram como funções de confiança;

VI – regulamento empresarial;

VII – representante dos trabalhadores no local de trabalho;

VIII – teletrabalho, regime de sobreaviso, e trabalho intermitente;

IX – remuneração por produtividade, incluídas as gorjetas percebidas pelo empregado, e remuneração por desempenho individual;

X – modalidade de registro de jornada de trabalho;

XI – troca do dia de feriado;

XII – enquadramento do grau de insalubridade;

XIII – prorrogação de jornada em ambientes insalubres, sem licença prévia das autoridades competentes do Ministério do Trabalho;

XIV – prêmios de incentivo em bens ou serviços, eventualmente concedidos em programas de incentivo;

XV – participação nos lucros ou resultados da empresa.

A primeira observação que se faz é que o art. 611-A da CLT traz, claramente, a ideia da intervenção mínima na autonomia da vontade coletiva, extraído do art. 8º, §§ 2º e 3º da Lei n. 13.467/2017[40].

Nesse compasso, a reforma trabalhista afastou de vez a discussão sobre a redução do intervalo para refeição e descanso, abaixo de uma hora, mediante acordo ou convenção coletiva, autorizando a negociação nesse aspecto, inobstante o entendimento consolidado do Tribunal Superior do Trabalho, consagrado na Súmula n. 437, que referida matéria era infensa à negociação coletiva, por violar normas de saúde do trabalhador.

Ocorre que normas de segurança e saúde do trabalhador são direitos fundamentais com eficácia mediata prevista no art. 225 da Constituição Federal e imediata, prevista no art. 196, *caput*, complementado pelos incisos XIII e XIV (limite de jornada), XV (descanso semanal remunerado), XVII (férias), XVIII (licença-gestante), XXIII (redução dos riscos inerentes ao trabalho, por meio de normas de saúde, higiene e segurança) e XXXIII (proteção ao trabalho do menor), todos do art. 7º da Constituição Federal de 1988, os quais visam assegurar o direito à saúde no meio ambiente do trabalho.

No plano internacional, o Brasil ratificou a Convenção 155 da Organização Internacional do Trabalho, segundo a qual aos Estados caberá consulta às organizações representativas de empregadores e trabalhadores com vistas a elaborar e "por em prática periodicamente uma política nacional coerente em matéria de segurança e saúde dos trabalhadores e o meio ambiente do trabalho, tendo por objetivo "prevenir os acidentes e os danos à saúde que forem consequência do trabalho reduzindo ao mínimo as causas dos riscos inerentes ao meio ambiente do trabalho".

Vê-se, portanto, que a redução do intervalo intrajornada por negociação coletiva viola os direitos fundamentais, caminhando, inclusive, na contramão de normas internacionais ratificadas pelo Brasil que visam a proteção integral da saúde e segurança do trabalhador.

Conforme, oportunamente, salienta Fábio Fernandes "a ordem econômica na Constituição Federal (Título VII), embora fundada na livre iniciativa e na valorização do trabalho humano, sofre também o contemperamento da defesa do meio ambiente (art. 170, inciso VI), devendo ser levada a efeito sob os auspícios da justiça social com vistas a assegurar a todos existência digna (art. 1º, III)"[41].

E segue aduzindo que "no direito do trabalho, ramo do direito privado responsável pelo conjunto de princípios e normas pertinentes à relação de trabalho visando assegurar melhores condições sociais e de trabalho ao trabalhador, de acordo com as medidas de segurança e proteção que lhes são destinadas, a aplicação do desenvolvimento sustentável encontra ampla aplicação, vez que aqui,

---

(40) Art. 8º, § 2º – Súmulas e outros enunciados de jurisprudência editados pelo Tribunal Superior do Trabalho e pelos Tribunais Regionais do Trabalho não poderão restringir direitos legalmente previstos nem criar obrigações que não estejam previstas em lei.

§ 3º – No exame de convenção coletiva ou acordo coletivo de trabalho, a Justiça do Trabalho analisará exclusivamente a conformidade dos elementos essenciais do negócio jurídico, respeitado o disposto no art. 104 da Lei no 10.406, de 10 de janeiro de 2002 (Código Civil), e balizará sua atuação pelo princípio da intervenção mínima na autonomia da vontade coletiva.

(41) FERNANDES, Fábio. *Meio ambiente geral e meio ambiente do trabalho*. São Paulo: LTr, 2009. p. 59.

mais do que em qualquer ramo do direito, a degradação ambiental atinge diretamente a saúde humana. Assim, o desenvolvimento sustentável na área trabalhista significa tanto a proteção dos recursos naturais como o próprio ambiente do trabalho, sempre tendo por mira a saúde do trabalhador"[42].

Outro ponto de bastante controvérsia é a autorização que a negociação coletiva estipule, livremente, o grau do adicional de insalubridade. Neste aspecto, muito bem ressaltou Homero Batista que o disposto na lei incorre em "evidente contradição com o art. 611-B, XVII, que afirma ser matéria infensa à negociação coletiva o disposto nas normas regulamentadoras (NRs) do Ministério do Trabalho; como se sabe, as NRs são a espinha dorsal do modesto sistema brasileiro de saúde, higiene e segurança do trabalho – tudo mantido intacto pela reforma, que deixou de escapar preciosa oportunidade para atualizar nossos indicadores datados dos anos de 1970; a ilegalidade desse inciso é flagrante e será altamente perigoso que algum empregador avance nessa negociação para, ao depois, ver a cláusula invalidada e o pagamento da diferença do adicional determinado em decisão judicial"[43].

Da mesma forma, também discutível é a fixação de horas extras em ambiente insalubres, sem autorização das autoridades competentes do Ministério do Trabalho, uma vez que trata-se de grande exposição do trabalhador a agentes físicos, químicos e biológicos acima do limite legal e que, portanto, viola o imperativo constitucional de redução de acidentes, previsto no art. 7º, inciso XXII.

Nesse sentido, Homero Batista destaca, a título de exemplo, que "a pressão sonora máxima que um trabalhador pode receber é de 85dB, para 8h; sua permanência nesse ambiente por 10h ou 12h é via expressa para a surdez ocupacional, sendo absolutamente irrelevante se ele vai desfrutar de folga no dia seguinte ou na outra semana; diante dessas premissas, consideramos inconstitucional a liberação irrestrita das horas extras em ambiente insalubre, ainda que pela negociação coletiva, por ser matéria infensa a esta autonomia e por estar em colisão com os propósitos constitucionais de redução de acidentes do trabalho"[44].

Observa-se que a crítica que se faz, no presente estudo, quanto às novas possibilidades de negociação coletiva trazidas com a reforma trabalhista dizem respeito às questões que permeiam a saúde e a segurança do trabalhador, consagradas como direitos fundamentais e que impedem qualquer retrocesso social.

Nesse sentido, as precisas palavras de Rafael Pugliese segundo o qual "o art. 7º, caput, da CF, fixa a diretiva matriz para a melhoria das condições sociais do trabalhador, que se opõe imediatamente contra qualquer possibilidade de retrocesso social, com contratações, inovações ou alterações in pejus, pouco importando o tipo de contrato de que se valha para isso. (...) A conduta erradica do legislador, aliás, se evidencia, por sua própria contradição ao afirmar, e negar, a negociação sobre assunto de saúde e segurança do trabalho; no art. 611-A, XII, o legislador admite a negociação do adicional de insalubridade, enquanto no art. 611-B, XVII, nega-a. Estabelecer o grau de insalubridade por norma coletiva (ou por contrato individual, no caso do art. 444) será extremamente desafiador diante da tutela constitucional que busca a redução de riscos, não a convenção de pagamentos fora de critérios técnicos definidos por perícia (CF, art. 7º, XXII)"[45].

A norma coletiva não poderá, sob pena de violação à dignidade humana e aos direitos fundamentais garantidos na Constituição Federal, negar quaisquer direitos que visem a proteção integral e irrestrita à saúde e segurança do trabalhador, uma vez que referidos direitos foram afirmados em decorrência da proclamação da dignidade da pessoa humana como valor supremo a ser observado pelo Estado democrático de direito e pela sociedade que se quer justa e solidária[46].

Como bem ensina Raimundo Simão de Melo, nas suas valiosas lições sobre humanidade, "se o texto constitucional proclama que a valorização do trabalho e condição da dignidade humana, erige esta noção, em princípio, vale dizer, em cânone mais forte que uma simples regra, deve ser ele invocado como supedâneo de uma pretensão judicial e de qualquer discussão sobre o tema da saúde do trabalhador como condição humana. Assim, 'o homem trabalhador deve ser visto como sujeito-fim e não como objeto-meio desenvolvimento', porque o fundamento para determinar o valor social do trabalho não pode ser o trabalho em si, mas o fato de que quem o realiza é um ser humano trabalhador, pelo que a dimensão da sua verificação será sempre subjetiva, pois o homem é o epicentro de tudo neste mundo"[47].

6. CONCLUSÃO

O presente estudo fez uma análise, ainda que breve, sobre a negociação coletiva, os direitos fundamentais e a

---

(42) Idem, p. 60.
(43) SILVA, Homero Batista Mateus da. Comentários à reforma trabalhista: análise da Lei 13.167/2017. São Paulo: Revista dos Tribunais, 2017. p. 118.
(44) Idem, p. 119.
(45) RIBEIRO, Rafael E. Pugliese. Reforma trabalhista comentada. Curitiba: Juruá, 2018. p. 203.
(46) ROMITA, Arion Sayão. Inderrogabilidade da norma e indisponibilidade de direitos em face da negociação coletiva: limites impostos pelos direitos fundamentais. In: Revista LTr, ano 81, junho de 2017. p. 655.
(47) MELO, Raimundo Simão de. Direito ambiental do trabalho e a saúde do trabalhador. 2. ed. São Paulo: LTr, 2006. p. 52.

sua eficácia nas relações de trabalho, apresentando uma crítica às normas introduzidas pela Lei n. 13.467/2017 que flexibilizam as questões pertinentes à saúde e à segurança do trabalhador.

Nesse compasso, ainda que se prestigie a negociação coletiva como instrumento hábil para a solução de interesses convergentes, o direito fundamental à saúde e à segurança, delineados na Constituição Federal no art. 196, *caput*, complementado pelo art. 7º, em vários incisos, notadamente o XXIII (redução dos riscos inerentes ao trabalho, por meio de normas de saúde, higiene e segurança) não pode ser objeto de negociação, sob pena de violação à dignidade do trabalhador como pessoa humana.

Assim, tem-se como violadores dos direitos fundamentais regras que flexibilizam, por meio de negociação coletiva, o intervalo intrajornada, o enquadramento do grau de insalubridade e a prorrogação da jornada em ambiente insalubre.

As normas de saúde e segurança do trabalhador são intangíveis, irrenunciáveis e devem ser protegidas contra estipulações *in pejus* que impliquem em retrocessos sociais. Não se pode negar tal proteção ao trabalhador. Fazê-lo seria violar valores supremos consagrados na Constituição Federal, importantes para uma sociedade que se quer justa e solidária.

7. BIBLIOGRAFIA

ALMEIDA, Renato Rua de. Eficácia dos direitos fundamentais e seus impactos teóricos e práticos nas relações de trabalho à luz de questões trazidas pela Lei n. 13.467, de 13 de julho de 2017 sobre a reforma trabalhista. In: *Revista LTr*, ano 81, agosto de 2017.

BRITO FILHO, José Claudio Monteiro de. *Direito sindical*. 2. ed. São Paulo: LTr, 2007.

DELGADO, Mauricio Godinho. *Direito coletivo de trabalho*. São Paulo: LTr, 2001.

FERNANDES, Fábio. *Meio ambiente geral e meio ambiente do trabalho*. São Paulo: LTr, 2009.

GUERRA FILHO, Willis Santiago. *Direitos fundamentais, processo e princípio da proporcionalidade. Dos direitos humanos aos direitos fundamentais*. Porto Alegre: Livraria do Advogado, 1997.

KELLER, Werner. *O direito ao trabalho como direito fundamental*: instrumentos de efetividade. São Paulo: LTr, 2011.

MEIRELLES, Davi Furtado. *Negociação coletiva no local de trabalho*. São Paulo: LTr, 2008.

MELO, Raimundo Simão de. *Direito ambiental do trabalho e a saúde do trabalhador*. 2. ed. São Paulo: LTr, 2006.

MORAES FILHO, Evaristo de. *Tratado elementar de direto do trabalho*. v. I. 2. ed. Rio de janeiro: Freitas Bastos, 1965.

NASCIMENTO, Amauri Mascaro. *Compêndio de direito sindical*. 3. ed. São Paulo: LTr, 2003.

PINTO, José Augusto Rodrigues. *Direito sindical e coletivo do trabalho*. São Paulo: LTr, 1998.

PIOVEZAN, Flávia. *Direitos humanos e o direito constitucional internacional*. 9. ed. São Paulo: Saraiva, 2008.

RIBEIRO, Rafael E. Pugliese. *Reforma trabalhista comentada*. Curitiba: Juruá, 2018.

ROMITA, Arion Sayão. Inderrogabilidade da norma e indisponibilidade de direitos em face da negociação coletiva: limites impostos pelos direitos fundamentais. In: *Revista LTr*, ano 81, junho de 2017.

SABINO, João Filipe Moreira Lacerda. Os Direitos Fundamentais nas Relações de Trabalho. In: PIOVESAN, Flavia. CARVALHO, Luciana Paula Vaz de (Coords.). *Direitos humanos e direito do trabalho*. São Paulo: Atlas, 2010.

SARLET, Ingo Wolfgang. *A eficácia dos direitos fundamentais*. Porto Alegre: Livraria do Advogado, 2001.

SILVA, Homero Batista Mateus da. *Comentários à reforma trabalhista*: análise da Lei 13.167/2017. São Paulo: Revista dos Tribunais, 2017.

TEIXEIRA FILHO, João de Lima. *Instituições de direito do trabalho*. v. 2. 22. ed. São Paulo: LTr, 2005.

Sistema Sindical Brasileiro e o Fim da Contribuição Sindical

Paulo Sergio João[1]

1. INTRODUÇÃO

A liberdade sindical, como direito individual, exercido de modo coletivo, é frequentemente confundida com a representação sindical e mesmo com sua representatividade e legitimidade. Estes são os dois parâmetros das Convenções Internacionais da OIT n. 87 de 1948 e n. 98 de 1949.

A organização sindical orgânica é fruto da liberdade sindical individual, negativa ou positiva, e o Brasil demora a se ajustar ao exercício democrático no âmbito sindical, mantendo condições históricas de organização de efeitos duvidosos quando se trata de liberdade de associação profissional ou sindical. Ainda se arrasta modelo da unicidade.

A nova Lei n. 13.467, de 13 de julho de 2017, chamada Reforma Trabalhista, trouxe preocupações para os sindicatos com a extinção da compulsoriedade de custeio e, também, para o mundo jurídico de que modo os trabalhadores poderão se estruturar a partir da quebra de vínculo jurídico sindical obrigatório. Os possíveis efeitos das novas disposições serão observados a partir do ano de 2018.

O texto analisa de forma breve a evolução do reconhecimento aos trabalhadores da formação de sindicatos, seu conteúdo na legislação brasileira, a unicidade e a pluralidade sindical e reflete sobre os possíveis efeitos da contribuição sindical de caráter facultativo.

2. LIBERDADE SINDICAL – ORGANIZAÇÃO SINDICAL

Os sindicatos tiveram na sua formação histórica um vínculo estritamente obreiro porque são fruto da uma força de luta dos trabalhadores contra o capitalismo, na busca de melhores condições de trabalho. Do ponto de vista do materialismo histórico, a união dos trabalhadores deveria transformar o modelo de produção de modo que a meta final da revolução proletária seria completa com o controle total dos meios de produção.

A revolução francesa em 1789[2] defendia os princípios de igualdade, fraternidade e liberdade e, considerando que a base da sociedade livre era a manifestação da vontade sem interlocutores, proibiu a coalizão de trabalhadores, considerada delito (Lei Le Chapelier, junho, 1791[3]) e, deste modo, a base jurídica de proteção era a do Direito Civil e prevalecia, portanto, nas relações de trabalho a autonomia da vontade. Os princípios da revolução francesa pavimentaram o longo percurso histórico e político da época, base do liberalismo econômico, servindo de base de sustentação jurídica na revolução industrial em que os contratos eram celebrados diretamente entre trabalhador e empresário, prevalecendo sempre a lei da oferta e da procura. Demorou para que se constatasse a brutal desigualdade diante da transformação do sistema de produção entre o capitalista e o trabalhador que trazia o medo do desemprego como componente limitador de qualquer pretensão sobre as condições de trabalho além daquelas que eram oferecidas pelo empresário. O direito de associação foi conquistado na França em 1884, com a chamada Lei Waldeck-Rousseau.

3. LIBERDADE SINDICAL E UNICIDADE SINDICAL

A liberdade sindical, como direito fundamental do trabalhador, é a expressão máxima da conjunção das liberdades públicas e a liberdade individual. Segundo VALTICOS, "os direitos do homem compreendem a liberdade sindical, e até em dobro; por outro, os direitos sindicais exigem o respeito dos principais direitos civis e políticos"[4].

---

(1) Professor Doutor em Direito do Trabalho da PUCSP. Advogado.

(2) "A Revolução francesa foi revolução da burguesia contra a nobreza e o clero. A nobreza, ligada às tradições feudalistas, procurava assegurar os seus privilégios e o clero apegava-se à sua posição política de vários séculos (*omnis potestas a Deo*). A burguesia nascente, enriquecida pelo comércio e pelas atividades livres, desejava sacudir a sociedade de maneira a assegurar a igualdade e a liberdade, contra os entraves da tradição medieval". BATALHA, Wilson de Souza Campos. *Sindicatos, sindicalismo*. São Paulo. LTr, 1992, p. 21)

(3) Art. 1º. A abolição de toda espécie de corporações de cidadãos do mesmo estado e profissão sendo uma das bases fundamentais da Constituição francesa é vedado restabelecê-las de fato, sob qualquer pretexto e por qualquer causa que seja".

(4) VALTICOS, Nicolas. Uma relação complexa: direito do homem e direitos sindicais. In: *Relações coletivas do trabalho*. João de Lima Teixeira (Coord.). Estudos em homenagem ao Ministro Arnaldo Süssekind. São Paulo: LTr, 1989. p. 64.

Os direitos civis, tidos como direitos do homem, foram reconhecidos no século XVIII, nos países em que o exercício livre de direitos como cidadãos caminhava ao lado das liberdades públicas.

O direito ao exercício da liberdade sindical foi reconhecido expressamente na Constituição da Organização Internacional do Trabalho, consolidada, posteriormente, na Convenção Internacional n. 87, em 1948.

A Declaração Universal dos Direitos do Homem, adotada pela Assembleia-Geral das Nações Unidas, em 10 de dezembro de 1948, reafirma o reconhecimento do exercício da liberdade sindical afirmando *"toda pessoa tem o direito de fundar com outros sindicatos e de se filiar aos mesmos para a defesa de seus interesses"*.

Também a Convenção Internacional n. 98, de 1949, da OIT, que trata da "Aplicação dos Princípios do Direito de Sindicalização e de Negociação Coletiva"trouxe transformação na forma de operacionalizar o exercício do direito à liberdade sindical como ação coletiva autônoma e privada dos trabalhadores em relação ao empregador.

Conforme acentua Santos, *"a liberdade sindical contemporânea avança, prontamente, de seu aspecto público para o ambiente privado da empresa, mormente com o advento da Convenção n. 135 da OIT, de 1971, que reconhece e garante tal liberdade ao representante dos trabalhadores na empresa, seja ele vinculado ou não ao sistema sindical"*[5].

O Brasil adotou o modelo de regulação jurídica da liberdade sindical que ao contrário do modelo abstencionista limita o exercício do direito à liberdade sindical, enquanto direito humano fundamental, preexistente ao Direito positivo interno[6].

O Brasil foi signatário da Convenção, entretanto, vinculado ao modelo de regulação, ainda não teve ratificação da norma internacional pelo direito interno e vivemos desde sempre à míngua de entidades sindicais sem identificação direta com aqueles que diz representar e que, talvez, se outro fosse o sistema sindical brasileiro, poderíamos ter avançado mais nas conquistas democráticas e mais autênticas dos movimentos trabalhistas.

A ratificação da Convenção n. 87 traria verdadeira transformação no modelo sindical adotado desde o modelo getulista porque abandonaria o sindicalismo de categoria, transformando-o em sindicalismo de caráter mais solidário em que a representação e representatividade caminhariam juntos e os trabalhadores não estariam segmentados em categorias profissionais. Advirta-se que a construção do sindicato por categoria serviu à época, quer por razões políticas quer por razões da formação do sindicalismo brasileiro na sua forma verticalizada e custeado de modo compulsório. Todavia, já há tempos o sistema de categoria não atende mais aos interesses de trabalhadores e empregadores, servindo apenas para criação de sindicatos sem apego de raiz, isto é, sem conteúdo e envolvimento de classe, limitando-se aos interesses daqueles que formaram o sindicato para projeção política e à procura de recebimento da contribuição sindical compulsória.

A Constituição Federal de 1988 reconhece o direito à liberdade de associação profissional ou sindical (art. 8º.) mas restringe a representação sindical a um único sindicato da mesma categoria profissional ou econômica, por base territorial, limitada ao município (art. 8º. II).

Ao trilhar a garantia da liberdade sindical o constituinte de 1988 a protegeu contra o autoritarismo: impediu a intervenção do Estado; proibiu lei que estabelecesse condições para formação de sindicatos; e, no nível individual, deu à liberdade de associação sindical o direito de não se filiar e direito de se filiar. Mas não impediu que outros sindicatos fossem formados pelos trabalhadores, estabelecendo critério de representação por base territorial, sem dizer expressamente, mas que pressupõe a legitimidade na atuação sindical.

Deste modo pode-se afirmar que vivemos no pleno exercício da liberdade sindical controlada, pelo menos do ponto de vista formal e até a revogação da contribuição sindical compulsória.

4. FORMAÇÃO E ORGANIZAÇÃO DE SINDICATOS. ASPECTOS RELEVANTES DA ESTRUTURA SINDICAL BRASILEIRA

Quando se trata de direitos que envolvem a representação de uma coletividade na defesa de seus interesses, encontramo-nos diante do direito coletivo. A forma de organização dos grupos tem efeitos extremamente relevantes na condução das negociações e na legitimidade outorgada pelo grupo ao representante.

Desta forma, no campo das relações trabalhistas em que se envolvem o capital e o trabalho, destaca-se, desde logo, uma divisão clara entre um setor de atividade econômica e outro que representa aqueles que exercem uma profissão e que se reúnem para a obtenção de direitos que seriam aplicados ao grupo profissional. Conforme Evaristo de Moraes Filho, *"a proximidade do exercício do trabalho, a aglomeração nos mesmos locais de grandes massas de trabalhadores ou de empresas, a identidade de padrões de vida extrafábrica ou fora de casa de comércio, tudo isso serve de condicionamento básico para a efetivação da forma associativa de grupos profissionais anteriormente existentes"*[7].

---

(5) SANTOS, Luiz Alberto Matos dos. *A liberdade sindical como direito fundamental*. São Paulo LTr 2009. p. 57.

(6) URIARTE, Oscar Ermida. Liberdade sindical: normas internacionais, regulação estatal e autonomia. In: Relações coletivas do trabalho. João de Lima Teixeira (Coord.). Estudos em homenagem ao Ministro Arnaldo Süssekind. SP. LTr, 1989. p. 262.

(7) MAGANO, Octavio Bueno. Organização Sindical Brasileira. São Paulo: Revista dos Tribunais, 1981. p. 8, *apud O problema do Sindicato Único no Brasil*. Rio de Janeiro, 1952. p. 63.

Outra noção decorrente deste agrupamento natural é a de categoria cuja dimensão pode ser determinada pelo Estado, condicionada à existência de associação profissional cuja organização está vinculada e condicionada à adoção pelo legislador.

Segundo Magano[8] "categoria é o grupo profissional recortado na dimensão desejada pelo Estado" que pode criar tantas quantas considerar válidas, orientação que foi adotada pelo legislador brasileiro ao estabelecer no art. 511 e parágrafos da CLT os critérios para a associação em sindicato. Assim, a solidariedade de interesses econômicos em atividades idênticas denomina-se categoria econômica e a similitude de condições de vida oriunda da profissão ou trabalho em comum, em situação de emprego na mesma atividade econômica ou em atividades econômicas similares ou conexas chamou o legislador de categoria profissional.

Efetivamente, este modelo de organização de sindicatos é incompatível com o reconhecimento da liberdade sindical que, em pleno exercício, atenderia a tantos grupos que desejassem se organizar na defesa dos respectivos interesses.

O modelo que foi adotado no Brasil foi o de enquadramento vertical, pela atividade econômica da empresa e segundo as diversas atividades no mesmo segmento reunindo os trabalhadores no mesmo sindicato.

Portanto, o que caracteriza a formação de um sindicato é a solidariedade de interesses econômicos ou a similitude das condições de vida oriunda de profissão ou trabalho em comum, exercida em condições de identidade, similaridade ou conexidade.

Deste modo, o modelo de organização profissional dos grupos de interesse não deveria ser definido em lei, mas decorrerem espontaneamente da forma negocial pela qual o grupo desejasse se reunir. Dito em palavras outras, é a auto-organização do grupo juridicamente relevante e impediria que o legislador reconhecesse categorias existentes. A possibilidade de que o direito preceda ao estímulo natural e orgânico levaria à submissão do controle estatal.

No Brasil, a organização sindical se deu de modo legal, ou seja, a intervenção do estado impôs controle e enquadramento sindical pré-estabelecido, cabendo às chamadas categorias a busca da identidade, similaridade e conexidade. O Ministério do Trabalho, por meio da Comissão de Enquadramento Sindical, passou a controlar a organização sindical e o reconhecimento da representação sindical era confirmado pela "carta sindical" em que se limitava a base territorial do sindicato e todo o âmbito de autuação no setor da atividade econômica respectiva.

Nosso sindicalismo chegou a usufruir de maior liberdade e autonomia com reconhecimento até da pluralidade sindical, isto entre os anos de 1934 e 1935, com a Carta Constitucional de 1934.

Segundo Maurício Godinho Delgado "o governo federal retomou seu controle pleno sobre as ações trabalhistas, *através do estado de sítio de 1935, dirigido preferencialmente às lideranças políticas e operárias adversárias da política oficial. Mais que isso, como estado de sítio de 1935, continuado pela ditadura aberta de 1937, pode o governo federal eliminar qualquer foco de resistência político-jurídica, firmando solidariamente a larga estrutura do modelo justrabalhista, cujas bases iniciara logo após o movimento de outro de 1930"*[9].

Logo, bem se vê, adotou-se o modelo monista de organização sindical, sindicato único, por categoria e base territorial, controlado diretamente pelo Estado, contra o regime do pluralismo em que as organizações profissionais poderiam espontaneamente se organizar.

Criou-se assim um dos temas que, no período pós Constituição Federal de 1988, foi revelador de que nosso sistema sindical é o do enquadramento de trabalhadores na entidade que se diria adequada para a representação vinculada que sempre esteve à atividade principal do empreendimento econômico. Segue-se a tradicional forma de enquadramento baseado na principal atividade econômica do empregador que define o sindicato representativo dos empregados, credor de contribuição sindical compulsória, respeitando assim, o princípio da unicidade sindical.

Pode-se dizer que temos a representação compulsória de trabalhadores determinada pelo recolhimento da contribuição sindical, elo jurídico que define a natureza jurídica da representação.

Dois aspectos foram marcantes no desenvolvimento do direito sindical e do direito do trabalho no Brasil. O primeiro, o sindicalismo atrelado ao Estado criou uma subserviência incontrolável e, de outro lado, um Estado extremamente protecionista, com legislação trabalhista abundante e que deixava aos sindicatos pouca margem de avanços e conquistas, resultando no afastamento dos trabalhadores dos sindicatos, incapazes de melhorar aquilo que o Estado já oferecia.

Para o sindicalismo, o índice de associados não era importante porque tinham assegurado por lei a contribuição sindical ou imposto sindical, além de gozar de prestígio político perante autoridades com cargos de juízes classistas, por exemplo.

A Constituição Federal de 1988, no art. 8º e incisos, alterou profundamente o modelo de organização sindical e pretendeu dar aos trabalhadores liberdade na criação dos sindicatos e autonomia na sua forma de gestão e atuação.

---

(8) MAGANO, Octavio Bueno. *Op. Cit.* p. 7.
(9) DELGADO, Mauricio Godinho. *Direito Coletivo do Trabalho*. 5. ed. São Paulo. LTr 2014. p. 129.

Para tanto, assegurou a não-intervenção do Estado na formação de sindicatos e desvinculou seu reconhecimento de qualquer autorização legal[10].

Entretanto, os incisos II e IV mantiveram referência ao modelo da CLT, preservando a noção de categoria e a unicidade sindical para representação na mesma base territorial, além de trazer a oportunidade de que fosse criada mais uma fonte de custeio dos sindicatos, sem prejuízo da contribuição compulsória[11].

Portanto, perdeu-se a oportunidade de ratificar a Convenção n. 87, da OIT e a organização sindical seguiu, pelo menos até a promulgação da Lei n. 13.467/2017, sem parâmetros legais obrigatórios, o modelo de unicidade sindical, fundada na representação, mas sem efetiva representatividade e legitimidade de muitos sindicatos.

A garantia constitucional da liberdade de formação de associação profissional ou sindical e o custeio obrigatório, logo fez evidenciar a falência do sistema de categoria: houve verdadeira corrida para, por meio de desmembramento de representação de sindicatos, criar ainda outros pluralizando no âmbito da categoria já existente, outras representações sustentadas pelo tipo de enquadramento previsto na CLT no art. 511[12]. Isto gerou o crescimento desordenado e com disputas judiciais de entidades sindicais de trabalhadores e empregadores, chegando aproximadamente a 16 mil, das quais 6 mil como entidades patronais.

5. SUSTENTAÇÃO ECONÔMICA DOS SINDICATOS

Desde sua organização e reconhecimento legal pela CLT, os sindicatos obtiveram do Estado uma forma de custeio compulsória à qual se submetiam todos os que se inserissem na economia produtiva, empregados e empregadores.

Deste modo, criou-se o vínculo jurídico de representação sindical, independentemente do interesse dos integrantes da respectiva categoria, econômica ou profissional.

Então, bastava ingressar no mercado de trabalho ou constituir uma empresa para ser devedor de contribuição sindical que pouca influência tinha sobre a credibilidade da representação de trabalhadores, especialmente.

Os Tribunais Trabalhistas e o Supremo Tribunal Federal bateram-se em divergências cruciais e que marcaram a transformação da representação com responsabilidade nas negociações coletivas. Assim, foram comuns as manifestações do Tribunal Superior do Trabalho em relação aos efeitos da negociação coletiva e à representação sindical no Brasil e que procuram justificar a prevalência do legislado em detrimento do negociado, opondo-se ao que o Supremo Tribunal Federal decidia.

Isto nos remete, necessariamente, à reflexão de que nosso modelo sindical está nos estertores de uma fase porque é incapaz de dar às normas coletivas conteúdo jurídico eficaz e válido.

Se as normas coletivas negociadas devem ser revistas pelo judiciário porque os sindicatos são frágeis e pouco representativos, devemos rever com urgência a limitação legal imposta para a liberdade sindical que, na forma como está, contraria o exercício das liberdades civis, direito básico de aperfeiçoamento democrático de uma sociedade plúrima com instituições eficientes e responsáveis.

Todavia, na prática, manteve o vínculo jurídico de representação na unicidade sindical, fundamentada na contribuição sindical obrigatória para manter a estrutura confederativa. Paradoxalmente, aponta para liberdade sindical e se fundamenta na possível habilitação de recebimento de contribuição sindical como vínculo jurídico de representatividade.

A realidade vem demonstrando, contudo, que esta estrutura monolítica do sindicalismo brasileiro não se sustenta e a jurisprudência mais recente vem confirmando que a organização sindical necessita de ressonância e legitimidade para que suas negociações adquiram valor jurídico. O rompimento dessa estrutura passaria necessariamente pela revisão da forma de custeio sindical e, neste aspecto, prevalece a confusão entre a necessidade de sustentação econômica de muitos sindicatos e que não teriam como se sustentar sem a contribuição sindical (com raras exceções) com os efeitos das negociações coletivas.

A adesão espontânea plúrima, sem identificação de categorias, poderia servir como modelo de fortalecimentos das decisões manifestadas pela autonomia da vontade privada coletiva. Aliás, neste aspecto, os acordos coletivos celebrados, portanto, em nível de empresa com os empregados não se apegam a categorias e os efeitos atingem todos os trabalhadores de forma indiscriminada.

---

(10) "Art. 8º É livre a associação profissional ou sindical, observado o seguinte: I – a lei não poderá exigir autorização do Estado para a fundação de sindicato, ressalvado o registro no órgão competente, vedadas ao Poder Público a interferência e a intervenção na organização sindical;"

(11) II – é vedada a criação de mais de uma organização sindical, em qualquer grau, representativa de categoria profissional ou econômica, na mesma base territorial, que será definida pelos trabalhadores ou empregadores interessados, não podendo ser inferior à área de um Município; III – [....]; IV – a assembleia geral fixará a contribuição que, em se tratando de categoria profissional, será descontada em folha, para custeio do sistema confederativo da representação sindical respectiva, independentemente da contribuição prevista em lei;

(12) "É lícita a associação para fins de estudo, defesa e coordenação dos seus interesses econômicos ou profissionais de todos os que, como empregadores, empregados, agentes ou trabalhadores, autônomos, ou profissionais liberais exerçam, respectivamente, a mesma atividade ou profissão ou atividades ou profissões similares ou conexas.

De fato, acabou a representatividade pelo reconhecimento com a outorga do código sindical, espécie de alvará que serviria para exigir pagamento de contribuição sindical dos integrantes da categoria e habilitar-se para o recebimento dos valores vertidos aos cofres do sindicato.

Este elo jurídico parece chegou no seu limite de tolerância porque é contra a vontade política dos representados que talvez preferissem organizações mais legítimas.

Convém observar que a Constituição Federal não impede, repita-se, em respeito à liberdade de associação profissional, que outras entidades sindicais, na mesma base territorial, representando a mesma categoria, constituam-se de modo legítimo.

Portanto, não há impedimento legal para a formação de sindicatos que espelhem a diversidade ideológica dos trabalhadores. Ao contrário, a Constituição Federal, art. 8º, II, assegura a formação de associação profissional sem restrições quanto ao exercício do direito individual da liberdade sindical.

A Lei n. 11.648/2010, que dispôs sobre o reconhecimento das centrais sindicais, deu a elas representatividade dos trabalhadores por meio dos sindicatos e que lhes atribui 10% da parte da cota sindical da Conta Emprego e Salário, revela o paradoxo do nosso sindicalismo e a justificativa de que o modelo da unicidade já teria terminado.

Primeiro, as centrais sindicais entraram de modo oportunista e político na preservação de contribuição compulsória para sua sustentação e, depois, foi imposto aos trabalhadores a cotização de fins ideológicos, sem consulta se é assim que desejam, ficando tudo a critério a cúpula sindical.

Uma verdadeira apropriação econômica para sustentação de ideologias, sem que o contribuinte tenha tido a oportunidade de escolher. Seria o mesmo que exigir recolhimento de contribuição para manutenção de partido político ou de uma seita religiosa sem que as pessoas pudessem escolher. Certamente há algo de errado nisto! E os paradoxos do modelo não terminam.

A Lei n. 11.648 está admitindo o pluralismo ideológico de cúpula pelas Centrais. A base que sustenta essa corrente ideológica, portanto os trabalhadores, custeia sem ter opção de escolha. Desta forma, levando o modelo para o nível de negociações coletivas pelas Centrais, se pudesse fazê-lo, viveríamos o pluralismo sindical deformado na base, onde os trabalhadores mais intensamente sentem a necessária adequação de seus interesses e deverão respeitar a unicidade.

Então, já que se comenta tanto em reforma trabalhista e que as negociações coletivas levadas a efeito pelas atuais entidade sindicais não são juridicamente válidas pelo reconhecimento explícito de sua fragilidade, talvez tenha chegado a hora de privilegiar o direito à liberdade sindical, mediante formação de outras entidades sindicais que, mesmo sem a contribuição sindical, poderiam, por absoluta legitimidade de representação desde sua criação, atuar em negociações coletivas, fazendo prevalecer princípios básicos, inseridos nas Convenções ns. 87 e 98 da Organização Internacional do Trabalho.

Finalmente e em resumo, consideramos que a unicidade sindical de que trata a Constituição Federal não impede a criação de mais de um sindicato na mesma base territorial; a autonomia negocial e inserção na estrutura sindical das Centrais Sindicais autoriza a pluralidade sindical na base.

O caráter facultativo da contribuição sindical tenderá a dar maior legitimidade ao sistema sindical, sem desvios oficiais de cunho ideológico de contribuição sindical

Efetivamente, a Lei n. 13.467, 13 de julho de 2017, alterou os arts. 578 e 579, da CLT, dispôs em sua nova redação:

Art. 578 – "As contribuições devidas aos sindicatos pelos participantes das categorias econômicas ou profissionais ou das profissões liberais representadas pelas referidas entidades serão, sob a denominação de contribuição sindical, pagas, recolhidas e aplicadas na forma estabelecida neste Capítulo, **desde que prévia e expressamente autorizadas**".

Art. 579 – **O desconto da contribuição sindical está condicionado à autorização prévia e expressa** dos que participarem de uma determinada categoria econômica ou profissional, ou de uma profissão liberal, em favor do sindicato representai=tio da mesma categoria ou profissão ou, inexistindo este, na conformidade do disposto no art. 591 desta Consolidação". (*g. n.*)

Não se pode negar o mérito que o projeto de reforma da legislação trabalhista e que suas alterações trouxeram para a sociedade em geral. As reações manifestadas servem sempre para novas reflexões, e não se conheceu outro momento em que as questões trabalhistas foram objeto de tantos encontros e estudos.

O importante é que saímos do imobilismo histórico.

A contribuição sindical que todos sentiam perenizada, despojou-se de suas nefastas características pelas quais foi criada, transformando-se em contribuição de caráter facultativo e com efeitos previsíveis na estrutura sindical e nas negociações coletivas.

No modelo de obrigatoriedade da contribuição sindical, os sindicatos se organizam da forma tradicional, por categoria, observando critério revogado do extinto Quadro de Atividades e Profissões. Ou seja, segue a rotina por inércia e conveniência, e o Ministério do Trabalho e Emprego faz o controle da unicidade sindical, função confirmada pela Súmula n. 677 do STF nos seguintes termos: "Até que lei venha a dispor a respeito, cabe ao Ministério do Trabalho proceder ao registro das entidades sindicais e zelar pela observância do princípio da unicidade".

São dois na atualidade os elementos que atraíram a unicidade sindical: a informação ao Ministério do Trabalho para controle da unicidade, e, o segundo elemento, seria o fato de estar o sindicato vinculado ao direito à contribuição sindical dos representados e, por essa razão, adquiriria a personalidade sindical.

Com a passagem da obrigatoriedade para o caráter facultativo da contribuição sindical, desconstruiu-se a herança do passado, e os trabalhadores passaram a ter direito à recusa de desconto no salário, fazendo opção livre pela entidade sindical, segundo a ideologia adotada pelos dirigentes sindicais.

A recusa no pagamento da contribuição sindical atende ao exercício do direito à liberdade sindical e, no mesmo sentido, essa oposição deve admitir que os trabalhadores, ao se manifestarem contrários ao custeio, possam se unir em outra entidade sindical que considerem mais representativa dos seus interesses.

A extinção da contribuição sindical obrigatória terá efeitos diretos (i) no controle da unicidade; (ii) na estrutura sindical; (iii) nas negociações coletivas; e (iv) na litigiosidade em enquadramento sindical.

(i) A perda da relação jurídica de custeio tira dos sindicatos atuais o monopólio de representação e, consequentemente, seria dispensável o controle de unicidade sindical pelo Ministério do Trabalho que, igualmente, fica dispensado de informar código sindical para recolhimento das contribuições sindicais.

(ii) A estrutura sindical caracterizada pela unicidade poderá perde terreno competitivo com o reconhecimento de novas entidades mais consistentes e vinculadas aos interesses ideológicos do grupo, saindo da dificuldade atual, cuja característica é o de uma cúpula sindical decidindo ou negociando pela categoria.

A pluralidade de representação poderia ser adotada como forma autêntica de expressão das diferentes correntes ideológicas.

(iii) No campo das negociações coletivas, considerando a legitimidade de representação do grupo, as assembleias dos interessados tenderiam a ser mais consistentes com participação e envolvimento e poderiam adquirir maior legitimidade com efetividade da personalidade sindical ou negocial.

(iv) O enquadramento sindical seria dispensável e desapareceriam discussões perante o Judiciário Trabalhista relativamente à representatividade de categoria.

Enfim, com a desvinculação da natureza obrigatória da contribuição sindical, o antigo Quadro previsto no art. 575, da CLT, já ultrapassado e revogado pela Constituição Federal de 1988, deixa de ser referência para qualquer situação de enquadramento sindical. Os atuais sindicatos, herdeiros do modelo do passado, deverão se reinventar e buscar a representatividade e legitimidade que substituirão ao modelo formal.

Este é o primeiro impacto da transformação da contribuição sindical, inicialmente compulsória, para facultativa. As chamadas "categorias" merecerão nova composição e avaliação da conveniência da pulverização de representação na mesma empresa.

O vínculo jurídico de representação sindical, a contribuição sindical decorrente de enquadramento engessado do Ministério do Trabalho e Emprego, com normas antiquadas e desprovidas da realidade do sistema sindical moderno, deixou de existir e agora devemos passar para a representatividade mais consistente e não mais de determinados setores tanto da atividade produtiva, empregados, como econômica, empregadores.

6. REFERÊNCIAS BIBLIOGRÁFICAS

BATALHA, Wilson de Souza Campos. *Sindicatos, sindicalismo*. São Paulo. LTr, 1992.

DELGADO, Mauricio Godinho. *Direito coletivo do trabalho*. 5. ed. São Paulo. LTr 2014.

MAGANO, Octavio Bueno. *Organização sindical brasileira*. São Paulo: Revista dos Tribunais. 1981. p. 8, apud *O problema do sindicato único no Brasil*. Rio de Janeiro, 1952.

SANTOS, Luiz Alberto Matos dos. *A liberdade sindical como direito fundamental*. São Paulo LTr 2009.

VÁLTICOS, Nicolas. Uma relação complexa: direito do homem e direitos sindicais. In: *Relações coletivas do trabalho*. Coordenação João de Lima Teixeira. Estudos em homenagem ao Ministro Arnaldo Süssekind. São Paulo: LTr, 1989.

URIARTE, Oscar Ermida. Liberdade sindical: normas internacionais, regulação estatal e autonomia. In: *Relações coletivas do trabalho*. João de Lima Teixeira (Coord.). Estudos em homenagem ao Ministro Arnaldo Süssekind. São Paulo: LTr, 1989.

A Ultratividade das Normas Coletivas de Trabalho

Rodrigo Chagas Soares[1]

1. INTRODUÇÃO

O cunho vernáculo do vocábulo *ultratividade* decorre da conjunção do substantivo ultra, no aspecto "além de", acrescido de atividade. Ou seja, por meio do referido instituto um determinado benefício irradia seus efeitos – e mantém-se imanente – para um período posterior ao que foi estipulado. A cláusula tem atividade para além do ínterim para o qual foi inserto na norma coletiva.

A Lei n. 13.467/2017 trouxe sensíveis alterações na legislação trabalhista, criando novas modalidades de contrato de trabalho, dirimindo conflitos de interpretação entre Tribunais de diferentes instâncias (a exemplo da prescrição intercorrente[2]), tratando de fontes de custeio de entidades sindicais há tanto debatida e regulamentou questões anteriormente norteadas por entendimentos jurisprudenciais tal como ocorre com a ultratividade.

A regulamentação legal acompanhou o julgamento proferido pelo Supremo Tribunal Federal na Arguição de Descumprimento de Preceito Fundamental n. 323 de Relatoria do Ministro Gilmar Mendes que deferiu a liminar no dia 14 de outubro de 2016, determinando, *ad referendum* do Pleno (art. 5º, § 1º, Lei n. 9.882, de 1999) a suspensão de todos os processos em curso e dos efeitos de decisões judiciais proferidas no âmbito da Justiça do Trabalho que versem sobre a aplicação da ultratividade de normas de acordos e de convenções coletivas, sem prejuízo do término de sua fase instrutória, bem como das execuções já iniciadas[3]. Trata-se da análise pelo Supremo Tribunal da Súmula n. 277 editada pelo Tribunal Superior do Trabalho, abordada mais adiante.

Além de questões jurídicas e evolução jurisprudencial da referida Súmula n. 277, serão analisadas neste artigo as consequências práticas advindas do fim da ultratividade, os possíveis riscos empresariais pela manutenção de benefícios durante o período de negociação coletiva – quando a norma coletiva anterior já estava expirada –, e a posterior supressão de benesses não renovadas posteriormente quando da celebração da Convenção Coletiva subsequente, acarretando em um perigoso passivo.

É certo que o período de 120 (cento e vinte) dias de *vacatio legis* teve por desiderato permitir que os operadores do Direito e a própria sociedade pudessem se adaptar às significativas alterações advindas com a modernização. Sem adentrar às controvérsias que assistimos entre instituições públicas no que se refere à Lei n. 13.467/2017, é fato notório que se faz história neste momento, propiciando mudanças de comportamentos e da própria cultura sindical.

Os argumentos de que o negociado prevalece sobre o legislado, a prevalência do acordo coletivo sobre a convenção coletiva e de ambas sobre a lei, tomaram o protagonismo das negociações coletivas. Renovar ou não as cláusulas normativas passou a ser consideravelmente requestado pelas entidades sindicais representantes da categoria econômica ou profissional. Excluir ou não um determinado benefício de norma coletiva passou a ter mais relevância do que anteriormente. Curiosamente, a mera reprodução e inserção da letra de lei em normas coletivas em anos anteriores, tão criticada anteriormente, passou a ter – ainda que de forma tortuosa e ainda questionável – alguma razão de ser.

O contexto em que a Lei n. 13.467/2017 foi promulgada, com índices inflacionários baixos se comparados aos anos anteriores, impactou consideravelmente nas negociações coletivas.

A Fundação Instituto de Pesquisas Econômicas (FIPE) – com fundamento em dados e informações extraídos dos acordos coletivos e das convenções coletivas depositados na página Mediador do Ministério do Trabalho e Emprego

---

(1) Mestre em Direito do Trabalho pela PUC/SP. Especialista em Direito do Trabalho, Processo do Trabalho e Direito Coletivo do Trabalho pela PUC/SP. Professor da COGEAE/PUC-SP, de pós-graduação e cursos preparatórios para OAB. Palestrante. Advogado com ênfase em Direito Coletivo do Trabalho.

(2) Para o STF, o direito trabalhista admite a prescrição intercorrente (Súmula n. 327), ao contrário do TST que, por sua vez, adota interpretação em sentido diametralmente oposta, afastando a incidência do referido preceito (Súmula n. 114).

(3) Disponível em: <http://www.stf.jus.br/portal/processo/verProcessoAndamento.asp?incidente=4599102>. Consulta em: 28 out. 2017.

(<http://www3.mte.gov.br/sistemas/mediador/>) – noticiou em seu Boletim de setembro de 2017, Salariômetro[4], que a reforma trabalhista e a inflação baixa travaram as negociações. O estudo revela que a quantidade de negociações concluídas até 20 de setembro de 2017, com data-base em agosto, é 56% menor que a do ano anterior, para o mesmo período. Em 2016, 167 (cento e sessenta e sete) negociações salariais já estavam encerradas neste período, sendo que no ano de 2017, apenas 71 (setenta e uma).

É neste contexto que se insere o fim da ultratividade das cláusulas normativas que, juntou com outras consideráveis alterações, é uma das principais responsáveis por justificar este dado estatístico apresentado sobre os entraves nas negociações coletivas no cotejo dos anos de 2016 e 2017.

2. A ULTRATIVIDADE E AS TEORIAS DE INCORPORAÇÃO DAS CLÁUSULAS NOS CONTRATOS INDIVIDUAIS DE TRABALHO

A questão da ultratividade implica em análise da integração dos direitos previstos nas normas coletivas nos respectivos contratos de trabalho. Conforme leciona Carlos Henrique Bezerra Leite[5]:

> Saber se uma cláusula de ACT (Acordo Coletivo de Trabalho) ou CCT (Convenção Coletiva de Trabalho) incorpora-se aos contratos individuais de modo definitivo é tema que se insere no exame da existência, ou não, da ultratividade dos referidos instrumentos de contratação coletiva.

O § 3º do art. 614 da CLT previa – antes da entrada em vigor da Lei n. 13.467/2017 que "não será permitido estipular duração de convenção ou acordo superior a 2 (dois) anos". Tratava-se de um imperativo legal que impunha uma duração certa aos contratos de trabalho, não havendo tratamento legal para os efeitos oriundos que imanavam do período posterior ao término da norma coletiva.

Em razão dessa suposta omissão legislativa anterior é que se formaram correntes a fim de estabelecer se os direitos previstos em norma com prazo expirado se integraria aos contratos individuais de trabalho.

As mais costumeiras que se apresentam na doutrina são a teoria da aderência irrestrita, a da aderência limitada e a da aderência por revogação.

Pela aderência irrestrita a interpretação é que os benefícios previstos nas normas coletiva incorporam-se aos contratos de trabalho, sob o fundamento da previsão contida no art. 468 da CLT[6], conforme leciona Maurício Godinho Delgado[7]:

> (...) A primeira (aderência irrestrita) sustenta que os dispositivos de tais diplomas ingressam para sempre nos contratos individuais de trabalho, não mais podendo deles ser suprimidos. Na verdade, seus efeitos seriam aqueles inerentes às cláusulas contratuais, que se submetem à regra do art. 468, CLT.
>
> Tal vertente já foi prestigiada no Direito do país, quando não se reconhecia à negociação coletiva o poder de criar efetivas normas jurídicas. A partir da Carta de 1988 – que pioneiramente (se considerada a tradição dos 50 anos anteriores) impulsionou a negociação coletiva no Brasil, reconhecendo seu real caráter de fonte criativa de normas (e não simples cláusulas) –, a antiga posição perdeu densidade e prestígio jurídicos.

O Supremo Tribunal Federal, no julgamento da Arguição de Descumprimento de Preceito Fundamental n. 323, em decisão concedida para a suspensão dos efeitos da Súmula n. 277 do C.TST (que, por sua vez, destina-se à sentença normativa) fez importante análise sobre impossibilidade de manutenção atemporal das cláusulas coletivas sob o fundamento de que:

> No plano individual trabalhista, o contrato de trabalho tende para a indeterminação de prazo e, mesmo nos chamados contratos por prazo determinado, a inalterabilidade da cláusula mais favorável decorre diretamente da lei, muito embora transite antes pela vontade manifesta do empregador que cogita a benesse, a exterioriza no mundo físico e torna-a realidade imutável no mundo do direito do trabalho. Ou seja, no plano do direito individual do trabalho a inalterabilidade da cláusula mais favorável, decorrendo diretamente de uma lei imperativa e categórica, está totalmente dissociada da noção de prazo do contrato de trabalho; ela é atemporal, e, uma vez reconhecida pelo Estado-Juiz, a situação de inalterabilidade da cláusula mais favorável ao trabalhador é irreversível e imodificável. As normas coletivas, por outro lado, todas, sem exceção, têm prazo de vigência determinado, imposto por lei e suas cláusulas são frutos da autonomia privada coletiva ou de um ato heterônomo estatal que a subs-

---

(4) Disponível em: <http://portal.andes.org.br/imprensa/noticias/imp-ult-1146117091.pdf >. Acesso em: 28 out. 2017.

(5) LEITE, Carlos Henrique Bezerra. *Curso de direito do trabalho*. São Paulo: Saraiva, 2014. p. 623.

(6) Art. 468, CLT – Nos contratos individuais de trabalho só é lícita a alteração das respectivas condições por mútuo consentimento, e ainda assim desde que não resultem, direta ou indiretamente, prejuízos ao empregado, sob pena de nulidade da cláusula infringente desta garantia.

(7) DELGADO, Mauricio Godinho. *Curso de direito do trabalho*. São Paulo: LTr, 2009. p. 150-151.

titui. Tendo prazo de vigência imperativa delineado na lei, as cláusulas coletivas não podem viver de forma atemporal, cessando sua eficácia com o exaurimento do prazo de vigência da norma coletiva. (STF-ADPF 323 MC/DF, Min. Rel. Gilmar Mendes, j. 14.10.2016 e DJe 19.10.2016)

Diferentemente do que ocorre com os contratos individuais de trabalho, as normas coletivas têm prazo determinado, gerando efeitos limitados ao período em que foi celebrada e não se perpetuando indeterminadamente aos contratos de trabalho.

Nas palavras de Bezerra Leite[8]:

> Essa teoria, que encontra em José Augusto Pinto Rodrigues e Délio Maranhão seus ardorosos defensores, sustenta que o efeito da ultratividade implica incorporação definitiva das cláusulas convencionais aos contratos de trabalho, mesmo após a expiração do prazo de vigência do pacto de labor coletivo. Após a incorporação, as cláusulas convencionais aderem ao contrato individual de trabalho e passam, a partir daí, a se submeter à regra de inalterabilidade prevista no art. 468 da CLT.

O grande problema desta teoria é frustrar a finalidade de duração temporária da norma coletiva, cujo instituto é adequar-se às transformações conjunturais e estruturais que influenciam na realidade do trabalho, com mais rapidez do que a norma estatal.

É justamente por se adequar somente às transformações conjunturais e estruturais de um determinado período, que a imanência dos efeitos da cláusula não se justifica.

A aderência irrestrita engessa e prejudica as negociações coletivas ao gerar receios de concessões pelas partes que se verão com o risco de apresentar determinado benefício em norma e não conseguir negociá-lo posteriormente em razão da ausência de vontade do outro lado.

Importante salientar, ainda, que a alteração contratual a que se refere o art. 468 da CLT aplica-se, expressamente, aos contratos individuais de trabalho, não se justificando confusão acerca de alteração de direitos coletivos previstos em normas coletivas que, por sua vez, são reflexos de um determinado momento do cenário econômico e social.

Outra corrente doutrinária é a aderência limitada pelo prazo pela qual "os dispositivos dos diplomas negociados vigoram no prazo assinado a tais diplomas, não aderindo indefinidamente a eles", conforme Maurício Godinho Delgado[9]. A doutrina enquadra a, então suspensa, Súmula n. 277 do C.TST nesta modalidade.

De acordo com Bezerra Leite[10], por meio do referido entendimento sumular, o C.TST:

> (...) passou a adotar a teoria da ultratividade moderada, pois reconhece a incorporação condicionada das cláusulas de convenções ou acordos coletivos aos contratos individuais de trabalho, isto é, a incorporação vigorará até que outra fonte normativa de autocomposição coletiva venha a dispor em sentido contrário.

Corrente intermediária entre as duas apresentadas acima é a aderência limitada por revogação pela qual as normas coletivas se perpetuarão e produzirão os seus efeitos nos contratos individuais de trabalho enquanto não houver nova Convenção ou Acordo Coletivo que as revogue.

Por esta terceira corrente a ultratividade ocorrerá durante todo o período em que não houvesse nova norma coletiva para regular a matéria, limitando-se à nova celebração de convenção ou acordo coletivo de trabalho.

Quando não observado o prazo da norma coletiva, seja pela aderência irrestrita ou limitada à revogação, as disposições negociadas aderem ao contrato de trabalho, avançando no tempo mesmo com o término do prazo da norma coletiva.

Eis aqui a ultratividade.

Repita-se o mencionado inicialmente de que, nestes dois casos (aderência irrestrita ou limitada por revogação) "a cláusula tem atividade para além do ínterim para o qual foi inserto na norma coletiva", gerando efeitos mesmo com o término do prazo. Os benefícios negociados anteriormente se perpetuarão indefinidamente (aderência irrestrita), gerando indevido direito adquirido que o direito coletivo não admite, ou enquanto não houver nova negociação (aderência limitada por revogação).

Eis que a Lei n. 13.467/2017, concede nova redação ao aludido § 3º, preconizando que: "Não será permitido estipular duração de convenção coletiva ou acordo coletivo de trabalho superior a dois anos, sendo vedada a ultratividade".

O referido § 3º do art. 614 da CLT (com a redação pela nova lei) ainda se coaduna com a livre negociação prevista na Convenção n. 154 da Organização Internacional do Trabalho analisada no tópico seguinte. Cuida-se de uma limitação da vigência da norma coletiva que deverá ser renegociada, estimulando que as partes sentem novamente à mesa para tratar dos direitos negociados anteriormente ou inserção de novos. Tal como mencionado na ADPF n. 323 que, igualmente, será analisada adiante:

> Assim, a única fórmula que restaria ao empregador para desonerar-se de concessão que um dia fez aos em-

---

(8) Ob cit. p. 623.
(9) Ob cit. p. 150.
(10) Ob cit. p. 624.

pregados via de acordo coletivo seria a consecução de novo acordo em que a cláusula indesejável não fosse incluída. Mas, nesse caso, o desiderato patronal apenas lograria êxito mediante compensação com outra espécie de vantagem a ser concedida, menos onerosa para a empresa, como fruto da negociação coletiva. Isso se torna comum nos contextos econômicos de recessão, quando a preservação do emprego é mais importante que o aumento das vantagens salariais (que poderão inclusive ser diminuídas)... (MARTINS FILHO, Ives Gandra da Silva. Processo coletivo do trabalho. São Paulo: LTr, 2009, p. 41-43) (STF-ADPF 323 MC/DF, Min. Rel. Gilmar Mendes, j. 14.10.2016 e DJe 19.10.2016)

Ou seja, a aderência passa a ser limitada ao prazo de vigência da norma coletiva, não se incorporando indeterminadamente aos contratos de trabalho, justificada pela evolução histórica do tema.

3. A ULTRATIVIDADE DEPOIS DA CONSTITUIÇÃO FEDERAL DE 1988

A Consolidação das Leis do Trabalho, em seu art. 614, § 3º, com a redação dada pelo Decreto-lei n. 229, de 28 de fevereiro de 1967 não permite a estipulação da duração de convenção ou acordo superior a 2 (dois) anos. Ou seja, pela CLT, a aderência está limitada ao prazo.

Em março de 1988, antes mesmo da promulgação da Constituição Federal em 05 de outubro daquele ano, o C.TST editou a Súmula n. 277 por meio da qual: "As condições de trabalho alcançadas por força de sentença normativa vigoram no prazo assinado, não integrando, de forma definitiva, os contratos".

Ou seja, apesar do referido entendimento sumular aplicar-se à sentença normativa, afere-se a preocupação da jurisprudência em afastar a integração dos benefícios de forma definitiva aos contratos de trabalho. Adotou-se, no entendimento do Tribunal, a aderência limitada pelo prazo.

Em 12 de maio de 1992, por meio do Decreto Legislativo n. 22, publicado no Diário Oficial da União de 13 de maio de 1992, o Brasil aprovou – e ratificou em 10 de julho de 1992 – a Convenção n. 154 da Organização Internacional do Trabalho sobre o incentivo à negociação coletiva, adotado em Genebra, em 1981, durante a 67ª Reunião da Conferência Internacional do Trabalho.

O art. 5 da Convenção n. 154 prevê que:

PARTE III. ESTÍMULO À NEGOCIAÇÃO COLETIVA
Artigo 5

1. Deverão ser adotadas medidas adequadas às condições nacionais no estímulo à negociação coletiva.

2. As medidas a que se refere o parágrafo 1 deste artigo devem prover que:

a) a negociação coletiva seja possibilitada a todos os empregadores e a todas as categorias de trabalhadores dos ramos de atividade a que se aplique a presente Convenção;

b) a negociação coletiva seja progressivamente estendida a todas as matérias a que se referem os anexos a), b) e c) do artigo 2 da presente Convenção;

c) seja estimulado o estabelecimento de normas de procedimento acordadas entre as organizações de empregadores e as organizações de trabalhadores;

d) a negociação coletiva não seja impedida devido à inexistência ou ao caráter impróprio de tais normas;

e) os órgãos e os procedimentos de resolução dos conflitos trabalhistas sejam concedidos de tal maneira que possam contribuir para o estímulo à negociação coletiva.

No ano de 1992 foi promulgada a Lei n. 8.542 que, em seu art. 1º, preconizava que:

As cláusulas dos acordos, convenções ou contratos coletivos de trabalho integram os contratos individuais de trabalho e somente poderão ser reduzidas ou suprimidas por posterior acordo, convenção ou contrato coletivo de trabalho.

O fundamento que justificava a integração das cláusulas de normas coletivas ao contrato de trabalho estava previsto no *caput* do mesmo art. 1º: a livre negociação coletiva defendida pela Organização Internacional do Trabalho. O legislador parlamentar adotou a aderência limitada por revogação, subsistindo o direito ao contrato individual de trabalho enquanto não houvesse norma com a finalidade de alterar, suprimir ou mesmo manter determinado benefício.

A referida Lei n. 8.542/1992 foi sofrendo sucessivas alterações e revogações por meio de Medidas Provisórias complementares ao Plano Real que se iniciou pela MP n. 1.053, de 30 de junho de 1995, passando a de n. 1.079, de 28 de julho de 1995, depois para a MP n. 1.106, de 29 de agosto de 1995, revogada pela MP, de 28 de setembro de 1995, depois pela MP n. 1.171, de 27 de outubro de 1995, posteriormente pela MP n. 1.205, de 24 de novembro de 1995, depois pela MP n. 1.240, de 14 de dezembro de 1995, depois pela MP n. 1.277, de 12 de janeiro de 1996, depois pela MP n. 1.316, de 09 de fevereiro de 1996, depois pela MP n. 1.356, de 12 de março de 1996, depois a MP n. 1.398, de 11 de abril de 1996, depois pela MP n. 1.440, de 10 de maio de 1996, depois MP 1.488, de 7 de junho de 1996, posteriormente pela MP n. 1.488-13, de 9 de julho de 1996, depois pela MP n. 1.488-14, de 8 de agosto de 1996, posteriormente pela MP n. 1.488-15, de 6 de setembro de 1996, depois pela MP n. 1.488-16, de 2 de outubro de 1996, depois pela MP n. 1.488-17, de 31 de outubro de 1996, posteriormente pela 1.488-18, de 29 de novembro de 1996, depois pela MP 1.540, de 18 de dezembro de 1996, depois pela MP n. 1.540-20, de 16 de janeiro de 1997 e seguindo-se dessa maneira até o dia 25 de janeiro de 2001 por meio da

Medida Provisória n. 2.074-73 que foi convertida na Lei n. 10.192, de 14 de fevereiro de 2001.

Em todas essas Medidas Provisórias foram realizadas medidas complementares ao Plano Real, mas a referida Lei n. 10.192/2001 revogou a previsão contida no art. 1º, § 1º (aderência limitada por revogação) e o §2º (obrigatoriedade de fixação de cláusulas salariais, pisos salariais, ganhos de produtividade e outros direitos em normas coletivas).

Contudo, mesmo tendo revogado o § 1º do art. 1º da Lei n. 8.542/1992, o art. 10 da Lei n. 10.192/2001 manteve a livre negociação coletiva defendida pela Organização Internacional do Trabalho:

> Os salários e as demais condições referentes ao trabalho continuam a ser fixados e revistos, na respectiva data-base anual, por intermédio da livre negociação coletiva.

Ao prever que os salários e demais vantagens devam ser negociados anualmente, o legislador passou a dar limitação temporal, afastando a ultratividade das normas coletivas, restringindo-as à respectiva data-base anual (aderência limitada por prazo).

Em 21 de novembro de 2003, pela Resolução n. 121/2003, o Tribunal Superior do Trabalho, na Súmula n. 277, dirigidas às sentenças normativas, manteve a redação dada no ano de 1988, supramencionada, determinando que as condições alcançadas por meio da decisão judicial não integram de forma definitiva aos contratos de trabalho, vigorando tão somente no prazo assinalado (aderência limitada pelo prazo).

Posteriormente, em 25 de novembro de 2009, o C.TST alterou a redação da Súmula n. 277 prevendo que:

> Sentença normativa. Convenção ou acordo coletivos. Vigência. Repercussão nos contratos de trabalho
>
> I – As condições de trabalho alcançadas por força de sentença normativa, convenção ou acordos coletivos vigoram no prazo assinado, não integrando, de forma definitiva, os contratos individuais de trabalho.
>
> II – Ressalva-se da regra enunciado no item I o período compreendido entre 23.12.1992 e 28.07.1995, em que vigorou a Lei n. 8.542, revogada pela Medida Provisória n. 1.709, convertida na Lei n. 10.192, de 14.02.2001.

No inciso I previa a aderência limitada ao prazo para as sentenças normativas e no inciso II fez a ressalva do período em que o legislador previa a aderência limitada por revogação para as cláusulas de convenção ou acordo coletivo.

No dia 27 de setembro de 2012, por meio da Resolução n. 185/2012, o Tribunal Superior do Trabalho alterou a redação da Súmula n. 277 e passou a prever a aderência limitada à revogação, possibilitando a ultratividade das cláusulas previstas – não mais em sentenças normativas –, mas em acordos e convenções coletivas:

> As cláusulas normativas dos acordos coletivos ou convenções coletivas integram os contratos individuais de trabalho e somente poderão ser modificadas ou suprimidas mediante negociação coletiva de trabalho.

Sobre a alteração sumular, faz-se necessário analisar as alterações na redação do § 2º do art. 114 da Constituição Federal. O marco divisor é a Emenda Constitucional n. 45/2004 que – antes desta – estava preconizado que:

> Recusando-se qualquer das partes à negociação ou à arbitragem, é facultado aos respectivos sindicatos ajuizar dissídio coletivo, podendo a Justiça do Trabalho estabelecer normas e condições, respeitadas as disposições convencionais e legais mínimas de proteção ao trabalho.

A redação posterior do § 2º do art. 114 da Constituição Federal passou a prever, ao final, a observância das sentenças normativas às disposições "convencionadas anteriormente":

> Recusando-se qualquer das partes à negociação coletiva ou à arbitragem, é facultado às mesmas, de comum acordo, ajuizar dissídio coletivo de natureza econômica, podendo a Justiça do Trabalho decidir o conflito, respeitadas as disposições mínimas legais de proteção ao trabalho, bem como as convencionadas anteriormente.

O referido § 2º destina-se ao exercício do Poder Normativo. Com o fim da ultratividade, ainda se mantém a possibilidade dos magistrados julgarem o Dissídio Coletivo respeitando as disposições mínimas legais de proteção ao trabalho, bem como as convencionadas anteriormente. No entanto, nesta última hipótese não caberá a mera reprodução da cláusula sob o risco de estar aplicando a ultratividade da norma. É necessário analisar o objeto lícito a qual está vinculado por força do art. 8º, § 3º, CLT (redação da Lei n. 13.467/2017)[11].

Como visto anteriormente, o STF, no dia 14 de outubro de 2016, analisando a constitucionalidade da interpretação dada ao § 2º do art. 114 da Constituição Federal pela Súmula n. 277 do C.TST, proferiu decisão na Ação

---

(11) Art. 8º. § 3º No exame de convenção coletiva ou acordo coletivo de trabalho, a Justiça do Trabalho analisará exclusivamente a conformidade dos elementos essenciais do negócio jurídico, respeitado o disposto no art. 104 da Lei n. 10.406, de 10 de janeiro de 2002 (Código Civil), e balizará sua atuação pelo princípio da intervenção mínima na autonomia da vontade coletiva.

de Arguição de Descumprimento de Preceito Fundamental n. 323, fundamentando que[12]:

> O novo entendimento do Tribunal Superior do Trabalho objeto da presente ADPF tem como fundamento a alteração redacional feita pela EC n. 45/2004 no § 2º do art. 114 da Constituição Federal.
>
> A Corte trabalhista passou a interpretar a introdução do vocábulo "anteriormente" à expressão "convencionadas" como suposta reinserção do princípio da ultratividade condicionada da norma coletiva ao ordenamento jurídico brasileiro.
>
> (...)
>
> O vocábulo introduzido pela EC n. 45/2004 é voltado, portanto, a delimitar o poder normativo da Justiça do Trabalho. Na hipótese de não ser ajuizado dissídio coletivo, ou não firmado novo acordo, a convenção automaticamente estará extinta. (STF-ADPF 323 MC/DF, Min. Rel. Gilmar Mendes, j. 14.10.2016 e DJe 19.10.2016)

Na referida ação, os autores sustentaram que a interpretação jurisprudencial do TST para o § 2º do art. 114 da Constituição Federal pela Súmula n. 277 teria o efeito de "ressuscitar um dispositivo legal revogado, no caso, o artigo 1º, § 1º da Lei n. 8.542, de 23 de dezembro de 1992, revogada pela Lei n. 10.192, de 23 de dezembro de 2001, que converteu a Medida Provisória 1.709, revigorando a aplicação da chamada teoria da ultra-atividade, regra não prevista na norma celetista em vigor". Sobre o tema, o Ministro do E.STF se pronunciou no sentido de que:

> Ademais, a existência de norma legal – já revogada – sobre o tema é aspecto que não pode ser igualmente ignorado. O § 1º do art. 1º da Lei n. 8.542/1992 expressamente estabelecia que "as cláusulas dos acordos, convenções ou contratos coletivos de trabalho integram os contratos individuais de trabalho e somente poderão ser reduzidas ou suprimidas por posterior acordo, convenção ou contrato coletivo de trabalho".
>
> Assim como qualquer outro diploma legislativo, esse também foi submetido a ampla discussão. Com observância da publicidade, da transparência, foi analisado sob a perspectiva da necessidade e da proporcionalidade de suas medidas.
>
> Mesmo procedimento foi observado na elaboração da Lei n. 10.192, de 23 de dezembro de 2001, que decorre da conversão da Medida Provisória n. 1.709/1998 e revogou a Lei n. 8.542/1992. Em rediscussão da matéria, o Poder Legislativo entendeu por bem retirar o princípio da ultratividade da norma coletiva do ordenamento jurídico nacional.

Encerrando a análise histórica, não perdendo o foco de que a ultratividade deve ser analisada neste artigo sob o prisma da Lei n. 13.467/2017, faz-se necessário, então, verificar as justificativas[13] atribuídas pelo Deputado Rogério Marinho, Relator do Projeto de Lei n. 6787/16 que acarretou nas alterações da CLT promovidas pela Lei n. 13.467/17, para inserir a vedação da ultratividade no § 3º do art. 614 da CLT:

> A nova redação proposta ao § 3º do art. 614 também intenta garantir maior segurança jurídica às partes da relação empregatícia, uma vez que os tribunais trabalhistas têm, reiteradamente, decidido contra a lei em relação ao tema aqui proposto.
>
> O § 3º do art. 614 da CLT, em sua redação vigente, determina que os instrumentos de negociação coletiva não poderão ter prazo de vigência superior a dois anos. No entanto o TST decidiu por súmula que as cláusulas negociadas entre as partes se incorporam ao contrato individual de trabalho mesmo após o fim do prazo estipulado no acordo coletivo ou na convenção coletiva, vigorando até que novo instrumento seja celebrado. É o que se chama princípio da ultratividade da norma. O STF, provocado, decidiu pela suspensão liminar de todos os processos, bem como dos efeitos, de decisões no âmbito da Justiça do Trabalho que discutam a aplicação da ultratividade de normas coletivas de trabalho. O fato é que esse entendimento de validade da norma coletiva mesmo após o término do seu prazo de vigência, além de contrariar texto expresso de lei, não contribui para o aprimoramento da negociação coletiva, uma vez que desestimula a participação das entidades representativas dos empregadores, sabedores de que o que vier a ser negociado se incorporará indefinidamente ao contrato. Prejudica, igualmente, os empregados, que se veem impedidos de ter melhoras temporárias em suas condições de trabalho, levando-se em conta aspectos conjunturais da economia, por exemplo. Assim, a nova redação propõe a manutenção do prazo de validade máximo de dois anos para os acordos coletivos e as convenções coletivas de trabalho, vedando expressamente a ultratividade.

No dia 13 de julho de 2017 foi promulgada, então, a Lei n. 13.467/2017, com a nova redação ao § 3º do art. 614 da CLT para vedar a ultratividade, prevendo, portanto, a aderência limitada pelo prazo. Em 14 de novembro de 2017 foi publicada a Medida Provisória n. 808 que regulamentou determinados dispositivos da modernização trabalhista, mantendo incólume a vedação da ultratividade.

---

(12) Disponível em: <http://redir.stf.jus.br/estfvisualizadorpub/jsp/consultarprocessoeletronico/ConsultarProcessoEletronico.jsf?seqobjetoincidente=4599102>. Acesso em: 02 nov. 2017.

(13) Disponível em: <http://www.camara.gov.br/proposicoesWeb/prop_mostrarintegra?codteor=1544961&filename=SBT+1+PL678716+%3D%3E+PL+6787/2016>. Acesso em: 02 nov. 2017.

4. A ULTRATIVIDADE E AS VANTAGENS INDIVIDUAIS ADQUIRIDAS

De tudo o que foi analisado acima, parece-nos uma questão menos intrincada compreender que os benefícios previstos em convenção ou acordo coletivo integrarão o contrato individual de trabalho somente durante o período de vigência das normas, não havendo que se falar em, por exemplo, direito adquirido.

Uma vez que o pilar de sustentação de determinado benefício deixa de existir pelo decurso do prazo da norma ou por ausência de sua renovação, não há que ser mantidas as verbas até então pagas. A cláusula deixa de integrar o contrato de trabalho, quando a norma coletiva, na qual se encontrava aquela disposição, deixa de existir.

Vale ressaltar que, muito embora não se constitua como regra, a supressão de benefício está atrelada a uma contrapartida[14] em sede de negociação coletiva. Quando a cláusula sucumbe, o direito nela previsto e irradiado aos contratos individuais de trabalho segue a mesma sorte.

Contudo, antes da promulgação da Lei n. 13.467/2017, parte da doutrina e o próprio C.TST reconhecia que determinados direitos – a exemplo da estabilidade acidentária – não poderão ser suprimidos quando preenchidos os requisitos de assunção do benefício pelo trabalhador dentro do prazo de vigência da norma. Nesse caso, mesmo que a Convenção ou Acordo Coletivo tivessem a sua vigência expirada, preenchidos os pressupostos de aquisição, o direito se mantém aderido ao contrato de trabalho (aderência irrestrita).

A Orientação Jurisprudencial n. 41 da SDI1 do C.TST[15], inserida em 25 de novembro de 1996, quando já ratificada a Convenção n. 154 da OIT, prevê:

Preenchidos todos os pressupostos para a aquisição de estabilidade decorrente de acidente ou doença profissional, ainda durante a vigência do instrumento normativo, goza o empregado de estabilidade mesmo após o término da vigência deste.

Tratar-se-ia de uma forma de ultratividade que o legislador proibiu com a nova redação § 3º do art. 614 da CLT, transcrito acima, que, eventualmente, será revista pelo C.TST, apesar do apelo social que a cláusula de estabilidade oferece.

Parte da doutrina, debruçando-se sobre o assunto antes da Lei n. 13.467/2017, leciona que além das correntes estudadas acima (aderência irrestrita, limitada e por revogação) haveria outra que versaria justamente sobre a questão analisada neste tópico: teoria da vantagem individual adquirida ou das cláusulas ultranormativas, conforme ensina Ronaldo Lima dos Santos[16].

Pela referida teoria, algumas cláusulas – por sua natureza – aderem aos contratos de trabalho, sendo consideradas ultranormativas. Pela referida tese, preenchidos os pressupostos de aquisição da estabilidade, por exemplo, o direito não poderia mais ser elidido do contrato de trabalho. Ou seja, havendo um fato gerador, o direito passaria a integrar o patrimônio individual do empregado.

Pela teoria haveria a aplicação da norma à situação jurídica presente, mantendo-se em relação ao futuro. Paul Roubier[17] utiliza-se da expressão "situação jurídica" em detrimento de "direito adquirido" a fim de afastar subjetivismos. Distingue a retroatividade com o efeito imediato de modo que a norma tem caráter imediatista, aplicando-se sobre situações em curso. Para Gabba[18], é indispensável que o direito tenha tornado elemento ou parte do patrimônio individual em razão da possibilidade de inúmeros outros direitos que não se poderia denominar como adquiridos porquanto não integrariam o patrimônio de quem o possui.

O § 2º do art. 6º do Decreto-lei n. 4.657/1942 (Lei de Introdução às Normas de Direito Brasileiro) preconiza que: "Consideram-se adquiridos assim os direitos que o seu titular, ou alguém por ele, possa exercer, como aqueles cujo começo do exercício tenha termo pré-fixo, ou condição pré-estabelecida inalterável, a arbítrio de outrem". A condição pré-estabelecida estaria prevista na norma coletiva, então vigente, e passaria a integrar o patrimônio individual do empregado.

Pelo nosso entendimento, repise-se, no direito coletivo não há que se falar em direito adquirido, sendo que as

---

(14) Nesse sentido é de bom alvitre ressaltar que o § 2º do art. 611-A da CLT (com a redação dada pela Lei n. 13.467/17) afasta declaração de nulidade da norma coletiva quando inexistente indicação expressa de contrapartidas recíprocas justamente por não caracterizar um vício do negócio jurídico.

(15) Disponível em: < http://www3.tst.jus.br/jurisprudencia/OJ_SDI_1/n_s1_041.htm#TEMA41>. Acesso em: 02 nov. 2017.

(16) SANTOS, Ronaldo Lima. *Teoria das normas coletivas*. São Paulo: LTr, 2007. p. 239.

(17) ROUBIER, Paul. Droits Subjectif et Situation Juridique. Paris: Dalloz, 1933. p. 181 e p. 107/112 apud ALMEIDA, Lilian Barros de Oliveira. *O direito adquirido na jurisprudência do Supremo Tribunal Federal: análise da incidência de contribuição previdenciária sobre os inativos*. Disponível em: <https://jus.com.br/artigos/8405/o-direito-adquirido-na-jurisprudencia-do-supremo-tribunal-federal/1>. Acesso em: 02 nov. 2017.

(18) GABBA, C F. Retroattivitá Delle Leggi, 3. ed. Milão-Roma-Nápoles: Utet, v. I, 1891, p. 207/208 apud ALMEIDA, Lilian Barros de Oliveira. *O direito adquirido na jurisprudência do Supremo Tribunal Federal: análise da incidência de contribuição previdenciária sobre os inativos*. Disponível em: <https://jus.com.br/artigos/8405/o-direito-adquirido-na-jurisprudencia-do-supremo-tribunal-federal/1>. Acesso em: 02 nov. 2017.

normas coletivas têm interpretação distinta da legislação, com vigência temporária, sendo um recorte do momento financeiro e político do país.

Vale dizer, o que se questiona é o preceito de inalterabilidade da condição prevista na própria norma coletiva. Por se tratar de uma condição suscetível de alteração, de natureza provisória tal como é uma convenção coletiva, que reflete somente um determinado momento da sociedade, é que entendemos pela transitoriedade do direito que prevalecerá somente no prazo de vigência da norma, sendo necessário nova negociação e menção expressa à cláusula anterior caso se pretenda manter o direito como patrimônio individual do empregado estável, em nosso exemplo ora analisado.

Pensar o contrário (pela aderência irrestrita e sem qualquer menção expressa na nova norma coletiva), ou a mera reprodução em sentença normativa sem uma análise compatível com a legislação vigente, é conceder a ultratividade da qual o legislador passou a proibir na previsão contida no § 3º do art. 614 da CLT com a redação da Lei n. 13.467/2017.

Muito embora o contrato de trabalho seja de trato sucessivo, uma convenção ou acordo coletivo – ao contrário – tem uma condição resolutiva (o prazo de sua vigência), extinguindo, para todos os efeitos, o direito a que ela se opõe, mantendo-se incólume os atos praticados anteriormente quando da vigência da norma, conforme dicção literal do art. 128 do Código Civil[19].

5. INTERSTÍCIO DO TÉRMINO DE UMA NORMA COLETIVA E SUCESSÃO DE OUTRA

Dúvidas que podem se apresentar é: com o fim da ultratividade, o empregador poderá suprimir de imediato o direito previsto anteriormente na norma coletiva anterior e expirada sem incorrer em riscos? Como fica o interstício do período da negociação – entre o término de uma norma e a assinatura de outra – caso o direito (já suprimido pelo empregador) seja renovado posteriormente? O que pode ocorrer na hipótese do empregador manter o direito previsto na norma coletiva expirada no contrato de trabalho, mas não haver a sua renovação na convenção coletiva posterior?

Tratam-se de questionamentos naturais decorrentes da alteração legislativa assim como pode acontecer eventualmente com outros temas que foram alterados e não constam costumeiramente nas convenções coletivas, a exemplo da supressão da jornada *in itinere* autorizada pela Lei n. 13.467/1917, no novo art. 58, § 2º da CLT.

Preconiza o § 3º do art. 616 da CLT[20] que durante a própria vigência da norma coletiva, o dissídio coletivo deve ser instaurado dentro do prazo de 60 (sessenta) dias anteriores ao respectivo termo final, sob pena do novo instrumento coletivo não tenha vigência no dia imediato a esse termo. Não havendo a possibilidade real de encerramento da negociação coletiva antes do termo final da norma coletiva anterior, o interessado poderá formular cautelar de protesto para preservar a data-base da categoria, conforme previsão contida no § 1º do art. 219 do Regimento Interno do C.TST[21].

Para que se tenha uma segurança jurídica em relação ao período em que se negocia no término de uma norma coletiva, o C.TST tem a previsão dentro de seu Regimento Interno – supramencionada – sobre a necessidade de ser preservada a data-base da categoria.

Nesse caso, na hipótese do empregador manter benefícios no contrato individual de trabalho o direito que estava previsto em convenção coletiva de trabalho anterior e não renovado na norma posterior, corre-se o risco do pagamento ser interpretado como liberalidade empresarial e a sua eliminação ser considerada como alteração contratual lesiva nos termos do art. 468 da CLT[22] em sede de reclamação trabalhista ou ação coletiva. O pagamento deixa de estar relacionado ao coletivo e passa a integrar o patrimônio individual do empregado por meio de liberalidade empresarial concedida.

Caso o benefício seja renovado posteriormente na

---

(19) Art. 128, CC – Sobrevindo a condição resolutiva, extingue-se, para todos os efeitos, o direito a que ela se opõe; mas, se aposta a um negócio de execução continuada ou periódica, a sua realização, salvo disposição em contrário, não tem eficácia quanto aos atos já praticados, desde que compatíveis com a natureza da condição pendente e conforme aos ditames de boa-fé.

(20) Art. 616, § 3º – Havendo convenção, acordo ou sentença normativa em vigor, o dissídio coletivo deverá ser instaurado dentro dos 60 (sessenta) dias anteriores ao respectivo termo final, para que o novo instrumento possa ter vigência no dia imediato a esse termo.

(21) Art. 219. Frustrada, total ou parcialmente, a autocomposição dos interesses coletivos em negociação promovida diretamente pelos interessados ou mediante intermediação administrativa do órgão competente do Ministério do Trabalho, poderá ser ajuizada a ação de dissídio coletivo. § 1º. Na impossibilidade real de encerramento da negociação coletiva em curso antes do termo final a que se refere o art. 616, § 3º., da CLT, a entidade interessada poderá formular protesto judicial em petição escrita, dirigida ao Presidente do Tribunal, a fim de preservar a data-base da categoria. § 2º. Deferida a medida prevista no item anterior, a representação coletiva será ajuizada no prazo máximo de trinta dias, contados da intimação, sob pena de perda da eficácia do protesto.

(22) Art. 468 – Nos contratos individuais de trabalho só é lícita a alteração das respectivas condições por mútuo consentimento, e ainda assim desde que não resultem, direta ou indiretamente, prejuízos ao empregado, sob pena de nulidade da cláusula infringente desta garantia.

norma coletiva, assim como ocorre com os reajustes salariais, o pagamento será retroativo.

Existe, ainda, a possibilidade da categoria ficar sem a norma coletiva subsequente em razão dos sindicatos não terem conseguido chegar a um acordo. Nesse caso, a Lei n. 13.467/2017 terá aplicação direta sobre as relações individuais de trabalho.

Sob esse prisma, o pagamento dos salários decorrerão de liberalidade empresarial, sendo que o art. 10 da Lei n. 10.192/2001 – transcrito acima[23] – exige que os salários e demais condições devam ser fixados anualmente na respectiva data-base por meio da livre negociação coletiva. Ora, não havendo negociação coletiva e a celebração de uma convenção ou acordo coletivo, o reajuste salarial passa a ser concedido por cada empresa na respectiva data-base.

Alvitre-se, ainda, que nos termos do § 2º art. 13 da Lei n. 10.192/2001, qualquer concessão de aumento real de salário deve estar lastreado em indicadores objetivos, amparado em uma realidade factível e justificável[24], não podendo contrariar as políticas salariais do governo sob pena de sua nulidade a guisa do art. 623 da CLT[25] a acarretar na participação dos sindicatos signatários da norma coletiva como litisconsortes necessário nos termos do novel § 5º do art. 611-A[26].

Parte da doutrina justificava a necessidade da ultratividade como forma de suprir o suposto vácuo existente entre o antigo e o novo instrumento. O E.STF, na ADPF n. 323, ressaltou que essa manutenção das cláusulas ocorria sem a devida contraprestação para o patronal, não se justificando a permanência das cláusulas anteriores aos contratos individuais de trabalho somente em prejuízo de um lado das partes negociadoras[27].

Eis que a nova redação do art. 614, § 3º, CLT, passa a exigir das partes negociadoras maior comprometimento, inclusive, no que se refere ao interstício entre normas coletivas. A Medida Provisória n. 808 não alterou o dispositivo celetista, reforçando o posicionamento do legislador de que a ultratividade é instrumento de desestímulo de participação das entidades representativas dos empregadores, sabedores de que o que vier a ser negociado se incorporará indefinidamente ao contrato e que prejudica, igualmente, os empregados, que se veem impedidos de ter melhoras temporárias em suas condições de trabalho, levando-se em conta aspectos conjunturais da economia, por exemplo, conforme transcrito acima.

6. CONCLUSÃO

Com o fim da ultratividade, o legislador assegurou a temporalidade das normas coletivas de trabalho, não se aderindo irrestritamente aos contratos individuais de trabalho ou mesmo limitando-a à uma futura revogação por meio de outra negociação coletiva de trabalho.

Qualquer forma de mera reprodução das normas coletivas, inclusive em sede de sentença normativa, poderá ser, eventualmente, considerada como aplicação da ultratividade, fazendo-se necessária a análise da licitude e os motivos da cláusula anterior para a efetiva aplicação.

A concessão de direitos por liberalidade da empresa, seja no interstício da negociação coletiva ou mesmo a ausência de reprodução na norma coletiva posterior, acarretará no risco da incidência da hipótese preconizada pelo art. 468 da CLT, saindo do âmbito coletivo e passando para o individual.

Não é por menos que as negociações coletivas passaram a ter maior importância, travando em um primeiro momento do surgimento da lei, como os dados estatísticos revelam, mas que tomarão corpo e volume com o decorrer do tempo.

---

(23) Art. 10 da Lei n. 10.192/2001. Os salários e as demais condições referentes ao trabalho continuam a ser fixados e revistos, na respectiva data-base anual, por intermédio da livre negociação coletiva.

(24) Art. 13, § 2º. Qualquer concessão de aumento salarial a título de produtividade deverá estar amparada em indicadores objetivos.

(25) Art. 623. Será nula de pleno direito disposição de convenção ou acordo que, direta ou indiretamente, contrarie proibição ou norma disciplinadora da política econômico-financeira do Governo ou concernente à política salarial vigente, não produzindo quaisquer efeitos perante autoridades e repartições públicas, inclusive para fins de revisão de preços e tarifas de mercadorias e serviços.

(26) Art. 611-A, § 5º Os sindicatos subscritores de convenção coletiva ou de acordo coletivo de trabalho deverão participar, como litisconsortes necessários, em ação individual ou coletiva, que tenha como objeto a anulação de cláusulas desses instrumentos.

(27) In verbis: Vê-se, pois, que, ao mesmo tempo que a própria doutrina exalta o princípio da ultratividade da norma coletiva como instrumento de manutenção de uma certa ordem para o suposto vácuo existente entre o antigo e o novo instrumento negocial, trata-se de lógica voltada para beneficiar apenas os trabalhadores. Da jurisprudência trabalhista, constata-se que empregadores precisam seguir honrando benefícios acordados, sem muitas vezes, contudo, obter o devido contrabalanceamento. Ora, se acordos e convenções coletivas são firmados após amplas negociações e mútuas concessões, parece evidente que as vantagens que a Justiça Trabalhista pretende ver incorporadas ao contrato individual de trabalho certamente têm como base prestações sinalagmáticas acordadas com o empregador. Essa é, afinal, a essência da negociação trabalhista. Parece estranho, desse modo, que apenas um lado da relação continue a ser responsável pelos compromissos antes assumidos – ressalte-se, em processo negocial de concessões mútuas. (STF-ADPF 323 MC/DF, Min. Rel. Gilmar Mendes, j. 14.10.2016 e DJe 19.10.2016)

7. REFERÊNCIAS BIBLIOGRÁFICAS

DELGADO, Maurício Godinho. *Curso de direito do trabalho*. São Paulo: LTr, 2009.

LEITE, Carlos Henrique Bezerra. *Curso de direito do trabalho*. São Paulo: Saraiva, 2014.

NASCIMENTO, Amauri Mascaro. *Curso de direito do trabalho*: história e teoria geral do direito do trabalho, relações individuais e coletivas de trabalho. São Paulo: Saraiva, 2013.

SANTOS, Ronaldo Lima. *Teoria das normas coletivas*. São Paulo: LTr, 2007.

ALMEIDA, Lilian Barros de Oliveira. *O direito adquirido na jurisprudência do Supremo Tribunal Federal*: análise da incidência de contribuição previdenciária sobre os inativos. Disponível em: <https://jus.com.br/artigos/8405/o-direito-adquirido-na-jurisprudencia-do-supremo-tribunal-federal/1. Acesso em: 02 nov. 2017.

Portal do Supremo Tribunal Federal. Disponível em: <http://www.stf.jus.br/portal/processo/verProcessoAndamento.asp?incidente=4599102>. Acesso em: 02 nov. 2017.

Portal do Sistema Mediador. Disponível em: <http://www3.mte.gov.br/sistemas/mediador>. Acesso em: 02 nov. 2017.

Portal da Fundação Instituto de Pesquisas Econômicas. <http://portal.andes.org.br/imprensa/noticias/imp-ult-1146117091.pdf>.

Portal do Supremo Tribunal Federal. Disponível em: <http://redir.stf.jus.br/estfvisualizadorpub/jsp/consultarprocessoeletronico/ConsultarProcessoEletronico.jsf?seqobjetoincidente=4599102>. Acesso em: 02 nov. 2017.

Portal da Câmara dos Deputados. Disponível em: <http://www.camara.gov.br/proposicoesWeb/prop_mostrarintegra?codteor=1544961&filename=SBT+1+PL678716+%3D%3E+PL+6787/2016>, <http://www3.tst.jus.br/jurisprudencia/OJ_SDI_1/n_s1_041.htm#TEMA41>. Acesso em 02 nov. 2017.

A Prevalência do Acordo Coletivo de Trabalho de Empresa no Sistema das fontes do Direito do Trabalho

Túlio de Oliveira Massoni[1]

1. MODELOS DE REGULAÇÃO DO TRABALHO, ESTADO E ATORES SOCIAIS

Interpretar e conhecer o direito do trabalho, além de uma aproximação histórica, envolve também o estudo dos atores sociais e da dinâmica das relações que entre si estabelecem (de conflito e de consenso), da mediação estatal por meio de leis reguladoras do trabalho e das formas de solução dos conflitos coletivos. É desta trama social e política da qual decorre a pluralidade de fontes do direito do trabalho que se cuidará nesta breve introdução.

Tradicionalmente se denominou "relações industriais" o conjunto de normas (formais e informais, gerais ou específicas) que regulam o emprego dos trabalhadores (salário, jornada etc.), assim como os diversos métodos (negociação coletiva, lei etc.) através dos quais se estabelecem as mencionadas normas e podem ser interpretadas, aplicadas e modificadas; métodos eleitos e aceitos pelos atores (empregadores e suas organizações e as representações de trabalhadores, Estado) nos processos de cooperação e conflituosidade, de convergência ou antagonismo. Tais normas, métodos, atores e processos sofrem mudanças no transcurso do tempo, por meio do qual as relações industriais vão tendo perfis e características próprias na evolução temporal.

Todo sistema de relações industriais, como mostra Oscar Ermida Uriarte, envolve três grupos de atores sociais (ou interlocutores): 1) os trabalhadores e suas organizações; 2) os empregadores e suas organizações; e 3) os organismos estatais relacionados ao trabalho.[2] E deste sistema emerge um complexo de normas para governar e reger a comunidade de trabalho, as quais podem assumir uma diversidade de formas nos diferentes sistemas: convênios, estatutos, ordens, decretos, regramentos, laudos, políticas, práticas e costumes. A forma da norma não altera seu caráter essencial: o de definir o *status* dos atores e governar a conduta de todos os atores no lugar e na comunidade de trabalho.

Um aspecto central do sistema tem a ver com as regras que regulam a relação conflitual ou negocial entre os atores sociais. E esta regulamentação do sistema pode ser de dois tipos. Assim como a relação entre as partes pode ser negocial ou conflitiva, a regulação dessas relações pode ser estatal (através da lei) ou pode ser autônoma, caso em que não é o Estado que regula, mas as próprias partes por meio da negociação coletiva e outros institutos. Aqui surgem variáveis importantes com vistas a definir e classificar certo sistema de relações industriais de trabalho, já que ele pode ser regulado autônoma ou heteronomamente. O que é melhor? Maior grau de intervenção legislativa na regulação do sistema ou menor grau de intervenção legislativa e maior grau de regulação entre as partes. Neste ponto coloca-se o debate intervencionismo X autonomia, regulação estatal X autorregulação das partes.[3]

Sendo o conflito, notadamente o conflito coletivo, o ponto de partida de todo o sistema, é sobre ele (e seus desdobramentos, mediações e técnicas), e em especial sobre a negociação coletiva de trabalho, que se arraiga todo o edifício laboral, dado que os problemas laborais são normais, e não patológicos, em uma sociedade industrializada, na qual o objeto das relações industriais como técnica é a solução do conflito.

O aspecto característico do contrato de trabalho é que o trabalhador encontra-se submetido ao poder do empregador, mas, ao mesmo tempo, o poder deste último é, por sua vez, coordenado com aquele do trabalho sindicalmente organizado. A regulação do trabalho, portanto, resulta da

---

(1) Doutor em Direito do Trabalho pela USP. Especialista em Direito Sindical pela Universidade de Modena, Itália. Bacharel em Ciências Sociais pela USP. Advogado. Professor concursado da UNIFESP. Professor Convidado da Universidade Tor Vergata (Roma II), da FGV-RJ, da Especialização da PUC-SP, da Universidade Mackenzie e outras. Autor do Livro "Representatividade Sindical" (LTr, 2007) e de artigos em revistas especializadas.

(2) A própria composição da Organização Internacional do Trabalho (OIT) reflete, no plano internacional, esta estrutura de relações entre os atores sociais.

(3) ERMIDA URIARTE, Oscar. *Curso introductorio de Relaciones Laborales.* v. 1. FCU: Montevideo, 1995. p. 7; 26.

combinação desses processos de subordinação e de coordenação. O conflito entre capital e trabalho é naturalmente imanente em uma sociedade industrial e, por isso, também nas relações de trabalho. Como mostra Otto Khan-Freund, em já clássico estudo, os conflitos de interesses são inevitáveis em toda sociedade. Há regras para a sua composição, mas não podem ser regras para sua eliminação. Devem ser regras aptas a promover a negociação, a promover os acordos e a promover a observância dos mesmos; e devem ser regras destinadas a regular o uso da pressão social e que devam valer para as armas exercitáveis pelas partes em conflito. [4]

Há modelos autônomos e modelos heterônomos de relação de trabalho na conformidade do espaço maior ou menor que o Estado reserva para suas leis e para a autonomia coletiva dos particulares. Otto Khan-Freund concebe três grandes modelos de regulação do trabalho e que, também, indicam a consequente relação que se estabelece entre lei estatal e contratação coletiva de trabalho.

O primeiro, de tradição da *"Common Law"*, em que o papel da lei na formação das regras é muito menor, é por alguns denominado absenteísmo estatal ou, ainda, "laissez-faire coletivo".

O segundo modelo corresponde ao da "legislação reguladora"(regulatory legislation), no qual a legislação estabelece as normas reguladoras do trabalho, atuando de maneira a restringir o poder do empregador e sendo indiferente ao fato de os trabalhadores serem ou não sindicalmente organizados ou em que medida o sejam. Adverte o autor que o desenvolvimento da contratação coletiva (determinando tanto a sua amplitude quanto a sua perspectiva) reduziu o sentido de tal legislação reguladora, inclusive em termos de eficácia desta última.

O terceiro modelo, em contraposição ao modelo regulador, é o modelo "auxiliar"de normatização, tendente a estabelecer as "regras do jogo", em especial por delimitar uma moldura legal ("legal framework") da contratação coletiva. A lei tem por tarefa definir o processo formativo das próprias regras oriundas das partes coletivas interessadas e de suas imposições ("enforcement"). É o modelo de maior aplicabilidade hoje nos países democráticos, nos quais a legislação e os poderes públicos incentivam e fomentam a negociação coletiva como forma privilegiada de superação de conflitos coletivos[5].

Nos sistemas autônomos ou autorregulados das relações laborais, como no britânico, no norte-americano e no italiano, a negociação coletiva é uma norma basilar que regula todo o sistema. Existe pouca ou nenhuma lei regulando a estrutura sindical, a negociação coletiva, a greve, os direitos de empresários e de trabalhadores; tudo ou a maior parte disso se regula através da negociação coletiva. A negociação coletiva é, portanto, nos sistemas autônomos de relações industriais a norma que estrutura a totalidade do sistema, não sendo necessário dizer nada mais para destacar a sua essencialidade. Diferentemente, nos sistemas intervencionistas ou regulamentaristas e naqueles sistemas em que a regulação do todo do sistema não se confia tanto à autonomia coletiva, a não ser, em menor ou em maior medida, o papel proeminente é confiado ao Estado, que o exerce através da lei. Ainda assim, a negociação coletiva segue sendo um elemento essencial do sistema; não tão essencial como o caso anterior, mas de todo modo importante, porque segue sendo, por mais leis que existam, a forma básica, a forma principal, a forma essencial da relação obreiro-patronal. Em outras palavras, põe-se a negociação coletiva a alternativa ao conflito, o modo de solucionar o conflito, a forma principal de relação entre o sindicato e o empresário, seja o empresário individual, seja a associação sindical de empregadores.[6]

O predomínio do coletivo sobre o contrato individual teve sua gênese no continente Europeu no qual as forças conservadoras e socialistas deixaram pouca margem aos governos liberais e o protagonismo do Estado deu-se através de uma extensa legislação garantista do trabalhador individual. Talvez, por consequência da crise econômica, a legislação do Estado deixou de fixar mínimos, parece haver unanimidade em deixar aperfeiçoar, retocar o edifício. Aflora com toda evidência o maior peso das relações coletivas sobre as individuais, não somente pela sua centralidade nas Constituições, ou porque se acumularam as sentenças de cortes constitucionais nos diversos países, senão porque, ademais, as primeiras são a fonte das segundas: os sujeitos coletivos têm característica de fonte de produção e os acordos coletivos, o de fonte de conhecimento das normas que regulam as condições individuais de trabalho; o valor qualitativo sobrepõe-se, assim, à história, e todo o Direito Sindical chega a ser um "a priori", um "prius", da relação individual do trabalho.[7]

2. DIREITO DO TRABALHO: PLURALISMO DE FONTES E AUTONOMIA PRIVADA COLETIVA

Uma das grandes marcas do Direito do Trabalho, ao lado do princípio protetor, é precisamente o pluralismo jurídico. O direito do trabalho não está adstrito às leis elaboradas pelo Estado. Há também, simultaneamente com

---

(4) KHAN-FREUND, Otto. *Il lavoro e la legge*. Trad. Guido Zangari. Milano: Giuffrè, 1974. p. 21.
(5) KHAN-FREUND, Otto. *Il lavoro e la legge*. Trad. Guido Zangari. Milano: Giuffrè, 1974, p. 30.
(6) URIARTE, Oscar Ermida. *Curso introductorio de Relaciones Laborales*. v. 1. FCU: Montevideo, 1995. p. 9.
(7) URIARTE, Oscar Ermida. *Curso introductorio de Relaciones Laborales*. v. 1. FCU: Montevideo, 1995, p. 49. Isto explica a prevalência do contrato coletivo de trabalho sobre o contrato individual, expresso, no Direito brasileiro, nos arts. 444 e 619 da CLT.

a elaboração das leis, uma contínua produção de vínculos jurídicos que se origina diretamente da sociedade organizada em grupos.

A noção de autonomia coletiva edificou-se a partir da noção de ordenamento jurídico formulada por Santi Romano[8], ao rejeitar a tese reducionista que resume o fenômeno jurídico apenas ao Estado, passando a admitir o ordenamento jurídico sindical, independente do Estado e auto-suficiente de valoração normativa e com unidade intrínseca, mas em contínua correlação com a ordem estatal, atuando até mesmo como fator de renovação desta última.[9] Os trabalhadores, coletivamente agrupados, de forma livre e espontânea, criam uma ordem jurídica diferente do sistema jurídico estatal e que desempenha papel proeminente no cenário das relações trabalhistas, ainda que possa ser condicionado pelo limite normativo que lhes impõe o Estado. Daí porque se afirma que "a presença de um ordenamento distinto do estatal e que eventualmente até o contradiz não tem, nas sociedades modernas, uma área de manifestação mais clara do que esta, a das relações industriais".[10]

Na visão de Amauri Mascaro Nascimento[11] a autonomia coletiva favorece o direito à livre negociação coletiva, a transferência de poder normativo do Estado para a ordem sindical – profissional, o poder dos grupos sociais de auto-elaboração da regra jurídica, a tutela sindical no lugar da estatal, distinguindo, entre os direitos, aqueles que devem ser protegidos pela lei e aqueles que podem ser negociados pelos sindicatos.

A aceitação do sentido mais amplo de autonomia coletiva dos particulares, na opinião da Walküre Lopes Ribeiro da Silva, "conduz as indagações sobre a relação entre o Estado e a autonomia privada a tocarem em uma questão essencial, qual seja, o grau de democracia e, consequentemente, de participação presente em um dado modelo político-jurídico". Sob essa ótica, prossegue a autora, "a autonomia coletiva enseja tanto a negociação coletiva entre os atores sociais, como a negociação ou concertação social entre o Estado e os atores sociais. A autonomia coletiva pode propiciar, ainda, a participação dos atores sociais no próprio processo legislativo desenvolvido pelo Estado".[12]

Nessa perspectiva, como expressão da autonomia privada dos particulares, a negociação coletiva representa uma fonte fundamental de produção normativa no direito do trabalho. De fato, como vantagem primordial, mostra-se mais compatível com os imperativos de uma modulação dinâmica das relações de trabalho, devido à vigência temporal limitada dos contratos coletivos de trabalho.

Nos sistemas democráticos modernos, a principal forma de composição dos conflitos coletivos de trabalho é a negociação coletiva entre os entes sociais, da qual resultam as convenções coletivas, discriminando os direitos, as quais vigorarão por um determinado prazo e neste interregno tem-se a paz social. Tamanha é sua essencialidade no sistema de relações de trabalho, como instrumento de diálogo que permite às partes conciliar os interesses econômicos e sociais, é que a prática da negociação coletiva de trabalho tem sido estimulada desde a criação da Organização Internacional do Trabalho, em todo o mundo, como se vê pelas disposições contidas nas Convenções ns. 98, 151 e 154[13] da OIT, já ratificadas pelo Brasil.

Conhecidas são as vantagens da negociação coletiva em relação à lei, mas que devem ser sempre recordadas. Em primeiro lugar, como procedimento, a negociação coletiva é mais simplificada eis que menores seus trâmites e reduzidas as suas formalidades, sujeitas, muitas vezes, a simples regras criadas pelos próprios interlocutores sociais.

Em segundo lugar, com relação à amplitude, a negociação coletiva é dotada de maior plasticidade e capacidade de atender às peculiaridades de cada setor econômico e profissional (categoria, ramo, setor, e até empresa) para o qual é instituída, diversamente do que ocorre com a legislação, que é geral e uniforme para toda a sociedade. A lei traz consigo uma inerente "generalidade"e é então levada a expandir sua proteção para áreas, é claro, mais amplas do que o contrato coletivo. Este, diversamente, é limitado pela eficácia *inter partes* própria dos atos negociais. Por outro lado, a experiência mostra que a lei tem menor intensidade de penetração social em comparação com o contrato coletivo e, portanto, em alguns casos, ela registra uma menor efetividade[14].

---

(8) ROMANO, Santi. *L'Ordinamento giuridico*. 2. ed. Firenze: Sansoni, 1946.

(9) GIUGNI, Gino. *Introduzione allo studio della autonomia colletiva*. Milano: Giuffrè, 1977.

(10) BARBAGELATA, Héctor-Hugo. *O particularismo do Direito do Trabalho*. São Paulo: LTr, 1996. p. 103.

(11) NASCIMENTO, Amauri Mascaro. *Compêndio de direito sindical*. 2. ed. São Paulo: LTr, 2009. p. 196.

(12) SILVA, Walküre Lopes Ribeiro da. Autonomia privada coletiva e o direito do trabalho. *Revista de Direito do Trabalho*, São Paulo, ano 26, n. 97, p. 35, jan./mar. 2000.

(13) Para os efeitos do art. 2º da Convenção n. 154 da OIT o termo "negociação coletiva"compreende "todas as negociações que se realizam entre um empregador, um grupo de empregadores ou uma ou mais organizações de empregadores, de um lado, e, de outro, uma ou mais organizações de trabalhadores, para: (a) definir condições de trabalho e termos de emprego; e/ou (b) regular as relações entre empregadores e trabalhadores; e/ou (c) regular as relações entre empregadores ou suas organizações e uma organização de trabalhadores ou organizações de trabalhadores".

(14) PERONE, Giancarlo. *Lineamenti di Diritto del lavoro. Evoluzione e partizione della materia, tipologie lavorative e fonti*. Giappichelli, Torino, 1999. p. 261.

Em terceiro lugar, a negociação coletiva tem seu processo de elaboração centralizado nos próprios destinatários da norma. Na legislação, compete ao Estado e a seus órgãos; na convenção coletiva, nos interlocutores sociais interessados que, diretamente, desenvolvem um procedimento destinado à sua aprovação e de conformidade com seus próprios interesses. Este caráter democrático no processo de criação da norma coletiva, aponta-se, é o grande fator impulsionador de sua efetividade, eis que são regras criadas pelos próprios envolvidos, conforme suas aspirações e a partir de um diálogo de concessões recíprocas.

À luz do acima exposto, e da intrínseca relação entre autonomia privada coletiva, negociação coletiva de trabalho e grau de democracia em um país é que o tema se coloca, traduzido, no campo jurídico laboral, na análise da relação entre as fontes normativas.

Não por acaso vem ganhando destaque, na doutrina e na jurisprudência, um novo método jurídico, de verdadeiro "diálogo entre as fontes" do direito, com vistas a atender e a conciliar os interesses na atual sociedade complexa. De acordo com a teoria do diálogo das fontes, de Erik Jayme, os conflitos de leis e normas emerge agora de um diálogo entre as fontes as mais heterogêneas. Trata-se de um novo método, aplicável a todos os ramos do direito e que se apresenta como instrumento útil ao aplicador, em face do pluralismo pós-moderno de fontes, velho conhecido do Direito do Trabalho e que hoje se debate em outros campos do direito. De acordo com Cláudia Lima Marques, a teoria de Erik Jayme do diálogo das fontes insere-se na grande tradição da visão sistemática e funcional da ordem jurídica, atualizada por uma visão internacional e cultural do direito e uma perspectiva mais humanista. Transcende o debate sobre as teorias positivistas, pois sua proposta é justamente a busca da coerência do direito posto. E abrange, além do diálogo entre as leis postas, normas narrativas de inspiração, *soft law*, costumes, princípios gerais. Em arremate, "aplicar a lei, com olhos de afastar uma e priorizar outra, é uma visão reducionista das possibilidades de aplicação das leis hoje".[15]

Em outras palavras, propõe-se um novo paradigma de coordenação e coerência, superador dos antigos critérios de resolução de conflitos de leis, de tradição escolástica (anterioridade, especialidade e hierarquia). Sem se tratar de exclusões recíprocas, busca-se a influência recíproca: há a aplicação conjunta das duas normas ao mesmo tempo e ao mesmo caso, seja complementarmente, seja subsidiariamente, seja permitindo a opção voluntária das partes pela fonte prevalente ou mesmo a opção por uma solução flexível e aberta, de interpenetração.[16]

Tais considerações metodológicas são relevantes não apenas para cotejar a amplitude da negociação coletiva diante da lei mas, também, entre os diversos níveis de negociação coletiva de trabalho, em uma coordenação dinâmica das fontes estatais e autônomas, e das próprias fontes autônomas entre si (coletivas e individuais), todas componentes do ordenamento jurídico trabalhista, cuja pedra de toque é, sem dúvida, a pluralidade de fontes.

Como ensina Giancarlo Perone, a história do direito do trabalho, na sua essência, identifica-se com a evolução de suas fontes: fontes de cognição, é claro, mas também com as de produção. Estas são oriundas – e esta é uma característica essencial deste ramo do direito tão devedor das determinações das forças sociais – não apenas da soberania do legislador mas, também, da vontade dos sujeitos da autonomia coletiva. O enredo e o desenvolvimento de um conjunto tão diversificado de fontes marca a progressiva fisionomia da disciplina.[17]

A flexibilização autônoma, negociada coletivamente, permite a transição da tutela estatal para o garantismo coletivo, e torna "disponíveis" as tradicionais normas legais estatais. Nesse tipo de flexibilidade, denominado "garantismo coletivo", seria possível deslocar a norma heterônoma mesmo quando não fosse mais favorável.[18]

---

(15) MARQUES, Cláudia Lima. O 'diálogo das fontes' como método da nova teoria geral do direito: um tributo à Erik Jayme. In: *"Diálogo das fontes: do conflito à coordenação de normas do direito* brasileiro/Claudia Lima Marques, coordenação. São Paulo: Editora Revista dos Tribunais, 2012, p. 19. Assim, os direitos humanos, os direitos fundamentais e constitucionais, os tratados, as leis e códigos, estas fontes não mais se excluem, ou não mais se revogam mutuamente; ao contrário, elas 'falam' umas às outras e os juízes são levados a coordenar estas fontes 'escutando' o que as fontes 'dizem'.

(16) MARQUES, Cláudia Lima. *Op. cit.* p. 26-27. A autora faz o seguinte convite à reflexão: "(...) di-a-logos, duas ´lógicas´, duas 'leis' a seguir e a coordenar um só encontro no 'a', uma 'coerência' necessariamente "a restaurar" os valores deste sistema, desta "nov-a" ordem de fontes, em que uma não mais "re-vo-ga" a outra (o que seria um mono-logo, pois só uma lei "fala"), e, sim, dialogam ambas as fontes, em uma aplicação conjunta e harmoniosa guiada pelos valores constitucionais e, hoje, em especial, pela luz dos direitos humanos". Na seara trabalhista, convém recordar vários direitos consagrados em leis, antes mesmo de serem positivados, tiveram sua gênese em convenções coletivas de trabalho, o que basta para demonstrar a função dialógica da negociação coletiva até mesmo como fator renovador da própria ordem jurídica estatal

(17) PERONE, G. *Lineamenti di Diritto del lavoro. Evoluzione e partizione della materia, tipologie lavorative e fonti.* Giappichelli, Torino, 1999. p. 227.

(18) ERMIDA URIARTE, Oscar. *A flexibilidade*. Trad. Edílson Alkmin Cunha. São Paulo: LTr, 2002. 35. Recordamos que, considerando a experiência francesa dos anos 80 e seguintes, Javillier concebeu três graus de flexibilidade do Direito do Trabalho: 1) a flexibilidade de proteção, que corresponderia à etapa inicial da legislação, que admite uma variante na concepção tradicional da ordem

A posição de Amauri Mascaro Nascimento é a de que o ideal é dosar a dimensão da lei, que não deve nem descer a detalhes muito menos ampliar-se ocupando uma esfera que os próprios sindicatos podem ocupar, de modo que uma legislação sindical moderna deve, para este autor, ter duas metas fundamentais para que possa situar-se num patamar de razoabilidade: primeira, o seu sentido promocional de apoio ao sindicato por meio de princípios que o valorizem diante da sua importância num Estado democrático de Direito; segunda, algumas limitações indispensáveis, para evitar abusos.[19]

O desafio, logo se percebe, é a passagem, com segurança, de um modelo no qual a base é composta por normas de ordem pública e apenas supletivamente é completado por normas negociadas para um modelo no qual apenas os direitos fundamentais do trabalhador seguem garantidos pelas normas inderrogáveis, sendo que todas as demais normas de proteção são fruto da negociação coletiva, ou seja, a proteção decorre da tutela sindical, prestigiando-se a pluralidade das fontes do Direito do Trabalho. Nas precisas lições de Walküre Lopes Ribeiro da Silva, os anseios de modernização da legislação trabalhista têm conduzido a uma crescente valorização da autonomia privada coletiva, preconizando-se uma mudança da relação entre as fontes do Direito do Trabalho. Se de um lado é importante o incentivo à autonomia privada coletiva, a verdade é que, no campo das relações de trabalho, o legislador assegura aos trabalhadores um patamar de direitos, tendo à vista a dignidade e o valor do trabalho humano. Assim, a primeira função da ordem pública é promover a regulação social, impedindo retrocessos na sociedade. E arremata a autora: "a flexibilização do direito do trabalho deve implicar a reestruturação da sociedade em sentido positivo. Ao invés de retroagir aos ideais iluministas, voltando a defender a auto-regulamentação do mercado, deve-se combinar a ação do Estado e a atuação dos particulares: ao contrabalançar o intervencionismo estatal com a autonomia coletiva, corrigem-se as distorções do mercado".[20]

Convém, neste ponto, alertar também para os riscos de se delegar um grande poder dispositivo aos sindicatos em momentos de enfraquecimento do poder destes a fim de que as normas coletivas negociadas não caminhem em uma tendência de desproteção social gradativa. Afinal, negociação, por definição, envolve concessões reciprocadas; do contrário seria mera renúncia de direitos e precarização.[21]

No diagnóstico de Alain Supiot, ao estudar diversos ordenamentos europeus, a negociação coletiva de trabalho apresenta-se como uma alternativa à aplicação da lei nas seguintes situações: na autorização legal para a celebração de acordos coletivos de trabalho que derroguem as suas disposições (acordos derrogatórios); nas leis supletivas, que só se aplicam quando não existe um acordo coletivo; e nas leis dispositivas, que não fixam uma regra que não possa ser derrogada, mas abre uma faculdade cuja utilização requer um acordo coletivo de trabalho. As relações entre a lei e a negociação coletiva de trabalho tornam-se, na atualidade, mais complexas e heterogêneas e tanto podem ser pautadas pela igualdade (sistema de organização eminentemente convencional) quanto por uma hierarquia que garanta o primado da lei sobre a convenção coletiva de trabalho (sistemas legais, de intervenção estatal). A tendência geral é a lei se esvaziar de disposições substanciais e estipular, em seu lugar, regras procedimentais destinadas a garantir o direito à negociação coletiva de trabalho, cujo resultado pode substituir, prolongar, desenvolver ou aplicar disposições legislativas.[22]

Se, constantemente, a regulação das relações de trabalho deriva de fontes normativas diferentes – por um lado, o contrato coletivo, por outro lado, a lei – varia, no entanto, a distribuição do peso destes instrumentos nos diferentes ordenamentos, e varia, também, na evolução histórica do mesmo ordenamento. Dependendo da distribuição de

---

pública (ordem pública social), para dar lugar às normas de hierarquia inferior mais favoráveis ao trabalhador; 2) flexibilidade de adaptação, que admite, por meio de convenções e acordos, sejam introduzidas derrogações *in pejus*, e não só *in mellius*; 3) flexibilidade de desregulamentação, em que o próprio legislador derroga dispositivos considerados demasiadamente rígidos (JAVILLIER, J. C. *Manuel de Droit du Travail*. LGDF, 2. ed., 1988, p. 66 e ss).

(19) NASCIMENTO, Amauri Mascaro. *Compêndio de Direito Sindical*. 5. ed. São Paulo: LTr, 2008. p. 215.

(20) SILVA, Walküre Lopes Ribeiro da. Autonomia privada coletiva. In. *Curso de Direito do Trabalho*. Vol. 3. Direito coletivo do trabalho. Jorge Luiz Souto Maior, Marcus Orione Gonçalves Correia (Orgs.). São Paulo: LTr, 2008 – (Coleção Pedro Vidal Neto).

(21) Neste ponto é que nota a diferença fundamental entre dois sentidos possíveis da palavra "flexibilização": como regulamentação, que é saudável; ou como desregulamentação, que pode constituir a criticada precarização.

(22) SUPIOT, Alain. *Transformações do trabalho e futuro do direito do trabalho na Europa*. Coimbra: Coimbra. 2003. p. 153. Registre-se a opinião, por exemplo, de Giampiero Proia, para quem os limites da norma inderrogável trabalhista e de seus destinatários não são apenas móveis, mas o seu deslocamento no tempo não é necessariamente unidirecional. Tais limites variam também no espaço, conforme demonstra o peso bem diverso que a norma inderrogável assumiu nos distintos ordenamentos jurídicos. Dessa forma, para averiguar se a norma inderrogável aumentará o seu raio de ação, ou o reduzirá, ou se, simplesmente, dará lugar a novas formas de aplicação, deve-se considerar vários fatores, tais como quais são os tipos de tutela disponíveis, como elas interagem e afetam o sistema produtivo e as suas eventuais conseqüências em termos de crescimento da ocupação ou de um crescimento equilibrado das oportunidades de trabalho (PROIA, Giampiero. A proposito del diritto del lavoro e delle sue categorie. *Argomenti di diritto del lavoro*. Padova, n. 6, p. 1.206, 2007).

funções e de competências entre regulamentações autônomas e regulamentações heterônomas, mede-se a adesão de um dado ordenamento, ou de um determinado período histórico dele, a três grandes modelos juslaborais: o modelo voluntário, o modelo estatal e o misto-auxiliar, como já exposto anteriormente.

3. O MOVIMENTO DE DESCENTRALIZAÇÃO NEGOCIAL NO DIREITO COMPARADO

Para a adequada compreensão do tema, mostra-se indispensável saber que não apenas o peso da negociação coletiva diante da lei é variável ao longo do tempo como, também, a relação entre os níveis de negociação coletiva sofrem mutações dinâmicas.

Amauri Mascaro Nascimento apresenta modelos de negociação coletiva e expõe que, *quanto aos níveis de negociação*, há diversos: a empresa, a categoria, diversas categorias ou, até mesmo, os trabalhadores como um todo. E essas instâncias podem agir com absoluta autonomia, independendo uma das outras ou de modo integrado, relacionado-se segundo uma divisão de competências. Quanto à relação entre os níveis, afirma que podem ser "articulados" e não articulados". Nos primeiros, os diversos níveis de contratação coletiva entrelaçam-se. Não se unificam. Cada uma conserva a sua individualidade. Mas compõem um todo num sentido. As contratações de nível superior (quase sempre intercategoriais) estabelecem regras em razão da matéria ou dos procedimentos, que as demais instâncias inferiores seguem, erguendo-se uma pirâmide sindical-negocial, repartidas as competências e que redunda, muitas vezes, na prática, em uma forma de controle das entidades sindicais de cúpula sobre as de nível menor. Assim, a contratação articulada traduz-se num conjunto de convênios coletivos escalonados, em diferentes níveis, relacionados entre si, a partir de um acordo maior, o acordo-marco, entre organizações sindicais de segundo grau. Diferentemente ocorre nos modelos independentes, em que os diversos níveis de negociação coletiva, inclusive na mesma categoria, são totalmente autônomos, não existindo reserva de competência para determinadas instâncias ou tipos de entidades sindicais ou restrições sobre o conteúdo a ser negociado em cada esfera do mesmo setor sindical, o que permite maior liberdade para as bases. Por fim, quanto à concentração, os modelos de negociação coletiva podem ser classificados em concentrados ou descentralizados. Os primeiros são unificantes e a negociação é centralizada em um nível mais alto; os segundos são difusos, distribuindo-se pelas diversas esferas de representação sindical.[23]

Os fatores jurídicos são importantes, mas não os únicos que explica a configuração e a evolução da estrutura da negociação coletivoa, eis que esta responde a uma pluralidade de fatores adicionais, do tipo econômico, de estrutura empresarial, de insensidade de opções de descentralização produtivo, de distribuição geográfica de mercado de trabalho, de evolução dos setores produtivos, de conformação das organizações de representações dos interesses coletivos. Por vezes, a resistência a mudanças liga-se até mesmo com a própria configuração das organizações sindicais (patronais e profissionais) eis que, em grande parte dos casos, a estrutura da negociação refle a estrutura dessas organizações, de modo que o caráter centralizado ou descentralizado permite intuir a natureza mais ou menos hierarquizada das mesmas.[24]

A OIT, por meio de seu Comitê de Liberdade Sindical, editou verbetes sobre o tema dos níveis de negociação coletiva de trabalho. E a diretriz fixada é no sentido de permitir que sejam todos os possíveis níveis de negociação (desde os mais amplos até os mais específicos) se assim desejarem os atores sociais envolvidos. Afinal cuida-se de um espaço de liberdade que é (ou não) exercido conforme os interesses em jogo, matérias a regular e política negocial mais adequada a um dado contexto. Registrem-se os verbetes abaixo:

> "988. Com base no princípio da negociação coletiva livre e voluntária, estabelecido no art. 4º da Convenção n. 98, a determinação do nível de negociação coletiva deveria depender essencialmente da vontade das partes e, como consequência, o mencionado nível não deveria ser imposto em virtude da legislação, de uma decisão da autoridade administrativa ou de uma jurisprudência da autoridade administrativa do trabalho".
>
> "989. A determinação do nível da negociação deveria depender da vontade das partes. Por isso, a negativa dos empregadores de negociar em um nível determinado não constituiria uma violação da liberdade sindical".
>
> "990. A legislação não deveria criar obstáculo para a negociação coletiva no nível da indústria".
>
> *"991. Para proteger a independência das partes interessadas, seria mais apropriado permitir-lhes que decidam de comum acordo em qual nível deve ser realizada a negociação. Não obstante, em muitos países, esta questão corresponde a um organismo independente das partes. O Comitê estimou que nesses casos o organismo mencionado deve ser realmente independente".[25]*

---

(23) NASCIMENTO, Amauri Mascaro. *Compêndio de Direito Sindical*. 5. ed. São Paulo: LTr, 2008. p. 419-420.

(24) CRUZ VILLALÓN, Jesús. Estructura y concurrencia de niveles negociales dentro de un nuevo marco normativo. *XXVII Jornadas de Estudio sobre Negociación Colectiva*. Comisión Consultiva Nacional de Convenios Colectivos. Madrid. Ponencia de 10.12.2014.

(25) OIT. *Libertad sindical*: Recopilación de decisiones y princípios del Comité de Libertad Sindical del Consejo de Administración de la OIT. Ginebra, Oficina Internacional del Trabajo, 2006. p. 209.

3.1. Ordenamento jurídico italiano: os acordos de proximidade a partir de 2011

A pedra de toque do modelo de negociação coletiva na Itália é bastante flexível, pois não houve lei estatal engessando o sistema de contratação coletiva após a queda do corporativismo estatal fascista, tendo as regras sido remetidas à autonomia privada coletiva. Ao longo da história, a partir da Constituição democrática de 1948, verificaram-se oscilações entre centralização e descentralização da fonte contratual que se pretende privilegiar em cada fase. Em verdade, desde a década de 80, quando se manifestou o denominado "diritto del lavoro dell'emergenza", temas como o papel do sindicato na dinâmica contratual de tutela e o poder dispositivo sindical na transação coletiva frente à lei passaram a ser um constante debate.

A contratação centralizada, nacionalmente unificada, havia cumprido um papel histórico naquele momento de transição e, com a consolidação democrática, infinitas possibilidades foram entreabertas, conforme o modelo organizativo e as necessidades da classe trabalhadora em um dado contexto, podendo variar desde âmbitos nacionais, setoriais até o nível de empresa, já que as vantagens de um modelo de contratação podem significar as desvantagens de outro, e vice-versa.

Nesse sentido, no que se refere aos níveis de contratação coletiva e a relação entre estes, a Itália já presenciou os seguintes níveis de negociação coletiva: o nível do contrato coletivo nacional de categoria, com posição central no sistema, como verdadeiros "códigos setoriais do trabalho", desempenhando a função de um autêntico eixo negocial contemplando política salarial geral, direito de informação e até mesmo as matérias e regras de procedimento negocial a serem observadas pelos níveis inferiores. Na sequência, figuram os contratos coletivos regionais ou provinciais da categoria, que são os contratos locais; e atualmente, um papel proeminente aos acordos de empresa os quais, até então, assumiam uma função meramente especificadora das condições já pré-fixadas em instrumentos coletivos de nível superior e, ainda assim, desde que esta "delegação"estivesse autorizada.

Em 1962 inaugurou-se a chamada "contratação articulada"(em cascata), resultado das organizações sindicais que almejavam a descentralização da negociação coletiva: é o que se estabeleceu em um acordo celebrado entre as federações de metalúrgicos e as entidades patronais buscando maior adaptabilidade das normas gerais dos setores às peculiaridades de cada setor ou empresa. O contrato coletivo nacional da categoria regulava vários temas e remetia outros a contratos de âmbito territorial de grau inferior. A despeito do maior dinamismo propiciado pelo modelo da negociação articulada, não havia ampla liberdade das entidades sindicais de grau inferior em termos de poder negocial. No início dos anos 80 houve um retorno à centralização da contratação coletiva, que culminou com um acordo tripartite de 1983, denominado Accordo Scotti, o qual moldou a estrutura hierárquica rígida e piramidal impondo limites tanto à contratação coletiva de categoria nacional, quanto à negociação em nível de empresa, tendo essa última um mero papel de complementar dos níveis superiores interconfederais ou da categoria nacional.[26]

Nesta época, a doutrina já alertava acerca do problema da relação entre os níveis contratuais inferiores. E ao fazer uma análise das experiências da "contratação articulada"(anos 60 e início dos 70) e do retorno à centralização contratual (início dos anos 80), aduz que uma subdivisão rígida e hierarquicamente ordenada dos âmbitos de competência era completamente privada de utilidade, já que a situação econômica ou produtiva exigia, ao contrário, uma elevada flexibilidade dos instrumentos negociais em cada nível e, especialmente, no plano da empresa. A rigor, o problema não é tanto escolher, in abstracto, um nível em detrimento de outro, mas de individualizar a unidade contratual eficiente com relação a um determinado problema.[27]

Ao longo dos anos 90, por sua vez, a negociação coletiva desempenhou um papel supletivo da atividade legislativa que delegava espaços de normatização das relações de trabalho aos atores sociais em momentos de crise, ao introduzir doses de flexibilização nas relações de trabalho tendo em vista o enfrentamento de pontuais condições do mercado de trabalho, atenuando a rigidez da norma estatal geral por meio da técnica que, na doutrina é definida como flexibilização "sindicalmente controlada".

Em 2011 houve uma grande guinada no sistema de contratação coletiva, com a Lei n. 148 de 2011, o qual foi precedido pela assinatura, pelas três maiores confederações sindicais italianas, do Acordo Interconfederal de 28 de junho 2011, que consagra a união de ação das confederações profissionais CGIL, CISL e UIL e da Confindutria, pelo lado patronal[28]. Este Acordo interconfederal de 2011 já previra, antes mesmo da aprovação da referida lei, a possibilidade para o acordo coletivo de empresa derrogar o contrato coletivo nacional de categoria nas matérias indicadas por este último e desde que houvesse autorização[29].

---

(26) SILVA, Otávio Pinto e. *A contratação coletiva como fonte do direito do trabalho.* São Paulo: LTr, 1998. p. 76-78.

(27) MARIUCCI, Luigi. *La contratrazzione collettiva.* Bologna: Il Mulino. 1985. p .223-224.

(28) Vale ressaltar que, atualmente, o conteúdo do AI de 2011, com relação à delega para negociação coletiva ao nível de empresa, foi recepcionado no Texto Único sobre Representação de 10 de janeiro 2014, na parte terceira dedicada à "titularidade e eficácia da contratação coletiva nacional de categoria e de empresa".

(29) Acordo Interconfederal de 28 de junho de 2011, ponto n. 3: *"A negociação coletiva de empresa se desenvolve nas matérias*

Portanto, até 2011 a tradicional relação hierárquica dos instrumentos negociais permaneceu parcialmente inalterada: centralidade da negociação coletiva nacional e específica "autorização"aos níveis inferiores para derrogação de disposição superior se e na medida previamente estabelecida. Porém, é justamente a partir deste pacto intersindical que se enxergam os primeiros sinais em direção a uma inversão no sistema de fontes que passam a ser privilegiadas em termos de prioridade aplicativa.

Após décadas de abstenção legislativa italiana em matéria sindical, o novo texto (art. 8º do decreto-lei n. 138/2011, convertido em Lei n. 148/2011) introduz o inédito princípio da derrogabilidade de normas de lei e introduz os denominados contratos de proximidade (de empresa ou setoriais). Aponta-se ter havido uma espécie de "mutação genética"do direito do trabalho. Criticada por muitos, a inovação legislativa atinge a amplitude da supremacia da lei e sua indisponibilidade pela autonomia privada, em especial a autonomia coletiva.[30] A doutrina reconhece tratar-se de uma virada histórica, diante do amplíssimo poder dos sindicatos, nesses ditos "acordos de proximidade"de derrogar tutelas da lei estatal e do contrato coletivo nacional da categoria.

O art. 8º permite à negociação coletiva de trabalho no nível de empresa derrogar o contrato nacional de categoria e, o que é mais complexo, até mesmo a lei, em diversas matérias, desde que observados certos limites objetivos e subjetivos, quais sejam: presença de específicas circunstâncias e com finalidades objetivas, bem como a observância de critérios de representatividade sindical.

Ambos, o Acordo Interconfederal e a lei escolhem como fonte derrogatória a autonomia coletiva de nível de empresa (a lei indica também o nível territorial), delegando assim à responsabilidade sindical a proporcionalização da proteção para contextos específicos visando favorecer o desenvolvimento e a ocupação. De acordo com Antonio Vallebona, a conveniência ou não de uma maior descentralização regulativa da contratação coletiva constitui uma típica questão das dimensões dos interesses que se quer privilegiar: aqueles que consideram prioritária, por evidentes razões ideológicas e políticas, a conservação de um interesse comum dos trabalhadores mais amplo possível para uma correspondente solidariedade e capacidade de mobilização, é favorável à conservação da centralização regulativa no contrato coletivo nacional. Aqueles, por sua vez, advertidos dos sacrifícios, não mais sustentáveis em uma economia de competição global, de uma sufocante uniformidade de disciplina também para situações diversificadas, são favoráveis à descentralização regulativa, seja mediante a autonomia coletiva, seja mediante a autonomia individual adequadamente assistida.[31]

Giancarlo Perone, por seu turno, já no ano de 2012, refletia sobre as vantagens e os riscos das mudanças efetuadas, inclusive questionando se esta intervenção legislativa constituiria uma ruptura contingente e pontual ou uma tendência histórica sem retorno ao passado. Em sua análise, o abrandamento da relevância da categoria profissional, concebida como um modo de ser de classe, com vocação à uniformidade de tratamento estáveis negociados a nível nacional não parece ser almejada ou mesmo refletir uma

---

delegadas, totalmente ou parcialmente, pelo contrato coletivo nacional de trabalho da categoria o pela lei", e ponto n. 7: *"os acordos coletivos de empresa podem ativar instrumentos de articulação contratual dirigidos a assegurar a capacidade de aderir às exigências dos específicos contextos produtivos. Os acordos coletivos de empresa podem portanto definir, mesmo se por via experimental e temporânea, específicos entendimentos para modificação das regulamentações contidas nos contratos coletivos nacionais de trabalho nos limites e no respeito dos procedimentos indicados nos mesmo contratos coletivos nacionais de trabalho. Quando não previstas e no aguardo das renovações que definem a matéria do contrato coletivo nacional de trabalho aplicado na empresa, os acordos coletivos de empresa assinados com as representações sindicais da empresa em acordo com as organizações territoriais signatárias do presente acordo interconfederal, com a finalidade de gerir a crise ou em presença de investimentos significativos para favorecer o desenvolvimento econômico e ocupacional da empresa, podem definir entendimentos que modifiquem institutos do contrato coletivo nacional que disciplinam a prestação laboral, os horários de trabalho e a organização do trabalho. Tais entendimentos modificativos têm eficácia geral".*

(30) DE LUCA TAMAJO, Raffaele. *Prime valutazioni e questione di legitimità costituzionale dell'art. 8 della legge n. 148 del 2011.* In: ADL – Argomenti di diritto del lavoro, n. 1/2012, Cedam, p. 19-30.

(31) VALLEBONA, Antonio. Dimensione degli interessi e decentramento regolativo. In: *Lavoro e Spirito.* Torino: G. Giappichelli Editore, 2011, p. 153-155. Inclina-se Vallebona para a descentralização da negociação coletiva, por considerar equivocada a ideia segunda a qual a remuneração deva ser fixada a nível nacional e não a nível territorial ou empresarial, inclusive para sopesar os diversos custos de vida e as diversas possibilidades de satisfações não mensuráveis em âmbitos muito amplos; e sobre este valoração também pode incidir o interesse de geração de empregos, conservação da empresa em determinadas situações, havendo amplo espaço para o sindicato, na qualidade de garante, caso a caso, negociar de forma equânime variações de funções, transferências, dispensas, salários e as condições de trabalho em geral, tudo na busca de um interesse comum entre as partes, fora de um clima de luta de classes ou de obsessivo controle judicial, enfim, uma mediação entre as exigências da coletividade e dos indivíduos, sem uma rígida predeterminação rígida de inderrogabilidade. A única condição, alerta Vallebona, é que os sujeitos coletivos chamados a tal delicada valoração sejam efetivamente representativos, a fim de afastar o perigo dos chamados 'contratos piratas'.

solidariedade aprioristicamente fixada e desejada com a maior amplitude possível. O poder do sindicato local não parece que será tão rígido como era em mãos das entidades sindicais confederais. Houve uma redistribuição de novos equilíbrios entre competências locais e periférica. No entanto, mesmo com os riscos da perda da centralidade da categoria, reconhece o autor não ser possível afirmar que hoje estamos adequados ao modelo de negociação interconfederal e centralizada, com o que não se mostraria razoável a concepção da realidade com o propósito de restaurar canais de representação falhos e sem concretude e sem aderência social.[32]

3.2. Ordenamento jurídico espanhol: os convênios de empresa nas Reformas de 2011 e 2012

Diferentemente da Itália, em que o regramento da negociação coletiva (matérias, níveis, procedimento, eficácia e relação entre níveis) fora totalmente deixado à autonomia privada coletiva, a Espanha – talvez em razão de quase quarenta anos de regime franquista autoritário e de sindicalismo vertical – optou por regular algumas linhas mestras da estruturação dos convênios coletivos por via da legislação. Daí a tendência em direção aos "acordos marco", bem como à centralização da negociação coletiva estruturada pela via do Estatuto dos Trabalhadores em 1980.[33]

Não foram poucas as dificuldades enfrentadas pela sociedade espanhola no período de transição. Alguns analistas referem-se a uma falta de "vertebração social" e a uma debilidade das estruturas sociais e de hábitos associativos após tantos anos de regime autoritário no plano civil e sindical, uma espécie de "herança histórica" de inibição da capacidade de iniciativa e responsabilidade individuais, de auto-organização coletiva na sociedade civil.[34]

O desenho institucional que se iniciou com o Decreto-lei de relações de trabalho, de março de 1977, os Pactos de Moncloa de outubro do mesmo ano e a Constituição de 1978, acarretou uma mudança completa nas regras do jogo dos mecanismos de controle estatal sobre a negociação coletiva. Os anos que se seguiram à aprovação da Constituição espanhola marcaram a passagem das organizações sindicais – em especial das centrais sindicais – do modesto rol de espectadoras para o de interlocutoras privilegiadas dos poderes públicos com vistas à superação de crises. Ampliou-se assim a sua ação "do mercado de trabalho ao mercado político", intercâmbio que se expressa nos processos de concertação social.[35]

Entre 1979 e 1983, houve grandes avanços que contribuíram para o marco institucional de negociação coletiva daquele momento. Exercendo a autonomia privada coletiva, as organizações sindicais celebraram quatro negociações nacionais interprofissionais. Fixaram-se as diretrizes para a futura legislação e estimulou-se uma prática de negociação centralizada. Os analistas destacam que, sobretudo entre 1980 e 1981, tais negociações coletivas centralizadas foram um fator essencial para estabilizar as relações de trabalho, ao fixar, *a priori*, as bases dentro das quais se deveriam negociar os reajustes salariais. E salientam que "pode-se dizer que os 'acordos-marco' de 1979 e 1980 foram, no terreno sócio-laboral, o que os Pactos de Moncloa tinham sido no campo político".[36]

Em 1980 foi aprovado o Estatuto dos Trabalhadores (Lei n. 8, de 10 de março de 1980), que muito absorveu do amplo debate ocorrido nas duas primeiras negociações coletivas nacionais (de 1979 e de 1980). A disposição final oitava do Estatuto dos Trabalhadores (ET) previu a criação de uma Comissão Consultiva com o objetivo de assessorar as partes das negociações coletivas na "fixação e determinação dos âmbitos funcionais das convenções

---

(32) PERONE, Giancarlo. *Diritto sindacale tra essere e dover essere*. In: ADL – Argomenti di diritto del lavoro, n. 1/2012, Cedam.

(33) A promulgação da Constituição de 1978 gerou prontamente o desejo de atuação do legislador infraconstitucional em conteúdos sócio-laborais já que a erradicação das persistentes estruturas autoritárias do franquismo o exigia. Ademais, o tradicional perfil intervencionista do ordenamento espanhol demandava essa atuação com toda naturalidade. A política de concertação social, dos macro-acordos e da negociação coletiva centralizada constituíram-se então, nesse sentido, um marco referencial no qual os sindicatos foram os grandes protagonistas e ascenderam a um lugar de grande legitimação perante a sociedade civil.

(34) PEREZ DIAS, Victor. Políticas económicas y pautas sociales en la España de la transición: la doble cara del necorporatismo. In: España: *un presente para el futuro*. Madrid: *Instituto de Estudios Económicos*, 1984. v. 1, p. 31-33. Juristas, sociólogos e cientistas políticos referem-se a uma tradição cultural, adquirida ao longo de quase quarenta anos de franquismo, de sobrevalorização do Estado e de debilidade da sociedade civil.

(35) SANGUINETI RAYMOND, Wilfredo. Sindicatos y libertad sindical en España: dos décadas de vigência constitucional. In: GARCÍA LASO, Augustín; RAYMOND, Wilfredo Sanguineti (Eds.). *Sindicatos y cambios económicos y sociales*. Salamanca: Ediciones Universidad de Salamanca, 2002. p. 27-28.

(36) ORGANIZACIÓN INTERNACIONAL DEL TRABAJO. OIT. Informe de uma mision de la Oficina Internacional del Trabajo. *Situacion sindical y relaciones laborales en España*, Genebra: OIT, 1985. p. 66. Em janeiro de 1980 seguiu-se o Acordo Marco Interconfederal para Negociação Coletiva entre UGT e CEOE – AMI, inspirado no sistema de "contratação articulada"italiana, e que assumiu o valor de "convenio de convenios"(ou "convênios para convenir", na medida em que determinava as matérias que seriam negociadas nos níveis inferiores bem como fixava de forma autônoma regras para as negociações coletivas, expressão de autonomia privada coletiva.

coletivas".⁽³⁷⁾ Visou-se, com esta comissão, criar uma funcionalidade consultiva ao sistema negocial, seja estabelecendo adequadamente o âmbito funcional da convenção coletiva que se pretenda negociar, seja interpretando uma convenção coletiva vigente para determinar seu âmbito funcional de aplicação (art. 2º, 1). A Comissão, seguindo a tradição das modernas democracias pluralistas, tinha composição tripartite, dela participando associações empresariais e organizações sindicais de trabalhadores; e, por meio dela, o Estado assume a promover e a incentivar a autonomia contratual, inclusive para a escolha das partes de negociações coletivas de eficácia mais geral (art. 87, 2 do ET) feitas pelas organizações mais representativas, nos termos da lei.⁽³⁸⁾

Esta lei contém disposições relativas à temática sindical, cabendo destacar a vedação de discriminação por motivos sindicais e a regulamentação da representação eletiva na empresa. Embora nesse diploma legal não tenha recebido tal denominação, a representatividade foi nele regulada de maneira genérica, com vistas à legitimação para negociar convenções coletivas com eficácia geral (art. 87.2 e 88.1)⁽³⁹⁾ e para a representação institucional perante a Administração Pública (disposições adicionais n. 6), essa última hipótese relativa às organizações de empregadores. Como parâmetro para a escolha elegeu-se os resultados das eleições de comitê de empresa e delegados de pessoal.

Elias Gonzáles-Posada Martinez, ao analisar a estrutura de negociação coletiva desenhada pelo ET, adverte que cada sindicato tem a possibilidade de contar com unidades descentralizadas de sua organização nos distintos centros de trabalho por meio da seção sindical de empresa, a qual é integrada pelos filiados do respectivo sindicato no centro de trabalho. Salienta que o intuito do legislador foi estabelecer uma "conexão estrutural entre a representação e a contratação coletiva de eficácia geral".⁽⁴⁰⁾ O autor explica que a combinação de distintas esferas espaciais, produtivas ou profissionais pode gerar alguns conflitos convencionais no que diz respeito às suas incidências em determinada relação jurídica. O art. 84 do Estatuto fixa o critério temporal, dispondo ser inaplicável a convenção coletiva celebrada posteriormente, salvo previsão contrária em acordos-marco celebrados por entidades mais representativas. Quanto a um possível concurso de convenções coletivas de trabalho, com a possibilidade de aplicação simultânea de ambas, o autor explica que se estabelece uma coordenação funcional na qual se fixa uma distribuição de competências entre os distintos níveis, o que pode ser feito por diferentes critérios: a) *de complementaridade*, em que se admite a coexistência das normas convencionais; b) *de suplementaridade*, em que as normas convencionais geram uma espécie de efeito cascata, traçando mínimos que podem ser melhorados por convenções que tenham um âmbito de aplicação coexistente, mas menor; c) *de supletoriedade*, quando houver uma comunicação entre duas normas convencionais aplicáveis de modo que a matéria que não estiver regulada em uma delas é objeto de cobertura pela outra de outro âmbito, resolvendo-se a situação de anomia; d) *de exclusão*, quando há a proibição para regular e tratar de determinadas matérias em níveis convencionais de mais reduzido âmbito de aplicação.

Antonio Baylos assinala que ao declarar o art. 83.1 do Estatuto "as convenções coletivas de trabalho terão o âmbito de aplicação que as partes acordarem", esse se funda no princípio de liberdade de determinação da unidade de negociação pelos próprios interlocutores sociais. Para a racionalização do sistema negocial, especial papel desempenham as organizações sindicais mais representativas por meio dos 'Acordos-Marco Interconfederais', amplamente

---

(37) A referida comissão foi apenas regulamentada quatro anos após, com o Real Decreto n. 2.976/1983, de 9 de novembro, que regula a Comissão Nacional Consultiva"em questão, cujos objetivos eram de extrema importância no sentido de se criar um mecanismo estável coadjuvante para solucionar conflitos entre convenções coletivas e as respectivas unidades de negociação (art. 83 do ET), sempre que provocados pelas partes negociadoras.

(38) VALDÉS DAL-RE, Fernando. La Comisión Consultiva Nacional de Convenios Colectivos. *Civitas*: revista española de derecho del trabajo, Madrid, n. 17, p. 5-28, ene./mar.1984.

(39) O art. 87.2 do Estatuto dos Trabalhadores, na redação da época, declara que nos convênios coletivos de âmbito superior ao nível de empresa são legitimados: "a) os sindicatos que tenham a consideração de mais representativos em nível estatal, assim como em seus respectivos âmbitos, os entes sindicais afiliados, federados ou confederados aos mesmos; b) os sindicatos que tenham a consideração de mais representativos em nível de Comunidade Autônoma relativamente aos convênios que não transcendam o dito âmbito territorial, assim como, em seus respectivos âmbitos, os entes sindicais afiliados, federados ou confederados aos mesmos; c) os sindicatos que contem com um mínimo de 10% dos membros dos comitês de empresa ou delegados de pessoal no âmbito geográfico e funcional a que se refira o convênio". Por sua vez, o art. 88.1, alude à Comissão negociadora, a qual deverá ser composta por representantes dos trabalhadores segundo o disposto no mencionado art. 87.1. Observa-se que a expressão "comunidade"utilizada no art. 87.2 mencionado, refere-se à província ou região da Espanha. (ALONSO OLEA, Manuel; BARREIRO GERMÁN, González. *El Estatuto de los Trabajadores*. Texto, comentarios, jurisprudencia. Madrid: Civitas, 1995. p. 396-397).

(40) GONZÁLEZ-POSADA MARTÍNEZ, Elias. La estructura de la contratación colectiva: factores de determinación y consecuencias desencadenantes. *Revista Española de Derecho del Trabajo*, Madrid, n. 103, p. 23, ene./feb. 2001.

utilizados desde a década de 80, para alguns nem sempre de forma satisfatória.[41]

Ao assinalar que os convênios coletivos terão o âmbito de aplicação que as partes acordarem, o art. 83 do Estatuto dos Trabalhadores funda-se no princípio de liberdade de determinação da unidade de negociação pelos próprios interlocutores sociais. Na opinião de Fernando Valdés Dal-Re, a identificação dos espaços em que se manifesta a negociação coletiva expressa, de maneira gráfica, os centros de distribuição dos poderes contratuais, bem como o lugar no qual os negociadores exercem suas faculdades jurídicas[42] de acordo com Maria Emilia Casas Baamonde, conforme os âmbitos dos convênios o legislador reparte matérias, especificando as funções que se devem exercer em cada um deles. Para isso, e para ordenar as relações entre níveis e regulações convencionais, recorre a princípios estruturais ou técnicos de articulação inter-normativa, de que se valem todos os sistemas que reconhecem a existência, em seu seio, de ordenamentos autônomos.[43]

Em 1994, com as Leis Orgânicas 10 e 11 de 1994, houve uma primeira abertura para a unidade de negociação em nível de empresa, contudo privada de eficácia *erga omnes*. Além disso, tal reforma visou resolver o problema de baixa atividade dos convênios coletivos provinciais. O objetivo maior desta reforma de 1994 foi consagrar uma maior capacidade de flexibilização da lei estatal de modo a adaptar a lei aos reclamos de cada categoria, ramo ou setor. Tornou-se possível, ainda, desde que previsto nas unidades de contratação de níveis superiores, a delegação de unidades de negociação nas empresas. A nova lei criou então o acordo de empresa e exigiu, para sua legitimação, que fosse subscrito pela maioria dos representantes unitários ou das representações sindicais.[44]

Seguiu-se em 1997 outra Reforma, originada da celebração de três grandes acordos interconfederais.[45] Outro debate constante de tais acordos interconfederais foi estabelecer uma divisão de competências e matérias a serem tratadas nos âmbitos nacional, setorial (superiores) e territorial e empresa (inferiores). No ano de 2002, novamente se debateu a questão de concorrência entre convênios coletivos, a articulação entre níveis e a necessidade de privilegiar-se a empresa. E a Lei n. 35/2010, relativa a "reformas urgentes do mercado laboral" introduziu propostas efetivas, deu os primeiros passos rumo à descentralização da negociação coletiva até os convênios de empresa.

A despeito da trajetória de longos debates e críticas ao sistema de negociação coletiva, ao longo dos anos, foi a partir de 2010 e 2012 que a empresa passou a contar com prioridade negocial, vale dizer, como centro relevante de negociação coletiva, até mesmo como instrumento de tentar solucionar a grave crise iniciada anos antes. De fato, os anos de 2011 e 2012 foram o momento em que a negociação coletiva de empresa passou a desfrutar de centralidade no ordenamento jurídico espanhol. Como pontuou Federico Navarro Nieto, desde a década anterior o debate dos agentes sociais e o ambiente doutrinário laboral parecia haver consenso sobre a necessidade de racionalização do sistema negocial espanhol, isto é, de uma negociação coordenada e caracterizada pela simplificação da estrutura negocial, sua melhor articulação e a reserva de um espaço próprio para os mecanismos de negociação descentralizada.[46]

Naquele momento de excessiva crise econômica, de elevadas taxas de desemprego, baixos índices de qualificação profissional, excesso de contratação temporária no mercado e quadro financeiro inseguro, a preocupação era adotar medidas reais e efetivas.[47] Os anos de 2011 e 2012 marcam o grande ponto de inflexão na política de negociação coletiva na Espanha: a busca da "flexibilidade interna" e exigências adaptáveis de gestão nas empresas foi

---

(41) BAYLOS GRAU, Antonio. Unidades de negociación de convenios (En torno a los artículos 83 y 84). *Revista española de derecho del trabajo*, Madrid, n. 100, p. 1462-1464, mar./ago. 2000.

(42) VALDÉS DAL-RE, Fernando. *Estructura de la negociación colectiva*. Madrid: MTAS, 1996. p. 9.

(43) CASAS BAAMONDE, Maria Emilia. La estructura de la negociación colectiva y las nuevas reglas sobre competencias y concurrencia de convenios. *Relaciones Laborales*, Madrid, n. 17/18, p. 297, 1994.

(44) É o que se depreende da Exposição de Motivos da Lei n. 11/1997, ao se referir à negociação coletiva como um instrumento fundamental para a desejável adaptabilidade, por sua capacidade de aproximação às diversas e mutáveis situações dos setores de atividade e das empresas, de modo que os espaços até aquele momento reservados à regulação estatal passariam para a negociação coletiva de trabalho, com vistas a desenvolver o próprio mercado de trabalho.

(45) Em verdade, cuidou-se de uma iniciativa dos próprios atores sociais para buscar a racionalidade no sistema de negociação coletiva. Uma das preocupações era lidar com a cobertura de convênios para dotá-los de eficácia *erga omnes*, eis que fundados numa teoria civilista como base jurídica.

(46) NAVARRO NIETO, F.: "La reforma del marco normativo de la negociación colectiva", AEDTSS, XXII Congreso Nacional de Derecho del Trabajo y de la Seguridad Social, San Sebastián, 17-18 mayo 2012, p. 18. Disponível em: <http://www.aedtss.com/images/stories/301_Ponencia_Federico_Navarro.pdf>.

(47) MERCADER UGUINA, Jesús R. La empresa como nuevo centro de gravedad de la estructura de la negociación: la reforma de la Ley n. 3/2012. In: *Lex nova laboral, lex nova*, Valladolid p. 419. A Exposição de Motivos reconhecia as disfunções da negociação coletiva e a necessidade de reformas no sistema de contratação coletiva a partir de diagnósticos feitos pelos próprios atores sociais e juristas e pelos Poderes públicos.

instrumentalizada pela privilegiada posição do acordo de empresa na estrutura dos convênios coletivos.

Em 2011 sobreveio o Real Decreto-lei n. 7/2011 com a preocupação de favorecer a flexibilidade interna das empresas (mobilidade funcional e de salários, transferências, alterações de horários de trabalho e outras medidas correlatas) com vistas a evitar perda de empregabilidade e garantir competitividade das empresas, sendo que tais matérias poderiam ser previstas nos acordos de empresa. Em janeiro de 2012, na tradição de concertação social e de participação dos atores sociais para os desafios do mundo do trabalho, celebrou-se o "II Acordo para Emprego e Negociação Coletiva de 2012, 2013 e 2014", com fundamento no art. 82.3 e 90 do Estatuto dos Trabalhadores. Cuidou-se de um acordo marco interprofissional para fixar cláusulas sobre a estrutura da negociação coletiva, criando regras de solução em caso de concorrência e conflito entre convênios coletivos de distintos âmbitos. A aposta, nesta ocasião, foi a de uma descentralização mais articulada entre os níveis setorial (âmbito estatal), passando por Comunidade Autônoma, criando-se regras de descentralização, para propiciar o alcance e a capitalização até o nível de empresa.[48]

Finalmente, sobreveio a Reforma de 2012 (Lei n. 3/2012), cujo preâmbulo parte da premissa de que a negociação coletiva deve ser um instrumento, e não um obstáculo, para adaptar as condições laborais às concretas circunstâncias da empresa. Nesse sentido, esta lei passou a contemplar a modificação e a inaplicabilidade de convênios coletivos (redação atual dos art. 41.6, 82.3 y 85.3 do Estatuto dos Trabalhadores) e a prioridade aplicativa do convênio de empresa concorrente frente ao convênio setorial vigente (redação atual do art. 84.1 do Estatuto dos Trabalhadores), dentre outras medidas com vistas a permitir a adaptação dos salários e outras condições de trabalho à produtividade e à competitividade empresarial; estabeleceu-se, ainda, uma duração máxima para a ultratividade das cláusulas negociadas.[49]

O tema da descentralização da negociação coletiva foi levado ao Tribunal Constitucional sob o fundamento de que o "descuelgue" (inaplicabilidade de convênios coletivos) e a prioridade do acordo coletivo de trabalho de empresa estariam a violar regras constitucionais de negociação coletiva de trabalho. Contudo, a sentença n. 119/2014[50] já se manifestou pela constitucionalidade de tais dispositivos, bem como sublinhou a legalidade da Lei n. 3/2012, esclarecendo que "constituindo a descentralização da negociação coletiva um objetivo que o legislador pode legitimamente almejar, atendendo a considerações de política social e econômica que estime relevantes, a modificação introduzida, tanto quanto à possibilidade de negociação de convênios de empresas dotados de prioridade aplicativa em qualquer momento da vigência de um convênio setorial de âmbito superior (...) não vulnera o direito à negociação coletiva e nem a força vinculante dos convênios (art. 37.1 da Constituição), nem tampouco a liberdade sindical (art. 28.1 da Constituição) (...) a regulação impugnada, que estabelece uma aplicação prioritária dos convênios de empresa sobre os convênios de âmbito superior em uma série de matérias responde a uma finalidade constitucionalmente legítima, pois os objetivos pretendidos são a defesa da produtividade, a viabilidade da empresa e, em última instância, do

---

(48) "(...) Os convênios coletivos de âmbito estatal ou, na sua falta, de comunidade autônoma, devem desenvolver as regras de articulação e vertebração que devem reger a estrutura da negociação coletiva, apostando de forma decisiva a favor da descentralização da mesma. Isto deve traduzir-se nos seguintes critérios: os convênios setoriais deverão propiciar a negociação ao nível de empresa, a iniciativa das partes afetadas, de jornada, funções e salários por ser o âmbito mais adequado para regrar tais matérias(...) O âmbito superior da negociação deve respeitar o equilíbrio contratual das partes a nível de empresa até o término da vigência deste convenio coletivo. É necessário preservar o âmbito provincial de negociação e favorecer que tais convênios, por sua proximidade à empresa, potencializem a flexibilidade que a mesma necessita para adaptar-se ao mercado dinâmico e competitivo, além de não descuidar que se trata de um âmbito de negociação que maior cobertura permite às empresas e aos trabalhadores". Digno de nota, ainda, é o Capítulo IV do II Acordo, ao dispor sobre a figura do "descuelgue", que significa a "inaplicabilidade negociada na empresa de certas condições de trabalho pactuadas em convênios coletivos setoriais". Transcreve-se: "A atual conjuntura econômica e o altíssimo nível de desemprego, assim como as perspectivas de sua evolução mais imediata, torna necessária a adoção de medidas de caráter excepcional e com proteção temporária limitada a atual conjuntura, destinadas a evitar uma evolução negativa da empresa que afete a manutenção do emprego. Nesse contexto, e com o objetivo de asegurar a manutenção do emprego como instrumento de flexibilidade interna que evita os expedientes de regulação de emprego tanto temporários como extintivos, sem prejuízo do estabelecido no art. 41.6 e 82.3 do ET, submete-se à consideração dos legitimados para subscrever convênios coletivos setoriais, a conveniência de incluir cláusulas de inaplicabilidade temporal negociada de determinadas condições de trabalho – nas quais não se incluem o regime salarial pois o "descuelgue" do mesmo se regula no art. 82.3 do ET, anteriormente citados e pactuados nos mesmos (...)."

(49) CASAS BAAMONDE, María Emilia. Reforma de la Negociación Colectiva en España y sistema de relaciones laborales. *Cuadernos de Relaciones Laborales, Madrid*, v. 32, n. 2, p. 275-309, 2014. O chamado "descuelgue" ("descolamento") é a ideia da inaplicabilidade de convênios coletivos em um singular contexto através de uma técnica jurídica que possibilita substituir o regime convencional de determinadas condições de trabalho previstas em uma convenção coletiva por outra, mais adaptada ou próxima da realidade e das necessidades da empresa.

(50) Sentença n. 119/2014, de 16 de julio de 2014. Recurso de inconstitucionalidad; BOE núm. 198, de 15 de agosto de 2014.

emprego, objetivos ambos que convergem com direitos e princípios constitucionais, como o direito ao trabalho (art. 35.1 da Constituição), a liberdade da empresa, a defesa da produtividade (art. 38 da Constituição) e o fomento do emprego (art. 40 da Constituição).

Houve também um segundo pronunciamento do Tribunal Constitucional por meio da Sentença n. 8/2015, a qual também decidiu pela constitucionalidade da Lei n. 3/2012, concluindo, com base no princípio da proporcionalidade, que as medidas de descentralização da negociação coletiva, por meio da prevalência do acordo de empresa, não violam a Constituição Espanhola ou a força vinculante dos convênios coletivos.[51]

Federico Navarro Nieto opina favoravelmente a Reforma contida no Real Decreto-lei n. 3/2012, que modificou o art. 84.2 do Estatuto dos Trabalhadores, considerando-a acertada "porque imuniza as empresas frente aos riscos de petrificação ou uniformização de níveis negociais setoriais (especialmente provinciais) porque ele tem que ter lugar através do instrumento negocial e porque se circunscreve a concretos aspectos onde tem sentido a preferência reguladora da negociação de empresa".[52]

A aposta da Reforma de 2012 na negociação coletiva em nível de empresa se traduziu em uma profunda alteração no que diz respeito à estrutura da negociação coletiva: transforma o caráter supletório da regra de prioridade aplicativa do convenio de empresa, introduzida pela reforma de 2011, em norma de ordem pública, infensa à autonomia coletiva. Ou seja, a prioridade do acordo de empresa, que era supletiva, tornou-se prioritária e inderrogável por convênios de nível superior.[53]

Sem dúvida, o que se verifica nas reformas empreendidas pelo ordenamento espanhol, notadamente dos anos 2010 e seguintes, foi um recurso a novas técnicas jurídicas em favor de imperativos empresariais e da necessidade de adaptação das condições de trabalho (flexibilidade interna). Assim, a negociação coletiva de empresa passa a ter prioridade aplicativa e a prevalecer sobre condições pactuadas ou fixadas em convênios coletivos de nível superior (setoriais, estatais e de comunidade autônoma).

4. A NEGOCIAÇÃO COLETIVA DE TRABALHO NA REFORMA TRABALHISTA DE 2017

4.1. O espírito da Reforma e os precedentes do STF no tema da negociação coletiva de trabalho

No plano das relações coletivas de trabalho das medidas introduzidas pela Reforma Trabalhista no Brasil (Lei n. 13.467/2017), podem-se identificar três grandes eixos: uma maior amplitude conferida ao "negociado", que passa a prevalecer sobre o "legislado" em vários temas[54]; uma regra de intervenção mínima do Judiciário no conteúdo dos ajustes coletivos de trabalho[55]; e por fim, que é objeto do presente estudo, a prioridade do acordo coletivo de empresa sobre a convenção coletiva, mesmo quando menos favorável a esta última[56].

O "espírito" da Reforma Trabalhista pode ser colhido, em linhas gerais, no Parecer da Comissão Especial designada para esse fim, quando do exame do Projeto de Lei n. 6.787, de 2016, do Poder Executivo. Nele enfatiza-se a necessidade de segurança jurídico para o conteúdo negociado em acordos e convenções coletivas, a necessidade de

---

(51) Sentença n. 8/2015, BOE-A-2015-1896, núm. 47, de 24 de fevereiro de 2015, p. 98 a 163. Reiterou-se a fundamentação da sentença anterior para reiterar que a limitação do direito de negociação coletiva mediante a atribuição de faculdades de modificar condições de trabalho pactuadas extra-estatutariamente se justifica pelos fins consagrados na Constituição e que são almejados pela Reforma, como destacou sua Exposição de Motivos. Há, assim, no entender da Corte Constitucional Espanhola, uma adequação entre meios e fins, de modo que os meios fixados pela reforma são adequados, idôneos e constitucionalmente legítimos para evitar a destruição de postos de trabalho em razão da adaptação às concretas circunstâncias pelas quais passa uma empresa.

(52) NAVARRO NIETO, F.: "La reforma del marco normativo de la negociación colectiva", AEDTSS, XXII Congreso Nacional de Derecho del Trabajo y de la Seguridad Social, San Sebastián, 17-18 mayo 2012, p. 23-24. Disponível em: <http://www.aedtss.com/images/stories/301_Ponencia_Federico_Navarro.pdf>. E as matérias são aquelas ali enumeradas: salário produtividade relacionado a resultados da empresa, abono de compensação de horas extras e retribuição adicional de trabalho em turnos, gestão de horário e distribuição de tempo do trabalho, escala de turnos e planejamento anual das férias, adaptação no âmbito da empresa do sistema de classificação profissional, adaptações acerca das modalidades de contratação, medidas adicionais que favoreçam a conciliação entre vida laboral, familiar e pessoal e outros temas de condições específicas de trabalho.

(53) CRUZ VILLALÓN, Jesús. Estructura y concurrencia de niveles negociales dentro de un nuevo marco normativo. *XXVII Jornadas de Estudio sobre Negociación Colectiva*. Comisión Consultiva Nacional de Convenios Colectivos. Madrid. Ponencia de 10.12.2014. p. 17.

(54) Cf arts. 611-A e 611-B da CLT.

(55) Cf. Art. 8º, § 3º da CLT: No exame de convenção coletiva ou acordo coletivo de trabalho, a Justiça do Trabalho analisará exclusivamente a conformidade dos elementos essenciais do negócio jurídico, respeitado o disposto no art. 104 da Lei n. 10.406, de 10 de janeiro de 2002 (Código Civil), e balizará sua atuação pelo princípio da intervenção mínima na autonomia da vontade.

(56) Cf. art. 620 da CLT: Art. 620. As condições estabelecidas em acordo coletivo de trabalho sempre prevalecerão sobre as estipuladas em convenção coletiva de trabalho.

democratizar as relações de trabalho e fortalecer o sistema de representação por meio da extinção da contribuição sindical compulsória.[57]

Os debates foram impulsionados, em nosso país, ainda, pela linha de pensamento que vem sendo adotada recentemente pelo STF, ao interpretar o disposto no inciso XXVI do art. 7º da Constituição Federal, pelo qual se reconhece a autonomia da vontade coletiva e a validade dos acordos coletivos e convenções coletivas de trabalho. Cuidam-se de dois importantes precedentes da Corte Constitucional.

O primeiro deles, de lavra do Min. Barroso (RE-590.415/SC, DJ-e de 29.05.2015) ressaltou que "no âmbito do direito coletivo do trabalho não se verifica a mesma situação de assimetria de poder presente nas relações individuais de trabalho. Como consequência, a autonomia coletiva da vontade não se encontra sujeita aos mesmos limites que a autonomia individual (...) Não se pode tratar como absolutamente incapaz e inimputável para a vida civil toda uma categoria profissional, em detrimento do explícito reconhecimento constitucional de sua autonomia coletiva (art. 7º, XXVI, CF). As normas paternalistas, que podem ter seu valor no âmbito do direito individual, são as mesmas que atrofiam a capacidade participativa do trabalhador no âmbito coletivo e que amesquinham a sua contribuição para a solução dos problemas que o afligem. É por meio do respeito aos acordos negociados coletivamente que os trabalhadores poderão compreender e aperfeiçoar a sua capacidade de mobilização e de conquista, inclusive de forma a defender a plena liberdade sindical. Para isso é preciso, antes de tudo, respeitar a sua voz".

Em um segundo precedente, prestigiou-se a negociação coletiva como forma de autocomposição de conflitos coletivos de trabalho e admitiu-se, mediante concessões recíprocas, a possibilidade dos instrumentos negociados para a redução de direitos trabalhistas.[58]

Algumas advertências se mostram convenientes. É compreensível o temor de retrocessos quando se aposta na negociação coletiva como fonte ampliada de regulação do

---

(57) "Segundo a sua justificação, o projeto em análise tem por objetivo "aprimorar as relações do trabalho no Brasil, por meio da valorização da negociação coletiva entre trabalhadores e empregadores, atualizar os mecanismos de combate à informalidade da mão de obra no país, regulamentar o art. 11 da Constituição Federal, que assegura a eleição de representante dos trabalhadores na empresa, para promover-lhes o entendimento direto com os empregadores, e atualizar a Lei n. 6.019, de 1974, que trata do trabalho temporário. (...) Sustentamos o entendimento de que a CLT tem importância destacada na sua função de estabilizar as relações de trabalho, mas que, evidentemente, sofreu desgastes com o passar dos anos, mostrando-se desatualizada em vários aspectos, o que não é de se estranhar.(...) Não resta dúvida de que, hoje, a legislação tem um viés de proteção das pessoas que estão empregadas, mas a rigidez da CLT acaba por deixar à margem da cobertura legal uma parcela imensa de trabalhadores, em especial, os desempregados e o trabalhadores submetidos ao trabalho informal.(...) .(...) O que precisamos, na verdade, é fortalecer a estrutura sindical como um todo, fazendo com que as categorias se sintam efetivamente representadas. Nesse sentido, é acertada a ideia contida na proposta do Governo. Ao se abrir espaço para que as partes negociem diretamente condições de trabalho mais adequadas, sem revogar as garantias estabelecidas em lei, o projeto possibilita maior autonomia às entidades sindicais, ao mesmo tempo em que busca conferir maior segurança jurídica às decisões que vierem a ser negociadas. A insegurança jurídica da representação patronal, que não tem certeza se o que for negociado será preservado pela Justiça do Trabalho, é um grande empecilho à celebração de novas condições de trabalho mais benéficas aos trabalhadores e, em última instância, um entrave à contratação de mão de obra (...) o que se está propondo não é a sua revogação, mas, sim, permitir que as entidades possam negociar a melhor solução para as suas necessidades. Repita-se, não se busca com esse dispositivo reduzir direitos dos trabalhadores, mas apenas permitir que regras rígidas da CLT possam ser disciplinadas de forma mais razoável pelas partes, sem que haja o risco de serem invalidadas pelo Judiciário, contribuindo para uma maior segurança jurídica nas relações de trabalho. Em suma, modernizar a legislação sem comprometer a segurança de empregados e empregadores. (...) A proposta de se estimular o resultado das negociações coletivas, contudo, tem que estar diretamente relacionada com uma estrutura sindical em que as entidades sejam mais representativas e mais democráticas. Embora reconheçamos a existência de inúmeros sindicatos altamente representativos, não podemos fechar os olhos para a outra realidade do nosso sistema sindical, em que proliferam sindicatos de fachada. E, nesse ponto, temos a convicção de que a sugestão de retirar a natureza de imposto da contribuição sindical, tornando-a optativa, será de fundamental importância no processo de fortalecimento da estrutura sindical brasileira."

(58) "TRABALHISTA. AGRAVOS REGIMENTAIS NO RECURSO EXTRAORDINÁRIO. ACORDO COLETIVO DE TRABALHO. TRANSAÇÃO DO CÔMPUTO DAS HORAS *IN ITINERE* NA JORNADA DIÁRIA DE TRABALHO. CONCESSÃO DE VANTAGENS DE NATUREZA PECUNIÁRIA E DE OUTRAS UTILIDADES. VALIDADE. 1. Conforme assentado pelo Plenário do Supremo Tribunal Federal no julgamento do RE 590.415 (Rel. Min. ROBERTO BARROSO, DJe de 29.05.2015, Tema 152), a Constituição Federal "reconheceu as convenções e os acordos coletivos como instrumentos legítimos de prevenção e de autocomposição de conflitos trabalhistas", tornando explícita inclusive "a possibilidade desses instrumentos para a redução de direitos trabalhistas". Ainda segundo esse precedente, as normas coletivas de trabalho podem prevalecer sobre "o padrão geral heterônomo, mesmo que sejam restritivas dos direitos dos trabalhadores, desde que não transacionem setorialmente parcelas justrabalhistas de indisponibilidade absoluta". 2. É válida norma coletiva por meio da qual categoria de trabalhadores transaciona o direito ao cômputo das horas in itinere na jornada diária de trabalho em troca da concessão de vantagens de natureza pecuniária e de outras utilidades. 3. Agravos regimentais desprovidos. Inaplicável o art. 85, § 11, do CPC/2015, pois não houve prévia fixação de honorários advocatícios na causa. (STF – RE 895759 AgR-segundo, Relator(a): Min. Teori Zavascki, Segunda Turma, julgado em 09.12.2016, DJe-107 Divulg. 22.05.2017 Public. 23.05.2017).

trabalho, dada a tradição brasileira⁽⁵⁹⁾ estatizante e heterônoma neste campo e, também, porque ainda está por ser realizada a indispensável Reforma Sindical com vistas ao fortalecimento das entidades sindicais e a busca de maior representatividade dos agentes negociadores, em especial por meio da consagração da ampla liberdade sindical nos moldes democráticos consagrados pela Convenção n. 87 da OIT.

4.2. A articulação entre os níveis de negociação coletiva no Brasil: rumo à descentralização negocial

A nova redação do art. 620 da CLT despertou muitas reações. Tradicionalmente, não se admitia que um acordo coletivo de empresa pudesse dispor de maneira menos favorável que a convenção coletiva de trabalho.

Convém recordar que a figura do acordo coletivo de trabalho, negociado entre empregador e o sindicato profissional, foi introduzida em nosso país na década de 1960. Até então, apenas existia a negociação coletiva categorial, da qual resultava a figura do então denominado contrato coletivo de trabalho.[60]

A Reforma de 2017 (Lei n. 13.467/2017) veio a prestigiar – como sucedeu no caso da Itália e da Espanha – o acordo coletivo de empresa como epicentro do sistema normativo juslaboral, o qual passará a ter prioridade aplicativa sobre as demais fontes, no caso, a convenção coletiva de trabalho, sujeitando-se, por óvio, aos mesmos limites que esta frente à lei. É o que se denomina de modelo descentralizado de negociação coletiva.

Não se ignora que, além desta novidade introduzida em 2017, entre os níveis de negociação coletiva, o Brasil, na década de 90 pretendeu criar mais um nível de negociação, ao prever a figura do "contrato coletivo"intercategorial, inspirado no modelo de contratação coletiva articulada italiano, iniciativa contudo que, entre nós, não foi regulamentada. Constituiria um novo nível de negociação coletiva, eis que o Brasil nasceu com o nível da categoria e, na década de 60, passou a prever a empresa (o acordo coletivo). Previsto em alguns diplomas legislativos esparsos, mas sem precisão conceitual, o contrato coletivo de trabalho foi denominado como "um corpo sem rosto", para depois tornar-se uma proposta abandonada.

Jose Francisco Siqueira Neto, nos anos 90, argutamente pontuou que a articulação de institutos de um sistema não deve ser feita de forma isolada sem considerarem-se outros institutos e, no caso de uma negociação coletiva "global", de amplo espectro intercategorial e até nacional (como era a proposta do contrato coletivo, esta seria inoperante sem que fosse precedida de uma reforma na estrutura sindical. Sublinhou que o nível, o conteúdo e as formas de negociação dependem de cada realidade e da estrutura. Ou seja, os vários institutos que compõem o processo de negociação é que vão determinar sua abrangência e função numa dada sociedade. A negociação coletiva pode ser estruturada numa perspectiva mais restrita, voltada a problemas salariais ou a determinados assuntos permitidos pela lei, como também pode estruturar-se de forma a possibilitar negociações em todos os âmbitos: intercategoriais, por ramos de atividade, até na própria empresa. Tudo, porém, depende da forma pela qual a negociação é concebida e regulada em um dado sistema de relações de trabalho. Para este autor, um novo sistema brasileiro de relações de trabalho deve valorizar a negociação coletiva de trabalho como fonte de criação do direito do trabalho, sem, contudo, desprezar as fontes heterônomas, que deverão atuar em sintonia com os interesses dos agentes do mundo do trabalho. E este novo sistema deverá valorizar a negociação coletiva de trabalho na perspectiva democrática, redefinindo o papel do Estado nas relações de trabalho e norteando toda sua atuação pela participação dos agentes do mundo do trabalho.[61]

4.3. O art. 620 da CLT e suas alterações

Declarava o revogado art. 620 da CLT:

"As condições estabelecidas em convenção quando mais favoráveis, prevalecerão sobre as estipuladas em acordo".

---

(59) Mesmo no estudo da nossa disciplina jurídica, culturalmente, negligenciamos o papel da negociação coletiva e do direito sindical como um todo. Como mostra Amauri Mascaro Nascimento, a ordem cronológica da exposição das matérias do direito do trabalho não é uniforme, mas, no Brasil, inicia-se pelo direito individual do trabalho, porque é da nossa tradição legislativa dar realce às relações individuais de trabalho como manifestação do seu intervencionismo estatal que interferiu na autonomia individual para proteger o trabalhador, assumindo o Estado o papel de elaborador de um padrão mínimo, automaticamente inserido como conteúdo mínimo dos contratos. Desse modo, os cursos tratam, inicialmente, do contrato individual de trabalho, sujeitos a jornada de trabalho, repouso semanal remunerado, férias, salário, regulamentações especiais e, de modo mais resumido, dos sindicatos, negociação coletiva e greve, sequência que, de certo modo, se reflete, também, em nossos livros didáticos. Na Europa, dá-se preferência para o direito coletivo do trabalho, de modo que os cursos e os livros, começam expondo a liberdade sindical, a negociação coletiva, os conflitos coletivos, a representação dos trabalhadores na empresa, a cogestão da empresa, os sindicatos e o Estado, e depois as relações individuais de trabalho (NASCIMENTO, Amauri Mascaro. *Iniciação ao Direito do Trabalho*. 37. ed. São Paulo: LTr, 2012, p. 69).

(60) A expressão "contrato coletivo" remanesceu, por exemplo, nos arts. 444 e 462 da CLT.

(61) SIQUEIRA NETO, José Francisco. Contrato coletivo de trabalho: requisitos e condicionantes para sua implantação no Brasil. In: *O mundo do trabalho: crise e mudança no final do século*. Campinas: CESIT/Scritta, 1994. p. 245-259.

À luz da antiga redação, pôs-se o debate acerca da definição do que seria a norma mais favorável quando existentes dois instrumentos coletivos: se a comparação deveria levar em conta cada dispositivo isolado (teoria da acumulação), se todo o instrumento coletivo (teoria do conglobamento) ou se os dispositivos relacionados a determinada matéria (teoria do conglobamento por institutos), sendo esta a predominante na doutrina estrangeira e nacional.

O art. 620 da CLT foi recepcionado pela Constituição Federal de 1988, como já decidido pelo TST.[62] E a jurisprudência dominante consolidada, acolheu a tese de que a norma mais favorável é verificada por meio da teoria do conglobamento, ou seja, analisa-se todo o conteúdo de ambos os instrumentos normativos para se decidir pela aplicação de um desses no caso concreto. Há, ainda, decisões do TST sustentam que a CCT deverá prevalecer quando mais favorável.[63]

Amauri Mascaro Nascimento defendia há anos que a teoria que deveria prevalecer, para solucionar o conflito de normas coletivas era a *teoria da especificidade*, sem se perder de vista que os diversos níveis de contratação coletiva evocam a necessidade de uma interpretação que considere a função de cada um. Segundo esse Autor, há acordos nacionais que podem fixar mínimos inderrogáveis, obrigatórios para as instâncias negociais menores; acordo de empresa, para evitar dispensas coletivas, e que podem suspender, temporariamente, os contratos individuais de trabalho como forma de defesa do emprego; existem regras gerais de interesse de uma profissão fixadas pelos contratos coletivos de sindicatos de categorias diferenciadas; numa região do país, os sindicatos podem ser suficientemente fortes para atuar perante o poder econômico, em outras, a situação não é igual.

Mesmo antes da Reforma Trabalhista de 2017 já existia uma corrente doutrinária e jurisprudencial que optava pela aplicação do acordo coletivo de trabalho em razão do critério de especialidade (norma específica) mas também pelo fato de que cuidava-se de uma norma coletiva assinada pelo mesmo sindicato profissional que subscrevera a convenção coletiva de trabalho, por necessidades mais concretas e específicas, de modo que não haveria razão para ignorar o pacto validamente firmado entre os sujeitos estipulantes envolvidos.

Nesse sentido, desde os anos 2000, parte da doutrina já apostava na negociação no local de trabalho, descentralizada, ou por empresa, sob a aspiração de que nesse tipo de negociação descentralizada as peculiaridades de cada estabelecimento ou empresa seriam melhor atendidas.

Os Tribunais brasileiros também foram sensíveis à aplicação da teoria da especialidade, prestigiando a negociação direta realizada entre as partes interessadas. Segundo tais decisões, os acordos coletivos representariam avenças mais específicas firmadas entre as empresas e os sindicatos representativos de seus empregados e, por essa razão, deveriam prevalecer em relação às convenções coletivas de trabalho que espelham situações mais globais, não ocorrendo violação ao princípio da norma mais benéfica.

No entanto não era esse o pensamento dominante, com o que havia grande insegurança jurídica de empresas que haviam celebrado acordos coletivos de trabalho, com cláusulas diversas, terem o risco de, perante o Judiciário, terem tais cláusulas inaplicadas e serem condenadas ao pagamento das cláusulas previstas na convenção coletiva de trabalho, sem qualquer possibilidade de reaver as

---

(62) "Recurso de revista. Conflito entre convenção coletiva e acordo coletivo de trabalho. norma mais favorável. Consoante a jurisprudência desta Corte, o art. 620 da CLT foi recepcionado pela Constituição Federal de 1988, por não haver incompatibilidade entre o referido dispositivo de lei e os fundamentos e regras estabelecidos na Constituição Federal. Assim, à luz do art. 620 da CLT, as condições estabelecidas em convenção coletiva, quando mais favoráveis, prevalecem sobre as estipuladas em acordo coletivo de trabalho. Há precedentes. Recurso de revista não provido". (RR — 12000-56.2008.5.01.0080, Relator Ministro Augusto César Leite de Carvalho, Data de julgamento: 14.5.2013, 6ª Turma, Data de Publicação: 17.05.2013).

(63) "Agravo de instrumento. Recurso de revista. Acordo coletivo e convenção coletiva. Prevalência. Inteligência do art. 7º *caput* da CF e do art. 620 da CLT. Princípio da norma mais favorável. Decisão denegatória. Manutenção. No quadro de conflito de regras entre os preceitos normativos de convenção e acordo coletivos, a ordem justrabalhista tem regra explícita a respeito, estipulando que as condições estabelecidas em convenção, quando mais favoráveis, prevalecerão sobre as estipuladas em acordo coletivo de trabalho (art. 620 da CLT), em inteira harmonia com o *caput* do art. 7º da Constituição, que incorpora o princípio da norma mais favorável. Está claro, portanto, que a Consolidação determina a preponderância da convenção coletiva sobre o acordo coletivo como fórmula para se cumprir o princípio da norma mais favorável, afastando-se o critério oriundo do Direito Civil relativo à especificidade. Porém, se o acordo coletivo for mais favorável, ele há de prevalecer, evidentemente. A lógica normativa justrabalhista explica-se: é que interessa ao Direito Coletivo valorizar os diplomas negociais mais amplos (como as convenções coletivas), pelo suposto de que contêm maiores garantias aos trabalhadores. Isso ocorre porque a negociação coletiva no plano estritamente empresarial (como permite o ACT, embora com o reforço participatório do sindicato) inevitavelmente reduz a força coletiva dos obreiros: aqui eles não agem, de fato, como categoria, porém como mera comunidade específica de empregados. A propósito, não é por outra razão que o sindicalismo de empresa é considerado uma via de submissão sindical à força do polo empregador. De todo modo, não se pode olvidar que a Constituição fixa império da norma mais favorável, em seu art. 7º, *caput*, preceito magno que mais ainda reforça o disposto no art. 620 da CLT. Assim sendo, não há como assegurar o processamento do recurso de revista quando o agravo de instrumento interposto não desconstitui os fundamentos da decisão denegatória, que subsiste por seus próprios fundamentos. Agravo de instrumento desprovido." (AIRR — 264-12.2010.5.09.0965, Relator Ministro: Mauricio Godinho Delgado, Data de Julgamento: 28.11.2012, 3ª Turma, data de publicação: 30.11.2012).

vantagens que concedera ao longo do contrato de trabalho oriundas do acordo coletivo de trabalho que até então observava.

Ronaldo Lima dos Santos confirmava, já em 2009, a tendência de aplicação do princípio da especialização que faz prevalecer a norma especial sobre a geral na hipótese de conflito entre elas, mas ressaltava que a prevalência da norma mais favorável é realmente o princípio fundamental para a resolução de conflitos entre contratos coletivos. No entanto, segundo esse autor, "um acordo coletivo que, em princípio, apresenta-se menos favorável para os trabalhadores de determinada empresa em comparação com a convenção coletiva da categoria, pode apresentar-se mais idôneo para reger as peculiaridades da realidade da coletividade de trabalhadores para a qual foi elaborado. Um acordo nesse sentido pode tornar-se imediata e efetivamente mais favorável para a coletividade de trabalhadores, obstando os prejuízos que poderiam advir de uma convenção coletiva que se apresentaria imediata e nominalmente mais vantajosa. Por esse critério, aplica-se a norma mais favorável, salvo se a norma mais específica reger uma situação peculiar de determinada coletividade de trabalhadores, que viriam a ser prejudicados pela aplicação de uma norma geral".[64]

Não se ignora, por óbvio, que a negociação por empresa desperta importante papel no atual cenário econômico e social, sobretudo se considerarmos pequenas e médias empresas que nem sempre têm condições de observar as convenções coletivas da categoria. Octavio Bueno Magano, porém, alertava que a adoção da posição poderia ser perigosa na medida em que colocaria em risco os direitos alcançados pela categoria por meio da convenção coletiva de trabalho.[65]

Assim, a Reforma de 2017 veio a trazer nova redação ao art. 620, o qual consagrou a tese da prioridade aplicativa do acordo coletivo de trabalho (celebrado em nível de empresa) sobre a convenção coletiva de trabalho (celebrada em nível de categoria). E estabeleceu que o acordo coletivo sempre prevalecerá sobre a convenção coletiva:

> "Art. 620. As condições estabelecidas em acordo coletivo de trabalho sempre prevalecerão sobre as estipuladas em convenção coletiva de trabalho".

Estabeleceu-se, com uma maior segurança jurídica conferida pelo legislador, um campo de abertura e prioridade aplicativa do acordo coletivo de empresa sobre a convenção coletiva categorial, caso ele seja negociado, ainda que menos favorável. As partes subscritoras do pacto não terão, de acordo com a Reforma, risco de o Judiciário desconsiderar o ajuste de empresa sob o pretexto e uma interpretação (ainda que com base na teoria do conglobamento) de que as cláusulas da convenção coletiva de trabalho, como um todo, constituiriam um diploma mais favorável.

O debate que se instituiu em nosso país – e que em nosso sentir está mal enunciado – quanto à prioridade aplicativa do acordo de empresa, basicamente passa por algumas questões a serem equacionadas. Não nos parece que se trata de interpretar a relação entre os níveis de negociação coletiva de trabalho com base no princípio da norma mais favorável, até porque parece haver relativo consenso no direito estrangeiro no sentido de que este princípio não incide sobre as relações coletivas de trabalho, e tampouco no modo como se articulam dois níveis de negociação coletiva de trabalho.[66] Em outras palavras, a discussão não diz respeito ao princípio da norma mais favorável, que, a rigor, não incide nas relações coletivas de trabalho, isto é, no conflito entre duas normas coletivas negociadas. A questão jurídica cinge-se a saber como equacionar dois (ou mais) níveis diferentes de negociação coletiva de trabalho. Trata-se muito mais de discutir a articulação entre níveis de contratação coletiva do que propriamente o princípio do tratamento mais favorável.

Acreditamos, também, que não parece haver vícios de inconstitucionalidade na reforma no ponto em que o legislador infraconstitucional estabeleceu esta prioridade aplicativa do acordo coletivo de trabalho de empresa em detrimento da convenção coletiva de trabalho da categoria. E os fundamentos jurídicos são dois: o primeiro é o art. 7º, VI, da CF/1988, que admite a negociação coletiva *in pejus*, o que também confirma a tese de que o princípio da norma mais favorável não é aplicável no âmbito das relações coletivas de trabalho; o segundo é o art. 7º, XXVI, que reconhece a validade dos acordos e convenções coletivas de trabalho não estabelece, *a priori*, nenhuma hierarquia entre estas normas autonomamente negociadas. Em reforço a este entendimento, insta recordar que, regra geral, o mesmo sindicato profissional que celebrou a convenção coletiva celebrou o acordo coletivo, tendo realizado dois juízos de ponderação e optado, no caso concreto, por realizar tratativas específicas em nível de empresa quando

---

(64) SANTOS, Ronaldo Lima dos. *Teoria das normas coletivas*. 2. ed. São Paulo: LTr, 2009, p. 293. É deste autor a teoria da necessidade de motivação do instrumento, tomado como negócio jurídico causal, bem como a incidência do princípio da primazia da realidade para a análise do instrumento coletivo negociado.

(65) MAGANO, Octavio Bueno. *Manual de direito do trabalho*. Direito coletivo do trabalho. 2. ed. São Paulo: LTr, 1990. p. 138.

(66) Ademais, fosse este um princípio incidente, haveria necessariamente de ser afastado um acordo coletivo de trabalho menos favorável que previsse redução temporária de salário, para resolver uma situação de crise econômica aguda de uma empresa e se aplicaria a convenção coletiva de trabalho, mais favorável, a qual poderia, no limite, até mesmo contemplar distribuição de lucros (PLR), o que não é razoável.

poderia, se quisesse, deixar de fazê-lo e até mesmo exigir o cumprimento, pela empresa, das condições já fixadas em nível categorial na convenção coletiva por meio de ação de cumprimento.

A doutrina brasileira, e mesmo alguns julgados anteriores à Reforma, já acenavam para uma inclinação à regra da especialidade para justificar a prevalência do acordo coletivo de trabalho sobre a convenção coletiva de trabalho.[67] Os instrumentos coletivos negociados são negócios jurídicos causais de modo que, demonstrada uma motivação suficiente e justificada, nenhuma razão há para que se deixe de aplicar o acordo coletivo validamente negociado em nível de empresa.

A análise de sistemas de relações de trabalho quanto ao peso da negociação coletiva, seu conteúdo, abrangência, níveis, procedimento e articulação entre os níveis de contratação demonstra que todas estas variáveis não são estáticas, mas dinâmicas, podendo sofrer mutações ao longo dos anos de modo que as vantagens de um dado modelo são as desvantagens de outro, e vice-versa. E especificamente quanto aos níveis de negociação coletiva existentes (e a estrutura e articulação entre os mesmos), também se nota que variam, podendo assumir formas mais centralizadas ou mais descentralizadas, apresentando-se esta última forma como tendência geral dos ordenamentos jurídicos. A rigor, o problema não é tanto escolher, *in abstracto*, um nível em detrimento de outro, mas de individualizar a unidade contratual eficiente com relação a um determinado problema.

O cotejo de experiências estrangeiras demonstra uma tendência de incentivo da negociação coletiva em dois sentidos: o primeiro em direção à lei, para consagrar uma maior amplitude de temas a serem regulados pela via negocial; o segundo, em relação à articulação dos níveis de negociação coletiva, para tornar a empresa como "locus" privilegiado de negociação, sendo que o resultado desta tratativa, entre nós denominado acordo coletivo de trabalho, assume uma prioridade aplicativa em detrimento da convenção coletiva da categoria.

5. REFERÊNCIAS BIBLIOGRÁFICAS

ALONSO OLEA, Manuel; BARREIRO GERMÁN, González. *El Estatuto de los trabajadores*. Texto, comentarios, jurisprudencia. Madrid: Civitas, 1995.

BARBAGELATA, Héctor-Hugo. *O particularismo do Direito do Trabalho*. São Paulo: LTr, 1996.

BAYLOS GRAU, Antonio. Unidades de negociación de convenios (En torno a los artículos 83 y 84). *Revista española de derecho del trabajo*, Madrid, n. 100, mar./ago. 2000.

CASAS BAAMONDE, Maria Emilia. La estructura de la negociación colectiva y las nuevas reglas sobre competencias y concurrencia de convenios. *Relaciones Laborales*, Madrid, n. 17/18, 1994.

_____. Reforma de la Negociación Colectiva en España y sistema de relaciones laborales. *Cuadernos de Relaciones Laborales*, Madrid, v. 32, n. 2, 2014.

CRUZ VILLALÓN, Jesús. Estructura y concurrencia de niveles negociales dentro de un nuevo marco normativo. *XXVII Jornadas de Estudio sobre Negociación Colectiva*. Comisión Consultiva Nacional de Convenios Colectivos. Madrid. Ponencia de 10.12.2014.

DE LUCA TAMAJO, Raffaele. *Prime valutazioni e questione di legitimità costituzionale dell'art. 8 della legge n. 148 del 2011*. In: ADL – Argomenti di diritto del lavoro, n. 1/2012, Padova: Cedam.

ERMIDA URIARTE, Oscar. *A flexibilidade*. Trad. Edílson Alkmin Cunha. São Paulo: LTr, 2002.

_____. Curso introductorio de Relaciones Laborales. v. 1. FCU: Montevideo, 1995.

GIUGNI, Gino. *Introduzione allo studio della autonomia colletiva*. Milano: Giuffrè, 1977.

GONZÁLEZ-POSADA MARTÍNEZ, Elias. La estructura de la contratación colectiva: factores de determinación y consecuencias desencadenantes. *Revista Española de Derecho del Trabajo*, Madrid, n. 103, p. 23, ene./feb. 2001.

JAVILLIER, J.C. *Manuel de Droit du Travail*. LGDF, 2. ed., 1988.

KHAN-FREUND, Otto. *Il lavoro e la legge*. Trad. Guido Zangari. Milano: Giuffrè, 1974.

MAGANO, Octavio Bueno. *Manual de direito do trabalho*. Direito coletivo do trabalho. 2. ed. São Paulo: LTr, 1990.

MARIUCCI, Luigi. *La contratrazzione collettiva*. Bologna: Il Mulino. 1985.

MARQUES, Cláudia Lima. O 'diálogo das fontes' como método da nova teoria geral do direito: um tributo à Erik Jayme. In: "*Diálogo das fontes: do conflito à coordenação de normas do direito brasileiro*/Claudia Lima Marques, coordenação. – São Paulo: Editora Revista dos Tribunais, 2012.

MERCADER UGUINA, Jesús R. La empresa como nuevo centro de gravedad de la estructura de la negociación: la reforma de la ley 3/2012. In: *Lex nova laboral, lex nova*, Valladolid.

NASCIMENTO, Amauri Mascaro. *Compêndio de direito sindical*. 2. ed. São Paulo: LTr, 2008.

_____. *Iniciação ao Direito do Trabalho*. 37. ed. São Paulo: LTr, 2012.

---

(67) Sublinhava-se que, muitos acordos coletivos que, nominalmente, aparentavam ser *in pejus*, mostravam-se mais favoráveis substancialmente e em conjunto. Além disso, admitia-se, conquanto de maneira contingente, a prevalência do acordo coletivo sobre a convenção com base nas circunstâncias do caso concreto, valendo-se, para essa conclusão, de fundamentos de teoria geral do direito segundo os quais regra específica (o acordo coletivo de empresa) prevalece sobre regra geral (a convenção coletiva da categoria).

NAVARRO NIETO, F.: "La reforma del marco normativo de la negociación colectiva", AEDTSS, XXII Congreso Nacional de Derecho del Trabajo y de la Seguridad Social, San Sebastián, 17-18 mayo 2012, p. 18. Disponível em: <http://www.aedtss.com/images/stories/301_Ponencia_Federico_Navarro.pdf>.

ORGANIZACIÓN INTERNACIONAL DEL TRABAJO. OIT. Informe de uma mision de la Oficina Internacional del Trabajo. *Situacion sindical y relaciones laborales en España,* Genebra: OIT, 1985.

_____. OIT. Libertad sindical: Recopilación de decisiones y princípios dels Comité de Libertad Sindical del Consejo de Administración de la OIT. Ginebra, Oficina Internacional del Trabajo, 2006.

PEREZ DIAS, Victor. Políticas económicas y pautas sociales en la España de la transición: la doble cara del necorporatismo. In: ESPAÑA: *un presente para el futuro.* Madrid: *Instituto de Estudios Económicos,* 1984. v. 1.

PERONE, Giancarlo. *Lineamenti di Diritto del lavoro. Evoluzione e partizione della materia, tipologie lavorative e fonti.* Giappichelli, Torino, 1999.

_____. Diritto sindacale tra essere e dover essere. In: *ADL – Argomenti di diritto del lavoro,* n. 1/2012, Padova: Cedam.

PROIA, Giampiero. A proposito del diritto del lavoro e delle sue categorie. *Argomenti di diritto del lavoro.* Padova, n. 6, 2007. Cedam.

SANGUINETI RAYMOND, Wilfredo. Sindicatos y libertad sindical en España: dos décadas de vigência constitucional. In: GARCÍA LASO, Augustín; RAYMOND, Wilfredo Sanguineti (Eds.). *Sindicatos y cambios económicos y sociales.* Salamanca: Ediciones Universidad de Salamanca, 2002.

ROMANO, Santi. *L´Ordinamento giuridico.* 2. ed. Firenze: Sansoni, 1946.

SANTOS, Ronaldo Lima dos. *Teoria das normas coletivas.* 2. ed. São Paulo: LTr, 2009.

SILVA, Otávio Pinto e. *A contratação coletiva como fonte do direito do trabalho.* São Paulo: LTr, 1998.

SILVA, Walküre Lopes Ribeiro da. Autonomia privada coletiva e o direito do trabalho. *Revista de Direito do Trabalho,* São Paulo, ano 26, n. 97, jan./mar. 2000.

_____. Autonomia privada coletiva. In. *Curso de Direito do Trabalho.* v. 3. Direito coletivo do trabalho. Jorge Luiz Souto Maior, Marcus Orione Gonçalves Correia (Orgs.) São Paulo: LTr, 2008 – (Coleção Pedro Vidal Neto).

SIQUEIRA NETO, José Francisco. Contrato coletivo de trabalho: requisitos e condicionantes para sua implantação no Brasil. In: *O mundo do trabalho:* crise e mudança no final do século. Campinas: CESIT/Scritta, 1994.

SUPIOT, Alain. *Transformações do trabalho e futuro do direito do trabalho na Europa.* Coimbra: Coimbra, 2003.

VALDÉS DAL-RE, Fernando. La Comisión Consultiva Nacional de Convenios Colectivos. *Civitas:* revista española de derecho del trabajo, Madrid, n. 17, p. 5-28, ene./mar. 1984.

_____. *Estructura de la negociación colectiva.* Madrid: MTAS, 1996.

VALLEBONA, Antonio. Dimensione degli interessi e decentramento regolativo. In: *Lavoro e Spirito.* Torino: G. Giappichelli Editore, 2011.

Dispensa Coletiva

Werner Keller[1]

1. INTRODUÇÃO

Esse tema tem enorme relevância jurídica-social, especialmente após o advento da Lei n. 13.467/2017 que reformou a CLT e dentre diversas modificações, regulamentou, em seu art. 477-A[2], a dispensa coletiva.

Assim, necessário se faz algumas digressões antes de adentrar propriamente dito ao tema da dispensa coletiva introduzida pela reforma trabalhista e para tanto demonstrar-se-á a importância das relações jurídico-laborais no âmago de cada indivíduo de nossa sociedade contemporânea.

Por fim, será feita uma análise do que venha a ser dispensa coletiva, como se dava no Brasil anteriormente à reforma trabalhista (Lei n. 13.427/2017) para então trazer algumas reflexões sobre a sua regulamentação, bem como fazer um breve paralelismo com a sua regulamentação em alguns dos mais países de primeiro mundo, tais como Alemanha, Espanha, França, Portugal e Suécia.

2. IMPACTO DA RELAÇÃO LABORAL NA VIDA DO SER HUMANO

Não se fará uma cronologia histórica do que representou, em termos de conceito, o trabalho ao longo das civilizações até os dias atuais, porquanto o tema desse art. trata de um instituto jurídico novo no ordenamento jurídico brasileiro e cujos efeitos serão futuros, portanto, não fazendo sentido falar do passado.

Com efeito, vivemos, notoriamente, em mundo em que as relações interpessoais são complexas e não é diferente a relação jurídica entre empregadores e empregados, mormente no que diz respeito a encontrar caminhos harmônicos às necessidades vitais a fim de que sejam respeitadas as condições de dignidade do indivíduo.

Explica-se melhor.

Tanto o empregador como o empregado, este na condição de ser humano, possuem necessidades vitais para realizar-se, portanto, no caso do empregado a sua realização está condicionada à relação jurídico-laboral (ex. projeção na carreira e reconhecimento profissional), em que pese haja entendimento contrário.[3]

Nesse sentido, o psicólogo americano Abraham Maslow[4] classificou a relação empregatícia como sendo a maior necessidade básica do homem, ou seja, gerando maior e imediato impacto em nossas vidas cotidianas, vindo em patamares inferiores e sequenciais as necessidades de segurança, fisiológicas e de realizações pessoais.

Outro ponto que merece destaque diz respeito a uma nova visão de sociedade do século XXI, isso porque agora

---

(1) Advogado atuante na seara trabalhista, Doutorando pela Universidade Autônoma de Lisboa – Portugal, Mestre em Direito, Área de Direito das Relações Sociais, área de concentração Direito do Trabalho, da Pontifícia Universidade Católica de São Paulo. Membro da Comissão de Direito do Trabalho da OAB/SP; professor assistente da COGEAE – PUC/SP, na área do Direito e Processo do Trabalho.

(2) Art. 477-A, da CLT "As dispensas imotivadas individuais, plúrimas ou **coletivas** equiparam- se para todos os fins, não havendo necessidade de autorização prévia de entidade sindical ou de celebração de convenção coletiva ou acordo coletivo de trabalho para sua efetivação". (*g. n.*)

(3) "Nas empresas e nas burocracias, a matéria-prima é essa atividade humana **particular chamada de trabalho**, tão pouco gratificante que os aristocratas procuravam não fazê-lo absolutamente e a Bíblia consegue explica-lo apenas como punição pelo pecado original, pai de todos os pecados, misterioso, caprichoso e – o que é pior – contagioso por hereditariedade. (...) Uma vez transformado em ideologia, o trabalho passa a ser um valor em si, um dever voltado para Deus, a pátria, a família e para si mesmo. Sobre ele é cultivada uma rica literatura para exaltar os seus efeitos liberadores, nobilantes, santificadores mesmo. Empresários, dirigentes, sacerdotes, ministros, sindicalistas, empregados diligentes e ajudantes laboriosos são mobilizados para tecer o elogio ao trabalho, ficando com frequência estrangulados pelo mesmo mecanismo operoso que tinham sagazmente construído". MASI, Domenico de, *O futuro do trabalho fadiga e ócio na sociedade pós-industrial*, José Olympio Editora, p. 49 e 56. (*g. n.*)

(4) MASLOW, A. H. *Motivation and Personality*, Harper & Row Publishers Inc., Nova Iorque, 1987. p. 15-20.

se privilegia o capital humano, ou seja, trabalhadores com maior nível educacional e, então, mais capacitados para se integrarem à denominada sociedade do conhecimento que exige o desenvolvimento de processos produtivos e de serviços com maior competitividade, valor agregado e conexão com as novas tecnologias.

O modelo tradicional de contrato de trabalho pensando para toda uma vida (prazo indeterminado) vai, rapidamente, perdendo espaço na sociedade de conhecimento como nos ensina com precisão o doutrinador português Bernardo da Gama Lobo Xavier[5]:

> *"perdeu-se o paradigma da empresa estabilizada, organizada com rigidez num sistema de divisão do trabalho que possibilitava a definição de um quadro de pessoal constante, laborando numa tecnologia durável, para um mercado seguro ou defendido, com regras de jogo, que pelo menos nos espaço nacional eram ditadas tendo em alguma conta os interesses e a sobrevivência das unidades produtivas e o emprego da mão de obra".*

Denota-se, então, a relevância social, econômica e política do tema em destaque, ainda mais em um contexto de crise econômica como estamos vivenciando no Brasil há alguns anos, em que o despedimento coletivo pode ser a única alternativa para a sobrevivência das empresas, entretanto causará inevitavelmente severos prejuízos sociais, econômicos e pessoais.

Daí a importância de se adotar todas as medidas e todos os esforços possíveis na tentativa de mitigar os efeitos dos despedimentos anteriormente a sua aplicação.

Feitas essas considerações, passamos a analisar propriamente dito o instituto do despedimento coletivo e seus reflexos.

3. CONCEITO (DESPEDIMENTO COLETIVO)

Vaticina o renomado jurista Orlando Gomes que a "Dispensa coletiva é a rescisão simultânea, por motivo único, de uma pluralidade de contratos de trabalho numa empresa, sem substituição dos empregados dispensados. [...] O empregador, compelido a dispensar certo número de empregados, não se propõe a despedir determinados trabalhadores, senão aqueles que não podem continuar no emprego. Tomando a medida de dispensar uma pluralidade de empregados não visa o empregador a pessoas concretas, mas a um grupo de trabalhadores identificáveis apenas por traços não-pessoais, como a lotação em certa seção ou departamento, a qualificação profissional, ou o tempo de serviço. A causa da dispensa é comum a todos, não se prendendo ao comportamento de nenhum deles, mas a **uma necessidade da empresa**".[6] (g. n.)

Há, ainda, o entendimento de que a dispensa coletiva necessita ser justificada para, então, ser considerada válida, ou seja, "Pode-se então conceituar como coletiva a dispensa que importa o desligamento de um número significante de empregados **por motivos econômicos, tecnológicos, estruturais ou análogos**".[7] (g. n.)

Isto é, despedidas arbitrárias (ex. retaliação) não podem ser consideradas jamais como sendo forma lícita de despedimento coletivo.

4. DO DESPEDIMENTO COLETIVO NO BRASIL ANTERIORMENTE À REFORMA TRABALHISTA

É sabido que não havia legislação vigente sobre o despedimento coletivo antes mesmo do surgimento da reforma trabalhista (Lei n. 13.427/2017) que introduziu o art. 477-A, na CLT.

Dessa forma, a jurisprudência construiu um posicionamento que veio a ser consolidado com o emblemático julgamento do caso da Embraer pelo TST (Processo n. 309/3009-000-15-00-4, Seção Especializada em Dissídio Coletivo, ministro relator Mauricio Godinho Delgado), cujos principais trechos da decisão seguem abaixo transcritos:

> "(...) DISPENSAS COLETIVAS TRABALHISTAS – EFEITOS JURÍDICOS. A ordem constitucional e infraconstitucional democrática brasileira, desde a Constituição de 1988 e diplomas internacionais ratificados (Convenções OIT ns. 11, 87, 98, 135, 141 e 151, ilustrativamente), não permite o manejo meramente unilateral e potestativista das dispensas trabalhistas coletivas, por se tratar de ato/fato coletivo, inerente ao Direito Coletivo do Trabalho, e não Direito Individual, **exigindo**, por consequência, a participação do(s) respectivo(s) sindicato(s) profissional(is) obreiro(s). Regras e princípios constitucionais que determinam o respeito à dignidade da pessoa humana (art. 1º, III, CF), a valorização do trabalho e especialmente do emprego (arts. 1º, IV, 6º, e 170, VIII, CF), a subordinação da propriedade à sua função socioambiental (art. 5º, XXIII e 170, III, CF) e a intervenção sindical nas questões coletivas trabalhistas (art. 8º, III e VI, da CF), tudo impõe que se reconheça distinção normativa entre as dispensas meramente

---

(5) XAVIER, Bernardo da Gama Lobo. "O regime do despedimento coletivo e as alterações da lei n. 32/99", ASCENSÃO, José de Oliveira (Coord.). In: *Estudos em Homenagem ao Prof. Doutor Raúl Ventura*, Faculdade de Direito da Universidade de Lisboa, Coimbra, 2003, *Apud* Carlos Brum Melo, *Despedimentos Coletivos na União Europeia*, AAFDL, Lisboa, 2014. p. 19.

(6) GOMES, Orlando. *Dispensa coletiva na reestruturação da empresa – Aspectos jurídicos do desemprego tecnológico*. São Paulo: LTr, 1974. p. 575.

(7) SILVA, Antônio Álvares da. Dispensa coletiva e seu controle pelo Poder Judiciário. *Revista LTr 73*, n. 06, p. 657.

tópicas e individuais e as dispensas massivas, coletivas, as quais são social, econômica, familiar e comunitariamente impactantes. Nesta linha, seria inválida a dispensa coletiva enquanto não negociada com o sindicato de trabalhadores, espontaneamente ou no plano do processo judicial coletivo. A d. Maioria, contudo, decidiu apenas fixar a premissa, *para casos futuros*, de que "**a negociação coletiva é imprescindível para a dispensa em massa de trabalhadores**", observados os fundamentos supra".[8] (g. n.)

Em que pese o referido processo esteja aguardando julgamento de recurso extraordinário perante o STF, a decisão supra do TST está em consonância com a tendência dos países desenvolvidos, no sentido de compilar esforços, inclusive na legislação trabalhista, na tentativa de evitar demissões em massas.

O ordenamento brasileiro traz algumas normas com esse propósito tais como, banco de horas (art. 59 e s.s. da CLT); férias coletivas (art. 130, da CLT); autorização para conversão do contrato integral para o parcial (art. 58-A, da CLT); suspensão temporária do contrato de trabalho (art. 476-A, da CLT); redução salarial (art. 7º, VI, da CF/1988 c/c art. 611-A, parágrafo terceiro, da CLT) e aplicação de planos de demissão voluntária (art. 477-B, da CLT).[9]

5. DA DISPENSA COLETIVA COM O ADVENTO DA LEI N. 13.427/2017 (ART. 477-A, DA CLT)

Houve uma mudança de paradigma com a introdução do art. 477-A à CLT pela Lei n. 13.427/2017, já que este novo dispositivo legal dispõe que as dispensas coletivas se equiparam as dispensas individuais e plúrimas, isto é, não há necessidade da participação dos sindicatos profissionais, nem mesmo celebração de convenções ou acordos coletivos para serem efetivadas e consequentemente consideradas válidas.

Salienta-se, uma vez mais, até a chegada da Lei n. 13.427/2017, não havia no ordenamento jurídico nacional nenhuma normatização relativa à dispensa coletiva, tendo sido construído um entendimento jurisprudencial sobre o instituto, cujo posicionamento restritivo vinha sendo no sentido de somente ser possível a dispensa coletiva por razões de ordem econômica, tecnológica e técnicas e ainda assim se faria necessário negocia-la com os sindicatos profissionais, como pormenorizadamente demonstrado pela decisão da SDI-I do TST acima transcrita.

No entanto, a partir da vigência da nova lei, tal posicionamento jurisprudência restritivo foi desconstruído e, portanto, vem gerando muita polêmica na doutrina inclusive acerca de sua constitucionalidade.

Primeiramente porque, ao liberar a dispensa coletiva sem qualquer restrição, pode-se entender que estar-se-ia violando o art. 7º, I, da CF/1988, muito embora ausente ainda de norma regulamentar (lei complementar), porquanto à dispensa coletiva sem determinados requisitos equipara-se a uma dispensa arbitrária.

Ademais, a repercussão social e econômica de uma dispensa coletiva como já apontado é muito diferente de uma dispensa individual ou mesmo plúrima, causando efeitos nocivos à toda sociedade.

Por conseguinte, os instrumentos jurídicos existentes e já mencionados cujo intuito é a manutenção de postos de trabalho, pelo novo dispositivo (art. 477-A, da CLT) é uma faculdade ao empregador utilizá-los ou não, conquanto haja discussão se será uma liberalidade ou uma obrigação por parte deste utilizá-las total ou parcialmente ou mesmo justificar sua ausência de intenção em adotá-las.[10]

Há também o entendimento doutrinário de que o referido art. de lei (art. 477- A, da CLT) viola a Convenção n. 158 da OIT, em que pese sua aplicabilidade no ordenamento jurídico brasileiro esteja ainda aguardando julgamento no STF, tendo em vista sua disposição ser contrária à liberação irrestrita da dispensa coletiva, exigindo que o empregador apresente aos representantes dos trabalhadores que estes façam consultas com propostas na tentativa de evitar ou suavizar as demissões, como prevê o seu art. 13.

6. DA DISPENSA COLETIVA NA UNIÃO EUROPEIA

Consigna-se, inicialmente, existir uma dualidade de princípios que circunscreve o instituto da dispensa coletiva, ou seja, o princípio da livre iniciativa e da propriedade privada colide com o direito ao trabalho e à sua manutenção.

Apareceu, então, a necessidade comunitária de harmonizar as legislações dos Estados membros, em que pese as dificuldades de produzi-las como brilhantemente vaticina a famosa jurista portuguesa Maria do Rosário Palma Ramalho.[11]

Assim, foi elaborada a Diretiva n. 98/1959 CE, a mais importante, relativa à aproximação das legislações dos Estados membros em respeito ao despedimento coletivo.

---

(8) Disponível em: <http://aplicacao4.tst.jus.br/consultaProcessual/resumoForm.do?consulta=1&numeroInt=610045&anoInt=2009&qtdAcesso=68584157>. Acesso em: 06 nov./2017.

(9) SILVA, Homero Batista Mateus da. *Comentários à Reforma Trabalhista*. Revista dos Tribunais, 2017. p. 91.

(10) Homero Batista Mateus da Silva, *op. cit.*, p. 91.

(11) "Oposição genética entre os fins econômicos e concorrenciais das Comunidades e os seus objetivos sociais, porque os custos que a prossecução destes últimos, são, em si mesmos, um obstáculo aos fins econômicos, assim como difere a tradição de intervenção social dos vários Estados". RAMALHO, Maria do Rosário Palma. Direito do Trabalho – Parte: I: Dogmática Geral, Almedina, S.A., 3. ed. Coimbra, 2012. p. 186-188 e 203.

Vale esclarecer, por oportuno, que uma Diretiva é "essencialmente composta por normas de cariz procedimental apresenta uma estrutura normativa mínima aos EMs, deixa em aberto a possibilidade de tratamentos mais favoráveis limitando as possibilidades de regressão social. Pela negativa, a doutrina considerou a Diretiva como um texto vazio, insuscetível de assegurar uma aproximação ou até harmonização de legislações nacionais, demonstrando-se insuficiente e aquém das expectativas, por conferir excessiva margem de liberdade aos EMs na sua implementação, sem medidas concretas para mitigar as consequências sociais dos despendimentos, e, por não apresentar precisão nas sanções a aplicar".[12]

No entanto, o legislador comunitário utilizou de intervenção procedimental, além de submeter os agentes públicos aos princípios de intervenção formal no tocante a referida Diretiva.

Isto é, a Diretiva n. 98/59UE trouxe alguns requisitos a fim de que os Estados Membros possam sintonizá-la aos seus ordenamos jurídicos internos, quais sejam: o quantitativo, temporal e o motivacional.

Tais requisitos referem-se ao alcance da despedida a uma pluralidade de empregados, em um intervalo de tempo preestabelecido e cuja razão dada pelo empregador tenha um único fundamento o qual não seja inerente à pessoa do empregado.

Além disso, a mencionada Diretiva (art. 1º, n. 2º) estabelece um procedimento formal[13] para a celebração da dispensa coletiva composta dos seguintes alicerces (comunicação da intenção à estrutura representativa dos trabalhadores e à autoridade pública competente; disponibilização de informações; período de consultas e análise de soluções alternativas e decisão final).

Em síntese, o empregador deve consultar em tempo definido os representantes dos empregados com o propósito de alcançar um acordo (art. 2º, n. 1º, da Diretiva) e tal ato deve ser adotado ainda quando não houver a decisão final da despedida coletiva, a fim de que seja possível, eventualmente, encontrar meios alternativos para que ela não ocorra. (art. 2º, n. 3º, da Diretiva).

Ato contínuo, deverá o empregador comunicar as autoridades públicas competentes de sua intenção sobre o despedimento coletivo, fornecendo-lhe os elementos necessários (ex. motivos do despedimento, informações gerais relativas ao processo; número e categorias de profissionais a despedir, período de duração em que se pretende efetivar a dispensa coletiva etc. – art. 2º, n. 3º, da Diretiva).

7. DISPENSA COLETIVA (PORTUGAL)

É sabido que o ordenamento jurídico português prevê a possibilidade de despedimento coletivo nos termos dos arts. 340, alínea d, 359 a 366, 382 e 388, do Código do Trabalho.

O art. 359, n. 2º, do C.T. estabelece um rol não taxativo de possibilidades de fundamentação dos motivos de mercado, estruturais ou tecnológicos, podendo inclusive ser utilizada para empresas que ainda não estejam em difícil situação econômica.[14]

Com efeito, o empregador que visa dar início ao processo de despedimento coletivo deve comunicar por escrito a sua intenção às estruturas representativas de seus empregados e em ato contínuo deve comunicar à autoridade pública competente (Ministério da Economia e do Emprego), devendo conter informações relativas ao procedimento e a estrutura da empresa a fim de que possam ser analisadas possíveis soluções alternativas.

A legislação portuguesa não determina que critérios de seleção para o despedimento, devendo apenas serem respeitados critérios objetivos para que não haja discriminação e ao término do período de consultas, o empregador comunica a decisão final a cada trabalhador, bem como as autoridades competentes (atas de reuniões de negociação e relação de empregados a serem dispensados) e à estrutura representativa dos empregados.

Os empregados abrangidos pela dispensa coletiva têm direito a uma compensação correspondente a 12 (doze) dias de retribuição por cada no completo de trabalho aplicável a todos os contratos de trabalho firmados a partir de 01 de outubro de 2013, a ser paga pelo empregador (n. 3º, do art. 366, do C.T.).

8. DISPENSA COLETIVA (ALEMANHA)

O procedimento de despedimento se inicia com o envio de uma proposta tanto aos representantes dos empregados

---

(12) Carlos Brum Melo, op. cit., p. 24.

(13) "o despedimento coletivo é composto uma fase interna e outra externa. A interna não tem reflexo na lei, mas consubstancia o processo mediante o qual o empregador analisa a situação empresarial, define a necessidade de adoção de medidas de reestruturação e formaliza uma decisão preliminar que prevê o despedimento de um determinado número de trabalhadores. A fase externa consiste no procedimento legal que inicia com o envio da comunicação da intenção, seguido da disponibilização de informações relativas à empresa e de propostas para a definição da dimensão do procedimento a negociar no respectivo período, cessando com a tomada de medidas que alcancem os objetivos propostos". XAVIER, Bernardo da Gama Lobo, Curso de Direito do Trabalho, Editorial Verbo, Lisboa, 1993. p. 203-205. (g.n.)

(14) Acórdão proferido nos autos do processo n. 17/08.7TTSNT, L1-4 pelo Tribunal da Relação de Lisboa (06.04.2011) disponível em: <http://www.ggsi.pt//>. Acesso em: 06 nov. 2017.

como às autoridades competentes e em que pese possam ser estudadas alternativas ao despedimento, a decisão final cabe tão somente ao empregador, não havendo interferência do Poder Público, nem mesmo dos representantes dos empregados.

Ocorre, todavia, que deve ser adotado um critério seletivo a fim de que sejam respeitadas determinadas condições sociais ("Sozialauswhal") compulsórias que se caracterizam em função da antiguidade, idade, assim como determinadas responsabilidades familiares.

Com efeito, pode haver impugnação judicial do despedimento coletivo nas 3 (três) primeiras semanas à aceitação da decisão final (pela não configuração dos motivos), podendo inclusive gerar a reintegração do empregado.[15]

Após as consultas o empregador comunicará a decisão às autoridades públicas e aos representantes dos empregados e há a imposição de plano social que inclui compensação aos empregados quando a empresa tiver mais de 4 (quatro) anos de existência, contudo não será obrigada tal compensação na hipótese de a dispensa coletiva estar calcada em razões econômicas.

Existe uma política pública denominado de Empresas de Transferência ("Transfergesellschaften") cujo propósito é evitar o desemprego quando a causa da dispensa tenha sido por motivos econômicos (§ 110 do Terceiro Livro do Código Social – "Drittes Buch Sozialgesetzbuch") e para tanto o empregado é transferido para uma outra empresa cuja duração pode perdurar até 1 (um) ano.

Nesse período os empregados que estiverem protegidos pela aludida política pública terão direito a um auxílio financeiro por parte do antigo empregador e pelo Governo Federal, como também formação profissional e é sobretudo utilizada quando engloba mais de 60 empregados.[16]

9. DISPENSA COLETIVA – REINO UNIDO

A dispensa coletiva ("collective redundancy") está prevista nos arts. 188 a 196 da Lei Sindical e das Relações Laborais ("Trade Union and Labour Relations Consolidation Act 1992), pela Lei dos Empegado ("Employment Rights Act 1996") e pela Lei dos Tribunais do Emprego ("Employment Tribunal Act 1996, amender by Employment Act 2008").

Considera-se como dispensa coletiva todos os procedimentos adotados pelo empregador desde que sejam demitidos no mínimo 20 empregados de uma empresa em um período de 90 dias.[17]

O empregador deve consultar as estruturas representativas dos empregados e comunicar as autoridades públicas competentes quando iniciar o procedimento da dispensa.

O Poder Público deve buscar encontrar um meio termo entre o direito de proteção ao emprego e o direito de propriedade, diminuição as limitações ao direito potestativo dos empregadores, assim a uma forma de proteger o empregado é e ajudá-lo na busca de um novo emprego, por meio de instituições especializadas[18] que tentam encontrar alternativas para a dispensa.

No final do período de consultas o empregador é o responsável pela decisão final, caso não haja acordo, devendo comunicar o empregador da dispensa e nessa hipótese terá direito ao pagamento da prestação pelo trabalho realizado no período do aviso prévio, além de uma compensação para aqueles que tenham trabalhado por mais de 2 (dois) anos no mesmo empregador.

O empregado insatisfeito com a decisão de dispensa coletiva poderá demandar judicialmente não para pedir eventual invalidade da dispensa, mas apenas para exigir uma compensação financeira correspondentes as perdas e benefícios do contrato de trabalho.[19]

10. DISPENSA COLETIVA – FRANÇA

Na legislação francesa a dispensa coletiva ("licenciement colectif") está regulamentada nos arts. L.1.233-1 e L.2.323-6ff do Código do Trabalho ("Code du Travali") e se caracteriza por uma cessação dos contratos de trabalho por parte do empregador por razões econômicas e não pode ser substituído um empregado por outro.

O empregador deve comunicar, também, a proposta do despedimento coletivo às autoridades públicas competentes após a realização de uma reunião com os representantes dos empregados, em que aquelas tentarão mediar os interesses das partes, podendo inclusive questionar o plano social caso entenda que as medidas propostas pelo empregador sejam insuficientes ou inadequadas.

---

(15) Análise Comparativa dos Regimes de Compensações no caso de cessação do Contrato de Trabalho na U.E., Ministério da Economia e do Emprego, 2012. p. 17. Disponível em: <www.dgert.mtss.gov.pt>. Acess em: 06 nov. 2017.

(16) Disponível em: <https://ec.europa.eu>. Acesso em: 06 nov. 2017.

(17) "Este regime abrange todos as cessações de contratos de trabalho, incluindo as que não se baseiam em motivos relacionados com o trabalhador. Estas cessações podem operar em cenários onde o empregador pretenda alterar as condições contratuais dos trabalhadores abrangidos e estas não sejam aceites". Carlos Brum Melo, *op. cit.*, p. 82.

(18) *Department for Work and Pensions*, disponível em: <http//jobseekers.direct.gov.uk>. Acesso em: 06 nov. 2017.

(19) HARDY, Stephen, *Labour Law in Great Britain*, 4. ed., Kluwer Law International, Alphen aan den Rijn, 2011, p. 201, *apud* Carlos Brum Melo, *op. cit.*, p. 89/90.

Após o período de consultas é apresentado um posicionamento dos representantes dos empregados ao empregador concernente ao procedimento de dispensa instaurado, porém cabe exclusivamente ao empregador a decisão final do procedimento.

Os empregados têm direito a compensação pela dispensa coletiva após 1 (um) ano trabalhando no mesmo posto de trabalho e a partir de 11 de janeiro de 2013, "os parceiros sociais assinaram o denominado 'accord national interprofessionnel sur la sécurisation de l'emploi', resultando num aumento de flexibilidade para os empregadores, passando a permitir a derrogação de algumas disposições legais relacionadas com a redução do período de consultas e conteúdo do plano social".[20] (g. n.)

11. CONCLUSÃO

A reforma trabalhista trazida pela Lei n. 13.467/2017 deixou de regulamentar o despedimento coletivo com critérios próprios (comunicações prévias às autoridades competentes e sindicatos profissionais, negociações coletivas que estabeleçam as condições da dispensa) quando preferiu equipará-la às dispensas individuais.[21]

Isso significa dizer que deixamos de aprender com bons exemplos como se pôde observar da Diretiva n. 98/1959 da União Europeia e da legislação interna de alguns dos seus Estados Membros ora mencionados inspirados na Convenção n. 158 da OIT, que tratam o procedimento do despedimento coletivo de forma particular, mormente quando busca meios alternativos que possam, eventualmente, evitar a dispensa em massa e sendo impossível, então, adotá-la, porquanto ser uma modalidade de dispensa cujos impactos sociais são notoriamente superiores e diferentes de uma demissão individual.

Por derradeiro, o legislador andou na contramão do melhor entendimento internacional sobre o tema (despendimento coletivo), deixando ao Poder Judiciário, muito provavelmente, a responsabilidade de dirimir a polêmica sobre a equiparação da dispensa coletiva com a individual, assim como outros pontos sabidamente polêmicos trazidos pela aludida reforma trabalhista.

12. REFERÊNCIAS BIBLIOGRÁFICAS

GOMES, Orlando. *Dispensa coletiva na reestruturação da empresa – Aspectos jurídicos do desemprego tecnológico*. São Paulo: LTr, 1974.

MASI, Domenico de. *O Futuro do trabalho fadiga e ócio na sociedade pós-industrial*, José Olympio Editora.

MASLOW, A. H. *Motivation and Personality*, Harper & Row Publishers Inc., Nova Iorque, 1987.

MELO, Carlos Brum. *Despedimentos Coletivos na União Europeia*, AAFDL, 2014.

RAMALHO, Maria do Rosário Palma. *Direito do Trabalho – Parte: I: Dogmática Geral*, Almedina, S.A., 3. ed., Coimbra, 2012.

SILVA, Homero Batista Mateus da. *Comentários à reforma trabalhista*, Revista dos Tribunais, 2017.

XAVIER, Bernardo da Gama Lobo. *Curso de Direito do Trabalho*. Editorial Verbo, Lisboa, 1993.

Pesquisa de Internet

Disponível em: <http://www.ggsi.pt>, <dgert.mtss.gov.pt>, <https://ec.europa.eu>, <http//jobseekers.direct.gov.uk>.

Disponível em: <www.dgert.mtss.gov.pt http://aplicacao4.tst.jus.br/consulta>.

---

(20) Carlos Brum Melo, op. cit., p. 101.

(21) "A reforma perdeu uma oportunidade preciosa de diferenciar a dispensa arbitrária – normalmente associada com atos de retaliação, caprichos ou fruto de má administração empresarial – das modalidades de dispensa sem justa causa mundialmente admitidas para os casos de crise financeira e econômica, bem como alteração de técnica ou de tecnologia e inadequação do empregado ao posto de trabalho ou à habilidade esperada. Essa bifurcação aparece com ênfase no art. 7º, I, da CF, e poderia desatar vários nós no ordenamento brasileiro, apenando de modo mais severo a arbitrariedade e suavizando o impacto indenizatório para as dispensas socialmente justificadas – expressão utilizada em outros países para representar a rescisão inevitável e imprevisível. Até mesmo a multa de 40% do fundo de garantia poderia ser reestudada a partir dessa distinção". SILVA, Homero Batista Mateus da, Comentários à Reforma Trabalhista, *Revista dos Tribunais*, p. 92. (g. n.)

III
Direito Processual do Trabalho

Gratuidade e Sucumbência sob a Perspectiva do Acesso à Justiça

Carla Teresa Martins Romar[1]

1. ACESSO À JUSTIÇA

A luta pelo acesso à justiça insere-se no contexto de uma batalha histórica pelo reconhecimento e pela afirmação de direitos, em especial dos direitos humanos fundamentais.

Nos Estados liberais burgueses, dos séculos XVIII e XIX, a solução dos litígios civis remetia à concepção individualista dos direitos. A incapacidade dos pobres de utilizar plenamente a Justiça não era preocupação do Estado, já que prevalecia o *laissez-faire*. O acesso à justiça, portanto, decorria de uma mera igualdade formal, acessível a poucos. O Estado, portanto, permanecia passivo com relação a problemas relativos à aptidão de uma pessoa para reconhecer seus direitos e defendê-los adequadamente, na prática[2].

A evolução verificada a partir de então culmina com o processo de horizontalização social, no qual as "declarações de direitos" ultrapassaram a percepção apenas do indivíduo, passando-se a reconhecer direitos e deveres sociais, e, como consequência, a entender-se que tais diretos devem ser realmente garantidos e acessíveis a todos. Firma-se, então, posicionamento no sentido que a o Estado deve assegurar o gozo de todos esses direitos sociais básicos, em especial, garantindo o acesso à justiça de forma ampla.

Conforme Cappelletti e Garth, o acesso à justiça é o mais básico dos direitos humanos de um sistema jurídico moderno e igualitário que pretenda garantir, e não apenas proclamar, os direitos de todos.

Para os autores, a expressão *acesso à justiça* serve para determinar duas finalidades básicas do sistema jurídico, assim considerado o sistema pelo qual as pessoas podem reivindicar seus direitos e/ou resolver seus litígios sob os auspícios do Estado: (a) o sistema deve ser igualmente acessível a todos; e (b) o sistema deve produzir resultados que sejam individual e socialmente justos[3].

A premissa básica do acesso à justiça reside, portanto, na ideia de que a justiça social, tal como desejada por nossas sociedades modernas, pressupõe um acesso efetivo aos meios de solução de litígios previstos pelo ordenamento, em especial à jurisdição.

No Brasil a Constituição Federal assegura que *"a lei não excluirá da apreciação do Poder Judiciário lesão ou ameaça a direito"* (art. 5º, XXXV).

Embora o comando constitucional atinja a todos indistintamente, o destinatário principal desta norma é o legislador, que não pode impedir que se deduza pretensão em juízo e nem dificultar o acesso à justiça.

Como ensina Nelson Nery Junior, "o princípio do direito de ação tem, ainda, como decorrência a atribuição de assistência jurídica gratuita e integral aos necessitados (art. 5º, LXXIV, CF)"[4].

Portanto, questões relativas ao acesso à justiça devem, em nosso ordenamento jurídico, ser analisadas a partir dessa dupla perspectiva emanada do texto constitucional: é assegurado o direito de ação, sendo que este também deve ser assegurado a todo aquele que não tenha condições de arcar com os custos do processo, revelando uma condição de necessidade que pode impedir a busca por seus direitos.

2. CUSTOS DO PROCESSO E CONDIÇÃO ECONÔMICA, CULTURAL E SOCIAL DA PARTE COMO OBSTÁCULOS AO ACESSO À JUSTIÇA

A preocupação em assegurar a igualdade no acesso à justiça continua a existir nos tempos atuais. Isso porque ainda existem obstáculos que, se não eliminados, mantêm a igualdade no campo meramente formal, fazendo com que esta dificilmente seja percebida concretamente pelo

---

(1) Advogada. Mestre e Doutora em Direito do Trabalho pela PUC-SP. Professora dos cursos de Graduação, Especialização, Mestrado e Doutorado em Direito do Trabalho da PUC-SP. Vice-Coordenadora do Programa de Pós-Graduação em Direito da PUC-SP.

(2) CAPPELLETTI, Mauro e GARTH, Bryan. *Acesso à justiça*. Trad. Ellen Gracie Northfleet. Porto Alegre: Antonio Fabris Editor, 1998.

(3) Idem.

(4) NERY JUNIOR, Nelson. *Princípios do processo na Constituição Federal*. 9ª ed., São Paulo: Revista dos Tribunais, 2009, p. 176.

jurisdicionado, para quem a Justiça continuará a ser inacessível e parcial.

Cappelletti e Garth alertam que "embora o acesso efetivo à justiça venha sendo crescentemente aceito como um direito social básico nas modernas sociedades, o conceito de efetividade é, por si só, algo vago. A efetividade perfeita, no contexto de um dado direito substantivo, poderia ser expressa como a completa igualdade de armas, garantia de que a condução final depende apenas dos méritos jurídicos relativos das partes antagônicas, sem relação com diferenças que sejam estranhas ao Direito e que, no entanto, afetam a afirmação e reivindicação de direitos. Essa perfeita igualdade, naturalmente, é utópica. As diferenças entre as partes podem jamais ser erradicadas. A questão é saber até onde avançar na direção do objetivo utópico e a que custo"[5].

Vários são esses obstáculos, segundo os autores. No entanto, para o estudo que fazemos destacamos em especial os custos do processo, abrangendo, basicamente, as custas, as despesas processuais e os honorários de sucumbência, e as diferenças de possibilidades das partes, englobando diferenças de recursos financeiros, diferenças culturais e sociais que levam a uma concreta inaptidão para reconhecer um direito e propor uma ação ou sua defesa.

Em relação aos *custos do processo* Cappelletti e Garth identificam que os mesmos agem como uma barreira poderosa ao acesso à justiça, à medida que, em razão da capacidade econômica do litigante, dificultam e, em alguns casos, até inviabilizam o ajuizamento da ação[6].

Nesse contexto, é inegável que a questão econômica impede um pleno acesso à justiça, gerando grandes distorções na atuação processual (altos custos de um processo judicial – honorários advocatícios, despesas processuais e ônus sucumbenciais). A ausência de recursos econômicos é fator determinante para que o lesado ou ameaçado em seu direito abandone sua pretensão, principalmente se esta versar sobre ínfima quantia pecuniária, vez que, nestes casos, o valor a ser gasto com o processo pode suplantar, em várias vezes, o próprio valor a ser discutido em juízo.

No que tange às *diferenças de possibilidades das partes*, a questão financeira, além de ter relação direta com a questão dos custos do processo, como visto acima, também é fator determinante do acesso à justiça em um contexto mais amplo, sendo certo que pessoas ou organizações que possuam recursos financeiros consideráveis a serem utilizados têm vantagens óbvias ao propor ou defender demandas, como por exemplo, a possibilidade de contratar melhores advogados, de apresentar melhores argumentos, de custear mais provas (pericial, por exemplo) e de suportar sem grandes impactos os custos e efeitos da longa duração do processo.

Mas as diferenças e desigualdades entre as partes também são refletidas a partir de aspectos sociais e culturais dos litigantes, que dificultam a procura de ajuda junto ao Poder Judiciário, além do próprio desconhecimento dos direitos básicos pelo homem médio.

Concluindo o raciocínio a respeito dessas barreiras, Cappelletti e Garth afirmam que "a capacidade jurídica pessoal, se se relaciona com as vantagens de recursos financeiros e diferenças de educação, meio e status social, é um conceito muito mais rico, e de crucial importância na determinação da acessibilidade da justiça. Ele enfoca as inúmeras barreiras que precisam ser pessoalmente superadas, antes que um direito possa ser efetivamente reivindicado através de nosso aparelho judiciário. Muitas (senão a maior parte) das pessoas comuns não podem ou, ao menos, não conseguem superar essas barreiras na maioria dos tipos de processos"[7].

Para José Roberto dos Santos Bedaque a extrema fragilidade de um dos litigantes pode colaborar para que a decisão adotada no processo seja injusta, o que é inaceitável e representa "verdadeiro fracasso da atividade jurisdicional"[8].

Fernanda Tartuce afirma ser necessário se proporcionar efetivo acesso à justiça e real paridade entre as partes, sendo que, identificada a necessidade de tratamento diferenciado, a vulnerabilidade de um dos litigantes é critério legítimo para distinções a partir de elementos consistentes de aferição[9].

Considerando essa análise e as constatações sobre as reais dificuldades e obstáculos ao acesso à justiça, destaca-se as *ondas renovatórias* de acesso à justiça identificadas por Cappelletti e Garth, em especial a primeira (concessão de justiça gratuita) e a terceira (novo enfoque de justiça, tornando-a mais simples e acessível)[10].

A gratuidade da justiça é condição essencial para que seja assegurado o acesso à justiça pelos mais necessitados. É pressuposto de um Estado Democrático de Direito no qual os direitos fundamentais encontrem proteção e possam se desenvolver.

A constitucionalização dos direitos humanos fundamentais não significou mera enunciação formal de

---

(5) CAPPELLETTI, Mauro e GARTH, Bryan. *Acesso à justiça*. Trad. Ellen Gracie Northfleet. Porto Alegre: Antonio Fabris Editor, 1998.
(6) CAPPELLETTI, Mauro e GARTH, Bryan. *Acesso à justiça*. Trad. Ellen Gracie Northfleet. Porto Alegre: Antonio Fabris Editor, 1998.
(7) CAPPELLETTI, Mauro e GARTH, Bryan. *Acesso à justiça*. Trad. Ellen Gracie Northfleet. Porto Alegre: Antonio Fabris Editor, 1998.
(8) BEDAQUE, José Roberto dos Santos. *Poderes instrutórios do juiz*. 4ª ed., São Paulo: Revista dos Tribunais, 2009, p. 101/102.
(9) TARTUCE, Fernanda. *Igualdade e vulnerabilidade no processo civil*. Rio de Janeiro: Forense, 2012, p.35.
(10) CAPPELLETTI, Mauro e GARTH, Bryan. *Acesso à justiça*. Trad. Ellen Gracie Northfleet. Porto Alegre: Antonio Fabris Editor, 1998.

princípios, mas a plena positivação de direitos, a partir dos quais qualquer indivíduo poderá exigir sua tutela perante o Poder Judiciário para a concretização da democracia.

A proteção judicial é absolutamente indispensável para tornar efetiva a aplicabilidade e o respeito aos direitos humanos fundamentais previstos na Constituição Federal e no ordenamento jurídico em geral.

Compete, pois, ao Poder Judiciário garantir e efetivar o pleno respeito aos direitos humanos fundamentais, sem que a lei possa excluir de sua apreciação qualquer lesão ou ameaça de direito (art. 5º, XXXV, CF), atribuindo-se assistência jurídica gratuita e integral aos necessitados, como forma de assegurar aos mesmos o acesso à justiça na busca da efetivação de seus direitos fundamentais (art. 5º, LXXIV, CF).

A Constituição Federal de 1988 elevou os valores sociais do trabalho a fundamento da República Federativa do Brasil (art. 1º, IV) e inseriu o trabalho no rol de direitos sociais (art. 6º), explicitando, de forma exemplificativa ("entre outros que visem a melhoria de sua condição social"), os direitos básicos dos trabalhadores (art. 7º), inseridos no Título II – Dos Direitos e Garantias Fundamentais. Tais direitos, porém, mesmo inseridos no texto constitucional e assegurados como direitos fundamentais, necessitam, para sua efetivação, da atuação do Estado no sentido de garantir a seus titulares (os trabalhadores) o mais amplo acesso à justiça.

No âmbito do Direito do Trabalho, a proteção do trabalhador é a base da estrutura normativa e se desdobra em diversos princípios que repercutem no processo do trabalho. "Parte-se, assim, da premissa de que o empregador tem mais e melhores condições de participar ativamente do processo do que o empregado, de maneira que as regras processuais devam ser aplicadas de forma proporcional a essa desigualdade"[11]. E essa premissa é real e concretamente vivenciada diariamente no processo do trabalho.

A diferença de condição econômica do trabalhador em relação a seu empregador é inegável e, muitas vezes, enorme, o que, sem dúvida, leva a uma realidade de efetiva dificuldade para suportar os custos do processo.

A maior dificuldade para o trabalhador em relação ao reconhecimento de seus direitos e à busca dos mesmos por meio do Poder Judiciário também é inconteste, mormente se considerado que na maior parte das vezes há dificuldade (ou quase impossibilidade) de o trabalhador ter acesso a informações básicas sobre seus direitos, inviabilizando, ou pelo menos dificultando muito, a identificação de violações e de descumprimentos por parte do empregador. A maior parte dos documentos referentes ao contrato de trabalho ficam em poder do empregador e o empregado não tem acesso aos mesmos. Nos dias atuais essa dificuldade se amplia, tendo em vista que até documentos básicos que antes eram entregues aos empregados, como os recibos mensais de pagamento, agora não mais são disponibilizados fisicamente aos mesmos, ficando disponíveis para consulta apenas no sistema da empresa. A impressão desses comprovantes durante a vigência do contrato de trabalho é, na maior parte das vezes, bastante dificultado pelo empregador que, no exercício do seu poder de organização e de controle, restringe a impressão de documentos e até fiscaliza quais documentos estariam sendo impressos. Considerando que quando da rescisão do contrato de trabalho ao empregado é imediatamente bloqueado o acesso ao sistema da empresa, constata-se a impossibilidade do mesmo de analisar documentos básicos para aferição de seus direitos.

Outro aspecto a ser considerado é o fato de que, muito embora não haja qualquer proibição de ajuizamento de reclamações trabalhistas na vigência do contrato de trabalho, a realidade demonstra que a grande maioria das ações são ajuizadas após o término da relação de emprego (por medo de retaliações e até de perda do emprego), quando o trabalhador está desempregado, sem fonte de sustento próprio e de sua família. Em um cenário de crise econômica e de consequente desemprego resta evidente que o trabalhador, além do receio natural de que o ajuizamento de uma ação trabalhista possa dificultar a busca por uma nova recolocação, terá inúmeras dificuldades para suportar custos e despesas decorrentes do processo.

Há ainda a triste realidade, que não podemos deixar de comentar, daqueles trabalhadores que são dispensados por seus empregadores sem o recebimento de quaisquer de seus direitos e ainda com o infame alerta: "se quiser, vá procurar seus direitos na Justiça".

Constata-se, assim, que no campo das relações trabalhistas os obstáculos ao acesso à justiça se ampliam enormemente e, exatamente por isso, não pode o Estado criar mais obstáculos a esse acesso do que os naturalmente existentes e decorrentes da relação desigual havida entre trabalhador e empregador.

3. CUSTAS, HONORÁRIOS PERICIAIS E HONORÁRIOS DE SUCUMBÊNCIA NO PROCESSO DO TRABALHO – PANORAMAS ANTERIOR E POSTERIOR À LEI N. 13.467/2017

As despesas processuais, assim considerados "os custos econômicos e financeiros do processo suportados pelos que dele participam", compreendem as "custas, os honorários do perito, do assistente técnico e do advogado, os emolumentos, as indenizações de viagens, as diárias de testemunhas, as multas impostas pelo juiz e todos

---

(11) TARTUCE, Fernanda. *Igualdade e vulnerabilidade no processo civil*. Rio de Janeiro: Forense, 2012, p.35.

os demais gastos realizados pelos participantes da relação processual"[12].

A análise que faremos, no entanto, restringir-se-á às custas, aos honorários periciais e aos honorários sucumbenciais de advogado, por terem tais despesas processuais sofrido importante impacto com as modificações trazidas pela Lei n. 13.467/2017 (*Reforma Trabalhista*). Analisaremos também, como corolário, o benefício de gratuidade da justiça.

As despesas processuais serão suportadas pelas partes, de acordo com as regras definidas pelo legislador, estando excluídos da obrigação, como regra, os beneficiários da justiça gratuita.

O *benefício da gratuidade* compreende a isenção de custas e de despesas processuais, e caracteriza-se como um direito da parte com insuficiência de recursos de não pagar, entre outras coisas, as custas, os honorários periciais e os honorários advocatícios sucumbenciais (art. 98, CPC e Lei n. 1.060/50).

No processo do trabalho, anteriormente à Lei n. 13.467/2017 o benefício da justiça gratuita poderia ser concedido a requerimento ou de ofício aos que percebessem salário igual ou inferior ao dobro do mínimo legal ou aos que declarassem nos autos, sob as penas da lei, a impossibilidade de pagamento das custas e despesas processuais sem prejuízo próprio ou de sua família (art. 790, § 3º, CLT).

Em relação à declaração, o TST tinha entendimento pacificado no sentido de que "para a concessão da assistência judiciária gratuita à pessoa natural, basta a declaração de hipossuficiência econômica firmada pela parte ou por seu advogado, desde que munido de procuração com poderes específicos para esse fim (art. 105 do CPC de 2015). No caso de pessoa jurídica, não basta a mera declaração: é necessária a demonstração cabal de impossibilidade de a parte arcar com as despesas do processo" (Súm. 463, TST).

Alterando a disciplina da gratuidade da justiça no processo do trabalho a Lei n. 13.467/2017 passou a prever que o benefício da justiça gratuita pode ser concedido pelos juízes, órgãos julgadores e presidentes dos tribunais do trabalho de qualquer instância, a requerimento ou de ofício àqueles que perceberem salário igual ou inferior a 40% do limite máximo dos benefícios do Regime Geral de Previdência Social (art. 790, § 3º, CLT), sendo possível também a concessão à parte que comprovar insuficiência de recursos para pagamento das custas do processo (art. 790, § 4º, CLT).

Note-se, que o § 4º do art. 790 da CLT, incluído pela Lei n. 13.467/2017 (*Reforma Trabalhista*) prevê expressamente que a insuficiência de recursos deve ser *comprovada*, não sendo, pois, suficiente apenas a declaração de pobreza, firmada pelo trabalhador, ou por procurador com poderes especiais. Trata-se de modificação que, embora não seja a única como se verá a seguir, certamente restringirá a concessão dos benefícios da justiça gratuita no processo do trabalho.

As *custas processuais* constituem o gasto da parte com a existência e andamento do processo.

No processo do trabalho as custas são pagas pela parte vencida e, vencido o reclamado, ainda que em parte, arca com as mesmas. Não há, portanto, custas em proporção. O pagamento das custas se dá ao final do processo, após o trânsito em julgado, ou antes disso, quando da interposição de recurso, como pressuposto objetivo do conhecimento do mesmo (art. 789, § 1º, CLT).

Portanto, exceto se concedido benefício da justiça gratuita, as custas serão devidas na forma prevista no § 1º do art. 789 da CLT. Ressalte-se, porém, que a Lei n. 13.467/2017, como visto anteriormente, dificultou a concessão da gratuidade.

Importante restrição ao acesso à justiça imposta pelo legislador refere-se à inclusão do § 2º ao art. 844 da CLT, prevendo que na hipótese de ausência do reclamante à audiência, com o consequente arquivamento da ação, este será condenado ao pagamento das custas, ainda que beneficiário da justiça gratuita, salvo se comprovar, no prazo de 15 dias, que a ausência ocorreu por motivo legalmente justificável. O pagamento das custas é condição para a propositura de nova demanda (§ 3º).

Os *honorários periciais* correspondem ao valor fixado pelo juiz para pagamento do profissional técnico nomeado no processo para a realização de perícia, seja ela obrigatória (periculosidade e insalubridade, por exemplo), seja ela realizada a requerimento da parte ou por determinação do juiz, quando este entender ser a mesma necessária para a formação de sua convicção.

Em relação aos honorários periciais, o art. 790-B da CLT dispunha que *"a responsabilidade pelo pagamento dos honorários periciais é da parte sucumbente na pretensão objeto da perícia, salvo se beneficiária da justiça gratuita".* Os benefícios da justiça gratuita abrangiam, assim, expressamente o pagamento de honorários periciais.

A Lei n. 13.467/2017, porém, alterou profundamente as regras sobre honorários periciais no processo do trabalho, que serão pagos pela parte sucumbente na pretensão da perícia, *ainda que beneficiária da justiça gratuita* (art. 790-B, CLT), sendo fixados pelo juiz em valor que respeite o limite máximo estabelecido pelo Conselho Superior da Justiça do Trabalho (§ 1º).

---

(12) LEITE, Carlos Henrique Bezerra. *Curso de direito processual do trabalho*. 16ª ed., São Paulo: Saraiva, 2018, p. 936.

Somente no caso em que o beneficiário da justiça gratuita não tenha obtido em juízo créditos capazes de suportar os honorários periciais, ainda que em outro processo, a União responderá pelo encargo (art. 790-B, § 4º, CLT).

O juízo não pode exigir adiantamento de valores para realização de perícias, mas pode deferir, ao final, o parcelamento do valor dos honorários periciais (art. 790-B, §§ 3º e 2º, CLT).

Verifica-se, portanto, que mais uma vez o legislador restringiu a gratuidade da justiça no processo do trabalho, excluindo da mesma os honorários periciais.

Em relação aos *honorários advocatícios* na Justiça do Trabalho, até a edição da Lei n. 13.467/2017 (*Reforma Trabalhista*), o deferimento dos mesmos estava condicionado ao preenchimento cumulativo dos requisitos previstos no art. 14 da Lei n. 5.584/70 e sintetizados na Súmula 219, I do TST (sucumbência do empregador, comprovação do estado de miserabilidade jurídica do empregado e assistência do trabalhador pelo sindicato da categoria).

No entanto, com a inclusão do art. 791-A à CLT, passou a ser previsto no processo do trabalho o pagamento pela parte sucumbente de honorários ao advogado da parte contrária: *"Ao advogado, ainda que atue em causa própria, serão devidos honorários de sucumbência, fixados entre o mínimo de 5% (cinco por cento) e o máximo de 15% (quinze por cento) sobre o valor que resultar da liquidação da sentença, do proveito econômico obtido ou, não sendo possível mensurá-lo, sobre o valor atualizado da causa"*.

Segundo o § 3º, do art. 791-A, da CLT, na hipótese de procedência parcial, o juízo arbitrará honorários de sucumbência recíproca, sendo vedada a compensação entre honorários.

Vencido o beneficiário da justiça gratuita, desde que não tenha obtido em juízo, ainda que em outro processo, créditos capazes de suportar a despesa, as obrigações decorrentes de sua sucumbência ficarão sob condição suspensiva de exigibilidade e somente poderão ser executadas se, nos dois anos subsequentes ao trânsito em julgado da decisão que as certificou, o credor demonstrar que deixou de existir a situação de insuficiência de recursos que justificou a concessão de gratuidade, extinguindo-se, passado esse prazo, tais obrigações do beneficiário (art. 791-A, § 4º, CLT).

Aqui, também, mais uma vez o legislador adotou postura restritiva em relação aos benefícios da justiça gratuita,

Resta claro, portanto, que no processo do trabalho, a partir do advento da Lei n. 13.467/2017, os benefícios da justiça gratuita abrangem apenas custas e despesas processuais, com exceção dos honorários periciais, estando excluídos também os honorários advocatícios sucumbenciais.

As alterações inseridas pela Lei n. 13.467/2017 em relação aos temas em estudo podem ser assim resumidas:

- Benefício da justiça gratuita

ANTES DA REFORMA	APÓS A REFORMA
Concedida a qualquer trabalhador	Concedida somente para alguns trabalhadores
Bastava uma simples declaração deste afirmando que não reúne condições de arcar com as custas e despesas processuais	· receber salário igual ou inferior a 40% do teto de benefícios da Previdência Social · comprovar que não reúne condições de arcar com as custas do processo
Abrange custas e despesas, entre elas, honorários periciais	Abrange somente custas Não abrange honorários periciais

- Honorários de sucumbência

ANTES DA REFORMA	APÓS A REFORMA
Não havia qualquer pagamento a esse título. Cada parte arcava com os honorários de seu advogado.	Condenação em honorários de sucumbência (total ou recíproca)
Bastava uma simples declaração deste afirmando que não reúne condições de arcar com as custas e despesas processuais	· receber salário igual ou inferior a 40% do teto de benefícios da Previdência Social · comprovar que não reúne condições de arcar com as custas do processo

- Ausência do reclamante à audiência

ANTES DA REFORMA	APÓS A REFORMA
Única consequência – arquivamento da reclamação trabalhista	Pagamento de custas pelo reclamante, ainda que beneficiário da justiça gratuita, salvo se comprovar, no prazo de 15 dias, que a ausência ocorreu por motivo legalmente justificável
Dois arquivamentos – perda, pelo prazo de 6 meses, do direito de reclamar perante a Justiça do Trabalho	Pagamento das custas é condição para a propositura de nova demanda

Constata-se, assim, a criação de inegáveis obstáculos ao acesso à justiça por parte dos trabalhadores.

4. GRATUIDADE E SUCUMBÊNCIA SOB A PERSPECTIVA DO ACESSO À JURISDIÇÃO – CONCLUSÕES

Como visto anteriormente, a efetividade dos direitos dos trabalhadores depende de um amplo acesso à justiça, cabendo ao Estado estabelecer medidas de eliminação de barreiras e de efetivação ao acesso à justiça.

Em respeito ao comando constitucional, a lei não pode excluir da apreciação do Judiciário qualquer lesão ou ameaça de direito (art. 5º, XXXV, CF), e, para isso, entre outras medidas, deve atribuir assistência jurídica gratuita e integral aos necessitados, como forma de assegurar aos mesmos o acesso à justiça na busca da efetivação de seus direitos fundamentais (art. 5º, LXXIV, CF).

Não é isso, porém, o que fez, a nosso ver, o legislador ao aprovar a Lei n. 13.467/2017.

Ao contrário do comando constitucional, o legislador dificultou o acesso à justiça, à medida que restringiu o conjunto de "necessitados' para fins de concessão dos benefícios da justiça gratuita, exigindo comprovação de insuficiência de recursos para tal fim (art. 790, § 4º, CLT), comprovação esta que poderá ou não ser aceita pelo juiz, e, ainda, excluiu do referido benefício os honorários periciais, que serão devidos pela parte sucumbente no objeto da perícia, ainda que beneficiária da justiça gratuita (art. 790-B, *caput* e § 4º, CLT).

Completando a restrição ao acesso à justiça, o legislador criou um grande e, em muitos casos, quase que instransponível obstáculo ao acesso à justiça: a previsão de honorários de sucumbência no processo do trabalho aumentou significativamente os custos do processo.

Em relação a esse último aspecto, inegável que a barreira ao acesso à justiça é ampliada nos sistemas que impõem ao vencido o ônus da sucumbência.

Segundo Cappelletti e Garth, nesse caso, a menos que o litigante em potencial esteja certo de vencer, o que é de fato extremamente raro, dadas as normais incertezas do processo, ele enfrentará um risco consideravelmente grande ao ajuizar a ação. A penalidade para o vencido em países que adotam o princípio da sucumbência, como é o caso do Brasil (já era no processo civil e agora também é assim no processo do trabalho) é aproximadamente duas vezes maior, tendo em vista que ele pagará os custos de ambas as partes[13].

Considerando que a mais importante despesa individual para os litigantes consiste, naturalmente, nos honorários advocatícios, resta evidente que essa imposição estabelecida pelo legislador, alterando a dinâmica do processo do trabalho em relação à questão, revela a imposição de um grande obstáculo ao acesso à justiça.

Assim, em relação ao acesso à justiça, que no Brasil já é tema controvertido pelo distanciamento entre o discurso normativo e a prática na realidade social, no campo do processo do trabalho as restrições impostas pela Lei n. 13.467/2017 contribuem ainda mais para esse distanciamento.

Os argumentos daqueles que defendem a restrição dos benefícios da justiça gratuita e o aumento dos custos do processo com a previsão de pagamento de honorários periciais e de honorários de sucumbência fundamentam-se no discurso de excesso de reclamações trabalhistas, entre as quais muitas seriam infundadas, na má-fé e na chamada "indústria" de reclamações trabalhistas.

Não ignoramos e nem desconsideramos a existência no dia a dia da Justiça do Trabalho de situações que se encaixem nessas descritas acima. Mas esses casos caracterizam efetivamente uma minoria das ações trabalhistas, percentualmente muito inferiores em número às das, infelizmente, milhares de ações através das quais realmente se buscam direitos trabalhistas, muitos deles direitos fundamentais, verdadeiramente violados.

De todo modo, não é através da restrição ao acesso à justiça e do aumento dos custos do processo que se combate a má utilização do Poder Judiciário, as demandas e os pedidos infundados, a conduta de má-fé, o falso testemunho etc. Tais práticas, se e quando constatadas, resolvem-se por outros meios, inclusive previstos pelo ordenamento jurídico – condenação em litigância de má-fé, falso testemunho etc, e não limitando o acesso à justiça.

Além disso, o número excessivo de reclamações trabalhistas poderia ser sensivelmente diminuído se o legislador, ao invés de criar obstáculos ao acesso à justiça e, com isso, deixar inúmeros direitos, inclusive fundamentais, sem a devida proteção, regulamentasse e desse efetividade a formas extrajudiciais de solução dos conflitos trabalhistas.

O "problema" do excesso de demandas trabalhistas não decorre da gratuidade da justiça, mas sim do real e concreto descumprimento dos direitos dos trabalhadores. A realidade de pedidos infundados nas ações trabalhistas (que, aliás, como já ressaltado anteriormente, são a minoria) também não é consequência da gratuidade da justiça e dos menores custos do processo para o trabalhador, mas sim de uma omissão da Justiça do Trabalho em relação à apuração e identificação de condutas de má-fé e na aplicação efetiva das punições já revistas pelo ordenamento para essas situações.

A constitucionalidade das alterações impostas pela *Reforma* Trabalhista, em especial o art. 790-B e o § 2º do art. 844, da CLT, está sendo questionada através da ADI n. 5766, proposta pela Procuradoria-Geral da República, com o ingresso de diversas entidades na condição de *amicus curiae*.

Na ADI a Procuradoria-Geral da República afirma que *"os dispositivos apontados apresentam inconstitucionalidade material, por impor restrições inconstitucionais à garantia de gratuidade judiciária aos que comprovem insuficiência de recursos, na Justiça do Trabalho, em violação aos arts. 1º,*

---

(13) CAPPELLETTI, Mauro e GARTH, Bryan. *Acesso à justiça*. Trad. Ellen Gracie Northfleet. Porto Alegre: Antonio Fabris Editor, 1998.

incisos III e IV; 3º, incs. I e III; 5º, caput, incs. XXXV e LXXIV e § 2º; 3 e 7º a 9º da Constituição da República".

O processo encontra-se concluso ao Relator, Ministro Roberto Barroso.

Enquanto não ocorrer o julgamento definitivo da questão pelo STF, constata-se, através das estatísticas da Justiça do Trabalho, que o número de ações trabalhistas após a *Reforma* diminuiu em mais de 50%[14], circunstância bastante alarmante em relação à garantia constitucional de acesso à justiça, na medida em que certamente muitos dos trabalhadores deixaram de entrar com ação não porque não têm o direito e não precisem da tutela jurisdicional para a afirmação dos mesmos, mas certamente por medo do risco que correrão em caso de eventual improcedência dos pedidos.

Por outro lado, a constitucionalidade de todos os dispositivos indicados no presente estudo, e que representam uma postura restritiva do legislador em relação ao acesso à justiça, está sendo questionada no âmbito dos processos individuais ajuizados.

Como se vê, as alterações legislativas ora analisadas são profundas, afetam inegavelmente a dinâmica e a estrutura do processo do trabalho, atingem a proteção dos direitos dos trabalhadores, instauram uma igualdade meramente formal no processo do trabalho e constituem inegavelmente, a nosso ver, uma imensa barreira ao acesso à justiça.

BIBLIOGRAFIA

BEDAQUE, José Roberto dos Santos. *Poderes instrutórios do juiz*. 4. ed. São Paulo: Revista dos Tribunas, 2009.

CAPPELLETTI, Mauro e GARTH, Bryan. *Acesso à justiça*. Trad. Ellen Gracie Northfleet. Porto Alegre: Antonio Fabris Eeditor, 1998.

LEITE, Carlos Henrique Bezerra. *Curso de direito processual do trabalho*. 16. ed. São Paulo: Saraiva, 2018.

NERY JUNIOR, Nelson. *Princípios do processo na Constituição Federal*. 9. ed. São Paulo: Revista dos Tribunais, 2009.

ROMAR, Carla Teresa Martins. *Direito processual do trabalho esquematizado*. São Paulo: Saraiva, 2018.

TARTUCE, Fernanda. *Igualdade e vulnerabilidade no processo civil*. Rio de Janeiro: Forense, 2012.

---

(14) Disponível em: <https://veja.abril.com.br/economia/acoes-trabalhistas-caem-mais-de-50-apos-reforma/>. Publicado em: 08 fev. 2018.

O Incidente de Desconsideração da Personalidade Jurídica no Processo do Trabalho

Cristina Paranhos Olmos[1]

Há muito se questiona a regularidade de a execução trabalhista ser satisfeita com patrimônio pessoal dos sócios da empresa executada.

A medida tem sido aplicada há muito na Justiça do Trabalho, e tem sido, em muitas hipóteses, a única maneira de a execução atingir seu fim.

A constituição de empresa, pela instituição de personalidade jurídica, busca distinguir a vida da empresa da vida de seus sócios, de maneira que não se confundam, e no que se refere ao patrimônio, que as obrigações da empresa não atinjam o patrimônio pessoal de seus sócios.

Ocorre que em muitas hipóteses a constituição de pessoa jurídica contribuiu para a fraude de direitos trabalhistas, ou, mais apropriado, para que os direitos trabalhistas reconhecidos judicialmente não fossem satisfeitos.

Exatamente para que isso não ocorra é que foi criada a *desconsideração da personalidade jurídica*, de maneira que o patrimônio pessoal dos sócios possa ser utilizado para a satisfação de direitos trabalhistas contraídos pela empresa por eles constituída.

Nesse sentido:

"EXAURIMENTO DAS POSSIBILIDADES DA EXECUÇÃO CONTRA BENS DA EXECUTADA. DESCONSIDERAÇÃO DA PERSONALIDADE JURÍDICA. POSSIBILIDADE DE RESPONSABILIDADE DO SÓCIO. Exauridas as possibilidades da execução se efetivar com bens da executada principal, aplica-se a teoria da despersonalização da pessoa jurídica, sendo cabível o avanço da penhora sobre o patrimônio pessoal dos sócios. Agravo de Petição do executado a que se nega provimento." (TRT-PR-00155-2007-657-09-00-1-ACO-25004-2013 – Seção Especializada, Relator: Luiz Celso Napp, Publicado no DEJT em 28.06.2013)

Trata-se, em síntese, de maneira de se tornar a execução eficaz, já que é bastante comum que sentenças judiciais não sejam cumpridas em razão da insuficiência de bens dos executados, especialmente aquelas pessoas jurídicas de capacidade econômica frágil, ainda que o patrimônio de seus sócios seja vultoso.

Os sócios possuem a responsabilidade patrimonial, consoante arts. 789 e 790, II, do Código de Processo Civil, que autoriza que seus bens pessoais sejam utilizados para a satisfação da execução contra as empresas cujo quadro societário é por eles composto.

Por outro lado, o art. 20 do Código Civil também estabeleceu que a pessoa jurídica não se confunde com a pessoa de seu sócio, o que ocorre também em relação aos administradores e acionistas.

O art. 135 do Código Tributário Nacional também estende aos sócios, diretores, gerentes ou representantes de pessoa jurídica a responsabilidade pelos créditos correspondentes a obrigações tributárias, no caso de haver atos praticados com excesso de poderes ou infração de lei, contrato social ou estatutos.

O Código de Defesa do Consumidor também regulamenta a matéria, nos termos do art. 28 da Lei n. 8.078/1990:

> *O juiz poderá desconsiderar a personalidade jurídica da sociedade quando, em detrimento do consumidor, houver abuso de direito, excesso de poder, infração da lei, fato ou ato ilícito ou violação dos estatutos ou contrato social. A desconsideração também será efetivada quando houver falência, estado de insolvência, encerramento ou inatividade da pessoa jurídica provocados por má administração.*

Como bem esclarece Mauro Schiavi[2], o Código Civil de 2002 "encampou a teoria da desconsideração da personalidade jurídica no art. 50, que assim dispõe: *Em caso de abuso da personalidade jurídica, caracterizado pelo desvio de finalidade, ou pela confusão patrimonial, pode o juiz decidir, a requerimento da parte, ou do Ministério Público quando lhe couber intervir no processo, que os efeitos de certas e determinadas relações de obrigações sejam estendidos aos bens particulares dos administradores ou sócios da pessoa jurídica*".

Assim, fica demonstrado que os mais diversos diplomas legais preveem a invasão do patrimônio pessoal dos sócios de pessoa jurídica como alternativa à satisfação

---

(1) Advogada. Doutora e Mestre em Direito do Trabalho pela PUC-SP. Professora do curso de pós-graduação *lato sensu* da COGEAE-SP.

(2) *A reforma trabalhista e o processo do trabalho*: aspectos processuais da Lei n. 13.467/17. São Paulo: LTr Editora, 2017. p. 123.

das dívidas constituídas pela empresa, de forma subsidiária à satisfação do valor exequendo pela própria pessoa jurídica.

Trata-se, em verdade, de medida de garantir efetividade à execução, assegurando ao credor que o uso da pessoa jurídica como maneira de burlar direitos e de fraudar o pagamento de valores devidos não será admitido.

Para Mauro Schiavi[3], a teoria da desconsideração pode ser assim classificada:

a) *subjetiva*: os bens do sócio podem ser atingidos se a pessoa jurídica não apresentar bens para o pagamento das dívidas, quando verificados atos praticados pelos sócios com abuso de poder, desvio de finalidade, confusão patrimonial ou má-fé;

b) *objetiva*: a execução dos bens dos sócios é possível independentemente de seus atos violarem ou não o contrato ou haver abuso de poder. Basta que não existam bens da pessoa jurídica para que os bens do sócio respondam pela execução.

A teoria objetiva é adotada frequentemente no processo do trabalho, provavelmente em razão do princípio da proteção do trabalhador, dada a dificuldade de o reclamante provar o "mau uso" da personalidade jurídica por seus sócios. Ademais, presume-se que se houve descumprimento de obrigações trabalhistas reconhecidas pelo Poder Judiciário, houve abuso de poder dos sócios na administração da pessoa jurídica.

Evidente que a despeito da inequívoca admissibilidade da desconsideração da personalidade jurídica no processo do trabalho, é possível ao sócio invocar que sejam inicialmente executados os bens da pessoa jurídica, indicando-os à execução.

Na verdade, a teoria da desconsideração da personalidade jurídica tem por fundamento a teoria da responsabilidade civil por atos ilícitos.

Nesse sentido leciona Saad:

"Na forma do art. 50, do Código Civil de 2002, havendo abuso da personalidade jurídica, caracterizado pelo desvio de finalidade ou pela confusão patrimonial, poderão ser atingidos os bens particulares dos administradores ou sócios da pessoa jurídica. Da leitura desse dispositivo legal, infere-se que a responsabilidade dessas pessoas estaria limitada a duas hipóteses: desvio de finalidade da empresa e confusão patrimonial. Contudo, é oportuno destacar que a responsabilidade solidária dos sócios, administradores, associados, membros ou integrantes decorre, em grande número de situações, da teoria da responsabilidade civil pela prática de um ato ilícito. Assim, a partir do momento em que tais pessoas se valem da pessoa jurídica para fins ilícitos, poderão elas serem responsabilizadas com seu patrimônio particular, pois estariam se prevalecendo dessa ficção legal para a obtenção de vantagem indevida. Configurado o abuso do direito, é possível haver a despersonalização da pessoa jurídica, para se atingir o patrimônio das pessoas físicas responsáveis pela prática do ato ilícito."[4]

A teoria da desconsideração da personalidade jurídica, portanto, não é novidade no direito processual do trabalho, verdadeiro resultado da aplicação da responsabilidade civil por ato ilícito.

Portanto, configurada a "ilicitude" pela pessoa jurídica, e o abuso do uso da pessoa jurídica, é de rigor seja declarada a responsabilidade de seus sócios e/ou administradores, além da desconsideração inversa, outro desdobramento da *disregard doctrine* ou *disregard of legal entity*.

O objetivo da desconsideração da personalidade jurídica é apenas e simplesmente *anular fraude à lei consumada mediante o emprego da tutela especial que a lei confere às pessoas jurídicas*[5].

A Consolidação das Leis do Trabalho, em seu art. 2º, § 2º, foi o primeiro texto legal pátrio a aplicar a *disregard doctrine* ao declarar o grupo econômico responsável pelas dívidas trabalhistas de qualquer das empresas que o compõem.

Em razão de a teoria da desconsideração da personalidade jurídica ter sido amplamente acolhida em nosso direito processual, o Código de Processo Civil de 2015 entendeu pela instauração de incidente para sua declaração, nos termos dos arts. 133 a 137.

A Consolidação das Leis do Trabalho acolheu a disposição do Código de Processo Civil, e, atualmente, de acordo com o art. 855-A, inserido pela Lei n. 13.467/2017, o incidente é plenamente aplicável ao processo do trabalho.

Na doutrina trabalhista, há resistência para a aplicação do incidente de desconsideração da personalidade jurídica, a despeito do texto legal em vigor:

"De nossa parte, o referido incidente não é adequado ao Processo do Trabalho, na fase de execução, pois o Juiz do Trabalho promove a execução de ofício (art. 878 da CLT) e o referido incidente de desconsideração é incompatível com a simplicidade e a celeridade da

---

(3) *A reforma trabalhista e o processo do trabalho*: aspectos processuais da Lei n. 13.467/17. São Paulo: LTr Editora, 2017. p. 123.

(4) SAAD, Eduardo Gabriel. *Consolidação das Leis do Trabalho*: comentada/Eduardo Gabriel Saad – 50. ed. atual., rev. e ampl. por José Eduardo Duarte Saad, Ana Maria Saad Castello Branco. São Paulo: LTr, 2017. p. 1.397.

(5) SAAD, Eduardo Gabriel. *Consolidação das Leis do Trabalho*: comentada/Eduardo Gabriel Saad. 50. ed. atual., rev. e ampl. por José Eduardo Duarte Saad, Ana Maria Saad Castello Branco. São Paulo: LTr, 2017. p. 1397.

execução trabalhista. De outro lado, a hipossuficiência do credor trabalhista e a natureza alimentar do crédito autorizam o Juiz do Trabalho a postergar o contraditório na desconsideração após a garantia do juízo pela penhora."[6]

Ainda, são considerados também pontos negativos para a aplicação do incidente de desconsideração da personalidade jurídica no processo trabalhista: (1) a indiscutível demora que o procedimento causa ante a obrigatória suspensão do processo com a interposição da medida; (2) a possível inviabilidade da execução.

O fato de o sócio não ser instado a responder incidente de desconsideração da personalidade jurídica antes de o juiz determinar sua invasão patrimonial não lhe retira o direito de exercer o contraditório, haja vista haver simples postergação da oportunidade para tanto, seja em embargos à execução, embargos de terceiro, exceção de pré-executividade ou mandado de segurança, conforme o caso.

Antes da vigência da aprovação da Lei n. 13.467/2017 já se aplicava no direito processual do trabalho o incidente de desconsideração da personalidade jurídica, fundamentado no art. 133 do Código de Processo Civil. É que a Instrução Normativa n. 39/2016 do Tribunal Superior do Trabalho admitiu a aplicação do incidente de desconsideração da personalidade jurídica no processo do trabalho, com algumas adaptações.

A Instrução Normativa n. 39/2016 assegurou ao magistrado trabalhista a possibilidade de instaurar o incidente *de ofício*, além de fazer uso das *tutelas de urgência* para assegurar a efetividade da execução.

Por outro lado, referida disposição normativa conferiu efeito suspensivo ao incidente, bem como o processamento sem a garantia do juízo, o que, é certo, conflita com a sistemática da execução trabalhista que exige a garantia do juízo para as impugnações em fase de execução.

Note-se que o texto do art. 855-A da Consolidação das Leis do Trabalho não é semelhante à disposição do Código de Processo Civil, porquanto não confere recurso para a decisão interlocutória do incidente em fase de cognição, postergando a oportunidade de impugnação da decisão, e, ainda, a instauração do incidente suspende o processo, mas sem prejuízo de concessão de tutela de urgência de natureza cautelar, consoante art. 301 do CPC.

É assim a jurisprudência:

"DECISÃO INTERLOCUTÓRIA. IRRECORRIBILIDADE. Despacho que determina a realização de atos visando à regular instauração do incidente de desconsideração da personalidade jurídica, com fulcro no art. 134 do Código de Processo Civil de 2015, aplicável ao processo do trabalho conforme preceitua a Instrução Normativa n. 39/2016 do C. Tribunal Superior do Trabalho, representa decisão meramente interlocutória. Por não obstar o prosseguimento da execução e tampouco determinar sua extinção, o despacho é irrecorrível de imediato. Inteligência do art. 893, § 1º da Consolidação das Leis do Trabalho e Súmula n. 214 do C. Tribunal Superior do Trabalho. Aplicação da OJ EX SE n. 08, II, deste Regional. Agravo de petição do Exequente não conhecido." (TRT-PR-14041-1994-651-09-00-5-ACO-02046-2018 – Seção Especializada, Relator: Rosalie Michaele Bacila Batista, Publicado no DEJT em 30.01.2018)

O art. 855-A da CLT também não prevê a hipótese de o magistrado trabalhista instaurar o incidente por sua própria iniciativa, mas é certo que ante o princípio da cooperação (art. 6º do CPC) o juiz pode consultar o exequente se pretende fazer uso do incidente de desconsideração da personalidade jurídica, evitando-se, pois, a contagem do prazo da prescrição intercorrente[7].

Evidente que a instauração do incidente de desconsideração da personalidade jurídica não obsta que tutelas cautelares sejam adotadas até mesmo de ofício para que a execução tenha garantida sua efetividade.

A respeito do tema deve ser citado o Enunciado n. 116 da II Jornada de Direito Material e Processual da Anamatra:

"Tutelas de urgência de natureza cautelar no incidente de desconsideração da personalidade jurídica. A adoção do incidente de desconsideração da personalidade jurídica no processo do trabalho não exclui a possibilidade de deferimento de tutelas de urgência de natureza cautelar antes da citação do novo executado, inclusive de ofício, dentro do poder geral de cautela do magistrado."

Conclui-se, portanto, que há justo temor dos exequentes de que a interposição do incidente de desconsideração da personalidade jurídica prejudique ainda mais a execução, de maneira que, conhecedor da possibilidade e probabilidade de pagar crédito trabalhista, o sócio oculte seus bens antes da medida constritiva.

Assim, assegurou-se (e diferente não poderia ser porque a previsão é legal e específica para tais hipóteses) o uso das tutelas de urgência de natureza cautelar para que se garanta a satisfação da execução, ainda que o executado (sócio) tenha conhecimento prévio da iminência de invasão de seu patrimônio.

Analisando-se, portanto, os instrumentos conferidos por lei, é fácil concluir que ainda que a intenção da lei

---

(6) SCHIAVI, Mauro. *Manual de direito processual do trabalho*: de acordo com a reforma trabalhista. 13. ed. São Paulo: LTr, 2018. p. 1.157.

(7) SCHIAVI, Mauro. *Manual de direito processual do trabalho*: de acordo com a reforma trabalhista. 13. ed. São Paulo: LTr, 2018. p. 1.161.

que determinou o incidente de desconsideração da personalidade jurídica seja razoável e vise dar chance de defesa àqueles que efetivamente não são responsáveis pela execução, em verdade, a disposição legal apenas repetiu a possibilidade da execução contra o sócio, dificultando, juridicamente, seu manejo, haja vista a imperiosa necessidade de tutelas de urgência *exatamente* para a efetividade da execução.

Com o devido respeito, complicou-se o que era simples, sem que a dificuldade criada pela lei obste arbitrariedades que foram a motivação da alteração legal. O mau uso das medidas de execução, extrapolando os limites da responsabilidade dos envolvidos, é que deveria ser coibido, não dificultando a execução por aquele que já foi obrigado a invocar a tutela jurisdicional para a garantia dos direitos no mais das vezes alimentares (e, portanto, urgentes) que lhe foram indevidamente sonegados.

A doutrina, como exposto, é resistente à aplicação do incidente da desconsideração da personalidade jurídica: "*Caberá, designadamente, aos magistrados do trabalho decidir se, diante da redação do art. 855-A, da CLT, irão submeter-se à literalidade desse preceito legal, ou preferirão tornar concreta a advertência de Ripert: 'Quando a Lei ignora a realidade, a realidade se vinga, ignorando a Lei.' Quem viver, verá.*"[8]

De qualquer forma, é inequívoca sua aplicação no direito processual do trabalho ante os termos do art. 855-A da CLT.

O incidente, tal qual previsto no dispositivo legal mencionado, é cabível em qualquer fase do processo de conhecimento, no cumprimento da sentença e na execução fundada em título executivo extrajudicial.

Conforme art. 134 do Código de Processo Civil, a instauração do incidente suspenderá o processo, a não ser que tenha sido requerida na petição inicial, por uma questão lógica.

Com a instauração do incidente, o sócio será citado para manifestar-se e requerer as provas cabíveis no prazo de 15 dias, consoante art. 135 do Código de Processo Civil.

Após a instrução (quando necessária), a decisão que resolver o incidente poderá ser impugnada por agravo de petição, se em fase de execução, e por recurso ordinário, se em fase de conhecimento[9].

Assim, é evidente que a instauração do incidente de desconsideração da personalidade jurídica busca evitar arbitrariedades, e dar oportunidade aos sócios para que indiquem bens da pessoa jurídica e demonstrem não ter havido qualquer fraude ou abuso da personalidade jurídica.

Há que atentar, entretanto, que o processo do trabalho possui princípios próprios, inerentes às relações que são objeto de apreciação pela Justiça do Trabalho, e, exatamente por isso, o texto legal ter remetido à disposição do Código de Processo Civil para o trâmite do incidente certamente não foi a medida mais acertada.

O legislador perdeu excelente oportunidade para que o processo do trabalho contasse com sua própria previsão no que se refere ao incidente de desconsideração da personalidade jurídica, levando o operador do direito processual do trabalho, uma vez mais, a submeter-se às adaptações que são feitas do processo civil para o processo do trabalho, de acordo com a convicção de cada magistrado.

O tempo amadurecerá o manejo do instituto e fará concluir a adequação de sua inserção em nosso sistema processual, ou o apoio do Judiciário (promovido pela Lei n. 13.467/2017) ao devedor inadimplente, em total desprestígio de suas próprias decisões.

---

(8) TEIXEIRA FILHO, Manoel Antonio. *Execução no processo do trabalho*. 12. ed. São Paulo: LTr, 2017. p. 115.

(9) ZIPPERER, André Gonçalves. *A desconsideração da personalidade jurídica de acordo com a Lei n. 13.467/2017 – reforma trabalhista*. Art. em Reforma trabalhista ponto a ponto: estudos em homenagem ao professor Luiz Eduardo Gunther/José Affonso Dallegrave Neto, Ernani Kajota (Coord.). São Paulo: LTr, 2018. p. 353-362.

Honorários Advocatícios:
Impedimento de Acesso à Justiça ou Avanço Social?

Iratelma Cristiane Martins Mendes[1]

1. INTRODUÇÃO

Atualmente estamos experimentando uma significativa alteração nas relações processuais do trabalho.

A nova ordem com assento na Lei n. 13.467/2017, em nosso sentir, promoveu a ruptura de paradigmas causando um impacto social de tamanha grandeza, que conduz os estudiosos e operados do Direito do Trabalho, à profunda reflexão.

Nessa matiz é que vamos abordar o instituto dos honorários de sucumbência introduzido no art. 791, A, da CLT: impedimento de acesso à Justiça ou avanço social?

Levaremos em consideração o perfil da Justiça do Trabalho, inserida no Poder Judiciário na Constituição Federal de 1946, a qual destina-se a elevar e equalizar os direitos sociais individuais e coletivos do trabalhador. Portanto, seu viés é de Justiça Social!

Notadamente, nossa Justiça do Trabalho desenvolve um papel no âmbito processual diferenciado do processo comum, como é sabido, o processo do trabalho é das partes, face o regrativo inserto no art. 791, da CLT – *Jus Postulandi* – enquanto o processo comum é destinado aos advogados, como regra.

Todavia, essa característica peculiar do processo do trabalho não afasta a indispensabilidade de atuação do advogado na defesa dos interesses das partes, ao contrário, é de absoluta necessidade de sua atuação; dada as especificidades do processo do trabalho que mesmo sendo pautado no princípio da simplicidade dos atos e oralidade, rege-se por normas revestidas de tecnicidade.

Nesse diapasão, vamos nos valer do novel instituto – honorários advocatícios – e seu impacto no âmbito social e processual do trabalho.

2. DO DIREITO FUNDAMENTAL DO HOMEM – ACESSO À JUSTIÇA OU INAFASTABILIDADE DO CONTROLE JURISDICIONAL

Iniciamos esse debate apresentando um questionamento de Bobbio[2]:

> É preciso desconfiar de quem defende uma concepção antiindividualista da sociedade. Através do antiindividualismo, passaram mais ou menos todas as doutrinas reacionárias. Burke dizia: "Os indivíduos desparecem como sombras; só a comunidade é fixa e estável". De Maistre dizia: "Submeter o governo à discussão individual significa destruí-lo". Lammenais dizia: "O individualismo, destruindo a ideia de obediência e de dever, destrói o poder e a lei". Não seria muito difícil encontrar citações análoga na esquerda antidemocrática. Ao contrário, não existe nenhuma Constituição democrática, a começar pela Constituição republicana da Itália, que não pressuponha a existência de indivíduos singulares que tem direitos enquanto tais. E como seria possível dizer que eles são "invioláveis" se não houvesse o pressuposto de que, axiologicamente, o indivíduo é superior à sociedade de que faz parte?

Em reflexão ao questionamento de Norberto Bobbio, atraindo uma visão ampliada do homem em sociedade, não há possibilidades de não individualizar a pessoa humana no cerne social, eis que, sujeito de direito.

Nesse contexto, é que os direitos individuais e sociais foram paulatinamente sendo inserido no bojo das Constituições Democráticas, como direito fundamental do homem. Não podemos nos furtar de fazer uma breve análise dos direitos humanos e inserir a questão de acessibilidade ao Poder Judiciário, como fonte primeira de um Estado Democrático de Direito.

---

(1) Professora Universitária (Graduação e Pós-Graduação). Advogada. Especialista em Direito do Trabalho – PUC/SP. Especialista em Direito Público – EPD. Mestre em Direito do Trabalho – PUC/SP.

(2) BOBBIO, Norberto. *A Era dos Direitos*. Rio de Janeiro: Campus. 1992. p. 102.

Antônio Augusto Cançado Trindade, juiz da Corte Interamericana de Direito Humanos, ao fazer a apresentação da obra de Flávia Piovesan[3], estudo aprofundado dos direitos humanos e constitucional internacional, cita que:

> [...] ao final de cinco décadas de extraordinária evolução, o direito internacional dos direitos humanos afirma-se hoje, com inegável vigor, como um ramo autônomo do direito, dotado de especificidade própria. Trata-se essencialmente de um direito de proteção, marcado por uma lógica própria, e voltado à salvaguarda dos direitos dos seres humanos e não dos Estados."

No mesmo sentido, Márcia Brandão Zollinger:

> [...]na perspectiva funcional, o tipo de Estado de Direito (se liberal ou social) é determinada pelo alcance e significado que a respectiva Carta Constitucional confira aos direitos fundamentais, enquanto o conteúdo dos direitos fundamentais é condicionado pelo tipo de Estado de Direito que os formulam.

No Brasil, a Constituição de 1988, considerada "constituição cidadã", elenca garantias mínimas individuais e coletivas do indivíduo; sendo um Estado Democrático de Direito, conforme se extrai do art. 1º.

O foco desse estudo, correlato ao tema proposto, é o direito fundamental do acesso à Justiça ou a Inafastabilidade do Controle Jurisdicional previsto no art. 5º, XXXV, da CRFB/88, *in verbis*: a lei não excluirá da apreciação do Poder Judiciário lesão ou ameaça a direito". Emerge da intervenção do Estado na solução de conflitos, afastando a autotutela ou a realização de "justiça"com as próprias mãos.

Nelson Nery Junior[4], preleciona:

> Embora o destinatário principal esta norma seja o legislador, o comando constitucional atinge a todos indistintamente, vale dizer, não pode o legislador e ninguém mais impedir que o jurisdicionado vá a juízo deduzir pretensão...isto quer dizer que todos tem acesso à justiça para postular tutela jurisdicional preventiva ou reparatória relativamente a um direito...estando contemplados não só os direitos individuais, como também os difusos e coletivos.

Mauro Schiavi[5] ao tratar do tema, atesta:

> O acesso à justiça não deve ser entendido e interpretado apenas como o direito a ter uma demanda apreciada por um juiz imparcial, mas sim como acesso à ordem jurídica justa, composto por princípios e regras justas e razoável que possibilitem ao cidadão, tanto no polo ativo, como no passivo de uma demanda, ter acesso a um conjunto de regras processuais que sejam aptas a possibilitar o ingresso da demanda em juízo, bem como a possibilidade de influir na convicção do juízo de recorrer da decisão, bem como de materializar, em prazo razoável, o direito concedido na sentença.

Notadamente, a Lei n. 13.467/2017, em vários aspectos afronta os preceitos fundamentais do homem. E nessa ótica partimos da premissa de que aos operadores do direito compete analisar as novas regras à luz da Constituição Federal.

Nos valemos das lições de Souto Maior[6], preleciona:

> O movimento de acesso à justiça apresenta-se sob dois prismas: o primeiro ressalta a necessidade de se repensar o próprio direito; o segundo preocupa-se com as reformas que precisam ser introduzidas no ordenamento jurídico, para a satisfação do novo direito, pois pouco ou quase nada vale uma bela declaração de direitos sem remédios e mecanismos específicos que lhe deem efetividade.

Tércio Sampaio[7], expande sua reflexão nos direitos humanos positivados, e nos traz:

> "Positivação" e "decisão"são termos correlatos. "Decisão" é tomada aqui em um sentido lato, que ultrapassa os limites da decisão legislativa, abarcando também, entre outras, a decisão judiciária, na medida em que esta pode ter também uma qualidade positivante, quando, p. ex., decide sobre regras costumeiras. Toda decisão implica, além disso, motivos decisórios, premissas de valor que se referem a condições sociais e nelas se realizam. O que caracteriza o direito positivado é, nesse sentido, o fato de que essas premissas da decisão jurídica só podem ser pressupostos como direito válido quando se decide sobre elas. Daí, se entender por "positivação"do direito o fenômeno segundo o qual "todas as valorações, normas e expectativa de comportamento na sociedade tem de ser filtradas através de processos decisórios antes de poder adquirir a validez jurídica" Toda norma implica, nesses termos, a sua posição no sentido de uma "interferência decisória do Poder.

---

(3) PIOVESAN, Flávia. *Direitos Humanos e o Direito Internacional*. 7. ed. São Paulo: Saraiva, 2006.
(4) NERY JUNIOR, Nelson. *Princípios do Processo Civil na Constituição Federal*. 8. ed., v. 21. São Paulo: Revista dos Tribunais, 2004. p. 70.
(5) SCHIAVI, Mauro. Manual de *Direito Processual do Trabalho*. 13. ed. São Paulo: LTr. 2018. p. 97.
(6) SOUTO MAIOR, Jorge Luiz. *Direito Processual do Trabalho*. São Paulo: LTr. 1998. p. 121.
(7) FERRAZ JR., Tercio Sampaio. *Direito Constitucional*: liberdade de fumar, privacidade, estado, direito humanos e outros temas. Barueri/SP: Manole, 2007. p. 524.

Nos filiando a essa análise de positivação dos direitos do homem, sua elevação dentro do sistema jurídico e político do país, podemos afirmar que estamos vivenciando um momento de larga ruptura na história do direito do trabalho no Brasil. É certo que a legislação deve amoldar-se à evolução do homem e alterações sociais, o que é denominado fonte material do direito. Todavia, a mudança sistêmica processual deve atender e observar garantias mínimas insertas no rol dos direitos fundamentais, o que não foi observado detidamente pelo legislador infraconstitucional quando da elaboração e promulgação da Lei n. 13.467/2017.

3. DOS HONORÁRIOS ADVOCATÍCIOS NO PROCESSO DO TRABALHO – JUSTIÇA GRATUITA – DECAIMENTO MÍNIMO DA PRETENSÃO – ANÁLISE COM PROCESSO COMUM

O acesso à justiça, conforme já discorrido no item anterior, é consagrado como patamar mínimo civilizatório (palavras de Mauricio Godinho Delgado), com assento no art. 5º da CRFB/88, XXXV e também referendado no art. 3º do CPC, assim redigido: *"Não se excluirá da apreciação jurisdicional ameaça ou lesão a direito."*

Em comentários ao art. 3º, do CPC, Marinoni[8] os traz:

> Direito à tutela adequada e efetiva. Ao proibir a justiça de mão própria e afirmar que a "lei não excluirá da apreciação do Poder Judiciário lesão ou ameaça a direito" (art. 5º, XXXV, CF), nossa Constituição afirma a existência de direito à tutela jurisdicional adequada e efetiva. Ao reproduzir semelhante dispositivo, o art. 3º, *caput*, funciona como uma cláusula de destaque desse compromisso do novo Código. Obviamente, a proibição da autotutela só pode acarretar o dever do Estado Constitucional de prestar tutela jurisdicional idônea aos direitos. Pensar de forma diversa significa esvaziar não só o direito à tutela jurisdicional (plano do direito processual), mas também o próprio direito material, isto é, o direito à tutela do direito (plano do direito material). É por essa razão que o direito à tutela jurisdicional só pode ser concebido como direito à tutela jurisdicional adequada, efetiva e tempestiva (arts. 5º, XXXV e LXXVIII, CF e 3º e 4º do CPC). O direito à tutela jurisdicional é exercido mediante propositura da ação. A ação é direito à tutela adequada, efetiva e tempestiva mediante processo justo [...]

Até o advento da Lei n. 13.467/2017, em nosso sistema processual do trabalho a sucumbência era tratada na Lei n. 5.584/1970, art. 16: "Os honorários do advogado, pagos pelo vencido, reverterão em favor do Sindicato; observando que trata-se de demandas com menor complexidade, sendo exigido os requisitos de que o trabalhador perceba salario igual ou inferior ao dobro mínimo legal, conforme § 1º, do art. 14, de referida lei.

O Tribunal Superior do Trabalho, pacificando a matéria editou a Súmula n. 219 e 329, cuja redação eram (foram revogadas pela nova ordem processual).

Notemos que os honorários advocatícios na Justiça do Trabalho, até o advento da Lei n. 13.467/2017, era restrito aos assistidos por Sindicato e que auferissem até o dobro de salário mínimo, cujo honorários se destinam ao Sindicato de classe.

Entendeu o legislador infraconstitucional, inserir nova redação ao art. 791, da CLT, trazendo novas regras quanto aos honorários advocatícios.

Art. 791-A, da CLT, *in verbis*:

> Ao advogado, ainda que atue em causa própria, serão devidos honorários de sucumbência, fixados entre o mínimo de 5% (cinco por cento) e o máximo de 15% (quinze por cento), sobre o valor que resultar da liquidação de sentença, do proveito econômico obtido ou, não sendo possível mensurá-lo, sobre o valor atualizado da causa.

Estamos diante de significativa alteração processual trabalhista, posto que a proteção temperada (lições de Mauro Schiavi)[9], foi mitigada com a condenação dos honorários advocatícios e sucumbência reciproca.

Note-se que ao fixar os honorários advocatícios no processo do trabalho o legislador infraconstitucional distanciou-se da norma processualística comum, havendo diminuição do percentual destinado ao pagamento de referida verba, conforme se extrai do art. 85, § 2º:

> Os honorários serão fixados entre o mínimo de dez e o máximo de vinte por cento sobre o valor da condenação, do proveito econômico obtido ou, não sendo possível mensurá-lo, sobre o valor atualizado da causa, atendidos: I – o grau de zelo do profissional; II – o lugar de prestação do serviço; III – a natureza e importância da causa; IV – o trabalho realizado pelo advogado e o tempo exigido para o seu serviço.

Pelo princípio da igualdade previsto no art. 5º, *caput*, da CRFB/88, também aplicável no âmbito processual, eis que o tratamento entre as partes deve ser igualitário, há distinção entre a verba honorária no processo comum e no processo do trabalho, o que não há razão de ser, face a tecnicidade processualística exigida para atuação em defesa dos interesses do jurisdicionado.

---

(8) MARIONI, Luiz Guilherme. ARENHART, Sérgio Cruz. MITIDIERO, Daniel. *Código de Processo Civil Comentado*. São Paulo: Revista dos Tribunais, 2015. p. 94.

(9) *Op. cit.* p .128.

Quanto ao arbitramento deve o juiz fixá-lo em observância aos limites quantitativos e qualitativos, devendo fundamentar a decisão para que não excesso à parte que sofreu a condenação. Trazemos comentários de Marinoni[10] ao art. 85, do CPC:

> Fixação da Verba Honorária. De regra, o juiz, ao fixar a verba honorária, deve obedecer a limites quantitativos (art. 85, § 2º, do CPC) e qualitativos (art. 85, § 2º, I a IV, CPC). Admite-se, contudo, que eventualmente, se superem os limites quantitativos do art. 85, § 2º, CPCC, obedecendo-se tão somente aos qualitativos (art. 85, § 8º, CPC). Quantitativamente, os honorários advocatícios devem variar entre 10% (dez por cento) e 20% (vinte por cento) sobre o valor da condenação (inadmissível a fixação de honorários advocatícios em salários mínimos, Súmula n. 201, STJ); se arbitrados sobre o valor da causa, incide correção monetária a partir do ajuizamento da ação (Súmula n. 14, STJ).

Todavia, a Lei n. 13.467/2017, distanciando-se também do processo comum, inseriu o beneficiário da justiça gratuita fazendo com que, mesmo sendo detentor de referido benefício fique com encargo de pagamento dos honorários advocatícios e sucumbenciais, o que viola o art. 5º, XXXV, da CRFB/88, sem levar em consideração que via de regra, trata-se de verbas com natureza alimentar, as decisões prolatadas pela Corte Especial do Trabalho. Vejamos, o teor do § 4º, do art. 791-A, da CLT:

> Vencido o beneficiário da justiça gratuidade, desde que não tenha obtido em juízo, ainda que em outro processo, créditos capazes de suportar a despesa, as obrigações decorrentes e sua sucumbência ficam sob condição suspensiva de exigibilidade e somente podem ser executadas se, nos dois anos subsequentes ao transito em julgado da decisão que as certificou, o credor demonstrar que deixou d existir a situação de insuficiência de recursos que justificou a concessão de gratuidade, extinguindo-se, passando esse prazo, tais obrigações do beneficiário (art. 791-A, § 4º, da CLT).

Gustavo Filipe Barbosa Garcia[11], em comentários ao art. 791-A, da CLT, afirma:

> A interpretação, conforme a Constituição, desse dispositivo deve ser no sentido de que apenas quando os créditos obtidos em juízo (ainda que em outro processo) não forem imprescindíveis à subsistência do beneficiário da justiça gratuita e de sua família (art. 5º, inciso LXXIV, da CRFB/1998) é que pode ser destinados ao pagamento dos honorários advocatícios.

Em se tratando de demandas promovidas, quase em sua totalidade, por demandantes desempregados, nos parece surreal o texto legal trazido pela Lei n. 13.467/2017, o que faz filiar-nos a ideia de Gustavo Filipe Barbosa Garcia.

Notem, que o processo comum confere o exercício pleno do instituto da gratuidade da justiça, estendo-o inclusive às pessoas jurídicas, em prestigio ao art. 5º, XXXV, da CRB/88 e art. 3º do CPC. Vejamos o que reza do art. 98, do CPC:

> A pessoa natural ou jurídica, brasileira ou estrangeira, com insuficiência de recursos para pagar as custas, as despesas processuais e os honorários advocatícios tem direito à gratuidade da justiça, na forma da lei.

Marioni[12], em comentários a artigo *supra*:

> Assistência Judiciaria Gratuita e Simples Afirmação de Pessoa Natural. Tratando-se de pessoa física, a justiça gratuita deve ser concedida à vista da simples afirmação da parte, uma vez que essa goza de presunção *juris tantum* de veracidade (art. 99, § 3º, CPC; STJ, 5º turma, REsp 243.386/SP, rel. Min. Félix Fischer, j. 16.03.2000, DJ 10.04.2000, p. 123). Havendo duvidas fundadas, não bastará a simples declaração devendo a parte comprovar sua necessidade 9 STJ, 3ª Turma. Ag. Rg no AREsp 602.943/SP, rel. Min. Moura Ribeiro, DJe 04.02.15).
>
> Pessoa Jurídica e Gratuidade de Justiça. Estando no processo pessoa jurídica sem fins lucrativos, basta igualmente a mera afirmação; tendo fins lucrativos, todavia, é de rigor que comprove o estado de necessidade, apontando as dificuldades financeira porque passa (STJ, 5ª Turma, REsp 603.137/MG, rel. Min. Arnaldo Esteves Lima, j. 22.05.2007, DJ 11.06.2007, p. 347).

O Superior Tribunal de Justiça pacificou a matéria com a edição da Súmula n. 481, ao conferir acessibilidade à justiça para empresa com dificuldade econômica, vejamos:

> Faz jus ao benefício da justiça gratuita pessoa jurídica com ou sem fins lucrativos que demonstrar sua impossibilidade de arcar com os encargos processuais.

A Justiça Comum, por lidar com há muito tempo com o tema, pois trata-se de processo de advogados e não processo de partes, como é o caso do processo do trabalho, deve servir como fonte analógica para as decisões da proferidas para ações intentadas a partir de 11.11.2017, quando a Lei n. 13.467/2017 passou a ter vigência em nosso ordenamento.

---

(10) *Op. cit*, p. 175.
(11) GARCIA, Gustavo Filipe Barbosa. *CLT Comentada*. 3. ed. São Paulo: Método, 2018. p. 955.
(12) *Op. cit*. p. 183.

Ainda, temos que chamar a atenção na questão do decaimento mínimo da pretensão, matéria essa, que não foi contemplada na nova ordem processual trabalhista, mas tem assento no processo comum, conforme art. 86, parágrafo único:

> Se um litigante sucumbir em parte mínima do pedido, o outro responderá, por inteiro, pelas despesas e pelos honorários.

Nelson Nery Junior e Rosa Maria de Andrade Nery[13], em comentários ao decaimento mínimo:

> [...] se a perda for ínfima, é equiparada a vitória, de sorte que a parte contrária deve arcar com a totalidade da verba de sucumbência (custas, despesas e honorários de advogado). A caracterização de "parte mínima do pedido" dependerá de aferição pelo juiz, que deverá levar em consideração o valor da causa, o bem da vida pretendido e o efetivamente conseguido pela parte.

Nesse sentido, deve também o juiz do trabalho, fazer uma análise da pretensão deduzida em juízo pelo trabalhador demandante, e dentro do contexto geral das verbas deferidas deverá afastar os honorários advocatícios quando sucumbir em parte mínima; pois o novel sistema processual do trabalho não trouxe esse dispositivo, mas pode valer-se o julgador do art. 769 da CLT.

O Superior Tribunal de Justiça, ao apreciar a sucumbência em decaimento mínimo na pretensão de danos morais, pacificou a matéria com a edição da Súmula n. 326:

> Na ação de indenização por dano moral, a condenação em montante inferior ao postulado na inicial não implica sucumbência recíproca.

Nos parece justo e correto a introdução dos honorários advocatícios e sucumbência recíproca no processo do trabalho, todavia não é aceitável que se afaste o princípio do acesso à justiça – cláusula pétrea – das demandas originárias da relação de trabalho e o deferimento da gratuidade da justiça ao trabalhador desempregado. Ao contrário, o indeferimento é como uma pena de morte processual.

Isso porque, o legislador infraconstitucional ao inserir o § 4º do art. 791-A, sem considerara que as demandas trabalhistas se revestem – quase em sua totalidade – verbas com caráter alimentar e que a regra é demandas intentadas por desempregados, violando diretamente o art. 5º XXXV. Note-se que na justiça comum, não somente a pessoa física é alcançada pelo instituto da gratuidade da justiça, mas também a pessoa jurídica. E o que vemos atualmente nas decisões proferidas com o advento da Lei n. 13.467/2017 é o indeferimento da gratuidade da justiça e condenação em verba honorária e sucumbencial, sem utilizar os critérios de análise do caso concreto, de normas fundamentais e pratica já utilizada no processo comum há décadas; inclusive matéria sumulada pelo STJ, a servir de base para a mudança atual que norteia o processo do trabalho.

Se no direito processual comum, a própria empresa é beneficiária da gratuidade da justiça quando demonstrada a fragilidade econômica quiçá o trabalhador desempregado! Conforme apresentado no capítulo dos direitos fundamentais, o indivíduo integra a sociedade e recebe o manto do direito fundamental do homem, cujo o acesso à justiça e inafastabilidade da jurisdição lhe é garantido.

O instituto da gratuidade não pode ser mitigado, como intenta o legislador infraconstitucional com a redação conferida ao § 4º do art. 791-A, da CLT, nas demandas trabalhistas, cuja natureza em sua grande maioria, é de natureza alimentar, ferindo diretamente o art. 5º, XXXV, da CRFB/88.

Note-se que o art. 3º do CPC, consagra expressamente o princípio de acesso à justiça: "Não se excluirá da apreciação jurisdicional ameaça ou lesão a direito." Todavia, o legislador infraconstitucional ao "reformar" a ordem processual do trabalho não se acautelou da matéria como o fez no processo no comum.

Há que sopesar que o patrimônio do trabalhador demandante na Justiça do Trabalho tem natureza alimentar, e esse patrimônio – bem da vida – deve ser protegido. Não estamos tecendo apologia às lides temerária. obviamente, devem ser rechaçadas de nosso âmbito. Mas, o dever de cautela na apreciação da pretensão e dificuldade da produção de prova, deve ser utilizado pelos julgadores, como ponderação da decisão condenatória de honorários advocatícios e sucumbência recíproca.

4 – DA GRATUIDADE DA JUSTIÇA E O NOVO INSTITUTO NO PROCESSO DO TRABALHO

Conforme já discorrido nos tópicos anteriores, o acesso à justiça ou inafastabilidade da jurisdição é um direito fundamental consagrado, não somente no Brasil, mas no mundo, face a Declaração dos Direitos do Homem.

Contudo, por ser um instituto novel no processo do trabalho, honorários advocatícios e sucumbenciais, temos visto sua utilização como meio de "moeda de troca" nas tentativas de conciliação. E mais ainda, temos presenciado trabalhadores amedrontados em socorrer-se do Poder Judiciário e serem condenados ao pagamento da verba honorária.

A Justiça do Trabalho, como dito alhures, tem um viés de pacificação e equilíbrio social. E estando o Poder

---

(13) APUD: ALMEIDA, Felipe Cunha de. *Honorários Advocatícios Contratuais*. Ressarcimento e o princípio da reparação integral dos danos. Livraria do Advogado. Porto Alegre/RS: 2017. JUNIOR, Nelson Nery; NERY, Rosa Maria de Andrade. *Código de processo civil comentado e legislação extravagante*. 10. ed. São Paulo: Revista dos Tribunais, 2007. p. 234.

Judiciário aplicando a literalidade da lei – com olhar positivista – com todo respeito, está fomentando o esvaziamento do próprio trabalho, ou seja, indo ao encontro dos anseios do Poder Executivo que sempre intentou a extinção da Justiça do Trabalho.

O jurisdicionado não deve temer a Justiça do Trabalho! Se isso se tornar uma premissa verdadeira, de fato não haverá necessidade da existência da Justiça do Trabalho! Desejo implacável do Poder Executivo que nos persegue há anos.

Para tanto, os órgãos judicantes devem socorrer-se da técnica de ponderação, da análise do caso concreto, pois essas técnicas lhe são conferidas. Está havendo uma disparidade e amedrontamento do trabalhador em buscar a tutela jurisdicional trabalhista, podemos exemplificar caso recente no Mato Grosso, cuja decisão proferida condenou o reclamante ao pagamento de R$ 750.000,00 (setecentos e cinquenta mil reais). Por óbvio não estamos analisando o caso concreto, mas sim as notícias que estão sendo propagadas em todo território nacional, com decisões condenatórias de valores expressivos em verba honorária.

Em demandas cujo ônus da prova não se desvencilhou o autor trabalhador, deve o Poder Judiciário socorrer-se da técnica de ponderação – como já dito nesse estudo – bem, assim, valer-se poder-se-ia valer-se da teoria do conglobamento por analogia (técnica de direito coletivo), ou seja, sob o crivo das deduções postuladas verificar se em seu conjunto houve maior deferimento do que indeferimento, e a partir de então afastar a condenação em honorários advocatícios ou sucumbência reciproca. Mais ainda, pode valer do decaimento mínimo expresso no art. 86, do CPC de aplicação subsidiária ao Processo do Trabalho.

Ademais, o que dá independência aos ramos do direito são seus próprios princípios, e o processo rege-se por princípios que devem servir de base para nova ordem processual e deferimento da gratuidade da justiça e a inafastabilidade do Poder Judiciário do Trabalho. Nesse sentido, trazemos as lições de Bezerra Leite[14], que trata do princípio *in dubio pro misero*:

> Consiste na possibilidade de o juiz em caso de dúvida razoável, interpretar a prova em benefício do empregado, geralmente autor da ação trabalhista. Afinal, o caráter instrumental do processo não se confunde com sua forma.

No mesmo sentido Mauro Schiavi[15]:

> O princípio da proteção processual, portanto, deriva da própria razão de ser do processo do trabalho, o qual foi concebido para efetivar os direitos materiais reconhecidos pelo Direito do Trabalho, sendo este ramo da árvore jurídica criado exatamente para compensar ou reduzir a desigualdade real existente entre empregado e empregador, naturais litigantes do processo laboral.

As demandas que tramitam na Justiça do Trabalho têm em quase sua totalidade, natureza de verba com caráter alimentar, e esse patrimônio do trabalhador não deve ser diminuído quando da busca da tutela jurisdicional. Portanto, o decaimento mínimo das pretensões deve ser considerado pelos juízes do trabalho quando da prolação decisória.

Mauro Schiavi[16] ao analisar o instituto da sucumbência recíproca nos traz:

> A previsão de sucumbência recíproca configura a alteração mais significativa da novel legislação, pois altera, em muito, o protecionismo processual que é um dos pilares de sustentação do processo trabalhista e pode, em muitos casos, inviabilizar ou ser um fator inibitório do acesso à justiça da parte economicamente fraca.
>
> [....]
>
> De nossa parte, a sucumbência reciproca deverá ser vista com muita sensibilidade pelo Judiciário Trabalhista de modo a não obstar a missão histórica da Justiça Trabalhista que é facilitar o acesso à Justiça ao trabalhador.

Não fosse apenas a questão do decaimento mínimo, o qual deve analisado pelo Poder Judiciário do Trabalho, temos que o próprio legislador infraconstitucional trouxe a faculdade de declaração *ex officio* da gratuidade da justiça, conforme se extrai do art. 790, § 3º da Lei n. 13.467/2017 prevê:

> § 3º É facultado aos juízes, órgãos julgadores e presidentes dos tribunais do trabalho de qualquer instância conceder, a requerimento *ou de ofício*, o benefício da justiça gratuita, inclusive quanto a traslados e instrumentos, àqueles que perceberem salário igual ou inferior a 40% (quarenta por cento) do limite máximo dos benefícios do Regime Geral de Previdência Social.

Assim, resta claro que tal previsão é para os que percebam salário igual ou inferior a 40% (quarenta por cento) do limite máximo dos benefícios do Regime Geral de Previdência Social. O valor atual do limite previdenciário é de

---

(14) LEITE, Carlos Henrique Bezerra. Curso de Direito Processual do Trabalho. 16. ed. São Paulo: Saraiva, 2018. p. 790.
(15) *Op. cit* p. 112.
(16) *Op. cit*. p. 395 e 396.

R$ 5.645,80,[17] (cinco mil, seiscentos e quarenta e cinco reais e oitenta centavos), resultando 40% em R$ 2.258,32 (dois mil duzentos e cinquenta e oito reais e trinta e dois centavos).

A classe trabalhadora brasileira aufere em média valor aproximado do teto máximo da Previdência, conforme se extrai de dados do Ministério do Trabalho e Emprego[18], logo inferior a 40% ao limite máximo dos benefícios da previdência. Logo, a declaração da justiça gratuita nas demandas trabalhistas permanecem tal qual anterior a promulgação da Lei n. 13.467/2017.

Ademais, veja que referido dispositivo legal afirma: "(...) àqueles que perceberem salário igual ou inferior a 40% (quarenta por cento) do limite máximo dos benefícios do Regime Geral de Previdência Social." A maioria dos demandantes em processos trabalhistas estão desempregados! Logo, não estão auferindo nenhuma renda! Devem ser prestigiados com a gratuidade da justiça.

A nova ordem deve ser interpretada à luz da Constituição Federal, que prevê a assistência judiciária integral e gratuita àqueles que comprovarem insuficiência de recursos, art. 5º LXXIV, CRFB/88.

Assim muito bem nos ensina Mauricio Godinho Delgado[19]:

> [...] A Lei da Reforma Trabalhista, contudo, reduziu a extensão dos benefícios da justiça gratuita, sob perspectiva do trabalhador reclamante. Desse modo, comprometeu, significativamente – caso interpretado o texto normativo de maneira gramatical e literalista – o comando constitucional do art. 5º, LXXIV, da CF (que enfatiza a "assistência jurídica integral e gratuita" ao invés de meramente parcial), além do comando constitucional relativo ao amplo acesso à jurisdição (art. 5º, XXXV, CF).

Portanto, diante da digressão, entendemos que a gratuidade da justiça alcança ainda nos dias atuais, pós reforma trabalhista, a maioria das demandas colocadas ao crivo do Poder Judiciário Trabalhista: a1) trabalhadores inseridos no mercado de trabalho que intentam demanda trabalhista, em sua maioria, não auferem 40% do teto máximo previdenciário; a2) Se o reclamante está desempregado e promove ação trabalhista, não está auferindo rendimento. Logo, pode ser declarado *ex officio* a gratuidade da justiça. O § 3º do art. 790, da CLT permite ao Juiz do Trabalho a mantença da história da Justiça do Trabalho e prestigia a acessibilidade à sua estrutura judiciária.

Os honorários advocatícios e sucumbenciais, por certo, é uma norma que prestigia a advocacia séria e a tecnicidade processual. O que reverenciamos para o bem comum social. Todavia, não pode ser fator impeditivo para os jurisdicionados sob pena de nossa acessível e célere Justiça do Trabalho perder a sua essência social e conciliadora, órgão judiciário célere, comparada com a demais justiça do país.

Não podemos deixar de mencionar, que a reforma do Código do Processo Civil, se valeu muito de nossos princípios e práticas conciliatórias. Não vamos deixar essas nossas características se perderem com a aplicação literal das novas regras. Trabalhemos para manter o equilíbrio e ordem processual, sem abusos e sem desmerecer a classe trabalhadora, que afinal contribui para o crescimento econômico do país com sua força de trabalho e merece proteção do Poder Judiciário Trabalhista.

5. DO DIREITO INTERTEMPORAL

Apenas para mencionar a questão em tela, sem esgotar o tema, entendemos que os honorários advocatícios e sucumbenciais não se aplicam às demandas distribuídas antes da vigência da Lei n. 13.467/2017, por força do art. 14 do CPC:

> A norma processual não retroagirá e será aplicável imediatamente ao processo em curso, respeitados os atos processuais praticados e as situações jurídicas consolidadas sob a vigência a norma revogada.

Manoel Antônio Teixeira Filho[20], em comentário ao artigo supra, afirma:

> Deste modo, embora ao princípio seja de que as normas processuais tem vigência imediata, sendo por isso aplicáveis aos processos em tramite (casos pendentes), os atos praticados anteriormente à modificação do texto legal não podem ser modificadas pelo novo texto, pois consubstanciam ato jurídico perfeito, ou direito processual adquirido.

Entendemos portanto, ser inaplicável a nova ordem aos processos já em tramite por segurança jurídica, devendo ser respeitadas as regras de direito intertemporal, ou seja, as demandas devem ser apreciadas com o sistema normativo vigente no ato a época de sua distribuição, devendo ser respeitado o direito intertemporal não onerando a parte que não poderia prever o alcance e alteração legislativa no curso da ação.

---

(17) Disponível em: <www.previdência.gov.br>.
(18) <www.pisosalarial.com.br> – análise dos dados de piso salarial 2017 – Ministério do Trabalho – salários 2018.
(19) DELGADO, Mauricio Godinho; DELGADO, Gabriela Neves. *A Reforma Trabalhista no Brasil com comentários à Lei n. 13.467/2017*. São Paulo: LTr, 2017. p. 325.
(20) FILHO, Manoel Antônio Teixeira. *Comentários ao Novo Código de Processo Civil*. São Paulo: LTr, 2015. p. 4.

6. CONCLUSÃO

Portanto, extrai-se dessa digressão que toda mudança exige adaptação. Nós da seara trabalhista estamos em profunda adaptação ao novo modelo processualístico.

Há imperiosa necessidade de que os órgãos judicantes se valham da sistemática processual comum, que há muitos anos cuidam do tema de honorários advocatícios e honorários sucumbenciais, e que tem jurisprudência assente no sentido do decaimento mínimo da pretensão.

Não fosse apenas esse norte processual comum, há que sopesar a situação do jurisdicionado trabalhista, que em regra são pessoas que estão experimentando sensível fragilidade econômica impactado pelo desemprego.

A nova ordem deve ser aplicada à luz dos preceitos constitucionais, especificamente os direitos e as garantias individuais elencadas no art. 5º da CRFB/88, sob pena de desnecessidade, como há muitos anos pretende o Poder Executivo, da existência da Justiça do Trabalho.

Aplicar literalmente a letra da lei sem a análise do conjunto das normas, interdisciplinaridade do direito é fomentar o medo e resistência ao Poder Judiciário Trabalhista. Diga-se, esta com finalidade de pacificação social e proteção ao economicamente mais vulnerável em sociedade.

Como ensinou Aristóteles: "a virtude está no meio termo". Dessa afirmativa, cabe ao Poder Judiciário Trabalhista, por certo, evitar as lides temerárias e a utilização do processo para auferir um rendimento extra. Nesse aspecto, podemos afirmar que houve um avanço social na questão de eliminação de demandas com conotação de "vantagens".

Mas, não podemos punir os trabalhadores que foram atingidos por violações de normas contratuais trabalhista e que temem buscar da tutela jurisdicional em decorrência de condenação em verba honorária e sucumbencial, indistintamente, sem a análise do caso concreto e observância do acesso à justiça. Caso se torne uma prática comum de nosso Poder Judiciário Trabalhista, estaremos em flagrante retrocesso social.

Ademais, o próprio texto do art. 790, § 3º, da CLT, faculta aos juízes declarar a gratuidade da justiça àqueles que percebam o salário igual ou inferior 40% (quarenta por cento) do limite máximo dos benefícios do Regime Geral de Previdência Social. Portanto, deve ser levado em consideração se o demandante trabalhador está auferindo ou não dita renda, sob pena de violação ao art. 5º, XXXV, da CRFB/88.

Entendemos que o § 4º, do art. 791-A, da CLT que condiciona o pagamento de verba honorária e sucumbencial, ainda que em outro processo, viola o art. 5º XXXV, CRB/88 e deve ser afastado pelos julgadores quando a prolação sentencial. Basta verificar que no processo comum a matéria já é pacificada estendendo à pessoa jurídica os benefícios da gratuidade da Justiça. No Processo Civil não há condenação de dita verba quando a pessoa jurídica ou física tiver êxito em outra demanda.

A redação do § 4º, do art. 791-A, da CLT, evidencia o impedimento do acesso à Justiça ao trabalhador! E há fundamento suficiente na Constituição Federal para declarar, via difusa, a inconstitucionalidade desse parágrafo.

Por fim, resta-nos afirmar que não há nenhuma objeção em trazer para o processo do trabalho o instituto dos honorários advocatícios e sucumbenciais, apenas propomos que Poder Judiciário Trabalhista ao aplicar o instituto se valha da vasta experiência do processo comum, que não deixa de deferir a gratuidade das justiça àqueles que comprovem a insuficiência financeira – inclusive para pessoas jurídicas, bem assim, que afasta dita condenação em caso de decaimento mínimo.

A mudança chegou! Mas, podemos e devemos adaptar-nos ao novel sistema processual, sem perder a historicidade e essencialidade da Justiça do Trabalho.

7. REFERÊNCIAS BIBLIOGRÁFICAS

ALMEIDA, Felipe Cunha de. *Honorários advocatícios contratuais. Ressarcimento e o princípio da reparação integral dos danos*. Porto Alegre/RS: Livraria do Advogado, 2017.

BOBBIO, Norberto. Tradução: COUTINHO, Carlos Nelson. *A era dos direitos*. Rio de Janeiro: Campus, 1992.

DELGADO, Mauricio Godinho. DELGADO, Gabriela Neves. *A reforma trabalhista no Brasil com comentários à Lei n. 13.467/2017*. São Paulo: LTr. 2017.

_____. *CLT Acadêmica e Profissional*. São Paulo: LTr, 2016.

FILHO, Manoel Antônio Teixeira. *O Processo do trabalho e a reforma trabalhista. As alterações introduzidas no processo do trabalho pela Lei n. 13.467/2017*. São Paulo: LTr, 2017.

_____. *Comentários ao novo Código de Processo Civil sob a perspectiva do processo do trabalho (Lei 13.105, de 16 de março de 2015)*. São Paulo: LTr, 2015.

GARCIA, Gustavo Filipe Barbosa. *CLT Comentada*. 3. ed. São Paulo: Método, 2018.

JUNIOR, Nelson Nery. *Princípios do processo civil na Constituição Federal*. 8. ed. São Paulo: Revista dos Tribunais, 2004.

FERRAZ JR., Tercio Sampaio. *Direito constitucional. Liberdade de fumar. Privacidade. Estado. Direito Humanos e outros temas*. Barueri/SP: Manole, 2007.

LEITE, Carlos Henrique Bezerra. *Curso de direito processual do trabalho*. 16. ed. São Paulo: Saraiva, 2018.

MAIOR, Jorge Luiz Souto. *Direito processual do trabalho. Efetividade. Acesso à justiça. Procedimento oral*. São Paulo: LTr, 1998.

MARINONI, Luiz Guilherme. ARENHART, Sérgio Cruz. MITIDIERO, Daniel. *Código de Processo civil comentado*. São Paulo: Revistas dos Tribunais, 2015.

PIOVESAN, Flávia. *Direitos Humanos e o Direito internacional*. 7. ed. São Paulo: Saraiva, 2006.

SCHIAVI, Mauro. *Manual de Direito processual do trabalho de acordo com o novo CPC. Reforma trabalhista – Lei n. 13.467/2017 e MP n. 808/2017*. 13. ed. São Paulo: LTr, 2018.

_____. *A Reforma Trabalhista e o Processo do Trabalho*. São Paulo: LTr, 2017.

ZOLLINGER, Márcia Brandão. Proteção Processual aos Direitos Fundamentais. Salvador/BA: Podivm, 2006.

DISTRIBUIÇÃO DO ÔNUS DA PROVA NO DIREITO PROCESSUAL DO TRABALHO

Maria Ivone Fortunato Laraia[1]

1. INTRODUÇÃO

A Lei n. 13.467 de 13 de julho de 2017, que altera a Consolidação da Leis do Trabalho – CLT, a fim de adequar a legislação às novas relações de trabalho, traz, sem qualquer sombra de dúvida, profundas mudanças na legislação trabalhista. Conhecida como a *Lei da Reforma Trabalhista*, introduz e altera vários artigos da Consolidação das Leis do Trabalho tanto em relação ao Direito Material do Trabalho, quanto em relação ao Processo do Trabalho.

Causadora de grandes polêmicas, mencionada lei é considerada por muitos como geradora da precarização das condições de trabalho e responsável por restringir o acesso dos trabalhadores ao judiciário e por outros, em sentido contrário, é muito elogiada, sob o argumento de que será responsável pela criação de inúmeros postos de trabalho e pela pacificação social porque reduzirá consideravelmente as ações trabalhistas.

Dentre as alterações trazidas pela reforma, a nova redação dada ao art. 818 da CLT, atualiza a regra da distribuição do ônus da prova, quando traz expressamente a regulamentação da distribuição estática e dinâmica do ônus da prova e certamente trará impactos positivos no Processo do Trabalho.

Pretende-se, com este estudo, fazer uma análise do ônus da prova no direito processual trabalhista, diante da alteração legislativa que deu uma nova redação ao art. 818 da CLT, bem como verificar a sua aplicação nos Tribunais Trabalhistas.

2. PROVAS E ÔNUS DA PROVA

As provas são meios pelos quais se pretende a demonstração da verdade dos fatos alegados no processo. Ensina Nelson Nery Junior[2] que provas são:

Meios processuais ou materiais considerados idôneos pelo ordenamento jurídico para demonstrar a verdade, ou não, da existência e verificação de um fato jurídico.

Será a partir da verdade alcançada através da prova produzida que o julgador formará a sua convicção e deferirá, ou não, os direitos pleiteados. Na visão de Osvaldo Alfredo Gozaini[3]:

> Con esta tendência se concreta la idea de uma sola versión para la verdad. Carnelutti elimina el mito de la verdad formal, para centrarla en los hechos que con la prueba se determinan. No se refiere al tipo de circunstancias que deben probarse, ni a la apreciación que sobre ellas se há de realizar, porque estas cuestiones dependen del sistema legal imperante. Com esta regla, el objeto de la prueba persigue la seguridade de encontrar en los relatos y afirmaciones una verdad única que permita llegar a la sentencia componiendo la litis con justicia y razón.

O princípio do devido processo legal, baseado no enunciado "ninguém será privado da liberdade ou de seus bens sem o devido processo legal" (art. 5º, LIV da CF/1988), acrescido do acesso à Justiça (art. 5º, XXXV da CF/1988), do contraditório e da plena defesa (art. 5º, LV da CF/1988), além dos princípios da efetividade e da duração razoável do processo, constituem as garantias processuais necessárias para sua correta interpretação e solução. Segundo José Afonso da Silva[4]:

> O princípio do devido processo legal entra agora no Direito Constitucional positivo com um enunciado que vem da Carta Magna inglesa: *ninguém será privado da liberdade ou de seus bens sem o devido processo legal* (art. 5º, LIV). Combinado com o direito de acesso à Justiça (art. 5º, XXXV) e o contraditório e a plenitude

---

(1) Especialista e Mestre em Direito do Trabalho pela Pontifícia Universidade Católica de São Paulo (PUC-SP). Professora de Direito do Trabalho e Direito Processual do Trabalho da PUC/SP, no curso de Especialização. Advogada trabalhista.

(2) NERY JUNIOR, Nelson, Rosa Maria Andrade Nery. *Código de Processo Civil Comentado*. 4. ed. rev. e ampl. São Paulo: Revista dos Tribunais, 1999. p. 832.

(3) DIDIER JR., Fredie, Eduardo Ferreira Jordão, coordenadores. *Teoria do Processo: Panorama Doutrinário Mundial. La Verdad Y La Prueba por Osvaldo Alfredo Gozaini*. Salvador: JusPodium, 2007. p. 743.

(4) SILVA, José Afonso da. *Comentário Contextual à Constituição*. 2. ed. São Paulo: Malheiros, 2006. p. 154.

de defesa (art. 5º, LV), fecha-se o ciclo das garantias processuais. Garante-se o *processo*, e quando se fala em 'processo', e não em simples procedimento, alude-se, sem dúvida, a formas instrumentais adequadas, a fim de que a prestação jurisdicional, quando entregue pelo Estado, dê a cada um o que é seu, segundo os imperativos da ordem jurídica. E isso envolve a garantia do contraditório, a plenitude do direito de defesa, a isonomia processual e a bilateralidade dos atos procedimentais", conforme autorizada lição de Frederico Marques.

No Processo do Trabalho, o fundamento legal das provas está previsto nos arts. 818 a 830 da CLT. Todavia, até a reforma trabalhista, a doutrina e a jurisprudência complementavam mencionados dispositivos, com fundamento nos arts. 769 da CLT e 372 do CPC, com as disposições previstas para o tema no Código de Processo Civil.

Nos termos do art. 369 do CPC, a prova pode ser produzida por todos os instrumentos previstos em lei, desde que moralmente legítimos e não sejam por ela vedados, assegurando o princípio da atipicidade da prova. Habitualmente utilizamos como meio de prova, a prova documental, a confissão das partes, a prova testemunhal, perícias e inspeção judicial. Todavia, outros meios de prova podem ser criados para influir eficazmente na convicção do juiz, ainda que não especificado no CPC ou utilizado habitualmente com essa finalidade.

O objeto da prova são os fatos que se funda o pedido ou a defesa, eis que o Juiz conhece o direito (*juria novit curia*), todavia algumas exceções são verificadas quando a alegação se funda em direito municipal, estadual, estrangeiro e consuetudinário, os quais devem ter o teor e a vigência provados pela parte, se assim determinar o Juiz (art. 375 do CPC). O mesmo ocorre em relação às Convenções Coletivas de Trabalho, aos Acordos Coletivos de Trabalho, às Convenções da OIT não ratificadas e aos regulamentos de empresa.

Fatos notórios, afirmados por uma parte e confessados pela parte contrária, admitidos, no processo, como incontroversos (confissão real) e em cujo favor milita presunção legal de existência ou de veracidade, não precisam ser provados.

Em regra, é vedada a produção de prova ilícitas no processo, conforme previsto no art. 5º, LVI da CF/1988. No Processo do Trabalho, onde verificamos o princípio da proteção e a dificuldade na produção de algumas provas, a regra da vedação da utilização de provas ilícitas foi abrandada. A jurisprudência trabalhista, em algumas situações, quando se depara com a alegação de que a prova foi obtida de modo ilícito, se socorre do princípio da proporcionalidade (art. 8º do CPC de 2015) ou do princípio da ponderação, segundo o qual, os interesses devem ser sopesados, a fim de que a decisão proferida seja a mais justa para o caso concreto. Em relação ao tema da proibição da prova ilícita, Nelson Nery Junior[5] afirma que:

> A jurisprudência de nossos tribunais tem enveredado corretamente para a tese intermediária, encontrando a medida ideal para a aplicação do princípio da proporcionalidade, quando proclama que, "não se cuidando de interceptação de conversa telefônica ou de outro meio ilegal ou moralmente ilícito, mas simplesmente de reprodução de conversa mantida pelas partes e gravada por uma delas, há de ser esta gravação admitida como prova em juízo, a teor do CPC/1973 383 (CPC 422), independendo a admissibilidade da referida prova do conhecimento de sua formação pela outra parte.

O ônus da prova é um encargo atribuído pela lei às partes envolvidas no processo, que gera consequências na obtenção da pretensão posta em juízo. Nelson Nery Junior[6] define ônus de provar da seguinte forma:

> A palavra vem do latim, *onus*, que significa carga, fardo, peso, gravame. Não existe *obrigação* que corresponda ao descumprimento do ônus. O não atendimento do ônus de provar coloca a parte em desvantajosa posição para a obtenção do ganho de causa. A produção probatória, no tempo e na forma prescrita em lei, é ônus da condição de parte.

Entendemos que o ônus da prova não é uma penalidade, uma obrigação ou um dever, mas sim uma faculdade da parte em praticar determinado ato que, quando não praticado, gera como consequência, a preclusão. Quando um fato é alegado, é necessário prová-lo, razão pela qual, em regra, quem alega têm o ônus de provar suas alegações (art. 818 da CLT). Para cada fato alegado pela parte surge um ônus de prová-lo. Apesar da existência do ônus da prova, uma vez produzida, a prova pertence ao processo e poderá ser utilizada indistintamente, conforme esclarecido por Leonardo Tibo Barbosa Lima[7]:

> O ônus da prova surge, portanto, a cada alegação feita pelas partes. Todavia, a sua incumbência pode alterar durante o processo, antes ou depois da produção de prova. Entretanto, o Juiz só deve decidir com base

---

(5) NERY JUNIOR, Nelson, Georges Abboud. *Direito Constitucional Brasileiro. Curso Completo*. São Paulo: RT, 2017. p. 211.

(6) NERY JUNIOR, Nelson, Rosa Maria Andrade Nery. *Código de Processo Civil Comentado*. 4. ed. Revista e ampliada. São Paulo, Ed. Revista dos Tribunais, 1999. p. 835.

(7) LIMA, Leonardo Tibo Barbosa. *Lições de Direito Processual do Trabalho. Teoria e Prática*. Atualizado à luz do CPC de 2015 e da Reforma Trabalhista (Lei 13.467/17). 4. ed. São Paulo: LTr, 2017, p. 234.

no ônus da prova quando não tiver sido produzida a prova sobre um fato, porque, caso a prova tenha sido produzida, ela será do processo e não da parte, pelo princípio da aquisição (art. 371 do CPC de 2015). Dessa forma, se o ônus de provar determinado fato for de "A", mas a prova for feita por "B", o Juiz conhecerá da prova normalmente, sem qualquer empecilho.

Sendo assim, em um primeiro momento, o que se pretende é saber se o resultado da instrução processual foi completo ou não. Sendo completo o resultado, haverá o convencimento do juiz, e pouco importa saber quem produziu a prova ou de quem era o ônus probatório. Todavia, sendo incompleto o resultado da prova na instrução processual, pela ausência de provas, nasce o problema de saber quem tinha o ônus de produzi-la e não o fez. O ônus da prova, quando não houver provas no processo, será analisado pelo juiz que julgará de forma contrária àquele que detinha o ônus, todavia, dele não se desincumbiu.

3. ÔNUS DA PROVA NO DIREITO PROCESSUAL CIVIL

O art. 373 do Código de Processo Civil Brasileiro de 2015, que prevê a distribuição do ônus da prova, tem parentesco com os arts. 2.697 e 2.698 do Código Civil italiano. Nos termos do art. 2.697 e 2.698 do Código Civil italiano "Chi vuol far valere un diritto in giudizio deve provare i fatti che ne costituiscono il fondamento. Chi eccepisce l'inefficacia di tali fatti ovvero eccepisce che il diritto si e' modificato o estinto deve provare i fatti su cui l'eccezione si fonda." E ainda, "Sono nulli i patti con i quali è invertito ovvero è modificato l'onere della prova, quando si trata di diritti di cui le parti non possono disporre o quando l'inversione o la modificazione ha per effetto di rendere a una delle parti eccessivamente difficile l'esercizio del diritto."

Ambos os diplomas positivaram as regras estática e dinâmica de repartição do ônus da prova, semelhante ao que já havia sido adotado pelo Código Civil português de 1966 (Código Civil português, art. 344[8], atualizado pela Lei n. 59/99, de 30/2006), como podemos verificar no § 1º do art. 373 do Código de Processo Civil Brasileiro de 2015.

A legislação esparsa brasileira, também já previa hipóteses de inversão do ônus da prova: a) no CDC[9], em favor do consumidor; b) no CDC[10], em matéria de publicidade o ônus é de quem patrocina; c) em ações judiciais de aposentadoria[11], em favor do segurado.

Como o juiz não pode deixa de decidir, aplicando-se o *non liquet*, as controvérsias são resolvidas através da utilização de critérios expressos na legislação processual. Esses critérios são as regras da distribuição do ônus da prova. São eles que justificam o fato de que mesmo quando o material probatório não é suficiente para esclarecer adequadamente os fatos alegados, seja pela falta de provas ou pela impossibilidade de saber qual foi a melhor prova, o juiz decida em desfavor daquele que tinha o ônus de provar e não o fez satisfatoriamente.

A distribuição do ônus da prova prevista no Código de Processo Civil pode ser estática ou dinâmica[12]. Pela distribuição estática, em regra a prova é da parte que alega os fatos, mas se o demandado alegar fatos modificativo, extintivos e impeditivos do direito do autor, será seu o ônus de provar tais fatos (art. 373, I e II do CPC de 2015). Já a distribuição dinâmica, será o juiz que irá atribuir o ônus da prova

---

(8) **CÓDIGO CIVIL PORTUGUÊS (Actualizado até à Lei n. 59/99, de 30/06), DECRETO-LEI N. 47 344, de 25 de novembro de 1966**

ART. 344 (Inversão do ônus da prova)

1. As regras dos artigos anteriores invertem-se, quando haja presunção legal, dispensa ou liberação do ônus da prova, ou convenção válida nesse sentido, e, de um modo geral, sempre que a lei o determine.

2. Há também inversão do ônus da prova, quando a parte contrária tiver culposamente tornado impossível a prova ao onerado, sem prejuízo das sanções que a lei de processo mande especialmente aplicar à desobediência ou às falsas declarações.

(9) art. 6º, VIII, do CDC "Art. 6º São direitos básicos do consumidor: (...) VIII – a facilitação da defesa de seus direitos, inclusive com a inversão do ônus da prova, a seu favor, no processo civil, quando, a critério do juiz, for verossímil a alegação ou quando for ele hipossuficiente, segundo as regras ordinárias de experiências;".

(10) art. 38, do CDC "Art. 38. O ônus da prova da veracidade e correção da informação ou comunicação publicitária cabe a quem as patrocina."

(11) § 1º do Art. 29-A da Lei n. 8.213/90 "Art. 29-A. O INSS utilizará as informações constantes no Cadastro Nacional de Informações Sociais – CNIS sobre os vínculos e as remunerações dos segurados, para fins de cálculo do salário-de-benefício, comprovação de filiação ao Regime Geral de Previdência Social, tempo de contribuição e relação de emprego. (...) § 1º O INSS terá até 180 (cento e oitenta) dias, contados a partir da solicitação do pedido, para fornecer ao segurado as informações previstas no *caput* deste artigo."

(12) Para Leonardo Tibo Barbos Lima, são três: "estática, dinâmica e invertida" (...) "Distribuição invertida ou inversão do ônus da prova. A inversão do ônus da prova é uma técnica aplicada à produção da prova. Ela está prevista no art. 6º, VIII, do CPC, e agora também no art. 373, § 3º, do CPC de 2015.". LIMA, Leonardo Tibo Barbosa. *Lições de Direito Processual do Trabalho. Teoria e Prática*. Atualizado à luz do CPC de 2015 e da Reforma Trabalhista (Lei n. 13.467/2017). 4. ed. São Paulo: LTr, 2017. p. 235.

não a quem alega, mas sim a quem tem melhores condições de produzir a prova (art. 373, § 1º, do CPC de 2015).

4. ÔNUS DA PROVA NO DIREITO PROCESSUAL TRABALHISTA. ALTERAÇÃO DA REDAÇÃO DO ART. 818 DA CLT

A redação anterior à reforma trabalhista, era incompleta, não abarcando as situações em que inexistia prova nos autos ou as hipóteses em que houve a produção satisfatória de provas por ambas as partes, todavia elas estavam conflitantes. Segundo a redação antiga do art. 818 da Consolidação das Leis do Trabalho, "a prova das alegações incumbe à parte que as fizer".

Inegável que o art. 818 da CLT não resolvia as regras do ônus da prova. O novo texto da Reforma Trabalhista, dado pela Lei n. 13.467/2017, inspirado na doutrina e na jurisprudência vigente, incorporou ao processo trabalhista as disposições do art. 373 do CPC/2015, tanto em relação a distribuição estática (incisos I e II), quanto em relação a distribuição dinâmica do ônus da prova (§ 1º). A Reforma Trabalhista, neste particular, não fez mais que alterar o texto legal do art. 818 da CLT, para constar expressamente o que o direito processual civil já havia pacificado e o que a jurisprudência trabalhista utilizava em sua grande maioria. Mesmo antes da alteração efetuada pela reforma trabalhista, o Tribunal Superior do Trabalho, por meio da IN n. 39, já havia entendido que os §§ 1º e 2º do art. 373 do CPC eram aplicáveis ao processo trabalhista.

A seguir, comparamos o texto do art. 373 do CPC/2015 e a nova redação do art. 818 da Consolidação das Leis do Trabalho, após a Reforma Trabalhista:

Art. 373 do CPC 2015	Art. 818 da CLT, após a Reforma Trabalhista
Art. 373. O ônus da prova incumbe:	Art. 818. O ônus da prova incumbe:
I – ao autor, quanto ao fato constitutivo do seu direito;	I – ao reclamante, quanto ao fato constitutivo do seu direito;
II – ao réu, quanto à existência de fato impeditivo, modificativo ou extintivo do direito do autor.	II – ao reclamado, quanto à existência de fato impeditivo, modificativo ou extintivo do direito do reclamante.
§ 1º Nos casos previstos em lei ou diante de peculiaridades da causa relacionadas à impossibilidade ou à excessiva dificuldade de cumprir o encargo nos termos do *caput* ou à maior facilidade de obtenção da prova do fato contrário, poderá o juiz atribuir o ônus da prova de modo diverso, desde que o faça por decisão fundamentada, caso em que deverá dar à parte a oportunidade de se desincumbir do ônus que lhe foi atribuído.	§ 1º Nos casos previstos em lei ou diante de peculiaridades da causa relacionadas à impossibilidade ou à excessiva dificuldade de cumprir o encargo nos termos deste art. ou à maior facilidade de obtenção da prova do fato contrário, poderá o juízo atribuir o ônus da prova de modo diverso, desde que o faça por decisão fundamentada, caso em que deverá dar à parte a oportunidade de se desincumbir do ônus que lhe foi atribuído.
§ 2º A decisão prevista no § 1º deste art. não pode gerar situação em que a desincumbência do encargo pela parte seja impossível ou excessivamente difícil.	§ 2º A decisão prevista no § 1º deste art. deverá ser proferida antes da abertura da instrução e, a requerimento da parte, implicará o adiamento da audiência e possibilitará provar os fatos por qualquer meio em direito admitido.
§ 3º A distribuição diversa do ônus da prova também pode ocorrer por convenção das partes, salvo quando:	§ 3º A decisão referida no § 1º deste art. não pode gerar situação em que a desincumbência do encargo pela parte seja impossível ou excessivamente difícil.
I – recair sobre direito indisponível da parte;	Sem correspondente ao § 3º do CPC/2015
II – tornar excessivamente difícil a uma parte o exercício do direito.	
§ 4º A convenção de que trata o § 3º pode ser celebrada antes ou durante o processo.	Sem correspondente ao § 4º do CPC/2015

A reforma trabalhista corretamente normatizou uma prática já verificada na jurisprudência durante a vigência dos Código de Processo Civil de 1939, 1973 e 2015 e afastou de vez a tese de que o art. 818 tinha uma redação simplificada propositalmente por parte do legislador, que tinha expressamente afastado a aplicação do CPC, pela falta de omissão em relação a esse tema. Conforme ressaltado pelo professor Homero Batista Mateus da Silva[13]:

1. (...). A expressão clássica do art. 818 original, no sentido de que a prova incumbe a quem fizer as alegações, foi objeto de profundas reflexões pela doutrina trabalhista, que invariavelmente atribuíam ao empregador o encargo de demonstrar os fatos, muitos deles negados, com documentação, perícias e testemunhos que ele supostamente estava mais propenso a fazer.

---

(13) SILVA, Homero Batista Mateus da. *Comentários à Reforma Trabalhista*. São Paulo: Editora Revista dos Tribunais, 2017. p. 151.

4.1. Distribuição estática do ônus da prova no direito processual trabalhista

A nova redação do art. 818 da CLT, assim como o Código de Processo Civil, ao distribuir o ônus da prova de forma estática, considerou dois aspectos: a) posição da parte na ação trabalhista (autor ou réu) e b) natureza dos fatos que fundamenta sua pretensão (constitutiva, extintiva, impeditiva ou modificativa).

A doutrina, assim como o art. 818 da CLT, classifica os fatos deduzidos quanto à natureza e os seus efeitos jurídicos produzidos, em constitutivos, modificativos, impeditivos ou extintivos.

Fato constitutivo é aquele que gera o direito pleiteado em juízo pelo autor. O titular do direito descreve o fato, enquadra em uma ou mais hipóteses normativas e formula os pedidos decorrentes. Nessa hipótese, cabe ao autor provar esse fato constitutivo de seu direito. Como exemplo de fatos constitutivos do direito, poderíamos pensar em um contrato verbal, firmado entre o autor e o réu, sem o devido registro em sua CTPS, com o inadimplemento de todas as verbas decorrentes do que foi acordado. Nessa hipótese, o réu pode utilizar-se da defesa direta negando todos os fatos alegados pelo autor e nessa hipótese, não pesaria sobre ele qualquer ônus de fazer prova, exceto em relação à eventuais contraprovas.

Todavia, o réu pode ainda, utilizar a defesa indireta, trazendo fatos novos em sua defesa, que não negam os fatos trazidos aos autos pelo autor, mas modificam, extinguem ou impedem o direito que o autor alega possuir. Nesse caso, será do réu o ônus de comprovar suas alegações. O réu poderá utilizar três tipos de fatos novos na defesa indireta: fatos extintivos, fatos impeditivos ou fatos modificativos do direito afirmado pelo autor.

Fato extintivo é o que retira a eficácia do fato constitutivo do direito do autor, como ocorre quando existe a comprovação do pagamento da verba pleiteada ou a comprovação de que ela já foi fulminada pela prescrição quinquenal.

Fato impeditivo é um fato de natureza negativa, que obsta a produção de efeitos ou o próprio direito do fato constitutivo, alegado pelo autor. Como exemplo temos a comprovação de que o pagamento do aviso prévio e da multa de 40% do FGTS pleiteados não são devidos, porque houve um pedido de demissão efetuado pelo autor, devidamente documentado de forma escrita na data da rescisão contratual.

Fato modificativo é aquele que pressupõe válido o direito, mas se comprovado alterará o direito. É o que ocorre quando o reclamado admite a prestação de serviços do autor, mas em uma modalidade contratual diversa da do vínculo de emprego, como por exemplo o trabalho autônomo.

Verificamos que a Reforma Trabalhista adotou expressamente a concepção estática do ônus da prova, todavia como essa regra não abarca algumas situações, diante dos diversos obstáculos em relação à produção da prova, acrescentou a distribuição dinâmica do ônus da prova, com a possibilidade da sua inversão (§ 1º do art. 818 da CLT).

4.2. Distribuição dinâmica do ônus da prova no direito processual trabalhista

A Jurisprudência dos Tribunais, em algumas situações, já mitigava as regras clássicas do ônus da prova, invertendo o ônus da prova a partir da aplicação do art. 6º, VIII do CPC, diante da condição de hipossuficiência do empregado em relação ao empregador, ou com fundamento no art. 852-D da CLT, que estabelece que "o juiz dirigirá o processo com liberdade para determinar as provas a serem produzidas, considerando o ônus probatório de cada litigante, podendo limitar ou excluir as que considerar excessivas, impertinentes ou protelatórias, bem como para apreciá-las e dar especial valor às regras de experiência comum ou técnica", em busca da verdade real.

A teoria das cargas probatórias foi estudada e desenvolvida na Argentina, por Jorge Walter Peyrano e Julio O. Chieppini. Conforme mencionados juristas argentinos, era utilizada pela jurisprudência a regra da carga probatória estática, que muitas vezes eram insuficientes e inadequadas, todavia, modernamente as decisões judiciais procuravam aplicar a justiça ao caso, nascendo as regras acerca da carga da prova [14]:

> *Hasta tiempos no demasiado distantes, el tema no se prestaba a mayores sutilezas. Básicamente, las reglas de la carga probatoria seguían siendo estáticas y no eran otras que las arriba reseñadas, em cuanto a lo fundamental. Pero, ya más modernamente, la práxis – uma vez más – alertó a la doctrina respecto de que dichas bases resultaban a veces insuficientes o bien inadecuadas. [...]*
>
> *Por ello fue que, paulatinamente y al impulso de decisiones judiciales que procuraban la justicia del caso, comenzaron a nacer reglas acerca de la carga de la prueba que, inclusive, desbordaron el encuadre que realizó del tema el legislador contemporáneo.*

Sobre os juristas Jorge Walter Peyrano e Julio O. Chieppini, Luiz Eduardo Boaventura Pacífico[15], destaca que:

---

(14) PEYRANO, Jorge Walter; CHIAPPINI, Julio O. Lineamentos de las cargas probatórias "dinâmicas". In: WHITE, Inés Lépori (Coord.). *Cargas probatórias dinâmicas*. Santa Fé: Rubinzal-Culzoni, 2008. p. 15-16.

(15) PACÍFICO, Luiz Eduardo Boaventura. *O ônus da prova*. 2. ed. São Paulo: RT, 2011. p. 222-223.

[...] o grande mérito do pioneiro estudo sobre o ônus dinâmico das provas, dos juristas argentinos Jorge W. Peyrano e Julio O. Chiappini, no ano de 1976, foi o de revelar essa orientação jurisprudencial e sintetizar o princípio que acaba sendo, rotineiramente, utilizado em tais procedentes: o ônus da prova deve recair sobre a parte que se encontre em melhores condições profissionais, técnicas ou fáticas para produzir a prova do fato controvertido.

A distribuição dinâmica do ônus da prova tem fundamento no princípio da aptidão da prova, autorizando a inversão do ônus estático. Pelo princípio da aptidão para a prova, o ônus da prova deve recair sobre aquele que puder produzi-la com maior facilidade, com o menor sacrifício, ou sem uma dificuldade excessiva, gerando uma igualdade substancial dos litigantes no processo.

A teoria do ônus dinâmico da prova é criticada por parte da doutrina e jurisprudência, sob o argumento de que majora os poderes do juiz na condução do processo, surpreende as partes no processo, causa insegurança jurídica e dificulta o contraditório. Em sentido diverso, Mauro Schiavi argumenta que:

"(...) a tendência do processo civil contemporâneo sinaliza na majoração dos poderes do juiz na instrução do processo. De outro lado, diante dos princípios da cooperação e boa-fé objetiva das partes, estas devem produzir as provas necessárias à descoberta da verdade. Além disso, os referidos princípios constitucionais da isonomia real, livre convicção do magistrado e acesso real à justiça impõem ao magistrado posturas destinadas a assegurar o equilíbrio do processo, bem como a produção da prova.

De outro lado, a moderna doutrina vem sustentando que o ônus da prova, além de ser regra de julgamento, é também uma regra de instrução processual, devendo o juiz, antes de realizar os atos instrutórios, analisar as teses da inicial e da defesa, bem como os fatos e as circunstâncias do processo, e fixar o ônus da prova à parte que esteja em melhores condições de produzi-la.

Trata-se, inegavelmente, de uma tendência mundial do processo de majoração dos poderes do juiz na direção do processo, a fim de que os litigantes sejam tratados com isonomia real e a justiça seja implementada com maior efetividade. Não se trata de arbítrio do juiz, pois terá que justificar, com argumentos jurídicos, sob o crivo do contraditório, diante das circunstâncias do caso concreto, a aplicação da carga dinâmica da produção da prova."[16]

A regra da distribuição dinâmica, prevista no § 2º do art. 373 do CPC, agora também vem expressa no § 1º do art. 818 da CLT, como já previsto pela IN n. 39 do TST. Ao utilizar essa regra, o julgador deverá, antes do momento da produção da prova, conferir oportunidade para a parte se desincumbir do ônus que lhe foi atribuído. Se proferida em audiência, a parte interessada poderá requerer o seu adiamento para possibilitar a produção da prova.

Essa inversão do ônus da prova, conforme expressa previsão legal, não pode "gerar situação em que a desincumbência do encargo pela parte seja impossível ou excessivamente difícil". Trata-se da chamada prova diabólica. A *probatio diabólica* pode ser verificada em algumas situações de hipossuficiência, em situações em que se exige prova de fato negativo ou de obstáculos na instrução processual originados pela parte adversa.

Na nova redação do art. 818 da CLT, não verificamos alteração correspondente ao § 3º do CPC/2015, eis que continua inaplicável a distribuição diversa do ônus da prova por convenção das partes, diante da incompatibilidade dessa regra processual civil ao processo do trabalho.

Mauro Schiavi entende que a teoria da carga dinâmica do ônus da prova, não se confunde com a inversão do ônus da prova, embora com ela tenha contatos, pois a inversão pressupõe a presença de critérios previstos na lei, e que exista uma regra pré-fixada para o ônus da prova, já a carga dinâmica se assemelha no princípio da aptidão para a prova, não necessitando a presença de verossimilhança da alegação do autor[17]. No mesmo sentido é o entendimento de Eduardo Cambi[18]:

(...) não há na distribuição dinâmica do ônus da prova uma inversão nos moldes previstos no art. 6º, inc. VIII do CDC, porque só se poderia falar em inversão caso o ônus fosse estabelecido prévia e abstratamente.

Não é o que acontece com a técnica de distribuição dinâmica, quando o magistrado, avaliando as peculiaridades do caso concreto, com base em máximas de experiência (art. 335 do CPC), irá determinar quais fatos devem ser provados pelo demandante e pelo demandado.

Em sentido contrário, entendimento que compartilhamos, Homero Batista não diferencia a teoria da carga dinâmica do ônus da prova e a inversão do ônus da prova, fundamentando que a inversão do ônus possui algumas

---

(16) SCHIAVI, Mauro. *A Reforma Trabalhista e o Processo do Trabalho: Aspectos Processuais da Lei n. 13.467/17*. 1. ed. São Paulo: LTr, 2017. p. 103 e 104.

(17) SCHIAVI, Mauro. *Manual de Direito Processual do Trabalho*. 12. ed. São Paulo: LTr, 2017. p. 709.

(18) CAMBRI, Eduardo. *A prova civil: admissibilidade e relevância*. São Paulo: RT, 2006. p. 341.

regras podendo estar prevista em lei ou ser decidida pelo juiz [19]:

A inversão possui algumas regras básicas, para não apanhar ninguém de surpresa nem tornar excessivamente difícil o encargo probatório:

a) depende de previsão em lei ou da constatação de impossibilidade ou de excessiva dificuldade; serve como exemplos casos em que o trabalhador faleceu e os dependentes não conseguem acessar documentos; atas de eleição e de funcionamento da CIPA ou do SESMET, bem assim o cronograma de metas do PPRA, que eventualmente podem ser obtidos junto à entidade sindical, mas que são mais facilmente encontradas no departamento pessoal da empresa, porque têm guarda obrigatória; documentos relacionados com quadro de carreira e planos de cargos e salários, que, embora possam ter sido depositados na Superintendência Regional do Trabalho ou na entidade sindical, acham-se em poder da direção da empresa; comprovante de salário do paradigma, pois o empregador detém toda documentação funcional do colega, ao passo que o reclamante possui apenas informações verbais ou tem de contar coma boa vontade do colega de emprestar-lhe a carteira de trabalho para fotocópia;

b) depende de decisão prévia do juiz (o § 1º menciona decisão fundamentada, mas toda decisão há de ser fundamentada);

c) caso se trate de decisão tomada em audiência, uma ou inicial, provocará o adiamento da sessão, para o aparelhamento da parte;

d) a excessiva dificuldade de uma parte deve preferencialmente representar a "maior facilidade"da outra parte, o que parece se encaixar em todos os exemplos acima apresentados; no entanto, uma excessiva dificuldade não pode ser suprida por outra excessiva dificuldade (§ 3º), caso em que o juiz deverá ou se abster da inversão do ônus da prova ou julgar por outros meios cabíveis, inclusive por indícios e pelo uso da equidade (ambos assuntos esquecidos por muitos estudos de processo do trabalho).

Verificamos na jurisprudência temas recorrentes em matéria de inversão do ônus da prova, normalmente pelo fato de uma das partes deter a documentação comprobatória, ter maior facilidade na produção da prova ou, ainda, ter excessiva dificuldade na sua produção.

Entendemos que a inversão do ônus da prova, mesmo sendo uma exceção à regra adotada pelo sistema probatório, é necessária para que se possa atingir maior eficácia na busca da justiça das decisões judiciais, porque essa opção possibilita a busca da verdade real para a parte que dificilmente conseguiria comprovar suas alegações. A aplicação da teoria dinâmica, com a inversão do ônus da prova, possibilita o restabelecimento do equilíbrio processual entre as partes, diante da eliminação das diferenças de capacidade de produção da prova.

5. APLICAÇÃO DA DISTRIBUIÇÃO ESTÁTICA E DA DISTRIBUIÇÃO DINÂMICA DO ÔNUS DA PROVA NO PROCESSO DO TRABALHO

As regras processuais, relativas ao ônus da prova previstas no Código de Processo Civil, são habitualmente utilizadas no Direito Processual Trabalhista, para que se entregue a tutela efetiva dos direitos materiais aos trabalhadores. Nos Tribunais Trabalhistas, verificamos alguns exemplos sobre a distribuição estática e dinâmica da carga probatória, por meio de algumas súmulas, o que só vem a comprovar sua aplicabilidade antes mesmo da nova redação do art. 818 da CLT.

É o que verificamos em relação a equiparação salarial, típico exemplo de distribuição estática do ônus da prova, onde "é do empregador o ônus da prova do fato impeditivo, modificativo ou extintivo da equiparação salarial" (Súmula n. 6, VIII, do TST). O empregado irá fazer prova do fato constitutivo de seu direito, ou seja, da mesma função desenvolvida, que o trabalho era contemporâneo com o paradigma, foi prestado ao mesmo empregador e na mesma localidade. A empresa por sua vez, irá fazer prova em relação a uma alegação de maior produtividade e perfeição técnica do paradigma, a existência de quadro de carreira ou da adoção, por meio de norma interna da empresa ou de negociação coletiva, plano de cargos e salários, e o tempo de serviço para o mesmo empregador, que antes da reforma trabalhista, não seja superior a dois anos na função em comparação com o paradigma, e, após a reforma trabalhista, não seja superior a quatro anos no serviço e a diferença de tempo na função não seja superior a dois anos do paradigma (art. 461, §§ 1º e 2º da CLT).

Outro exemplo, é o vale-transporte, onde temos a previsão de que "É do empregador o ônus de comprovar que o empregado não satisfaz os requisitos indispensáveis para a concessão do vale-transporte ou não pretenda fazer uso do benefício "(Súmula n. 460 do TST).

Em relação duração do trabalho, em algumas ocasiões verificamos a aplicação da distribuição dinâmica do ônus da prova, diante da inegável dificuldade do trabalhador provar suas alegações. Nos termos da Súmula n. 338 do TST, III, a distribuição do ônus considera a aptidão da prova: "os cartões de ponto que demonstram horários de entrada e saída uniformes são inválidos como meio de prova, invertendo-se o ônus da prova, relativo às horas extras, que passa a ser do empregador, prevalecendo a jornada da

---

(19) SILVA, Homero Batista Mateus da. *Comentários à Reforma Trabalhista*. São Paulo: Editora Revista dos Tribunais, 2017. p. 152.

inicial se dele não se desincumbir". A orientação da Súmula é no sentido de que o empregado não marca o controle de jornada todos os dias no mesmo horários, eis que seria impossível mencionado procedimento com tamanha precisão. São os chamados cartões de ponto britânicos, esclarecendo que o empregado deverá impugnar mencionada anotação e pontuar que são inválidos por não refletir a jornada efetivamente laborada. Caso contrário, mesmo tendo a reclamada juntado cartões britânicos e não tendo o empregado impugnado o seu conteúdo, serão considerados como válidos.

No mesmo sentido, a Súmula n. 212 do TST dispõe que: "O ônus de provar o término do contrato de trabalho, quando negados a prestação de serviço e o despedimento, é do empregador, pois o princípio da continuidade da relação de emprego constitui presunção favorável ao empregado."O ônus foi invertido diante da presunção de que o empregado, parte hipossuficiente da relação tende a permanecer no emprego e com fundamento no princípio da continuidade da relação de emprego.

A Súmula n. 443 do TST, por sua vez, presume que a dispensa foi discriminatória em algumas situações e inverte o ônus da prova, pacificando o entendimento de que "Presume-se discriminatória a despedida de empregado portador do vírus HIV ou de outra doença grave que suscite estigma ou preconceito. Inválido o ato, o empregado tem direito à reintegração no emprego."

A doutrina cita como exemplos de matérias de inversão do ônus da prova, temas de saúde e segurança do trabalho, danos morais, materiais e estéticos, diante da dificuldade do autor da ação produzir a prova, bem como do melhor aparelhamento da empresa para a sua produção. Sobre a inversão do ônus da prova, em tema de saúde e segurança, Francisco Meton Marques de Lima, comenta que:

> Ignorando essa vontade da lei, muito juízes, nas reclamações de adicional de periculosidade ou insalubridade, determinam que o reclamante providencie a perícia; como ele não pode pagar perito, seu direito se perde. Ora, se as condições narradas caracterizam o trabalho insalubre ou perigoso, relacionadas nos normativos como tais, cabe ao empregador o ônus da prova em contrário. Aliás, nem se trata de inversão, mas de ônus de provar o fato impeditivo, modificativo ou extintivo do direito do autor. Se o trabalhador alega que operava uma caldeira e requer adicional de insalubridade por excesso de calor e o empregador contesta afirmando que a caldeira não é quente, ou que algum equipamento neutraliza o calor, cabe a ele provar, porque, de ordinário, caldeira é quente. Mas não escanchar sobre o hipossuficiente esse ônus[20].

Importante consignar, que o art. 611-A da CLT, incluído pela Lei n. 13.467/2017 e alterado pela MP n. 808/2017, dispõe que o negociado irá prevalecer sobre o legislado, observados os incisos II e VI do *caput* do art. 8º da Constituição Federal, na "modalidade de registro de jornada de trabalho" (inciso X) e no "enquadramento do grau de insalubridade e prorrogação de jornada e locais insalubres" (inciso XII). Todavia, não houve nenhuma alteração nos arts. 74 e 193 da CLT, quanto à exigência de manutenção de registros escritos do horário e em relação à realização de perícia. Dessa forma, havendo uma negociação coletiva entre as partes deverá o juiz na instrução processual observar os parâmetros legais da legislação trabalhista, sob pena de nulidade, na forma do art. 9º da CLT.

Algumas hipóteses de inversão do ônus da prova admitidas no Processo do Trabalho são previstas concretamente em decisões sumuladas do TST e **sempre** que não estiverem previstas, mas forem determinadas pelo magistrado, haverá a necessidade de conferir oportunidade às partes, sendo designada nova data de audiência para possibilitar a produção de provas e a ampla defesa.

6. CONCLUSÃO

Verificamos que a nova redação dada ao art. 818 da CLT pela Lei n. 13.467/2017, atualiza a regra da distribuição do ônus da prova e traz impactos positivos no Processo do Trabalho. Busca pacificar a controvérsia existente, adotando norma processual expressa em relação a distribuição estática e dinâmica do ônus da prova, a exemplo das normas previstas no CPC/2015.

Corretamente altera o texto legal trabalhista, preservando a coerência, harmonia e completude do ordenamento em relação ao código de processo civil, nos exatos termos do art. do art. 769 da CLT e art. 15 do Código de Processo Civil. Isso porque já havia a expressa previsão do art. 769 da CLT, que prevê a utilização subsidiária do Direito Processual Comum, abrangendo as regras de ônus da prova do Código de Processo Civil e do Código de Defesa do Consumidor. No mesmo sentido, o art. 15 do Código de Processo Civil dispõe que na ausência de normas que reguem o processo trabalhista, suas disposições serão aplicadas supletiva e subsidiariamente, o que inclui as regras de ônus da prova.

A nova redação dada pela Lei n. 13.467/2017 ao art. 818 da CLT, que traz ao Processo do Trabalho a possibilidade da inversão do ônus da prova, possibilita a igualdade substancial entre as partes no processo e constata que elas apresentam condições diferenciadas no momento da produção das provas. A ampliação dos poderes do juiz do trabalho no momento da distribuição do ônus da prova, confere

---

(20) LIMA, Francisco Meton Marques de. *Reforma trabalhista: entenda ponto por ponto*/ Francisco Meton Marques de Lima, Francisco Péricles Rodrigues Marques de Lima. São Paulo: LTr, 2017. p. 131.

ao trabalhador a possibilidade de acesso a provas que antes não seria possível produzir. Como já mencionado, a aplicação da teoria dinâmica com a inversão do ônus da prova, possibilita o restabelecimento do equilíbrio processual entre as partes, diante da eliminação das diferenças de capacidade de produção da prova. Assim, são respeitados os princípios do devido processo legal, do acesso à justiça, do contraditório e da plena defesa, à luz dos art. 5º, LIV, XXXV, LV da CF/1988, além dos princípios da efetividade e da duração razoável do processo.

As decisões encontradas até o presente momento, a respeito do tema, ainda não são suficientes para afastar a incerteza quanto ao procedimento a ser seguido em relação a aplicação do ônus da prova no Processo do Trabalho. Até que haja uma nova definição sobre o tema, devemos ter cautela e acompanhar toda a evolução doutrinária e jurisprudencial.

7. REFERÊNCIAS BIBLIOGRÁFICAS

ALMEIDA, Cleber Lúcio de. *Direito processual do trabalho.* Belo Horizonte: Del Rey, 2006.

CAMBRI, Eduardo. *A prova civil: admissibilidade e relevância.* São Paulo: RT. 2006.

CASSAR, Vólia Bomfim, Leonardo Dias Borges. *Comentários à reforma trabalhista.* São Paulo: Método, 2107.

DELGADO, Mauricio Godinho, Gabriela Neves Delgado. *A reforma trabalhista no Brasil:* com os comentários à Lei n. 13.467/2017. São Paulo: LTr, 2017.

DIDIER JR., Fredie; JORDÃO, Eduardo Ferreira (Coord.). *Teoria do processo:* Panorama doutrinário mundial. Salvador: JusPodium, 2007.

DINAMARCO, Cândido Rangel. *Instituições de direito processual civil.* Tomo III. 6. ed. São Paulo: Malheiros, 2009.

GIGLIO, Wagner D. e Claudia Giglio Veltri Corrêa. *Direito processual do trabalho.* 15. ed. São Paulo: Saraiva, 2005.

LEITE, Carlos Henrique Bezerra. *Curso de direito processual do trabalho.* 4. ed. São Paulo: LTr, 2006.

LIMA, Francisco Meton Marques de. *Reforma trabalhista:* entenda ponto por ponto/Francisco Meton Marques de Lima, Francisco Péricles Rodrigues Marques de Lima. São Paulo: LTr, 2017.

LIMA, Leonardo Tibo Barbosa. *lições de direito processual do trabalho. Teoria e prática.* Atualizado à luz do CPC de 2015 e da Reforma Trabalhista (Lei n. 13.467/17). 4. ed. São Paulo: LTr, 2017.

MARTINS, Juliane Caravieri. *Reforma trabalhista em debate:* direito individual, coletivo e processual do trabalho. Juliane Caravieri Martins, Magno Luiz Barbosa, Zélia Maria Cardoso Montal, (Orgs.). São Paulo: LTr, 2017.

MANUS, Pedro Paulo Teixeira. A celeridade não se alcança sem mecanismos de solução extrajudicial. In: *Revista Consultor Jurídico.* 30.01.2015.

NASCIMENTO, Amauri Mascaro. *Curso de direito processual do trabalho.* 22. ed. rev. e atual. São Paulo: Saraiva, 2007.

NAHAS, Thereza. *CLT Comparada urgente.* Thereza Nahas, Leone Pereira, Raphael Miziara. São Paulo: RT, 2017.

NERY JUNIOR, Nelson, Rosa Maria Andrade Nery. *Código de Processo Civil comentado.* 4. ed. Revista e ampliada. São Paulo: RT, 1999.

NERY JUNIOR, Nelson, Georges Abboud. *Direito constitucional brasileiro. Curso completo.* São Paulo: RT, 2017.

PACÍFICO, Luiz Eduardo Boaventura. *O ônus da prova.* 2. ed. São Paulo: RT, 2011.

PEREIRA, Leone. *Manual de processo do trabalho.* São Paulo: Saraiva, 2011.

SARAIVA, Renato. *Curso de direito processo do trabalho.* 3. ed. São Paulo: Método, 2006.

PEYRANO, Jorge Walter; CHIAPPINI, Julio O. Lineamentos de las cargas probatórias "dinâmicas". In: WHITE, Inés Lépori (Coord.). *Cargas probatórias dinâmicas.* Santa Fe: Rubinzal-Culzoni, 2008.

SCHIAVI, Mauro. *A reforma trabalhista e o processo do trabalho:* aspectos processuais da lei n. 13.467/17. 1. ed. São Paulo: LTr, 2017.

_____. *Manual de direito processual do trabalho.* 12. ed. São Paulo: LTr, 2017.

SILVA, Homero Batista Mateus da. *Comentários à reforma trabalhista.* São Paulo: Editora Revista dos Tribunais, 2017.

SILVA, José Afonso da. *Curso de direito constitucional positivo.* 16. ed. São Paulo: Malheiros, 1999.

_____. *Comentário contextual à Constituição.* 2. ed. São Paulo: Malheiros, 2006.

A LITIGÂNCIA DE MÁ-FÉ NA JUSTIÇA DO TRABALHO APÓS A REFORMA TRABALHISTA

Leonel Maschietto[1]

1. INTRODUÇÃO

A previsão expressa do instituto da litigância de má-fé na CLT é aspiração antiga da comunidade juslaboralista, donde, inclusive já tivemos oportunidade de nos manifestarmos de forma mais aprofundada sobre essa questão[2].

O anseio é por demais justificado.

O judiciário trabalhista há tempos vem sendo criticado, principalmente pela morosidade de sua prestação jurisdicional, que é plenamente justificada ante a complexidade da sua natureza.

O elevado número de atos processuais, um dos principais causadores da morosidade judiciária, são garantias efetivamente legais, contra os quais nada se pode fazer, já que são atos de caráter meramente subjetivo de cada parte.

É que os mais amplos meios de prova, a pluralidade do grau de jurisdição entre outros fundamentos do direito processual, podem tornar o processo mais moroso, contudo, exclamam e requerem a prudência, vigilância e atenção dos juízes para conterem os eventuais abusos dessas conquistas.

Esses abusos são traduzidos pelos atos de litigância de má-fé e pela ausência de lealdade processual entre as partes e, por vezes, por seus procuradores.

Assim, a recente inserção trazida pela Lei n. 13.467/2017 (reforma trabalhista) objetiva maior rigidez dos magistrados trabalhistas na repressão aos atos de má-fé das partes e também forçará o melhor preparo e aperfeiçoamento técnico de parcela considerável dos operadores do direito, evitando-se assim a já reconhecida disseminação dos atos especulatórios e de má-fé e, por conseguinte, a efetiva ponderação na quantidade de processos distribuídos perante a Justiça do Trabalho.

Como informou em seu parecer o Deputado Rogério Marinho[3], relator do Projeto de Lei da Reforma Trabalhista, foram incorporadas *"normas que desestimulam a litigância de má-fé"*.

E ainda, segundo ele, *"a ideia contida nesses dispositivos é a de impedir as ações temerárias, ou seja, aquelas reclamações ajuizadas ainda que sem fundamentação fática e legal, baseada apenas no fato de que não há ônus para as partes e para os advogados, contribuindo, ainda, para o congestionamento da Justiça do Trabalho"*.

2. CONCEITO DE BOA-FÉ PROCESSUAL

A boa-fé é também um princípio norteador do direito processual do trabalho, embora alguns entendam ser princípio apenas do direito material, posição esta que não comungamos, já que o processo é o que dá amparo ao direito material, e para tal não prescinde dos mesmos princípios do direito do trabalho[4].

Nas palavras de Alfredo J. Ruprecht[5] os princípios do Direito do Trabalho são normas que inspiram a disciplina, tendo como objeto fazer que sejam concretamente aplicados os fins do Direito do Trabalho.

E estes fins ao nosso ver, tanto podem residir no campo do direito material, quanto no processual.

Conceituar boa-fé não se faz tarefa fácil, principalmente por se tratar de questão do ramo metafísico cuja existência varia de acordo com os juízos de valor de cada comunidade jurídica.

---

(1) Advogado. Especialista, Mestre e Doutor em Direito do Trabalho pela PUC/SP. Professor dos cursos de especialização em Direito do Trabalho da PUC-SP, FGV/GVLaw, ESA-OAB e do Instituto Êxito de pós-graduação. Autor dos livros *"A litigância de má-fé na Justiça do Trabalho"* e *"Direito ao descanso nas relações de trabalho"* (ambos pela LTr Editora).

(2) MASCHIETTO, Leonel. *A litigância de má-fé na Justiça do Trabalho*". São Paulo: Editora LTr, 2007.

(3) Disponível em: <http://www.camara.gov.br/proposicoesWeb/prop_mostrarintegra?codteor=1544961>.

(4) MASCHIETTO, Leonel. *A litigância de má-fé na Justiça do Trabalho*". São Paulo: Editora LTr, 2007. p. 19.

(5) RUPRECHT, Alfredo J. Os princípios do direito do trabalho. Tradução Edilson Alkmin Cunha. São Paulo: LTr, 1995. p. 05.

Na definição de Aurélio Buarque de Holanda Ferreira[6], a boa-fé nada mais é do que a certeza de agir com amparo da lei, ou sem ofensa a ela, com ausência de intenção. É a ausência de intenção dolosa. É sinceridade, lisura.

Primeiramente se faz necessário apontar as duas vertentes da boa-fé: a subjetiva e a objetiva.

– **boa-fé subjetiva**, envolve conteúdo psicológico, confundindo-se com o instituto da lealdade e fundamentada na própria consciência do indivíduo, que teria sua íntima e particular convicção, certa ou errada, acerca do Direito;

– **boa-fé objetiva**, instituto que engloba toda gama de valores morais da sociedade, adicionados à objetividade da atenta avaliação e estudo das relações sociais.

Vicente Greco Filho[7] sustenta que o Código partiu da ideia de que as partes em conflito, além do interesse material da declaração de seus direitos, exercem também importante função de colaboração com a justiça no sentido da reta aplicação da ordem jurídica. Todos devem colaborar com a administração da justiça, fazendo valer suas razões, mas sem o emprego de subterfúgios ou atitudes antiéticas.

Américo Plá Rodriguez[8] nomeia boa-fé como "boa-fé-lealdade", e a define como sendo a conduta da pessoa que considera cumprir realmente com o seu dever. Pressupõe uma posição de honestidade e honradez no comércio jurídico, porquanto contém implícita a plena consciência de não enganar, não prejudicar, nem causar danos.

Para De Plácido e Silva[9], sempre se teve boa-fé no sentido de expressar a intenção pura, isenta de dolo ou engano, com que a pessoa realiza o negócio ou executa o ato, certa de que está agindo na conformidade do direito, consequentemente, protegida pelos preceitos legais. Dessa forma, quem age de boa-fé está capacitado de que o ato de que é agente ou do qual participa, está sendo dentro do justo e do legal.

Rui Stoco[10] define a boa-fé fazendo uma divisão contendo dois sentidos. O primeiro ele define como "a boa-fé-lealdade", traduzindo-se pela honestidade, a lealdade e a probidade com a qual a pessoa condiciona o seu comportamento. O segundo sentido, citando Gorphe, é definido como "a boa-fé-crença", que se apresenta como a convicção na pessoa de que se comporta conforme o direito.

Numa definição bem mais completa, Maria Helena Diniz[11] assim ensina:

"BOA-FÉ: 1.

a) estado de espírito em que uma pessoa, ao praticar ato comissivo ou omissivo, está convicta de que age de conformidade com a lei;

b) convicção errônea da existência de um direito ou da validade de um ato ou negócio jurídico. Trata-se da ignorância desculpável de um vício do negócio ou da nulidade de um ato, o que vem atenuar o rigor da lei, acomodando-a à situação e fazendo com que se deem soluções diferentes conforme a pessoa esteja ou aja de boa-fé, considerando a boa-fé do sujeito, acrescida de outros elementos, como produtora de efeitos jurídicos na seara das obrigações, das coisas, no direito de família a até mesmo no direito das sucessões;

c) lealdade ou honestidade no comportamento, considerando-se os interesses alheios, e na celebração e execução dos negócios jurídicos;

d) propósito de não prejudicar direitos alheios".

Entendemos que o conceito jurídico da boa-fé de fato é sensitivo e deve expressar a forma como uma sociedade baliza seu senso comum de justiça, lealdade, honestidade, sinceridade, valorização da honra e acima de tudo respeito ao semelhante, seja na vida cotidiana, seja nas relações jurídicas.

Norberto Bobbio[12] em brilhante lição, assevera que a nossa vida se desenvolve em um mundo de normas. Acreditamos ser livres, mas na realidade, estamos envoltos em uma rede muito espessa de regras de conduta que, desde o nascimento até a morte, dirigem nesta ou naquela direção as nossas ações. A maior parte destas regras já se tornaram tão habituais que não nos apercebemos mais da sua presença. Porém, se observarmos um pouco, de fora, o desenvolvimento da vida de um homem através da atividade educadora exercida pelos seus pais, pelos seus professores e assim por diante, nos daremos conta que ele se desenvolve guiado por regras de conduta.

3. A LITIGÂNCIA DE MÁ-FÉ NO DIREITO BRASILEIRO ANTES DA REFORMA TRABALHISTA

O atual Código de Processo Civil (aprovado pela Lei Federal n. 13.105 de 16 de março de 2015) não foi o primeiro instrumento legal a reprimir os atos desleais e a litigância de má-fé.

---

(6) FERREIRA, Aurélio Buarque de Holanda. *Novo dicionário da língua portuguesa*. 2. ed. Rio de Janeiro: Nova Fronteira, 1996. p. 265.

(7) GRECO FILHO, Vicente. *Direito processual civil brasileiro*. 12. ed. São Paulo: Saraiva, 1996, p. 106. v. 1.

(8) RODRIGUEZ, Américo Plá. *Princípios de direito do trabalho*. 3. ed. São Paulo: LTr, 2000. p. 425.

(9) SILVA, De Plácido e. *Vocábulo jurídico*. Rio de Janeiro: Forense, 2006. p. 224.

(10) STOCO, Rui. *Abuso do direito e má-fé processual*. São Paulo: Revista dos Tribunais, 2002. p. 38.

(11) DINIZ, Maria Helena. *Dicionário jurídico*. São Paulo: Editora Saraiva, 1998. p. 422.

(12) BOBBIO, Norberto. *Teoria da norma jurídica*. 2. ed. Bauru-SP: EDIPRO, 2003. p. 23-24.

Dispensaremos maiores pormenores sobre a evolução histórica legal e trataremos diretamente da atual legislação processual repressora da litigância de má-fé e dos atos desleais.

Convém apenas salientar o preceituado por Valentino Aparecido de Andrade[13], no sentido de que as modificações e alterações ocorridas já lá no Código de Processo Civil de 1973 fez o instituto da litigância de má-fé experimentar um importante aperfeiçoamento em sua estrutura legal, com o objetivo de dotá-la de mecanismos que exerçam um controle ético-jurídico dos atos praticados no processo e buscar assegurar uma maior efetividade à prestação jurisdicional, como revela, por exemplo, a Lei Federal n. 10.358/2001.

Esse néctar dessa boa experiência também deverá ser degustado pela recente previsão legal do instituto da litigância de má-fé agora na CLT, pois ainda que o CPC já trata da matéria e sua aplicação deveria ser subsidiária na Justiça do Trabalho, a questão é que não era unânime o entendimento de que referidos dispositivos legais eram de aplicação pacífica e imediata.

Conforme bem salientam Vólia Bomfim Cassar e Leonardo Dias Borges[14] o TST-Tribunal Superior do Trabalho vinha acolhendo a tese da compatibilidade da litigância de má-fé ao processo do trabalho ou da penalidade pelo dano processual. Apesar disso, a aplicação da punição era tímida, em face da vulnerabilidade do trabalhador e do *ius postulandi*, até então cabível no processo do trabalho.

Homero Batista Mateus da Silva[15] pontua que houve resistências iniciais à aplicação do conceito de litigância de má-fé ao processo do trabalho, dado o silêncio da CLT e o caráter excepcional das normas regentes dessa matéria, com caráter restritivo de direitos e que, como todo processo de aplicação subsidiária, a transposição do CPC ao processo do trabalho foi moderada e raramente aplicada ao trabalhador.

Bem, o atual Código de Processo Civil dedicou o Capítulo II a tratar "dos deveres das partes e de seus procuradores".

A Seção I (arts. 77 e 78) cuida dos deveres das partes, a Seção II (arts. 79, 80 e 81) da definição de litigante de má-fé e da responsabilidade das partes por dano processual e na Seção III das despesas, dos honorários advocatícios e das multas, mais especificamente o art. 96 que prevê que o valor das sanções impostas ao litigante de má-fé reverterá em benefício da parte contrária.

Começamos pelo art. 77 do Código de Processo Civil, donde se esclarece, no nosso entender, o que se deve entender por lealdade processual e atos atentatórios à dignidade da Justiça.

Art. 77. Além de outros previstos neste Código, são deveres das partes, de seus procuradores e de todos aqueles que de qualquer forma participem do processo:

I – expor os fatos em juízo conforme a verdade;

II – não formular pretensão ou de apresentar defesa quando cientes de que são destituídas de fundamento;

III – não produzir provas e não praticar atos inúteis ou desnecessários à declaração ou à defesa do direito;

IV – cumprir com exatidão as decisões jurisdicionais, de natureza provisória ou final, e não criar embaraços à sua efetivação;

V – declinar, no primeiro momento que lhes couber falar nos autos, o endereço residencial ou profissional onde receberão intimações, atualizando essa informação sempre que ocorrer qualquer modificação temporária ou definitiva;

VI – não praticar inovação ilegal no estado de fato de bem ou direito litigioso.

§ 1º Nas hipóteses dos incisos IV e VI, o juiz advertirá qualquer das pessoas mencionadas no *caput* de que sua conduta poderá ser punida como ato atentatório à dignidade da justiça.

§ 2º A violação ao disposto nos incisos IV e VI constitui ato atentatório à dignidade da justiça, devendo o juiz, sem prejuízo das sanções criminais, civis e processuais cabíveis, aplicar ao responsável multa de até vinte por cento do valor da causa, de acordo com a gravidade da conduta.

§ 3º Não sendo paga no prazo a ser fixado pelo juiz, a multa prevista no § 2º será inscrita como dívida ativa da União ou do Estado após o trânsito em julgado da decisão que a fixou, e sua execução observará o procedimento da execução fiscal, revertendo-se aos fundos previstos no art. 97.

§ 4º A multa estabelecida no § 2º poderá ser fixada independentemente da incidência das previstas nos arts. 523, § 1º, e 536, § 1º.

§ 5º Quando o valor da causa for irrisório ou inestimável, a multa prevista no § 2º poderá ser fixada em até 10 (dez) vezes o valor do salário-mínimo.

§ 6º Aos advogados públicos ou privados e aos membros da Defensoria Pública e do Ministério Público não se aplica o disposto nos §§ 2º a 5º, devendo eventual responsabilidade disciplinar ser apurada pelo respectivo órgão de classe ou corregedoria, ao qual o juiz oficiará.

§ 7º Reconhecida violação ao disposto no inciso VI, o juiz determinará o restabelecimento do estado anterior, podendo, ainda, proibir a parte de falar nos autos até a purgação do atentado, sem prejuízo da aplicação do § 2º.

---

(13) ANDRADE, Valentino Aparecido de. *Litigância de má-fé*. São Paulo: Dialética, 2004. p. 131-132.
(14) CASSAR, Vólia Bomfim; BORGES, Leonardo Dias Borges. *Comentários à reforma trabalhista*. Rio de Janeiro: Forense; São Paulo: Método, 2017. p. 101.
(15) SILVA, Homero Batista Mateus da. *Comentários à reforma trabalhista*. São Paulo: Editora Revista dos Tribunais, 2017. p. 144.

§ 8º O representante judicial da parte não pode ser compelido a cumprir decisão em seu lugar.

Assevera Vicente Greco Filho[16] que todas essas normas podem ser reduzidas ao princípio básico de que todos devem colaborar com a administração da justiça, fazendo valer as suas razões, mas sem o emprego de subterfúgios ou atitudes antiéticas. Isto não quer dizer que a parte fique tolhida no exercício de todas as faculdades processuais; o que não pode é abusar do direito de exercê-las.

O art. 78 do CPC destaca o dever de urbanidade e a repressão às expressões injuriosas.

Senão vejamos:

Art. 78. É vedado às partes, a seus procuradores, aos juízes, aos membros do Ministério Público e da Defensoria Pública e a qualquer pessoa que participe do processo empregar expressões ofensivas nos escritos apresentados.

§ 1º Quando expressões ou condutas ofensivas forem manifestadas oral ou presencialmente, o juiz advertirá o ofensor de que não as deve usar ou repetir, sob pena de lhe ser cassada a palavra.

§ 2º De ofício ou a requerimento do ofendido, o juiz determinará que as expressões ofensivas sejam riscadas e, a requerimento do ofendido, determinará a expedição de certidão com inteiro teor das expressões ofensivas e a colocará à disposição da parte interessada.

Aliás, tal procedimento é também coibido pela Ordem dos Advogados do Brasil através de seu Tribunal de Ética, conforme podemos verificar na ementa abaixo transcrita:

"LINGUAGEM. AGRESSÃO VERBAL. COMPORTAMENTO ANTIÉTICO. E-897 – Agressões verbais no processo. Constitui procedimento antiético a utilização de forma escrita e oral, de expressões agressivas, sem relevância jurídica para a causa ou processo, contra a parte contrária. Configuram comportamento atentatório à dignidade da advocacia os ataques desnecessários, escritos ou verbais, na lide ou fora dela, que objetivem exclusivamente ofender, hostilizar ou humilhar. A eloquência e a energia dos argumentos ou afirmações independem da agressividade e devem se conter nos limites da austeridade, serenidade e moderação do magistério da advocacia. Os advogados se devem, mutuamente, nas lides forenses, lealdade e cortesia, imunes que precisam estar as paixões e rancores particulares dos seus constituintes. A insolência e o intuito tão somente gratuito de enxovalhar, agredir e pisotear a dignidade do adversário no processo estão ao desabrigo da imunidade judiciária, assegurada ao advogado no exercício profissional. V.U. Relator Dr. Elias Farah – 22.10.1992".[17]

O art. 79 dá início à Seção II, que trata da responsabilidade das partes pelo dano processual.

Para José Roberto dos Santos Bedaque[18] esse dispositivo contém um dos mais importantes e eficazes mecanismos para impedir a litigância de má-fé.

Assim é descrito o referido artigo

Art. 79. Responde por perdas e danos aquele que litigar de má-fé como autor, réu ou interveniente.

No próximo artigo há definição legal do litigante de má-fé, justamente na forma taxativa e objetiva com que são elencados os atos considerados de litigância de má-fé.

Vejamos o disposto no art. 80 do CPC:

Art. 80. Considera-se litigante de má-fé aquele que:

I – deduzir pretensão ou defesa contra texto expresso de lei ou fato incontroverso;

II – alterar a verdade dos fatos;

III – usar do processo para conseguir objetivo ilegal;

IV – opuser resistência injustificada ao andamento do processo;

V – proceder de modo temerário em qualquer incidente ou ato do processo;

VI – provocar incidente manifestamente infundado;

VII – interpuser recurso com intuito manifestamente protelatório.

Após serem elencados no próprio Código de Processo Civil (art. 80) os casos em que há efetivamente a observação da litigância de má-fé, o artigo posterior vem exatamente prever a consequência legal para tal ocorrência.

O art. 81 assim descreve:

Art. 81. De ofício ou a requerimento, o juiz condenará o litigante de má-fé a pagar multa, que deverá ser superior a um por cento e inferior a dez por cento do valor corrigido da causa, a indenizar a parte contrária pelos prejuízos que esta sofreu e a arcar com os honorários advocatícios e com todas as despesas que efetuou.

§ 1º Quando forem 2 (dois) ou mais os litigantes de má-fé, o juiz condenará cada um na proporção de seu respectivo interesse na causa ou solidariamente aqueles que se coligaram para lesar a parte contrária.

§ 2º Quando o valor da causa for irrisório ou inestimável, a multa poderá ser fixada em até 10 (dez) vezes o valor do salário-mínimo.

---

(16) GRECO FILHO, Vicente. *Direito processual civil brasileiro*. 12. ed. São Paulo: Saraiva, 1996, p. 106. v. 1.

(17) BARONI, Robison. *Julgados do tribunal de ética profissional* (Ementas e Pareceres). São Paulo: Departamento Editorial-OAB-SP, 1995. p. 266. v. II.

(18) BEDAQUE, José Roberto dos Santos. *Código de processo civil interpretado*. Antônio Carlos Marcato (Coord.). 2. ed. São Paulo: Atlas, 2005. p. 91.

§ 3º O valor da indenização será fixado pelo juiz ou, caso não seja possível mensurá-lo, liquidado por arbitramento ou pelo procedimento comum, nos próprios autos.

Para Cândido Rangel Dinamarco[19], todo esse sistema tem sido muito criticado, seja no tocante às figuras de ilícito estabelecidas, seja pela rudeza da exclusão do contraditório constitucionalmente assegurado, seja ainda pela ineficiência das ameaças legais de aplicar efetivamente essa sanção, escassas vezes cumpridas pelos juízes.

Há também uma série de outras hipóteses no Código de Processo Civil brasileiro sobre sanções à litigância de má-fé.

Vejamos quais:

- Art. 96 do CPC: Sanções contadas como custas em favor da parte contrária.
- Art. 142 do CPC: Simulação visando obter fim proibido por lei.
- Art. 258 do CPC: Citação por edital requerida dolosamente.
- Art. 294 e ss do CPC: Antecipação de tutela como sanção.
- Art. 334, § 8º do CPC: O não comparecimento injustificado do autor ou do réu à audiência de conciliação é considerado ato atentatório à dignidade da justiça.
- Art. 1.026, § 2º, § 3º e § 4º do CPC: Embargos de declaração protelatórios.
- Art. 774 do CPC: Atos atentatórios à dignidade da justiça no processo de execução.

Por fim, cumpre trazer à baila as lições de Ada Pellegrini Grinover[20], no sentido de que no Brasil, raríssimas são as aplicações de sanções ao litigante de má-fé, talvez porque a multa reverte em favor da parte prejudicada, caracterizando assim medida compensatória, na qual a dignidade da justiça não fica restabelecida. Por outro lado, é frequente atribuir a litigância de má-fé ao advogado, e não à parte, de modo que a sanção que recai sobre esta não pune o verdadeiro responsável[21].

4. A LITIGÂNCIA DE MÁ-FÉ NA JUSTIÇA DO TRABALHO DEPOIS DA REFORMA TRABALHISTA

A Lei n. 13.467/2017 que inseriu os dispositivos do instituto da litigância de má-fé na CLT, praticamente reproduziu literalmente a disposição legal contida no Código de Processo Civil (Lei n. 13.105/2015).

Porém "reproduziu parcialmente", eis que cometeu o grande erro de ignorar aquela disposição contida no art. 77 do Código de Processo Civil, que trata dos deveres das partes e de seus procuradores, dispondo sobre a lealdade processual e reprimindo os atos atentatórios à dignidade da Justiça.[22]

De qualquer forma, caminhou bem o legislador ao dispor no Texto Consolidado a questão da responsabilidade por dano processual, mais precisamente aqueles inerentes a litigância de má-fé, tão comumente observada na seara trabalhista.

Manoel Antonio Teixeira Filho[23] sustenta que é certo que, na prática, poderão existir aquelas "zonas cinzas", tomadas pela neblina da incerteza, em que o magistrado terá dificuldade em definir se o ato praticado pela parte ou por terceiro foi produto, ou não, de má-fé. Na dúvida, deverá concluir que não, pois a presunção ordinária é de que as partes e terceiros agem com boa-fé (*bona fides*).

Ainda que sustentem alguns que a inserção deste dispositivo fere o direito de ação e que "intimidará" e "limitará" o trabalhador no seu pleno exercício do direito de ação (CF, art. 5º, XXXV), e ainda que o Processo do Trabalho

---

(19) DINAMARCO, Cândido Rangel. *A reforma do Código de Processo Civil*. 3. ed., rev., amp. e atual. São Paulo: Malheiros Editores, 1996. p. 63.

(20) GRINOVER. Ada Pellegrini. Ética, abuso do processo e resistência às ordens judiciárias: o *contempt ou court*. In: *Revista de processo do IBDP*. Teresa Arruda Alvim Wambier. (Coord.). São Paulo: Revista dos Tribunais, ano 26, n. 102, abril-junho de 2001. p. 224.

(21) Sobre a questão da responsabilização do advogado ver: MASCHIETTO, Leonel. *A litigância de má-fé na Justiça do Trabalho*". São Paulo: LTr, 2007.

(22) *"Litigância de má-fé. Direito de defesa. O direito de defesa não é atividade de lazer. A lei adjetiva (CPC, art. 14) impõe o dever de lealdade e boa-fé, proibindo o uso da mentira e todo expediente capaz de artificializar a controvérsia. A defesa só é direito constitucional quando inserido no contexto da utilidade para a tutela de interesse validamente protegido. Não se faz defesa por capricho. O descumprimento a esse dever impõe a censura do art. 17 e a indenização autorizada pelo art. 18 do CPC"*. (TRT/2ª Região. Acórdão n. 20050144914 Turma: 06 Data Julg.: 15.03.2005 Data Pub.: 01.04.2005 Processo: 20050078466 Relator: Rafael E. Pugliese Ribeiro)

No mesmo sentido: I – TRT/2ª Região. Acórdão n. 20040704267 Turma: 10 Data Julg.: 07.12.2004 Data Pub.: 18.01.2005 Processo : 20040383614 Relator: Vera Marta Publio Dias; II – TRT/2ª Região. Acórdão n. 20050843022 Turma: 06 Data Julg.: 22.11.2005 Data Pub.: 13.12.2005 Processo : 20050108470 Relator: Rafael E. Pugliese Ribeiro; III – TRT/2ª Região. Acórdão n. 200601755898 Turma: 10 Data Julg.: 21.03.2006 Data Pub.: 04.04.2006 Processo: 20050829968 Relator: Edivaldo de Jesus Teixeira.

(23) TEIXEIRA FILHO, Manoel Antonio. *O processo do trabalho e a reforma trabalhista*. São Paulo: Editora LTr, 2017. p. 100.

tenha característica protetiva ao litigante mais fraco (comumente o trabalhador), é fato que se deva observar um certo equilíbrio entre as partes litigantes (principalmente os assistidos por advogados) e esse equilíbrio é denominado por Mauro Schiavi[24] de *"princípio da proteção temperada ao trabalhador"*.

O texto da reforma trabalhista inseriu a Seção IV-A ao Capítulo II do Título X (Da Responsabilidade por Dano Processual) com os arts. 793-A; 793-B; 793-C; 793-D à CLT conforme a seguir:

> Da Responsabilidade por Dano Processual
>
> Art. 793-A. Responde por perdas e danos aquele que litigar de má-fé como reclamante, reclamado ou interveniente.
>
> Art. 793-B. Considera-se litigante de má-fé aquele que:
>
> I – deduzir pretensão ou defesa contra texto expresso de lei ou fato incontroverso;
>
> II – alterar a verdade dos fatos;
>
> III – usar do processo para conseguir objetivo ilegal;
>
> IV – opuser resistência injustificada ao andamento do processo;
>
> V – proceder de modo temerário em qualquer incidente ou ato do processo;
>
> VI – provocar incidente manifestamente infundado;
>
> VII – interpuser recurso com intuito manifestamente protelatório.
>
> Art. 793-C. De ofício ou a requerimento, o juízo condenará o litigante de má-fé a pagar multa, que deverá ser superior a 1% (um por cento) e inferior a 10% (dez por cento) do valor corrigido da causa, a indenizar a parte contrária pelos prejuízos que esta sofreu e a arcar com os honorários advocatícios e com todas as despesas que efetuou.
>
> § 1º Quando forem dois ou mais os litigantes de má-fé, o juízo condenará cada um na proporção de seu respectivo interesse na causa ou solidariamente aqueles que se coligaram para lesar a parte contrária.
>
> § 2º Quando o valor da causa for irrisório ou inestimável, a multa poderá ser fixada em até duas vezes o limite máximo dos benefícios do Regime Geral de Previdência Social.
>
> § 3º O valor da indenização será fixado pelo juízo ou, caso não seja possível mensurá-lo, liquidado por arbitramento ou pelo procedimento comum, nos próprios autos.'
>
> Art. 793-D. Aplica-se a multa prevista no art. 793-C desta Consolidação à testemunha que intencionalmente alterar a verdade dos fatos ou omitir fatos essenciais ao julgamento da causa.
>
> Parágrafo único. A execução da multa prevista neste artigo dar-se-á nos mesmos autos.

4.1. Análise dos dispositivos e cotejo com o CPC

Como já asseveramos, alguns dispositivos foram cópias fiéis do CPC e outros as pequenas mudanças.

Iniciamos com o primeiro disposto legal trazido pela reforma trabalhista sobre o tema, ou seja o art. 793-A:

> Art. 793-A. Responde por perdas e danos aquele que litigar de má-fé como reclamante, reclamado ou interveniente.[25]

O artigo repete o CPC e apenas tem efeito adequatório na mudança, tratando de reclamante o autor e de reclamado é réu.

Nesse artigo há importante mensagem pedagógica, eis que já traz de cara a previsão legal, segundo nosso entender, em forma de alerta às partes.

Mauro Schiavi pontua em excelente obra sobre a Reforma Trabalhista que na linguagem popular, diz-se que o processo não é instrumento para se levar vantagem, por isso, todos os sujeitos que nele atuam, principalmente os atores principais (juiz, advogados, autores e réus), devem pautar-se acima de tudo pela ética e honestidade e que estes dispositivos ganham destaque na Justiça do Trabalho, como inibidores e sancionadores de condutas que violem os princípios da lealdade e boa-fé processual[26].

O artigo seguinte, ou seja, o art. 793-B, traz a definição objetiva das hipóteses de litigância de má-fé.

Por conseguinte, e ainda em decorrência do dever de agir com lealdade, são elencados no referido artigo os casos em que há efetivamente a observação da litigância de má-fé.

> Art. 793-B. Considera-se litigante de má-fé aquele que:
>
> I – deduzir pretensão ou defesa contra texto expresso de lei ou fato incontroverso;
>
> II – alterar a verdade dos fatos;
>
> III – usar do processo para conseguir objetivo ilegal;[27]

---

(24) SCHIAVI, Mauro. *A reforma trabalhista e o processo do trabalho*. São Paulo: LTr, 2017. p. 24.

(25) CPC: Art. 79. Responde por perdas e danos aquele que litigar de má-fé como autor, réu ou interveniente.

(26) SCHIAVI, Mauro. *A reforma trabalhista e o processo do trabalho*. São Paulo: LTr, 2017. p. 86.

(27) CPC: Art. 80. Considera-se litigante de má-fé aquele que:

I – deduzir pretensão ou defesa contra texto expresso de lei ou fato incontroverso;

II – alterar a verdade dos fatos;

III – usar do processo para conseguir objetivo ilegal;

IV – opuser resistência injustificada ao andamento do processo;

IV – opuser resistência injustificada ao andamento do processo;

V – proceder de modo temerário em qualquer incidente ou ato do processo;

VI – provocar incidente manifestamente infundado;

VII – interpuser recurso com intuito manifestamente protelatório.

Este art. 793-B é cópia absolutamente fiel ao art. 80 do CPC e para Francisco Antonio de Oliveira[28] o referido artigo e incisos de I a VII recepcionam o art. 80 e respectivos incisos do CPC.

Insta salientar que os preceitos inseridos no art. 793-B da CLT são diariamente afrontados pelas partes e seus procuradores e esse medida judicial se mostrava pertinente há tempo e podemos eleger, sem medo de errar, o caso específico do incido VII, que trata da interposição do recurso com intuito meramente protelatório.

Para Francisco Meton Marques de Lima e Francisco Péricles Rodrigues Marques de Lima[29] o inciso VII (e também o IV) se direciona *"basicamente aos empregadores, que, mesmo ciente de que são devedores, abusam do processo para massacrar o reclamante, objetivando desestimular outras demandas"* e que *"as empresas vão sair mais oneradas do processo, porque agora incidem sobre as condenações honorários advocatícios e dificilmente não se configurará a litigância de má-fé"*.

O que se poderia dizer daquelas reclamadas que recorreram da condenação de indenização de R$ 1,00 (um real)?[30] Estariam elas exercendo simplesmente o direito constitucional do duplo grau de jurisdição?

Somente a pretensão ou a defesa infundada produzida conscientemente contra texto expresso de lei configura a má-fé; apenas a alteração *propositai* da verdade dos fatos e a utilização do processo com finalidade de alcançar objetivo *sabidamente* ilegal caracterizam a deslealdade do agente.

Como já é sabido na prática trabalhista são comuns os casos em que a intenção de agir de modo desleal se manifesta. Pode-se citar, por exemplo, o caso daquele empregador que se recusou a receber intimação via postal, caso típico de oposição de resistência injustificada ao andamento do processo; o empregado que exagera na descrição de um suposto horário extraordinário objetivando com isso persuadir a empresa a oferecer uma proposta de acordo em valor mais elevado, alterando assim, a verdade dos fatos; a apresentação de contradita de testemunha, destituída de fundamento real, provocando incidente manifestamente infundado.

Também na ementa abaixo transcrita, há o claro, evidente e desprezível intuito protelatório da parte. Senão vejamos:

"AGRADO DE PETIÇÃO. DEVEDOR QUE IMPUGNA A PRÓPRIA CONTA. LITIGÂNCIA DE MÁ-FÉ. Sem prejuízo da multa aplicada pelo juízo de origem ao executado em virtude de atos atentatórios à dignidade da justiça (art. 601, CPC), cabe o reconhecimento *ex offício* da litigância de má-fé, com a condenação na indenização prevista nos arts. 16 e 18 do CPC, se o devedor, com indisfarçável escopo protelatório, interpõe agravo de petição no qual insiste em impugnar os cálculos por ele mesmo apresentados, alegando que sua própria conta não está em harmonia com o art. 606 do CPC e que os valores ali indicados estão eivados de erros". (TRT/2ª Região. Acórdão n. 20050575613 Turma:

V – proceder de modo temerário em qualquer incidente ou ato do processo;

VI – provocar incidente manifestamente infundado;

VII – interpuser recurso com intuito manifestamente protelatório.

(28) OLIVEIRA, Francisco Antonio de. *Reforma trabalhista. Comentários à Lei n.13.467 de 13 de julho de 2017*. São Paulo: Editora LTr, 2017. p. 82.

(29) LIMA, Francisco Meton Marques de; Lima, Francisco Péricles Rodrigues Marques de. *Reforma trabalhista. Entenda ponto a ponto*. São Paulo: LTr, 2017. p. 127.

(30) Trata-se do Processo TRT/2ª Região. RO 02767.2001.052.02.00-0 Turma: 01 Data Pub.: 03.12.2005 Relatora: Beatriz de Lima Pereira, no qual uma ex-empregada de um canal de televisão (uma outra emissora também compôs o polo passivo), onde exercia o cargo de editora e apresentadora de um telejornal, ingressou com ação na Justiça do Trabalho pedindo indenização por dano moral. De acordo com o processo, a apresentadora teve câncer de mama e, em virtude da doença, submeteu-se a mastectomia e a tratamento quimioterápico que provocou a queda total de seus cabelos. Segundo o relato da petição inicial, a reclamante não se afastou do trabalho e, diante da evidência física do mal que a acometera resolveu propor à direção da emissora que, "devidamente preparada pela equipe de maquiagem e figurino", permanecesse na apresentação do telejornal. Em resposta, ela teria recebido a afirmação de que "a novela Laços de Família acabou, a personagem morreu e a emissora não se presta a experiências". Para a apresentadora, os termos da rejeição à sua proposta teriam "extrapolado os limites do aceitável". Pediu, então, que a Justiça do trabalho reconhecesse o dano moral sofrido, e, "diante da impossibilidade da avaliação pecuniária da dor sofrida", a condenação simbólica de indenização correspondente a R$ 1. Contra a sentença do juízo de primeiro grau, que atendeu o pedido da apresentadora, as emissoras recorreram ao TRT-SP, donde a juíza Beatriz de Lima Pereira explanou que "melhor seria que as empresas recorrentes silenciassem sobre a matéria". Por fim, por unanimidade, os juízes da 1ª Turma acompanharam o voto da juíza Beatriz e mantiveram a condenação por dano moral às emissoras, com indenização de R$ 1, além de condenarem as emissoras por litigância de má-fé e ao pagamento de indenização no valor de R$ 25.000,00 (vinte e cinco mil reais) em favor do Hospital do Câncer de São Paulo.

04 Data Julg.: 23.08.2005 Data Pub.: 02.09.2005 Processo: 20050484910 Relator: Ricardo Artur Costa e Trigueiros)[31]

Segundo os professores Pedro Paulo Teixeira Manus e Carla Romar[32], não obstante o processo do trabalho seja um *processo de partes*, diferentemente do processo civil, que é um *processo de advogados*, óbvio que as partes devem agir com boa-fé, respondendo por danos causados à parte contrária por litigância de má-fé. Não há como confundir o desconhecimento das técnicas do processo com eventual cometimento de qualquer das faltas elencadas no CPC, que implicam na sanção prevista no próprio diploma legal.

Já o terceiro artigo inserido à CLT, o art. 793-C, prevê o seguinte:

Art. 793-C. De ofício ou a requerimento, o juízo condenará o litigante de má-fé a pagar multa, que deverá ser superior a 1% (um por cento) e inferior a 10% (dez por cento) do valor corrigido da causa, a indenizar a parte contrária pelos prejuízos que esta sofreu e a arcar com os honorários advocatícios e com todas as despesas que efetuou.

§ 1º Quando forem dois ou mais os litigantes de má-fé, o juízo condenará cada um na proporção de seu respectivo interesse na causa ou solidariamente aqueles que se coligaram para lesar a parte contrária.

§ 2º Quando o valor da causa for irrisório ou inestimável, a multa poderá ser fixada em até duas vezes o limite máximo dos benefícios do Regime Geral de Previdência Social.

§ 3º O valor da indenização será fixado pelo juízo ou, caso não seja possível mensurá-lo, liquidado por arbitramento ou pelo procedimento comum, nos próprios autos.[33]

O *caput* traz apenas uma diferença irrisória em relação do CPC quando trata da multa utilizando-se gramaticalmente de números cardinais para tratar da fração da multa (1 e 10), sendo que no CPC a descrição é apenas de numerais por extenso. Mas como dissemos, trata-se de diferença apena de forma ortográfica.

A diferença mais significativa está no § 2º, que prevê que quando o valor da causa for irrisório ou inestimável, a multa poderá ser fixada em até "**duas vezes o limite máximo dos benefícios do Regime Geral de Previdência Social**" (grifamos e negritamos), ao passo que o CPC prevê que a multa poderá ser fixada em até 10 (dez) vezes o valor do salário-mínimo. (grifamos)[34].

Ora, claro está que o legislador considerou as características peculiares do Judiciário Trabalhista e das partes envolvidas para abrandar a pena nesse tipo de situação em que o valor da causa for irrisório ou inestimável.

Importante salientar que o valor nada tem a verdade com a "simplicidade" ou "pequeno valor das demandas", como se observa em média no Judiciário Trabalhista, eis que se o ponto de partida fosse esse, a multa seria inócua em razão dos ínfimos valores.

Bem, em suma o art. 793-C determina que o juiz ou tribunal, de ofício ou a requerimento, condenará o litigante de má-fé a pagar multa sobre o valor da causa e a indenizar a parte contrária dos prejuízos que esta sofreu, mais os honorários advocatícios e todas as despesas que efetuou.

Trata-se de uma pena aplicada à parte, de natureza processual, que visa resguardar o respeito ao Poder Judiciário, punindo a má conduta daquele que infringe o dever de lealdade.

---

(31) No mesmo sentido:

I – TRT/2ª Região. Acórdão n. 20050546796 Turma: 07 Data Julg.: 18.08.2005 Data Pub.: 02.09.2005 Processo : 20030895779 Relator: Catia Lungov;

II – TRT/2ª Região. Acórdão n. 20060161633 Turma: 07 Data Julg.: 16.03.2006 Data Pub.: 24.03.2006 Processo : 20060012719 Relator: Catia Lungov.

(32) MANUS, Pedro Paulo Teixeira; ROMAR, Carla Teresa Martins. *CLT e legislação complementar*. 4. ed. São Paulo: Malheiros Editores, 2004. p. 261.

(33) CPC: Art. 81. De ofício ou a requerimento, o juiz condenará o litigante de má-fé a pagar multa, que deverá ser superior a um por cento e inferior a dez por cento do valor corrigido da causa, a indenizar a parte contrária pelos prejuízos que esta sofreu e a arcar com os honorários advocatícios e com todas as despesas que efetuou.

§ 1º Quando forem 2 (dois) ou mais os litigantes de má-fé, o juiz condenará cada um na proporção de seu respectivo interesse na causa ou solidariamente aqueles que se coligaram para lesar a parte contrária.

§ 2º Quando o valor da causa for irrisório ou inestimável, a multa poderá ser fixada em até 10 (dez) vezes o valor do salário-mínimo.

§ 3º O valor da indenização será fixado pelo juiz ou, caso não seja possível mensurá-lo, liquidado por arbitramento ou pelo procedimento comum, nos próprios autos.

(34)

Multa pela CLT, conforme § 2º Art. 793-C.	Até R$ 11.291,60 (até duas vezes o limite máximo dos benefícios do Regime Geral de Previdência Social que é de R$ 5.645,80 desde janeiro de 2018, segundo a Portaria n. 15 de 16 de janeiro de 2018 do Ministério da Fazenda.
Multa pelo CPC, conforme § 2º Art. 81.	Até R$ 9.540,00 (até dez vezes o valor do salário-mínimo que é de R$ 954,00 desde janeiro/2018, conforme Decreto Presidencial n. 9.255, de 29 de dezembro de 2017.

Para Antônio Lamarca[35] *"seria platônico o Código exortar partes e procuradores a procederem com lealdade e boa-fé e não estatuir nenhuma cominação".*

Sobre a citada previsão da multa, lecionam Vólia Bomfim Cassar e Leonardo Dias Borges[36] que a dificuldade de concessão de gratuidade de justiça ao reclamante conjugada com a litigância de má-fé que lhe pode ser aplicada, conjugada com o temor da testemunha do exorbitante valor, foram medidas que o legislador da reforma trabalhista encontrou para inibir demandas trabalhistas desnecessárias ou ações "aventureiras".

Oportunas as lavras de Manoel Antonio Teixeira Filho[37] no sentido de que o dever de o litigante de má-fé pagar multa e indenizar a parte contrária pelos prejuízos por esta sofridos está vinculado, exclusivamente, à prática de quaisquer dos atos descritos nos incisos I a VII do art. 793-B da CLT, não se subordinando, portanto, ao resultado do julgamento da causa. Deste modo, se, por exemplo, o réu opuser resistência injustificada ao andamento do processo, mas, mesmo assim, vier a ser vitorioso na decisão de mérito, subsistirá a condenação por litigância de má-fé, que, acaso lhe tenha sido imposta pelo juiz.

Por fim, inovou o legislador ao prever de forma literal multa à testemunha que mentir em juízo ou ainda omitir fatos essenciais à demanda judicial.

O art. 793-D assim consta:

> Art. 793-D. Aplica-se a multa prevista no art. 793-C desta Consolidação à testemunha que intencionalmente alterar a verdade dos fatos ou omitir fatos essenciais ao julgamento da causa.
>
> Parágrafo único. A execução da multa prevista neste artigo dar-se-á nos mesmos autos.

Essa disposição legal seria de total desnecessidade, eis que o ordenamento jurídico[38] já prevê a multa ou repri- menda a testemunha que falte com a verdade. No CPC há previsão nos arts. 5º, 6º, 77, 80 e 458 e na CLT nos arts. 793-A, 793-B e 793-C.

Porém era visível no meio empresarial o total descontentamento com o que se via nas ações trabalhistas em determinados seguimentos econômicos, em que reconhecidamente havia um número sem fim de "testemunhas profissionais" que se dirigiam ao Judiciário Trabalhista com outro intuito e não aquele de servir como auxiliar da Justiça.

Ainda que a previsão legal se refira a testemunhas e isso tanto serve para testemunhas da parte reclamante quanto da parte reclamada, o fato é que referido dispositivo foi arquitetado e teve alicerce diretamente no seio dos parlamentares advindos e representativos do meio empresarial.

Bem, independente dos motivos que geraram esse dispositivo legal redundante, o valor e importância da testemunha no processo são inegavelmente imensuráveis.

E, segundo Homero Batista Mateus da Silva[39], esse dispositivo tornará muito difícil a vida da testemunha do empregador, que vai depor na constância do contrato de trabalho e, por temor de revide ou assustada com os acontecimentos, silencia sobre fatos expressivos ou altera a verdade para agradar ao empregador, em detrimento de seu colega de trabalho. E ainda segundo o nobre jurista, *"se ela um dia se tornar reclamante, muitos questionamentos poderão surgir".*

Para Francisco Antonio de Oliveira[40] é importante que o juiz verifique, antes de aplicar a multa, se existiu o *animus ofendendi* e que cientificamente é sabido que a percepção do ser humano para a descrição de um fato varia de pessoa para pessoa. Poderá acontecer de a testemunha não alterar os fatos, mas dar a sua visão.

Como bem salienta Mauro Schiavi[41] inegavelmente, nos tempos modernos, a testemunha é colaborador da Justiça, que presta um serviço público relevante, pois vem a juízo contribuir para que se faça justiça num caso concreto.

5. CONCLUSÃO

A Lei n. 13.467/2017 (reforma trabalhista) foi oportuna e objetiva maior rigidez dos magistrados trabalhistas na repressão aos atos de má-fé das partes e também forçará o melhor preparo e aperfeiçoamento técnico de parcela considerável dos operadores do direito, evitando-se assim a já reconhecida disseminação dos atos especulatórios e de má-fé e, por conseguinte, a efetiva ponderação

---

(35) LAMARCA, Antônio. *Roteiro judiciário trabalhista*. São Paulo: Ed. Revista dos Tribunais, 1975. p. 12.

(36) CASSAR, Vólia Bomfim; BORGES, Leonardo Dias Borges. *Comentários à reforma trabalhista*. Rio de Janeiro: Forense; São Paulo: Método, 2017. p. 101-102.

(37) TEIXEIRA FILHO, Manoel Antonio. *O processo do trabalho e a reforma trabalhista*. São Paulo: LTr, 2017. p. 102.

(38) No que concerne à testemunha, a CLT já traz um dispositivo legal impondo penalidades à mesma. Referimo-nos ao art. 730 (em vigor) que dispõe que *"aqueles que se recusarem a depor como testemunhas, sem motivo justificado, incorrerão na multa de Cr$ 50,00 (cinquenta cruzeiros) a Cr$ 500,00 (quinhentos cruzeiros)".*

(39) SILVA, Homero Batista Mateus da. *Comentários à reforma trabalhista*. São Paulo: Editora Revista dos Tribunais, 2017. p. 148.

(40) OLIVEIRA, Francisco Antonio de. *Reforma trabalhista. Comentários à Lei n.13.467 de 13 de julho de 2017*. São Paulo: LTr, 2017. p. 85.

(41) SCHIAVI, Mauro. A reforma trabalhista e o processo do trabalho. São Paulo: LTr, 2017. p. 89.

na quantidade de processos distribuídos perante a Justiça do Trabalho.

O desestímulo a litigância de má-fé é medida que se impõe para o aperfeiçoamento do sistema processual trabalhista e impedir as ações temerárias que tanto têm congestionado a Justiça do Trabalho.

E mais: mudando posição anterior, atualmente entendemos que o rol trazido pelo legislador para definir as condutas de má-fé é elencado exemplificativamente, assim não são taxativas e, por conseguinte, comportam ampliação.

Também entendemos que embora a CLT seja relativamente satisfatória na previsão dos dispositivos inibidores dos atos de má-fé, salutar se faria se houve previsão legal para tornar em ato vinculado do juiz a análise do comportamento das partes e de seus procuradores no processo, devendo sempre se manifestar positivamente ou negativamente sobre a litigância de má-fé, como outrora foi no sistema processual do Direito Português.

Temos que caminhar para um aperfeiçoamento do Processo do Trabalho, pois somente por esta direção é que conseguiremos evitar que lides temerárias tenham tanta incidência e que as sentenças efetivamente e exclusivamente sirvam para a satisfação da prestação jurisdicional.

Caberá a nós, advogados, essa tarefa, já que detemos o conhecimento das normas e técnicas processuais e fazemos o primeiro juízo de valores a respeito das matérias e problemas propostos.

6. BIBLIOGRAFIA

ANDRADE, Valentino Aparecido de. *Litigância de má-fé*. São Paulo: Dialética, 2004.

BARONI, Robison. *Julgados do Tribunal de ética profissional (ementas e pareceres)*. São Paulo: Departamento Editorial-OAB-SP, v. II, 1995.

BEDAQUE, José Roberto dos Santos. *Código de processo civil interpretado*. Antônio Carlos Marcato (Coord.). 2. ed. São Paulo: Atlas, 2005

BOBBIO, Norberto. *Teoria da norma jurídica*. 2. ed. Bauru: EDIPRO, 2003.

CASSAR, Vólia Bomfim; BORGES, Leonardo Dias Borges. *Comentários à reforma trabalhista*. Rio de Janeiro: Forense; São Paulo: Método, 2017.

DINAMARCO, Cândido Rangel. *A reforma do Código de Processo Civil*. 3. ed., rev., amp. e atual. São Paulo: Malheiros Editores, 1996.

DINIZ, Maria Helena. *Dicionário jurídico*. São Paulo: Saraiva, 1998.

FERREIRA, Aurélio Buarque de Holanda. *Novo dicionário da língua portuguesa*. 2. ed. Rio de Janeiro: Nova Fronteira, 1996.

GRECO FILHO, Vicente. *Direito processual civil brasileiro*. 12. ed. São Paulo: Saraiva, 1996. v. 1.

GRINOVER. Ada Pellegrini. Ética, abuso do processo e resistência às ordens judiciárias: o *contempt ou court*. In: *Revista de processo do IBDP*. Teresa Arruda Alvim Wambier (Coord.). São Paulo: Revista dos Tribunais, ano 26, n. 102, abril-junho de 2001.

LAMARCA, Antônio. *Roteiro judiciário trabalhista*. São Paulo: Editora Revista dos Tribunais, 1975.

LIMA, Francisco Meton Marques de; LIMA, Francisco Péricles Rodrigues Marques de. *Reforma trabalhista. Entenda ponto a ponto*. São Paulo: LTr, 2017.

MANUS, Pedro Paulo Teixeira; ROMAR, Carla Teresa Martins. *CLT e legislação complementar*. 4. ed. São Paulo: Malheiros Editores, 2004.

MASCHIETTO, Leonel. *A litigância de má-fé na justiça do trabalho*. São Paulo: LTr, 2007.

OLIVEIRA, Francisco Antonio de. *Reforma trabalhista. Comentários à Lei n. 13.467 de 13 de julho de 2017*. São Paulo: LTr, 2017.

PLÁ RODRIGUEZ, Américo. *Os princípios do direito do trabalho*. 3. ed. São Paulo: LTr, 2000.

RUPRECHT, Alfredo J. *Os princípios do direito do trabalho*. Trad. Edilson Alkmin Cunha. São Paulo: LTr, 1995.

SCHIAVI, Mauro. *A reforma trabalhista e o processo do trabalho*. São Paulo: LTr, 2017.

SILVA, De Plácido e. *Vocábulo Jurídico*. 27. ed. Rio de Janeiro: Forense, 2006.

SILVA, Homero Batista Mateus da. *Comentários à reforma trabalhista*. São Paulo: Editora Revista dos Tribunais, 2017.

STOCO, Rui. *Abuso do direito e má-fé processual*. São Paulo: Ed. Revista dos Tribunais, 2002.

TEIXEIRA FILHO, Manoel Antonio. *O processo do trabalho e a reforma trabalhista*. São Paulo: LTr, 2017.

REFLEXÕES SOBRE A INCLUSÃO DO § 3º NO ART. 8º DA CLT PELA LEI N. 13.467/2017

Zélia Maria Cardoso Montal[1]

> *Respeitar a Constituição é muito mais do que apegar-se a um legalismo formal, satisfazendo-se com a existência de uma Constituição escrita e com o reconhecimento de sua superioridade hierárquica [...] Esse respeito é indispensável para a proteção da dignidade humana e a consecução de uma ordem social justa, na qual as relações políticas e sociais sejam pautadas pelo Direito, estando garantido o efetivo respeito aos direitos fundamentais de todos os seres humanos.*
>
> Dalmo de Abreu Dallari[2]

1. INTRODUÇÃO

A Lei n. 13.467/2017, que entrou em vigor em 11 de novembro de 2017[3], e instituiu a denominada "reforma trabalhista" trouxe muitas alterações no âmbito dos direitos trabalhistas, modificando vários dispositivos da Consolidação das Leis do Trabalho e inserindo tantos outros.

Uma das mais significativas alterações é representada pela inclusão dos §§ 1º, 2º e 3º no art. 8º da CLT, no sentido de prestigiar a aplicação do direito comum no âmbito do direito do trabalho sem a exigência da compatibilidade com suas normas (§1º), alterando substancialmente o que outrora dispunha o parágrafo único do indigitado dispositivo legal; de reduzir a atividade jurisprudencial do Tribunal Superior do Trabalho (§ 2º), e de restringir a intervenção do Poder Judiciário Trabalhista na apreciação e julgamento das lides, sobretudo quando envolvam diretos contemplados nos Instrumentos Normativos, através acordos coletivos e convenções coletivas do trabalho (§ 3º).

Em que pese ser atribuição do Poder Legislativo estabelecer leis para pautar a conduta dos homens em sociedade, a Constituição não lhe confere "carta branca" para atuar conforme a sua conveniência, posto que sua atuação deve seguir os parâmetros estabelecidos na própria Constituição.

O § 3º do art. 8º da CLT, com a redação conferida pela Lei n. 13.467/2017, dispõe que "no exame de convenção coletiva ou acordo coletivo de trabalho, a Justiça do Trabalho analisará exclusivamente a conformidade dos elementos essenciais do negócio jurídico, respeitado o disposto no art. 104 da Lei n. 10.406, de 10 de janeiro de 2002 (Código Civil), e balizará sua atuação pelo princípio da intervenção mínima na autonomia da vontade coletiva."Tal preceito normativo, objeto de reflexão na presente análise, conflita, em primeiro momento, com o princípio da separação dos poderes, pois tenta uma intervenção indevida na atuação do Poder Judiciário Trabalhista, afronta princípios basilares, em especial aqueles referentes à interpretação e aplicação do Direito.

Ademais, o indigitado dispositivo legal busca atribuir à autonomia privada coletiva uma preponderância que nem mesmo à lei é conferida, constitui uma ameaça ao princípio da não regressividade dos direitos fundamentais, além de representar entrave ao amplo acesso do trabalhador à Justiça do Trabalho, por restringir as matérias sujeitas à apreciação do magistrado trabalhista, como será analisado a seguir.

2. LIMITES À ATUAÇÃO DO PODER JUDICIÁRIO TRABALHISTA

O art. 8º e §§ 1º, 2º e 3º da Consolidação das Leis do Trabalho com alteração introduzida pela Lei n. 13.467 de 2017, operou mudanças significativas, como se vê:

> Art. 8º – As autoridades administrativas e a Justiça do Trabalho, na falta de disposições legais ou contratuais, decidirão, conforme o caso, pela jurisprudência, por analogia, por eqüidade e outros princípios e normas gerais de direito,

---

[1] Doutora em Direito Constitucional pela Pontifícia Universidade Católica de São Paulo (PUC/SP), Mestra em Direito das Relações Sociais pela PUC/SP, Especialista em Direito Civil Constitucional e Direito Constitucional, com capacitação docente, pela Escola Superior de Direito Constitucional, Especialista em Direito Processual Civil pela PUC/SP, Membro do Ministério Público do Trabalho, Membro do Instituto Brasileiro de Direito Constitucional (IBDC) e professora universitária.

[2] DALLARI, Dalmo de Abreu. *A Constituição na vida dos povos*: da idade média ao século XXI. São Paulo: Saraiva, 2010, p. 13.

[3] Posteriormente alterada, am alguns aspectos, pela Medida provisoria n. 808, de 14.11.2017.

principalmente do direito do trabalho, e, ainda, de acordo com os usos e costumes, o direito comparado, mas sempre de maneira que nenhum interesse de classe ou particular prevaleça sobre o interesse público.

§ 1º O direito comum será fonte subsidiária do direito do trabalho. (redação conferida pela Lei n. 13.467/2017)

§ 2º Súmulas e outros enunciados de jurisprudência editados pelo Tribunal Superior do Trabalho e pelos Tribunais Regionais do Trabalho não poderão restringir direitos legalmente previstos nem criar obrigações que não estejam previstas em lei. (incluído pela Lei n. 13.467/2017)

§ 3º No exame de convenção coletiva ou acordo coletivo de trabalho, a Justiça do Trabalho analisará exclusivamente a conformidade dos elementos essenciais do negócio jurídico, respeitado o disposto no art. 104 da Lei n. 10.406, de 10 de janeiro de 2002 (Código Civil), e balizará sua atuação pelo princípio da intervenção mínima na autonomia da vontade coletiva. (incluído pela Lei n. 13.467/2017)

O exame das alterações introduzidas pela Lei n. 13.467/2017 como um todo parece indicar que se operou significativa redução dos direitos dos trabalhadores, A análise do aludido dispositivo legal, em particular, permite evidenciar a clara intenção do legislador infraconstitucional de limitar ao máximo a atividade interpretativa do julgador no âmbito trabalhista.

Essa pretensa limitação, extrapola os limites da constitucionalidade quer por estar em desacordo com o princípio da separação dos poderes, quer por buscar inibir a atuação do Juiz do Trabalho. Não se pode ter por válida a pretensão do Poder Legislativo de interpor entre a norma e a atividade interpretativa do juiz um obstáculo intransponível, não compete ao legislativo obstacularizar a atuação de outro Poder.

O Juiz na sua tarefa de intérprete do Direito deve atribuir à norma o significado que estiver de acordo com a Constituição e com os instrumentos internacionais aos quais o Brasil aderiu.

Conforme lição de Konrad Hesse: "A Constituição é concebida como uma unidade material, seus conteúdos são qualificados frequentemente como valores fundamentais, prévios ao ordenamento jurídico positivo."[4]

Dessa forma, o indigitado § 3º afronta, em primeira compreensão, o princípio da separação de poderes. É a própria Constituição que realiza a separação das funções dentro do Estado (art. 2º, CF). Não é dado a um dos Poderes, no caso o Poder Legislativo, simplesmente determinar como e em que medida o Judiciário poderá ou deverá atuar, interpretar e julgar os casos que são submetidos à sua apreciação.

Com efeito, "se ao Judiciário não cabe colocar as normas em vigor"[5], tão menos compete ao Poder Legislativo estabelecer matérias sobre as quais o Judiciário ficará inibido de manifestar-se. A se admitir tal possibilidade o princípio da separação dos Poderes do Estado[6] restaria seriamente comprometido.

Em outras palavras, o legislador infraconstitucional não teve em linha de consideração que um dos pilares da República Federativa do Brasil é a independência e harmonia entre os três poderes, conforme art. 2º, da Carta Constitucional: "são Poderes da União, independentes e harmônicos entre si, o Legislativo, o Executivo e o Judiciário. Neste pensar, o princípio da separação dos poderes "é ancorado na acepção de discricionariedade: um poder está proibido de invadir a discricionariedade dos outros. Este o ponto de equilíbrio, a linha fronteiriça. [...] Para bloquear o abuso é indispensável que o poder freie o poder, o que demanda equivalência."[7]

Os Estados são os responsáveis principais e incontornáveis pela proteção e promoção dos direitos do homem, quando um dos Poderes do Estado se descura dessa responsabilidade, cabe ao outro Poder, de acordo com a concepção clássica da separação de poderes adotada pela nossa Constituição (art. 2º, CF), e dentro do sistema "*checks and balances*" (sistema de freios e contrapesos)[8], sistema de controle mútuo, corrigir a distorção verificada. Nessa perspectiva, não pode a legislação infraconstitucional pretender inibir uma das atribuições do Poder Judiciário, não estando o Poder Legislativo autorizado a interferir na atuação do Poder Judiciário.

Indo além nesse pensamento, destaca-se o art. 16 da Declaração dos Direitos do Homem e do Cidadão, de 1789: "A sociedade em que não esteja assegurada a garantia dos direitos nem estabelecida a separação dos poderes não tem Constituição."

---

(4) HESSE, Konrad. *Escritos de derecho constitucional. Centro de Estudios Constitucionales.* Madri, 1983. p. 5.

(5) BASTOS. Celso Ribeiro. *Hermenêutica e interpretação constitucional.* São Paulo: Celso Bastos Editor/Instituto Brasileiro de Direito Constitucional, 1999. p. 172.

(6) Importante registrar que, quando se fala em separação de poderes deve-se entender que não se trata propriamente do poder politico-jurídico, haja vista que o "poder" é uno e indivisível, na verdade, trata-se da divisão de funções entre os órgãos do Estado.

(7) STRECK, Lenio Luiz; Oliveira, Fábio de. Comentário ao art. 2º. In: CANOTILHO, J. J. Gomes; MENDES, Gilmar; SARLET, Ingo W; _____ (Coords.). *Comentários à Constituição do Brasil.* São Paulo: Saraiva/Almedina, 2013. p. 140-146.

(8) O sistema ou teoria *checks and balances* (freios e contrapesos), concebida por Montesquieu decorre da concepção da teoria da separação dos poderes e traduz a ideia de que o poder deve ser controlado pelo próprio poder, concebendo mecanismos de controle recíproco entre os poderes.

Como afirma Marcelo Caetano[9] "para que num Estado exista liberdade política é preciso que estes três poderes não estejam reunidos nas mesmas mãos e que se repartam por órgãos diferentes de maneira que, sem nenhum usurpar as funções dos outros, possa cada qual impedir que os restantes exorbitem da sua esfera própria de acção."

Portanto, examinando sob a ótica constitucional é inviável a limitação da atuação do Poder Judiciário Trabalhista pelo legislador infraconstitucional não só por representar afronta ao princípio da separação harmônica entre os poderes, como também por violar a autonomia do juiz do trabalho, com reflexos negativos na sua independência funcional, condicionando sua atuação e transformando-o de intérprete da lei em mero aplicador das normas estabelecidas nos instrumentos normativos.

A concepção de juiz "boca da lei" (na hipótese sob análise juiz "boca dos instrumentos normativos"), defendida por Montesquieu, preconizava serem os juízes mero reprodutores dos textos legais, não mais que a boca que pronuncia as palavras da lei, mas, atualmente essa tese não encontra eco no sistema constitucional pátrio que alberga o princípio da separação de poderes como postulado básico e concebe como garantia do cidadão a liberdade do juiz de formar sua convicção com esteio nas normas que compõem o ordenamento jurídico (art. 93, IX, CF). A esse propósito, Lenio Luiz Streck observa "a atividade jurisdicional se despe da mítica de ser mera reprodução, robótica, neutral, fiel da lei. A jurisdição não é simplesmente declaratória (de algo que já existe pronto, feito), é criativa. [...] a divisão de poderes [...] vem em favor tanto das liberdades públicas, dos direitos civis, quanto dos direitos sociais, da cidadania ativa [...]".[10]

No mesmo sentido, Faustino Martínez Martínez citando o pensamento de Gustavo Zagrebelsky, esclarece:

> Zagrebelsky examina el papel de los jueces en el mundo del derecho. Se ha superado ya la idea de Montesquieu, para quien el juez era la boca que decía las palabras de la ley. Estamos en una nueva etapa en la cual la función del juez va más allá del texto positivo. Debe ponerse al servicio tanto de la ley como de la realidad. La interpretación busca así la norma adecuada al caso concreto y al propio ordenamiento jurídico.[11]

Nessa compreensão, o Poder Legislativo não pode, enfatize-se, determinar como o juiz do trabalho deve interpretar as convenções coletivas e os acordos coletivos de trabalho, pela simples razão de que é esta a sua atribuição constitucional. Para cumprir sua missão constitucional deve atuar com independência, sem amarras criadas pelo legislador infraconstitucional, e dentro dos limites prescritos pelo ordenamento jurídico. Interessante constatar que essa limitação está restrita ao âmbito do Judiciário Trabalhista e não encontra paralelo nos outros ramos do Poder Judiciário.

Ademais, não se pode perder de vista que a interpretação judicial adquire uma dimensão maior quando concernente às normas que versam sobre direitos humanos[12]. Avulta em importância as regras da hermenêutica quando se cuida da manutenção e hierarquia da ordem constitucional, que serve de parâmetro para a organização do sistema jurídico brasileiro, bem como para a compatibilização das ordens jurídicas interna e internacional[13], lembrando que o Brasil é signatário de vários Tratados Internacionais de Direitos Humanos, sobretudo as Convenções da Organização Internacional do Trabalho.

Refletindo sobre o tema da interpretação judicial, Celso Ribeiro Bastos[14] evidencia a missão do Poder Judiciário e sua submissão ao texto constitucional:

> Quando é ao órgão incumbido de aplicar o Direito que se comete a tarefa [...] o julgador, a partir das normas supremas da nação, consubstanciadas em seu documento político básico, analisa todas as demais emanações normativas do Estado, para verificar a compatibilidade de seu conteúdo com o querer constitucional.

---

(9) CAETANO, Marcelo. *Manual de Ciência Política e Direito Constitucional*. Tomo I. Coimbra: Almedina, 2010. p. 192-193.

(10) STRECK, Lenio Luiz; Oliveira, Fábio de. Comentário ao art. 2º. In: CANOTILHO, J. J. Gomes; MENDES, Gilmar; SARLET, Ingo W; _____ (Coords.). *Comentários à Constituição do Brasil*. São Paulo: Saraiva/Almedina, 2013. p. 145.

(11) MARTÍNEZ MARTÍNEZ, Faustino. ZAGREBELSKY, Gustavo, *El derecho dúctil. Ley, derechos, justicia*. Boletín Mexicano de Derecho Comparado, [S.l.], jan. 2009. ISSN 2448-4873. Disponível em: <https://revistas.juridicas.unam.mx/index.php/derecho-comparado/article/view/4104/5296> Acesso em: 07 mar. 2018.

(12) Aqui cabe colocar em destaque as considerações de Mauro Schiavi sobre o papel do Judiciário Trabalhista: "a doutrina tem destacado importante papel do Judiciário Trabalhista na concretização e efetivação dos direitos fundamentais do trabalhador, não sendo este apenas a chamada "boca da lei", mas livre para realizar interpretações construtivas e evolutivas do direito, a partir dos princípios constitucionais, com a finalidade de encontrar equilíbrio entre a livre-iniciativa e a dignidade da pessoa humana do trabalhador." (SCHIAVI, Mauro. *A Reforma Trabalhista e o Processo do Trabalho*. São Paulo: LTr, 2017, p. 59)

(13) CAMBI, Eduardo; MARGRAF, Alencar Frederico; FRANCO, Tiago Arantes. "Tratados Internacionais de Direitos Humanos e o Controle de Convencionalidade" *Revista de Direito Internacional e Constitucional*, 2017 RDCI 102, p. 245/268.

(14) BASTOS, Celso Ribeiro. *Hermenêutica e interpretação constitucional*. São Paulo: Celso Bastos Editor: Instituto Brasileiro de Direito Constitucional, 1999. p. 69.

Em outra perspectiva, sendo o Brasil signatário de tratados internacionais de Direitos Humanos, de modo particular as Convenções da Organização Internacional do Trabalho (OIT), está o julgador compelido a examinar a compatibilidade das normas internas com os direitos expressamente reconhecidos e protegidos por tais instrumentos internacionais, é o que se extrai da previsão contida no § 2º, art. 5º, da Constituição Federal[15]. Significa dizer que todos os tratados internacionais de que o Brasil é signatário e que versam temas de direitos humanos servem como paradigma ao controle de convencionalidade das normas infraconstitucionais.[16]

3. RESTRIÇÃO DO EXAME DAS NORMAS COLETIVAS PELO JUDICIÁRIO

A ênfase dada às convenções e aos acordos coletivos do trabalho avulta em tamanha dimensão a ponto de o art. 611-A da CLT acrescentado pela Lei n. 13.467/2017 prescrever textualmente que a convenção coletiva e o acordo coletivo do trabalho têm prevalência sobre a legislação – o denominado "prevalência do negociado sobre o legislado".

Sob o influxo desse pensamento o legislador ordinário intenta limitar a atuação do julgador trabalhista, como se verifica no § 3º do art. 8º acima mencionado, onde estabelece que o juiz "**analisará exclusivamente** a conformidade dos elementos essenciais do negócio jurídico, respeitado o disposto no art. 104 da Lei n. 10.406/2002 (Código Civil) e invocam intervenção mínima na atuação da vontade coletiva e **balizará sua atuação pelo princípio da intervenção mínima na autonomia da vontade coletiva**".

Entretanto, é importante frisar que a negociação coletiva que resulta no estabelecimento de normas aplicáveis às relações entre empregadores e empregados encontra limites nos direitos fundamentais.

Ao contrário do que pretende o dispositivo legal restritivo da atuação do intérprete da lei, criando amarras para o julgador trabalhista, "a interpretação jurídica não é o pensamento de algo já pensado anteriormente, mas o pensar completo, até seu extremo. Ela parte da interpretação filológica da lei para, a seguir, excedê-la – tal qual um navio que ao sair do porto é guiado por alguém que conhece a rota previamente marcada para, em mar aberto, sob as ordens do capitão, seguir o seu próprio curso."[17]

Os entes sindicais através da negociação coletiva podem até reduzir alguns direitos dos trabalhadores, mas dentro dos parâmetros estabelecidos pela própria Constituição (incisos VI, XIII e XIV, art. 7º).

Portanto, ao firmarem os instrumentos normativos – convenções coletivas e acordos coletivos de trabalho – devem ter em linha de consideração os direitos contemplados no texto constitucional, nas normas dos tratados e convenções internacionais (art. 5º, § 2º, CF), bem assim nas normas infraconstitucionais.

A redução de quaisquer direitos sociais dos trabalhadores fora do permissivo constitucional não pode ser tolerado sob pena de negativa de vigência ao art. 7º, *caput*, da Constituição Federal, que traz em seu âmago o princípio da irreversibilidade dos direitos fundamentais, e esbarra na proibição inscrita no art. 60, § 4º, inciso IV, da Carta Constitucional que veda qualquer modificação, até mesmo por Emenda Constitucional, dos direitos fundamentais, nestes compreendidos os direitos sociais dos trabalhadores, como se verá oportunamente. Não se pode abdicar da essência da Constituição Federal e qualquer alteração nesse sentido fere de morte a característica de documento político-jurídico da Lei Maior.

3.1. *Intervenção mínima na autonomia privada coletiva*

Não se pretende tolher a liberdade dos entes coletivos para estabelecer as regras que irão regular as relações entre empregador/trabalhador, seria ingênua, equívoca, qualquer manifestação neste sentido, sobretudo diante do

---

(15) Há de se mencionar que o art. 5º, § 2º do texto constitucional consagra o entendimento de que, além dos direitos elencados no capítulo referente aos direitos e garantias fundamentais, existem outros que por seu conteúdo e significado compõem o sistema da Constituição. Além disso, o indigitado dispositivo constitucional representa uma cláusula de abertura material de direitos fundamentais. (A propósito, veja-se: SARLET, Ingo Wolfgang, Comentários ao art. 5º, § 2º. In: CANOTILHO, J. J. Gomes; MENDES, Gilmar F; STRECK, Lenio L.; _____ (Coords.). Comentários à Constituição do Brasil. São Paulo: Saraiva/Almedina, 2013. p. 516-517.

(16) Consoante entendimento de Valério de Oliveira Mazzuolli, todos os tratados internacionais de direitos humanos ratificados pelo Brasil, quer tenham sido internalizados com *quorum* especial e assim adquirem *status* de Emenda Constitucional, quer aqueles tratados que não foram aprovados pela maioria qualificada, sujeitam-se ao controle de convencionalidade. O autor faz a seguinte distinção: a) tratados de direitos humanos internalizados com *quorum* qualificado (equivalentes às emendas constitucionais) são paradigma do controle concentrado (além do controle *difuso*), cabendo ADIn no STF a fim de invalidar norma infraconstitucional incompatível com eles; b) tratados de direitos humanos que têm apenas *"status* de norma constitucional" (não *"equivalentes* às emendas constitucionais», por não aprovados pela maioria qualificada do art. 5º, § 3º) são paradigma apenas do controle *difuso* de convencionalidade (MAZZUOLLI, Valério de Oliveira. *O Controle jurisdicional de convencionalidade das leis*. São Paulo: Revista dos Tribunais, 2016, p. 200).

(17) RADBRUCH, Gustav. *Filosofia do direito*; tradução Marlene Holzhausen; revisão técnica Sérgio Sérvulo da Cunha. 2. ed. São Paulo: Editora WMF Martins Fontes, 2010. p. 164.

realce que a própria Constituição Federal imprimiu aos entes coletivos, às negociações coletivas e aos instrumentos daí decorrentes. Entretanto, não pode ser tomada como válida a atribuição às normas entabuladas entre os entes coletivos, de caráter absoluto, ao ponto de afastar do Poder Judiciário apreciação quanto ao conteúdo material das convenções e acordos coletivos).

A circunstância de a Constituição Federal de 1988 reconhecer os acordos e convenções coletivas de trabalho (art. 7º, XXVI, CF) não quer significar que estas tenham valor absoluto e que os entes sindicais possam dispor conforme a sua vontade e conveniência. Não. Quando a Constituição quis conferir "poderes" para transbordar os limites por ela fixados assim o fez, como se depreende do estabelecido no art. 7º, incisos VI, XIII, e XIV, que possibilitam a negociação, respectivamente, sobre irredutibilidade salarial, redução e compensação da jornada e turnos ininterruptos de revezamento, conferindo aos Sindicatos uma amplitude na sua atuação. Não significa, porém, que todos os limites em todas as vertentes possam ser ultrapassados. Não é isso que se extrai da norma constitucional.

A Constituição Federal é o diploma jurídico que ocupa o patamar mais elevado na hierarquia das normas, base, fundamento para todas as demais normas que compõem o nosso ordenamento jurídico, norma jurídica superior, de aplicação imediata e obrigatória para todos, inclusive para os Poderes Legislativo, Executivo e Judiciário. Foi a escolha da sociedade por meio do constituinte originário quais as normas que deveriam reger a vida em sociedade. Nesse pensar, todas as normas que compõem o arcabouço jurídico devem guardar perfeita sintonia com o texto da Constituição.

Não se desconhece que no caso da autonomia privada coletiva, as partes teoricamente se encontram em uma situação de paridade e que, "a autonomia privada coletiva no Direito do Trabalho tem uma dimensão especial, à medida que é considerada uma das principais fontes do Direito Laboral.[18] Mas no Brasil, tendo em conta principalmente o modelo de sindicalismo adotado que, consoante assevera José Cláudio Monteiro de Brito Filho[19], mesmo com as alterações introduzidas pela Constituição Federal de 1988, mudou pouco o panorama do sindicalismo brasileiro pois as bases do sistema[20] sustentam **um sindicalismo sem compromisso com suas bases**. Dessa forma, questiona-se até mesmo a legitimidade dos sindicatos profissionais para defesa dos interesses dos trabalhadores representados.

Não se pode confundir, de outra parte, "a intervenção mínima do Poder Judiciário na autonomia da vontade coletiva"com a necessária interpretação e aplicação da lei aos casos concretos. Obviamente o Judiciário não irá interferir na elaboração das cláusulas dos instrumentos normativos entabulados entre os entes coletivos. Entretanto não pode o julgador abstrair o texto constitucional e os princípios e julgar de acordo com o disposto nos instrumentos coletivos se e quando as normas nestes estabelecidas se encontrarem em afronta aos mandamentos constitucionais e aos princípios que regem o Direito do Trabalho.

Com efeito, o art. 611-A, acrescentado ao texto consolidado pela Lei n. 13.467/2017, estabelece que os instrumentos normativos – convenções coletivas e os acordos coletivos – prevalecem sobre a lei, é a denominada "prevalência do negociado sobre o legislado", ao tempo em que a inovação trazida pelo § 3º do art. 8º dispõe que o julgador trabalhista balizará sua atuação pelo "**princípio da intervenção mínima na autonomia da vontade coletiva**" levando à convicção de que se concedeu à negociação coletiva amplo poder para reduzir ou mesmo retirar direitos conquistados pelos trabalhadores, em evidente retrocesso social, como se no Brasil realmente existisse igualdade e representatividade das partes na negociação coletiva, além de restringir o acesso ao Poder Judiciário Trabalhista.

De outra parte, como a interpretação "deriva das dúvidas que a norma que se interpreta gera. Em outras palavras, a interpretação tem origem nas dúvidas suscitadas em face da letra da lei, entendida esta como jurídico integrante de determinado ordenamento jurídico"[21], parece ilógico que o legislador infraconstitucional trace balizas, de antemão, ao intérprete da lei.

Por tais razões, tudo se encaminha para a compreensão de que um dos objetivos perseguidos pelo legislador infraconstitucional na denominada "reforma trabalhista" empreendida é a limitação do controle pelo Judiciário Trabalhista da constitucionalidade e da legalidade do conteúdo material das convenções coletivas e dos acordos coletivos de trabalho[22], podendo resultar até mesmo em retrocesso

---

(18) SANTOS, Ronaldo Lima dos. *Teoria das normas coletivas*. São Paul: LTr, 2007. p. 131.

(19) BRITO FILHO, José Cláudio Monteiro de. *Direito Sindical*. São Paulo: LTr, 2007. p. 66-67.

(20) Deve ser consignado que a alteração levada a efeito pela Lei n. 13.467/2017 que muda a redação do art. 579 da CLT, quanto à contribuição sindical obrigatória condicionando à autorização prévia e expressa dos que participem de uma determinada categoria profissional ou econômica ou de uma profissão liberal em favor do sindicato representativo da mesma categoria, portanto, transformando em facultativa a contribuição, não altera o entendimento quanto à ausência de representatividade dos entes sindicais.

(21) BASTOS, Celso Ribeiro. *Hermenêutica e interpretação constitucional*. Celso Ribeiro Bastos. Celso Bastos Editor IBDC, 1999. p. 30.

(22) É importante destacar que, sem entrar no mérito se o nosso ordenamento jurídico consagra, ou não, o pluralismo jurídico, ou somente o pluralismo político, (CF, art. 2º), o certo é que no Direito do Trabalho no Brasil, desde o seu surgimento, além das nor-

social com a redução ou exclusão de direitos fundamentais dos trabalhadores arduamente conquistados.

4. PROIBIÇÃO DA REGRESSIVIDADE DOS DIREITOS SOCIAIS TRABALHISTAS

A. Reis Monteiro[23] traz uma reflexão sobre a ética dos direitos humanos que define com excelência a fundamentalidade de todas as categorias dos direitos do homem

> A Ética dos direitos do homem [...] pode ser figurada como uma árvore: a sua raiz está na dignidade humana como meta-valor; o seu tronco é formado pela liberdade e a igualdade como valores-princípios consubstanciais à dignidade humana, de que a não-discriminação é a formulação negativa; estes princípios são comuns a todas as categorias de direitos do homem, como ramos da árvore, enunciando valores-direitos específicos que dão conteúdo àqueles princípios e são, por isso, fundamentais e indispensáveis à protecção e elevação da dignidade humana."

A Constituição Federal de 1988 contempla vários direitos fundamentais dentre os quais cabe aqui destacar: a proteção à dignidade da pessoa humana, à cidadania e aos valores sociais do trabalho e da livre iniciativa (art. 1º, I a IV); a proteção do direito à vida, à liberdade, igualdade e segurança (art. 5º, caput); e traça como objetivos fundamentais da República Federativa do Brasil construir uma sociedade livre, justa e solidária e a promoção do bem de todos (art. 3º, I e IV); como princípio, a prevalência dos direitos humanos (art. 4º, I) e no Capítulo relativo aos princípios gerais da ordem econômica, estabelece a valorização do trabalho humano e da livre iniciativa, com a finalidade de assegurar a todos existência digna, conforme os ditames da justiça social (art. 170).

O texto constitucional quanto aos direitos fundamentais dos trabalhadores urbanos e rurais elenca nos vários incisos do art. 7º diversos direitos e deixa expresso no *caput*: "são direitos dos trabalhadores urbanos e rurais, além de outros que visem à melhoria de sua condição social". Ao contemplar a expressão **"além de outros direitos que visem à melhoria da sua condição social"**, traz explícito a opção da Constituição pela proibição do retrocesso social, ou seja, os direitos sociais dos trabalhadores (art. 6º e 7º, CF) já conquistados não podem ser reduzidos e sim alçados a um patamar mais elevado.[24]

No mesmo sentido, o art. 5º, § 2º do Texto Constitucional traduz-se em uma cláusula de abertura ao estabelecer que os direitos e garantias expressos no texto constitucional não excluem outros decorrentes do regime e dos princípios por ela adotados ou dos Tratados Internacionais em que a República Federativa do Brasil seja parte, inovação trazida pela Constituição de 1988 quanto aos Tratados Internacionais.

A importância desses dispositivos constitucionais é ressaltada por Ingo Wolfgang Sarlet[25], que assim sintetiza:

> [...] a abertura material consagrada pelo art. 5º, § 2º, da CF, a despeito da sua posição no texto, ou seja, no capítulo dos assim designados direitos e deveres individuais e coletivos, diz respeito a todo e qualquer tipo de direito fundamental, abrangendo, inclusive, a possibilidade de reconhecimento (além dos expressamente previstos no Título II da CF) de direitos sociais e mesmo de direitos políticos. A própria previsão, no art. 7º, *caput*, da CF, da existência de outros direitos dos trabalhadores, por si só já ampara (textualmente) esta interpretação ampliada da cláusula inclusiva do art. 5º, § 2º, da CF.

Existe, assim, um arcabouço protetivo no âmbito constitucional e também aquele decorrente das normas internacionais, indicativo de que os direitos humanos fundamentais estão imunes à investida das normas infraconstitucionais.

Os direitos trabalhistas são desenganadamente direitos sociais, inseridos no catálogo dos direitos fundamentais pela Constituição Federal de 1988, como fica claro pelos arts. 6º ao 11, integrantes do Título II. Na mesma trilha, os Instrumentos Internacionais colocam os direitos sociais como integrantes do rol dos direitos humanos fundamentais.[26]

---

mas heterônomas, temos as normas autônomas como fonte do Direito Laboral, isso não está em discussão, o que deve ser visto com ressalva é o fato de se pretender que as normas dos instrumentos normativos – convenções coletivas e acordos coletivos – tenham alcance maior que as normas constitucionais, os tratados internacionais dos quais o Brasil é signatário e a da própria legislação infraconstitucional trabalhista ficando imunes ao controle do Poder Judiciário.

(23) MONTEIRO, A. Reis. *O direito à educação*. Lisboa: Livros Horizonte, 1998. p. 49.

(24) A propósito, para maiores detalhes, consulte MONTAL, Zélia Maria Cardoso. O labor da gestante e da lactante em ambientes insalubres: proibição de regressividades de direitos. In: MARTINS, Juliane Caravieri; BARBOSA, Magno Luiz; _____ (Coords.). *Reforma Trabalhista em Debate*: direito individual, coletivo e processual do trabalho. São Paulo: LTr, 2017. p. 123-134.

(25) SARLET, Ingo Wolfgang. Comentário ao art. 5º, § 2º. In: CANOTILHO, J. J. Gomes; MEDES, Gilmar F.; STRECK, Lenio L.; _____(Coords.). *Comentários à Constituição do Brasil*. São Paulo: Saraiva/Almedina, 2013. p. 517.

(26) A propósito, a Declaração Universal dos Direitos do Homem, A Convenção Americana de Direitos Humanos (Pacto de San Jose da Costa Rica), o Pacto Internacional dos Direitos Econômicos, Sociais e Culturais (PIDESC); as Convenções da Organização Internacional do Trabalho (OIT)

Portanto, quer no âmbito interno, quer no plano internacional os direitos sociais dos trabalhadores contam com uma ampla proteção normativa.

Indo além, enquanto direitos fundamentais, encontra amparado pelo art. 60, § 4º, III, da Constituição Federal que inibe a ação do constituinte derivado, proibindo a alteração até mesmo por Emenda Constitucional, sendo, portanto, cláusulas pétreas, como denomina a doutrina.

Nessa linha, a propósito do princípio da vedação do retrocesso social esclarece Ingo Wolfgang Sarlet que, admitir a ausência de vinculação do legislador "ao núcleo essencial já concretizado na esfera dos direitos sociais e das imposições constitucionais em matéria de justiça social estar-se-ia chancelando uma fraude à Constituição [...]; e prossegue "[...]o legislador não pode simplesmente eliminar as normas (legais) concretizadoras de direitos sociais, pois isto equivaleria a subtrair às normas constitucionais a sua eficácia jurídica[27] [...]".

Felipe Derbli [28] compreende a proibição do retrocesso social como um princípio constitucional, com caráter retrospectivo, pois objetiva a preservar as conquistas contra sua supressão ou restrição pelo legislador e pondera que a questão reside, na verdade,

[...] na possibilidade de reconhecimento de um tal grau de vinculação do legislador aos ditames constitucionais relativos aos direitos sociais que, uma vez **alcançado determinado patamar de concretização de uma norma constitucional definidora de direito social, através de lei, será defeso ao legislador suprimir ou reduzir essa concretização**, sem que, ao menos, crie algum mecanismo equivalente. (destaque nosso)

Trata-se de um tema sensível que reclama um exame mais detido à luz do que estabelece o nosso ordenamento jurídico, pois permitir que as normas dos instrumentos coletivos possam dispor livremente sobre os direitos dos trabalhadores, inadmitindo, de outra banda, sua submissão ao crivo do Poder Judiciário Trabalhista, termina por conferir "carta branca" à negociação coletiva e o justo receio de retrocesso das condições conquistadas pelos trabalhadores ao longo da História.

5. DA LIMITAÇÃO DO ACESSO À JUSTIÇA

O conteúdo de um direito do homem, assevera A. Reis Monteiro, "define-se pela sua titularidade (é direito de quem?), objeto (é direito a quê?) e oponibilidade (é devido por quem?), podendo-se acrescentar **a protecção** (de que recursos dispõe, em caso de violação?). Existe, assim, um conteúdo ético-substancial, relativo ao seu valor específico, indispensável à proteção e promoção da dignidade de cada ser humano, e outro **conteúdo politico--instrumental, relativo às mediações da sua satisfação**[29]. Nesse diapasão, os direitos humanos dos trabalhadores são reconhecidos como direitos subjetivos fundamentais, com garantia jurisdicional, sendo o Estado o responsável principal pela promoção e proteção destes direitos.

Na linha oposta a essa compreensão, o indigitado § 3º do art. 8º também representa limitação do acesso do trabalhador à justiça, na medida em que as normas oriundas das convenções coletivas e acordos coletivos do trabalho não podem ser questionadas perante o Judiciário Trabalhista, salvo nas estritas hipóteses que o próprio dispositivo legal apressou-se em definir.

Por sua vez, o art. 5º, inciso XXXV da Constituição Federal preceitua que a todos é assegurado o amplo acesso ao judiciário – é o denominado direito fundamental de ação, acesso à justiça ou princípio da inafastabilidade do controle jurisdicional e deve ser compreendido não somente como acesso ao Poder Judiciário, se não como acesso a uma ordem jurídica justa.

Assim, qualquer lesão ou ameaça de lesão a direito poderá ser submetido ao crivo do Poder Judiciário, que como intérprete maior das leis e da Constituição e nos limites destas, poderá julgar de acordo com os elementos apresentados.

Entretanto, a redação do dispositivo legal em comento indica a intenção do legislador ordinário de limitar a atuação do Poder Judiciário Trabalhista na análise das normas estabelecidas nas convenções coletivas e acordos coletivos de trabalho, ao preceituar que o julgador trabalhista "**analisará exclusivamente** os elementos essenciais do negócio jurídico" e sua atuação deve-se se pautar pela **interferência mínima** na autonomia da vontade coletiva.

Como compreender a garantia constitucional de amplo acesso à justiça diante dessa limitação? A própria Constituição Federal, como facilmente se pode verificar, quando pretendeu opor condicionante ao acesso ao judiciário, assim o fez, consoante teor do art. 217, § 2º, CF, ao restringir a admissão de ações relativas à disciplina e às competições desportivas após o esgotamento das instâncias desportivas, e no art. 114, § 2º do texto constitucional, quando condiciona o ajuizamento de dissidio coletivo de natureza econômica ao comum acordo.

Portanto, qualquer norma que venha limitar as questões que podem ser levadas ao judiciário e, sobretudo, a restrição ao poder dos juízes de examinar as matérias

---

(27) SARLET, Ingo Wolfgang. *A eficácia dos direitos fundamentais:* uma teoria geral dos direitos fundamentais na perspectiva constitucional 10. ed. rev., atual e ampl. Porto Alegre: Livraria do Advogado, 2009. p. 444.

(28) DERBLI, Felipe. *O princípio de retrocesso social na Constituição de 1988.* Rio de Janeiro: Renovar, 2007. p. 201 e p. 223.

(29) MONTEIRO, A. Reis. *O direito à educação.* Lisboa – Portugal: Livros Horizonte, 1998. p. 28, p. 31 e p. 51.

submetidas à sua apreciação e julgamento, transborda do permissivo constitucional e pode ser tomada por inconstitucional.

Dessa forma, percebe-se que ao pretender reduzir as situações em que o Judiciário está legalmente legitimado a manifestar-se, posto que deve analisar exclusivamente e ter uma interferência mínima (art. 8º, § 3º, CLT), indiretamente está suprimindo do cidadão trabalhador a garantia de amplo acesso à justiça livre e independente que a Constituição lhe confere (arts. 2º e 5º, XXXV).

Em última análise, representa a proibição de o Judiciário oferecer uma resposta adequada à pretensão de solução do litígio, por ter matérias excluídas pelo legislador de apreciação pelo Juiz do Trabalho. As normas albergadas na Constituição Federal, relativas à garantia de tutela jurisdicional representam uma proibição de o Poder Legislativo restringir ou excluir qualquer matéria da apreciação jurisdicional, porquanto "a garantia de tutela jurisdicional não seria tão ampla, ou mesmo teria efetividade, caso o legislador pudesse definir matérias que não podem ser questionadas perante o Poder Judiciário."[30]

Por derradeiro, imperioso consignar que compete exclusivamente ao Poder Judiciário a interpretação e a aplicação das leis aos casos concretos. Neste sentido Celso Antônio Bandeira de Mello é enfático:

> A interpretação que o Legislativo faz da Lei maior é simples condição do exercício de sua missão própria: legislar dentro dos termos permitidos. Nisto não se diferencia da interpretação das leis que o Executivo necessita fazer para cumpri-las. Porém nem um nem outro têm a *função jurídica* de interpretar normas. A interpretação que fazem é itinerário lógico irremissível para o cumprimento de outras funções. **Diferentemente, o único a quem assiste – e monopolisticamente – a função de interpretar normas, para aplicá-las aos casos concretos, é o Poder Judiciário.**[31] (destacou-se)

Nessa conformidade, por imperativo constitucional (art. 5º, XXXV, CF), não pode o legislador infraconstitucional estabelecer limites quanto às matérias que podem ser submetidas ao crivo do Poder Judiciário Trabalhista.

6. CONCLUSÃO

A Lei n. 13.467/2017, denominada de "reforma trabalhista", fez várias e significativas alterações no texto da Consolidação das Leis do Trabalho, dentre as quais avulta em importância a introdução do § 3º ao art. 8º do texto celetista, pela interferência indevida na atuação do Poder Judiciário Trabalhista, pela pretensão de inibir o amplo acesso do trabalhador à Justiça do Trabalho e pela possibilidade de regressividade dos direitos sociais já conquistados pelos trabalhadores.

A Constituição Federal dá ao legislador os parâmetros que devem ser observados e os valores que devem ser perseguidos, tais como justiça, dignidade da pessoa humana, direitos fundamentais. No caso de o Poder Legislativo desbordar desses parâmetros constitucionais, cabe justamente ao Poder Judiciário intervir para impedir que excessos sejam cometidos e vulnerado o texto constitucional.

Dessa forma, se a própria atividade legislativa está sujeita ao crivo do Judiciário, não parece razoável pretender que, em nome da "autonomia da vontade coletiva", as normas oriundas das convenções coletivas e acordos coletivos de trabalho possam ser afastadas do controle judicial. As possibilidades de negociação coletiva ampla, bem assim a interferência mínima do Judiciário Trabalhista na autonomia da vontade coletiva, somente serão possíveis se e quando as consequências humanas das cláusulas das convenções coletivas e dos acordos coletivos de trabalho, oriundas dessa negociação, forem sopesadas.

Como lembra Alain Supiot[32]: "Face à globalização da economia de mercado, necessitamos similarmente, hoje, de mecanismos que permitam uma hermenêutica humana e social do direito econômico."

É nesse contexto que deve ser examinada a limitação da intervenção do Poder Judiciário na apreciação de controvérsias que envolvam cláusulas de convenções e de acordos coletivos de trabalho.

Não se defende aqui, esclareça-se, o uso alternativo do direito ou a criação de norma jurídica geral pelo Poder Judiciário – função precípua do Poder Legislativo. Outrossim, não se olvida que mudanças muitas vezes são necessárias para adaptação das normas à realidade, pois deve-se seguir o caminhar da História; a sociedade muda, novas demandas, novas tecnologias, novos desafios. Todavia, não se pode permitir e tem-se por inadmissível que as alterações sejam feitas com violação do texto constitucional – que se assenta na separação e harmonia entre os Poderes do Estado, na independência do Poder Judiciário, e, acima de tudo, na dignidade da pessoa humana como fundamento da República Federativa do Brasil (art. 1º, III, CF).

Nessa compreensão, a limitação da atividade interpretativa do juiz do trabalho, o estabelecimento de limites onde, quando e como o juiz do trabalho deve atuar e a

---

(30) MARINONI, Luiz Guilherme. Comentário ao art. 5º, XXXV. In: CANOTILHO, J. J. Gomes; MENDES, Gilmar F.; SARLET, Ingo W.; STRECK, Lenio L. (Coords). *Comentários à Constituição do Brasil:* São Paulo: Saraiva/Almedina, 2013. p. 359.

(31) BANDEIRA DE MELLO, Celso Antônio. *Eficácia das normas constitucionais e direitos sociais*. São Paulo: Malheiros Editores Ltda, 2011. p. 52.

(32) SUPIOT, Alain. *Homo juridicus:* ensaio sobre a função antropológica do direito. Lisboa: Instituto Piaget, 2006. p. 242-243.

fixação de parâmetros que coarctam a atividade do Poder Judiciário Trabalhista, para além de interferir na autonomia e na liberdade de convicção dos magistrados, refletem na possibilidade de amplo acesso à justiça e rendem enchanças para a redução/abolição de direitos trabalhistas fundamentais já conquistados.

Nada obstante, tem-se a firme convicção de que o Poder Judiciário Trabalhista saberá enfrentar as limitações e os obstáculos colocados pela Lei n. 13.467/2017, e continuará cumprindo sua relevante missão constitucional de pensar, agir e julgar à luz dos valores constitucionais, buscando afirmar a centralidade da pessoa humana como fundamento e finalidade do Estado Democrático de Direito.

Com essas reflexões, conclui-se reafirmando que os limites impostos pelo art. 8º, § 3º, da CLT, incluído pela Lei n. 13.467/2017, situam-se fora dos parâmetros traçados pela Carta Constitucional, pelos instrumentos internacionais ratificados pelo Brasil e pelo ordenamento jurídico como um todo, porquanto afrontam diversos princípios constitucionais, especialmente o da separação dos Poderes do Estado, do amplo acesso à justiça e o da irreversibilidade dos direitos fundamentais, impactando na dignidade da pessoa humana do trabalhador e nos direitos sociais trabalhistas, arduamente conquistados no decorrer da História.

7. REFERÊNCIAS BIBLIOGRÁFICAS

BANDEIRA DE MELLO, Celso Antônio. *Eficácia das normas constitucionais e direitos sociais.* São Paulo: Malheiros Editores Ltda., 2011.

BASTOS, Celso Ribeiro. *Hermenêutica e interpretação constitucional.* São Paulo: Celso Bastos Editor: Instituto Brasileiro de Direito Constitucional, 1999.

BONAVIDES, Paulo. *Teoria geral do Estado.* São Paulo: Malheiros Editores, 2012.

BRITO FILHO, José Cláudio Monteiro de. *Direito sindical.* São Paulo: LTr, 2007.

CAMBI, Eduardo; MARGRAF, Alencar Frederico; FRANCO, Tiago Arantes. Tratados Internacionais de Direitos Humanos e o Controle de Convencionalidade. *Revista de Direito Internacional e Constitucional*, 2017 RDCI 102, p. 245-268.

CAETANO, Marcelo. *Manual de ciência política e direito constitucional*, Tomo I. Coimbra: Editora Almedina, 2010.

MARTINS, Juliane Caravieri; BARBOSA, Magno Luiz, MONTAL, Zélia Maria Cardoso (Orgs.). *Reforma trabalhista em debate:* direito individual, coletivo e processual do trabalho. São Paulo: LTr, 2017.

CHAVES JÚNIOR, José Eduardo de Resende. O Direito "Ductil" de Gustavo Zagrebelsky Flexibilidade Exegética ou Misticismo Judiciário? Belo Horizonte: *Rev. Trib. Reg. Trab. 3ª Região* 33 (63):91-99, jan./jun. 2001.

DALLARI, Dalmo de Abreu. *A Constituição na vida dos povos:* da idade média ao século XXI. São Paulo: Saraiva, 2010.

DERBLI, Felipe. *O princípio da proibição do retrocesso social na Constituição de 1988.* Rio de Janeiro, Renovar, 2007.

CANOTILHO, J. J. Gomes; MENDES, Gilmar; SARLET, Ingo W; _____ (Coords.). *Comentários à Constituição do Brasil.* São Paulo: Saraiva/Almedina, 2013.

HESSE, Konrad. *Escritos de derecho constitucional. Centro de Estudios Constitucionales.* Madri, 1983.

MAZZUOLI, Valerio de Oliveira. *O controle jurisdicional de convencionalidade das leis.* São Paulo: Revista dos Tribunais, 2016.

MARTÍNEZ MARTÍNEZ, Faustino. ZAGREBELSKY, Gustavo. El derecho dúctil. Ley, derechos, justicia. *Boletín Mexicano de Derecho Comparado*, [S.l.], jan. 2009. Disponível em: <https://revistas.juridicas.unam.mx/index.php/derechocomparado/article/view/4104/5296>. Acesso em: 07 mar. 2018.

MONTEIRO, A. Reis. *O direito à educação.* Lisboa: Livros Horizonte, 1998

RADBRUCH, Gustav. *Filosofia do direito*; tradução Marlene Holzhausen, revisão técnica Sérgio Sérvulo da Cunha, 2. ed. São Paulo: WMF Martins Fontes, 2010.

SARLET, Ingo Wolfgang. *A eficácia dos direitos fundamentais:* uma teoria geral dos direitos fundamentais na perspectiva constitucional, 10. ed. rev. atual. e ampl., Porto Alegre: Livraria do Advogado, 2009.

_____ *Dignidade da pessoa humana e direitos fundamentais na Constituição de 1988.* Porto Alegre: Livraria do Advogado, 2006.

SCHIAVI, Mauro. *A reforma trabalhista e o processo do trabalho.* São Paulo: LTr, 2017.

SUPIOT, Alain. *Homo jurídicus:* ensaio sobre a função antropológica do direito. Lisboa: Instituto Piaget, 2006.